두꺼운 언어와
얇은 언어

현대의 지성 147

두꺼운 언어와 얇은 언어
디지털 시대의 문화 변동과 담론 연구

제1판 제1쇄 2012년 9월 24일

엮은이 박명진
펴낸이 홍정선
펴낸곳 ㈜문학과지성사
등록번호 제10-918호(1993. 12. 16)
주소 121-840 서울 마포구 서교동 395-2
전화 02)338-7224
팩스 02)323-4180(편집) 02)338-7221(영업)
전자우편 moonji@moonji.com
홈페이지 www.moonji.com

ⓒ 박명진, 2012. Printed in Seoul, Korea.
ISBN 978-89-320-2343-4

현대의 지성 147

두꺼운 언어와 얇은 언어

디지털 시대의
문화 변동과
담론 연구

박명진 엮음

문학과지성사
2012

'두꺼운 언어와 얇은 언어'라는 대구는, 2년여 동안 진행된 이 책의 구성 작업이 거의 끝나갈 무렵에 비로소 떠올랐다. 애초 소박하게 방법론 참고서를 지향한 것이었지만 연구 결과를 집약하는 과정에서 현재 우리 사회의 담론적 변화의 양상을 읽을 수 있었고 그 변화는 괄목할 만한 사회문화적 의미를 지닌다는 인식을 같이하게 되었다. 그 변화의 의미는 박명진 선생님의 권두논문에 이론화되어 담겼다.

이 책은 담론 분석 방법론의 참고서로서 기획되었다. 담론 분석 방법은 이론과 방법론을 구분하기 어렵고, 대상과 연구 주제에 따라 무한 변신이 가능해서 정형화된 틀을 제시하는 교과서를 만들기가 쉽지 않다. 따라서 대강의 방법론적 지도를 그리고 방법론별로 기본 전제와 지향점, 분석에서 최소한 따라야 할 원칙들을 설명하는 데 만족해야 했다. 박명진 선생님의 권두논문은 일차적으로 이 책에 실린 아홉 개의 논문들이 각기 다루고 있는 주제의 함의와 그 방법론적 특성을 설명한다. 이어서 아홉 개 논문을 통해 읽을 수 있는 오늘날 우리 사회 담론의 변화 경향에 대해 분석한다. 끝으로 담론 분석 방법론의 역사와 각 방법론별 특징을 검토하고 그것이 현재 우리 사회와 문화를 이해하는 데 지니는 적합성과 유용성을 조망한다.

이어지는 아홉 개의 장에서는 구체적인 분석 방법이 사례를 통해 이해될 수 있도록 정리해보았다. 각 장은 공통적으로 세 개 마디로 구성된다. 독자의 호기심과 흥미를 돋우기 위한 재미난 소개문으로 시작하여, 구체적인 담론 분석 방법과 사례를 결합한 연구 내용이 몸통을 이루고, 각 장에서 사용한 방법론에 대한 간명한 해설로 끝맺음된다. 이러한 구성을 통해 방법론 자체에 대한 이해를 높이는 한편 응용 방식에 대한 창의적 시각을 갖추는 데 도움이 되고자 했다.

'두꺼운 언어'와 '얇은 언어'는 문화 환경의 변동과 사회적 담론 실천의 변화 양상을 대별하기 위한 이름이다. '두꺼운 언어'는 산업사회질서와 매스 미디어로 구성되었던 '이전'의 시대와 연관된다. 전통적인 미디어 시대에 공론장을 채웠던 두꺼운 언어는 대개 전문가들에 의해 숙고되고 계산되고 선택되고 잘 다듬어진 이지적인 면모를 지닌다. 계급 간의 적대적 권력 구조에 대한 인식이 뚜렷하고 지배 및 종속/저항의 갈등이 치열하게 탐구되던 이념의 시대에 발달하고 절정을 이룩했다.

'얇은 언어'는 인터넷 등 소셜 미디어가 등장한 '이후'의 시대에 활성화된 언어이다. 기성의 세련된 언어들에 비해 함축의미의 층이 빈약하며 복잡한 전문적 가공의 과정을 거치지 않고 생산된 즉각적, 날것의 언어로서 익명의 대중이 주된 생산자이다. 탈이념의 상황에서 거대 서사가 해체되고 다수의 소수 이야기들이 번성하는 시대에 소셜 미디어의 발달과 함께 부상했다. 즐거움과 욕망이 사교, 수다, 잡담, 루머 등의 형태로 무성하게 번져나가고 '정치'가 사라진 곳에 '소셜social'이 번성한다. 이러한 담론들을 이해하려면, 외면적으로는 가볍고 모호하고 장난스럽지만 그럼에도 단단하고 질긴 그 의미의 결을 읽어내는 문화적 시선이 필요하다.

독자들도 이 책을 읽어가면서 두꺼운 언어와 얇은 언어의 두 흐름을 발견할 수 있을 것이다. 1부 「두꺼운 언어의 세계: 재현과 미디어 담론」과 2부 「얇은 언어의 세계: 디지털 시대의 담론 변동」이 그 경향을 대변한다. 물론 이 같은 이분법적 분류는 서로 다른 흐름을 구분하기 위해 취한 것으로, 어느 정도 단순화와 과장이 불가피했다는 점을 인정하지 않을 수 없다. 또한 이 두 개 영역이 두꺼운 언어의 시대가 가고 얇은 언어의 시대가 도래하는 식의 대체론의 관계에 있다고 주장하는 것도 아니다. 오히려 두 언어의 세계가 서로 공존 혹은 충돌하며, 우리의 삶의 세계를 담론적으로 구성해가는 복잡성 및 그들이 명시적 혹은 암묵적으로 이끄는 문화 변동의 역동성을 함께 보려는 것이 이 책의 의도이다.

따라서 1980~90년대의 매스 미디어 문화에 익숙한 독자들은 1부를 통해 고전적인 접근 방식이 여전히 유효한 논리성과 비판력을 확보한 채 작금의 미디어 상황에 적절하게 활용될 수 있음을 확인할 수 있을 것이다. 동시에 비교적 신생의 문화 상황에 접근하는 2부를 통해서는 새로운 관찰과 논의가 자극하는 지적 흥미를 참신하게 느낄 수 있기를 희망한다. 이에 비해 2000년대 이후 담론의 역학에 친숙한 신세대 독자들은 1부를 통해 고전적인 논의들이 함축한 담대한 상상력과 진지함의 무게를 체득할 수 있을 것이다. 또한 2부에서는 오늘날 체감할 수 있는 살아 있는 경험 및 문제의식을 활발히 개입시키며 보다 생생한 주제의식과 발랄한 대화적 리듬을 살리며 읽어나갈 수 있으리라 기대한다.

우리는 이 책에서 담론적 현상과 그에 적절한 방법론을 중심으로 두꺼운 언어와 얇은 언어의 두 개 영역을 제시했지만, 이 그림이 오늘날 문화 현상의 총체적인 지형도라고, 또는 담론 분석의 완성도라고 말할 수는 없다. 오히려 이 책이 제안한 그림을 하나의 생산적인 기반으로 삼아 나날이 급변하는 문화 상황을 해석하고 그 일을 제대로 수행할 수 있는 방법론을 모색하는 것이 보다 더 중요한 과제라고 믿는다. 예를 들어 '빅 데이터'가 이 시대의 표제어가 된 상황에서, 담론 학자들이 다뤄야 하는 '데이터'(언어와 기호)는 우리의 경험적인 상상을 초월할 정도로 거대하고 복잡한 수준에 이르렀다. 언어학의 코퍼스 분석이나 전산학 및 컴퓨터 공학의 감성 분석이나 의미론 분석 등이 괄목한 만한 성과를 보이고 있는 것은 사실이지만, 이들이 데이터를 계량화하여 기술하고 기본적인 메커니즘을 측정하는 단계에 머물고 있음을 상기한다면, 역시 메가 데이터화한 언어와 기호의 속뜻과 사회문화적 함의를 심층적으로 읽어내는 일은 담론 학자들의 역할로 남아 있다고 할 수 있다.

이 책은 오랜 시간의 발제와 토론을 거쳐 이뤄낸, 공동 작업의 산물이다. 그 과정에서 대부분의 글이 학술 저널을 비롯한 여러 지면에 실리기도 했으나 다분한 수정과 보완의 재작업 과정을 거쳐서 이 한 권의 책으로 묶이게 되었다. 따라서 이 글들은 다른 지면에서 접할 수 있는 각 전신과 비슷할지언정 내용 면, 특히 방법론이 부각되는 차원에서 적잖은 차별성을 지닌다. 아쉬운 점의 하나는 대용량의 텍스트를 다룰 때 유용한 코퍼스 분석과 담론 분석 방법을 결합한 연구논문이 빠진 점이다. 서울대학교 언론정보연구소의 이범준 박사가 논문을 준비해왔지만 적절한 컴퓨터 프로그램의 미비로 시간이 지연되어 애석하지만 이 책에 포함시키지 못했다. 그러나 이범준 박사는 권두논문의 방법론 지도에서 코퍼스 분석과 담론 분석 방법의 결합에 관한 내용을 김예란 교수와 함께 준비해주었다.

그 밖에도 이 책의 준비 과정에서 김예란 교수의 기여와 노고가 컸다. 김예란 교수의 글인 「불안: 그 느낌, 표정, 말들에 관하여」는 실상 이 책의 기본 틀이라 할 수 있는 '두꺼운 언어와 얇은 언어'라는 개념이 도출되는 과정에 소중한 실마리를 던져주었다. 실무적으로도 김 교수는 전국 각지, 그리고 외국에까지 흩어져 있는 필자들의 의견을 조율하는 힘든 작업을 도맡아 해주었다. 우리 모두 김예란 교수의 샘솟는 창의성, 유머, 너그러움, 헌신에 빚진 바 크다.

아울러 이 책이 출간되기까지 정성과 노고를 아끼지 않으신 문학과지성사 편집부에 감사드린다. 이분들이 아니었다면, 『두꺼운 언어와 얇은 언어』가 조화로운 한 권의 책으로 태어나는 일은 불가능했을 것이다.

박명진 선생님께서는 필자들이 자유롭고도 진중하게 공부와 토론을 해나갈 수 있도록 북돋아주시고 이끌어주셨다. 특히 후학들이 문화 연구의 기존 패러다임에 갇혀 맴돌 때마다 그 장벽을 뛰어넘을 수 있는 새로운 경로와 관점을 제공하는 논문을 통해 학문적 가르침을 주셔왔듯이, 이번 권두논문 역시 그러한 선생님의 역할을 다시 한 번 해주신 글로서 큰 의의를 지닌다. 오늘날 우리가 처한 척박한 연구 환경을 생각한다면, 이 2년 동안의 경험은 특별히 소중하고 즐거운 공동의 기억으로 남아 있다. 돌이켜보면 서로 다른 위치와 세대에 속한 연구자들이 한데 모일 수 있는 소중한 계기는 우리가 수시로 드나들며 생각을 나누던 선생님의 연구실이 있었기에 싹틀 수 있었다. 박명진 선생님께 고개 숙여 감사드린다.

2012년 9월

필자 대표 손병우

일러두기

1. 이 책은 총 2부로 구성되어 있다. 필자들은 TV드라마, 신문기사, 인터넷 팬사이트 등 다양한 미디어를 대상으로 그에 걸맞은 연구 방법론을 선택·적용해 분석한다. 모든 필자가 각 글의 서두에 직접 자신의 연구를 소개하는 글을 실었고, 각 글의 말미에는 연구에 적용한 방법론에 대해 좀더 구체적으로 소개한다.
2. 본문에서 인용 또는 참고한 문헌 출처를 밝힐 때는 괄호 안에 저자명과 연도를 약식 표기했다(예: Eco, 1984). 그에 관한 상세한 정보는 참고문헌에서 확인할 수 있다.
3. 단행본, 정기간행물, 신문 등에는 겹낫표(『 』)를, 논문, 단편소설, TV드라마, 노래 등에는 홑낫표(「 」)를 사용해 구분했다.
4. 인터넷 게시물이나 댓글 등을 인용한 경우, 한글 맞춤법과 띄어쓰기 등을 교정하지 않고 원문 그대로 두었다.

오늘의 담론 세계: 현상과 방법론

박 명 진

1. 들어가며

우리는 우리를 둘러싸고 있는 사회적 세계를 어떻게 이해할 수 있는 것일까? 우리 자신의 사회적 정체성은 어떻게 구성되는 것일까? 한 시대를 휩쓸어기는 개념은 이렇게 만들어지는 것일까? 시식이 수립뇌고, 정체성이 구성되고, 사회가 운영되는 기초는 담론으로부터 나온다고 학자들은 말한다. 그렇다면 담론 없이는 사회 현실을 말할 수 없고 담론에 대한 이해 없이는 우리의 현실과 경험, 심지어 자기 자신조차 이해할 수 없게 된다. 담론은 사회 세계에 대한 인간 체험을 언어를 통해 체계적으로 생산하고 조직하는 지식의 양식이기 때문이다. 담론 이론과 방법론은 인식론적으로 언어가 우리의 현실이나 현상을 반영하는 것이 아니라 현실을 구성하고 구축해낸다는 언어의 현실 구성론에 뿌리를 내리고 있다.[1]

담론 분석은 이 세상을 채우고 있는 사회적으로 생산된 개념이나 대상물들이 어떻게 만들어졌고 어떻게 유지되어왔으며 어떠한 시대를 거쳐 오늘날 그 자리에 있게 된 것인지에 관심을 둔다. 다른 질적 방법론들이 사회 현실을 있는 그대로 이해하거나 해석하려고 하는 반면에 담론 분석은 그것(사회 현실)이 어떻게 생산되어 사회적 실천으로 연결되는가를 밝히고자 한다. 이것이 담론 분석의 가장 중요한 공헌이라고 할 수 있다. 이런 관점에서 볼 때 모든 사회적 실천은 담론적이다. 사회적 실천은 담론, 즉 인간이 행하는 의미생산의 역사에 따라 조직된다. 사회과학자가 언어 사용과 담론 연구에 관심을 가져야 하는 이유는 사회적 삶을 '행하는' 것이 바로 담론을 '행하는' 것이기 때문이다(Phillips & Hardy, 2002, pp. 2~6).

예컨대 최근의 화두 중 하나인 신자유주의에 대해 담론 분석가들이 관심을 갖는다면 그 출발점은 아마도 전 세계적인 양극화와 세계적인 금융 불안, 국가 부도의 위협에 떨게 하는 근원으로 지적되는 이 신자유주의 개념을 탄생시킨 담론들이 어떻게, 어떤 과정을 거쳐 구축된 것일까 하는 의문일 것이다. 레이건 대통령과 대처 수상의 새로운 경제정책이 그 출발점으로 지적되기는 하지만 경제뿐 아니라 정치, 사회 시스템은 물론이고 가치관의 형성, 문화적 실천행위에 이르기까지 거

---

1) 담론은 사전적으로는 일련의 진술이다. 그것은 현상의 어떤 측면에 대해서 사회적으로 생산된 의미, 더 나아가 구축된 지식을 말한다. 담론은 특정한 사회적 맥락에서 생산, 유통, 해독되고 이 맥락에서 특정한 사회적 행위자들의 이해에 적절한 방식으로 발전된다. 이때 맥락(콘텍스트)이란 하나의 대륙이나 나라일 수도 있고, 언론 같은 제도화된 맥락일 수도 있으며 아주 작게는 하나의 가족일 수도 있다. 담론의 장르(신문기사, 논평, 학술 연구, 정책 설명 등)와 담론이 지향하는 목표에 따라 언어의 선택과 언어를 조직하는 방식과 틀이 달라지므로 담론과 언어라는 용어는 흔히 상호 교환적으로 사용되기도 한다.

의 총체적으로 우리의 삶을 속박하고 있는 이 신자유주의 담론은 특정 국가, 특정 조직이 일사불란하게 의도적으로 치밀하게 계획해서 만들어낸 이념이라거나 세계 지배의 전략으로만 보기 어렵다. 그런 음모론적 설명으로 이해하기에는 오늘날의 세계가 그리 단순치만은 않다. 1970년대 이후 오늘날에 이르기까지 근 40여 년간 신자유주의 담론은 학술지에서 뉴스에 이르기까지 다양한 텍스트들에 많은 사람들이 두루두루 자발적으로 참여하고 수십 년의 세월을 거쳐 비담론적 영역과 상호작용을 반복하면서 구축된 것이다. 신자유주의에 관한 담론은 특정 경제정책을 지지하는 혹은 그에 맞추어 사회의식의 변화를 강조하는 보수 신문의 저널리스트에 의해, 치밀한 경제정책의 운용을 설계한 실용적 학자가 쓴 논문에 의해, 무한 경쟁을 부추기는 혹은 부자 되는 것을 보람 있는 인생 목표이며 아름다운 가치로 제안하고 확인해주는 방송 프로그램에 의해 만들어질 수도 있다. 동시에 그것을 반대하는 언론의 비판을 통해서도 만들어진다. 그 병폐의 지적과 비판이 오히려 (역의 방향으로) 신자유주의의 정체성을 구축해주는 역할을 하는 것이다. 어떤 의미에서는 우리 모두가 신자유주의 담론구성체의 형성과 정착에 크든 작든 기여했다고 할 수 있다.

담론 분석은 신자유주의가 어떻게 특정 국가의 이해관계에 기반을 둔 경제 전략의 담론이 되었는지, 그리고 어떤 주체들이 어떤 방식으로 담론적 실천 과정에 개입하면서 전 세계적인 경제정책과 사회문화적 시스템으로 정착되고 우리 가치관의 일부로 수용, 실천되었는지를 추적할 수 있게 해준다. 그런 과정에서 신자유주의 담론이 세계화, 신기술, 자유무역에 관한 담론들과는 어떻게 연결되었고 우리의 일상생활에는 어떻게 개입해 들어왔는지를 보여줄 수 있다. "부자 되세요"라는 말을 신년의 덕담으로 주고받게 되고, 교육행정 같은 분야에 마케팅 개념이 도입되고, 배우는 사람을 제자 대신 교육의 소비자 혹은 고객으로, 가르치는 사람을 선생님 대신 공급자로, 교과목을 패키지 혹은 생산품으로 재명명하는 새로운 담론 질서가 어떻게 구축된 것인지, 다시 말해 교육, 문화, 예술 같은 예전의 비상업적 영역이 어떻게 상업 담론에 의해 식민화되어갔는지를 밝혀낼 수 있을 것이다. 이는 신자유주의 담론이 우리 시대를 휩쓸어간 담론적 논리와 비담론적 방식을 함께 해체하는 작업이 될 것이다. 푸코Michel Foucault의 용어를 빌리자면 신자유주의 담론의 고고학적 분석에 해당된다. 양은경이 시도한 조선족의 정체성 형성에 관한 논문도 우리 사회 신자유주의 담론이 형성·작동된 일부 과정을 보여준다. 조선족을 동족으로 인정하기는 하지만 우리와 같지는 않은 동포이며, 우리의 삶에 보탬이 되기도 하고 위협이 되기도 하는 존재로서 바라보게 만드는 언론의 기사도 그 배경을 따라 들어가 보면 신자유주의적 담론과 이념의 구축에 한몫하고 있다는 것이다(양은경의 글 참조).

오늘날 담론 분석은 커뮤니케이션과 문화 연구, 정치학, 사회학, 교육학 등 사회과학의 비판적 연구 분야뿐 아니라 경영학, 조직학, 환경학, 정책학 등 사회과학의 실용 분야에까지 확대되고 있다. 새로운 산업 영역을 만들어 성공시키기 위해서는 소비자들의 사회문화적 경험이나 상상과 욕망에 호소할 수 있는 담론 구축이 필수적이다. 환경 문제는 보호와 개발, 지속 가능성을 둘러싼 거대한 담론 투쟁의 장이 되고 있다. 기업이나 조직에서 추진하고자 하는 목표의 달성이 첨단적 경영 전략 못지않게 조직 구성원들의 목표에 대한 이해와 태도, 실천방식에 크게 좌우되면서 현장담론의 분석이 요구되고 있다. 또한 많은 나라의 다양한 정책 입안과 결정 과정이 이해 당사자들의 담론 전략과 담론 투쟁의 방식으로 전개되기도 한다. 실용적 목적의 담론 분석이 부상하는 이유이다.

담론 분석이 가장 절실하게 요구되는 분야는 인터넷과 SNS 같은 소셜 미디어 영역이 아닐까 한다. 과거에는 교육기관, 주요 미디어 조직/기업, 핵심적 정치기구들이 담론 생산에 독과점적인 영향력을 지녔다. 또한 그런 담론들은 주로 담론 생산을 위한 일정한 훈련을 쌓은 전문가—학자, 지식인, 정치가, 혹은 기자, 방송 PD, 광고 크리에이터 등의 미디어 전문가—들이 만든 것이었다. 이런 담론들은 지식 권력으로서 큰 무게를 지니고 영향력을 행사해왔다.

그러나 인터넷과 소셜 미디어가 등장하면서 담론들의 존재 방식에 커다란 변화가 생겼다. 시회 각계각층에서, 중심과 주변의 경계를 넘나들며 생산, 유통, 소비되는 수많은 텍스트들이 인터넷이나 소셜 미디어에 광범하게 현존하며 새로운 형태의 담론들이 등장하게 된 것이다. 인터넷에서는 수많은 실명/익명의 저자들이 산출하고 유통하는 무수한 담론들이 실시간 업로드되며, 그것은 인터넷이라는 말 그대로 망처럼 연결되어 펼쳐져 있다. 또한 다양한 양식의 문화물(문자, 이미지, 음악, 음향, 동영상, 게임 등)이 단일 혹은 멀티 플랫폼의 네트워크 안에 담기면서, 상호 접합을 통한 혼종 및 하이퍼텍스트적인 연결 관계 안에 공존하게 되었다.

담론 질서의 변화는 이제까지 연구되어왔던 담론과 권력의 관계에 대해서도 새로운 시각을 요구한다. 인터넷 담론의 증가와 함께 지배 담론(전통적 미디어, 전문가들이 생산한 담론)의 권력효과뿐 아니라 그 것에 대해 찬성, 대립, 이탈, 전환을 꾀하는 다양한 대응 담론들의 반향/전복 효과들의 실체를 볼 수 있게 되었으며 이 현상은 담론 연구의 중요한 초점을 이루게 되었다. 동시에 반드시 지배적인 담론에 대한 '반응'으로서만이 아니라, 인터넷에서 대중에 의해 '자발적'으로 생성되고 실천되는 담론들과 집합소들(커뮤니티, 토론방 등)이 새로운 연구 영역으로 부상하고 있다. 대중의 담론들은 사회 구성원들의 기억, 감정, 정념, 심리, 지식, 여론, 정치의식, 욕망을 보여주는 풍부한 문화 정치학적 실천으로 이해되며 현실사회를 설명할 수 있는 중요한 자원으로 활용될 수 있다.

이 책에서는 전문가들이 생산한 전통적 미디어 텍스트들의 분석과 인터넷 공간을 넘나드는 다양한 텍스트의 분석을 두루 아우르고 있다. 두 영역의 담론들은 존재 방식이 다른 만큼 역할이나 기능도 다르며, 분석 대상이 되는 현상이 다른 만큼 분석 방법도 차별성을 지닌다.

여기서 분석 대상으로 다뤄진 담론들은 어떤 기획된 의도에 따라 선택된 것이 아니라 연구자들의 개인적 관심사에 따라 선택된 것이다. 그렇지만 신문기사, 방송 드라마, 정책담론, 사진 담론, 인터넷 담론 등 현시대 우리 사회 중요한 문화 영역이 두루 다뤄지면서 우리 사회 담론의 경향을 전반은 아니더라도 그 일단, 그러나 중요한 일단을 보여준다. 두 영역의 연구 결과들을 정리하고 영역별 언어적 특성과 차이점, 존재 방식, 역할 등을 비교함으로써 전통 미디어와 인터넷 미디어를 모두 포함하는 공론장 영역의 담론 존재 방식이 변화하고 있는 모습을 살펴보려 한다. 아마도 그 변화에서 오늘날 우리 사회가 생산하는 담론의 특징, 그것이 시사하는 의미를 읽을 수 있을 것으로 보인다.

이어 담론 현상의 기호학과 담론 분석 방법의 방법론적 지도를 간략히 살펴본다. 담론 분석 방법은 대상이나 연구 주제에 따라 무한 변신할 수 있다. 따라서 정형화된 틀을 말할 수는 없지만 그 기본 전제와 지향점, 분석에서 따라야 할 최소한의 원칙을 정리하는 작업이 될 것이다. 그 과정에서 이 책에 실린 논문들의 핵심적인 내용을 다소 반복적으로 인용하고 다루게 될 것이다. 이 책의 의도는 분석 사례를 통해 담론 분석 방법론에 대한 학생들의 이해를 돕는 것이므로 이렇게 반복해서 거론하는 것이 도움이 될 수 있다고 보았다.

2. 이 책에 실린 논문들

담론 연구의 관점에서 볼 때, 이 책에 실린 논문들은 세 가지 유형으로 구분할 수 있다. 첫째는 전통적인 미디어 질서에서 생성된 현상을 다룬 연구로서, 주로 비판적 담론 분석 방법을 활용했다(양은경, 홍종윤). 둘째는 앞의 것과 마찬가지로 전통적인 미디어 조직에 의해 생산된 미디어 텍스트를 분석 대상으로 취하지만 방법론으로는 기호학 혹은 사회기호학을 사용했다(손병우, 곽현자, 주형일). 마지막은 인터넷 환경에서 일반대중이 수행하는 담론들을 다루는 유형으로 상대적으로 다양한 방법론이 채택되었지만 주로 담론의 수행적 효과에 관련한 비판적 담론 분석 방법이나 멀티모달리티 분석 방법이 활용되었다(김수아, 홍석경, 최선정, 김예란).

집단 정체성의 형성과 정치적, 사회적 이해관계

양은경은 담론 연구 분야에서 가장 전통적인 뼈대라고 할 수 있을, 신문기사를 대상으로 한 비판적 담론 분석을 시도한다. 조선족 이주노동자들이 들어오기 시작한 1992년부터 2004년까지 14년에 걸친 기간 동안, 중앙일간지『조선일보』에 게재된 기획 시리즈물에서 조선족 정체성이 구축되는 담론적 방식이 연구의 관심 대상이다. 조선족에 대한 인식은 어떤 방식으로 구축되며, 그 인식의 기본 논리는 무엇이고 그 논리는 어디서 오는가 하는 점을 밝히는 데 주력하고 있다.

사회적 의미를 생산하고 여론을 형성하는 신문의 중요한 활동 중 하나는 특정 집단에 대한 정체성을 만드는 작업이다. 조선족, 탈북자, 이주노동자처럼 사회 구성원들이 직접 접촉하기 힘든 집단에 관한 것일수록 더욱 그렇다. 전모를 알기 어려운 집단에 대한 사회적 인식을 이끌어 적게는 우리 개개인의 태도, 크게는 그들 집단에 대한 국가의 정책 방향을 변화시키기도 한다.

양은경의 연구에 따르면 조선족의 미디어 정체성은 미디어가 지속적으로 이 집단을 문제화하는 방식을 통해 만들어진다. 예컨대 중국 내 조선족 공동체가 붕괴되어 중국에서 기반을 잃어가는 현상—한민족 공동체 프로젝트의 관점에서 보면 큰 타격이 될 수도 있다—을 보도하거나, 그들이 악덕 기업주나 사기꾼들의 핍박 대상이 되는 사건을 다루면서 한국 사회의 모순을 적나라하게 드러내 보여주기도 하고, 비위생적이고 가난하며 낙후된 생활모습을 그려 그들을 도시 빈민층으로 만들어내는가 하면, 연변 조직폭력배 같은 잠재적 범죄자로 제시하기도 하고, 한국에 적개심을 가진 반한국적 동포로 나타내는 등, 조선족을 많은 부정적 문젯거리의 중심에 위치시킨다. 이런 과정의 담론적 효과로서 조선족 집단의 사회적 정체성이 생산되지만 그 정체성 담론은 해당 집단의 속성이나 그들이 처한 사회적 위치에 기인하는 것만은 아니다. 그보다는 조선족에 대한 정치적, 경제적, 사회적 이해관계가 직간접적으로 작용하며 만들어지는 것임을 알 수 있다. 신자유주의 이념과 가치를 추구하는 사회구조적 상황에서 이주노동자 정책, 특히 조선족 관련 이주 정책이 어떤 방향성을 갖고 추진되어왔으며 신자유주의적 노선을 지원하는 보수 신문의 조선족 관련 기획기사와 어떻게 접목되어 나타나는지를 규명한다.

양극화 시대의 정책담론: 담론의 타락 현상

그러나 사회적, 정치적 이해관계가 작용해서 담론이 만들어진다는 것이 반드시 관련 집단의 권력관계를 그대로 반영하고 있다는 의미는 아니다. 정책결정 과정에서 이루어지는 담론 투쟁의 사례가 그것을 잘 보여준다.

정책결정 과정은 서로 다른 이해관계를 지닌 정책 참여자들 간에 합리적 논거(혹은 합리성을 가장한 논거)와 주장이 논리 정연하게 담겨있는 담론 간의 헤게모니 싸움을 거쳐 이루어진다. 그러나 오늘날 정책이라는 것이 반드시 합리적인 토론의 결과로만 얻어지지는 않으며, 흔히 짐작하듯이 힘의 관계나 권력이 정책결정 과정을 주도하는 것도 아니다. 특히 오늘날 한국 사회처럼 정치적, 사회적, 문화적인 모든 차원에서 이념이나 진영논리로 양극화되어 있어 서로 간에 권위나 정통성을 인정하지 못하는 사회에서는 더욱 그렇다.

처음에는 합리적인 설득의 논리로 시작함으로써 중후하고 그럴듯한 담론들이 대결하게 되며 그들의 논리가 점차 풍부해지므로, 바야흐로 합리성이 승리할 것으로 보이기도 한다. 그러나 자신들의 정책 논거가 마땅치 않거나 불리한 상황일 경우, 합리적 논쟁을 방해하고 정책 논의의 혼선을 가져오기 위한 비상식적 또는 무논리적인 정책 주장들 역시 등장한다.

홍종윤은 얼핏 보면 가장 정적이고 규범적인 사회 영역이라 생각할 수 있는 방송제도 및 정책 영역에서 정치적 이해관계와 전략이 첨예하게 대립하는 상황을 담론의 관점에서 설명한다. 그의 글이 다룬 위성방송 재송신 정책결정 과정에서 볼 수 있듯이, 갈등이 심해지면 정책담론의 논리는 실종되며 비방, 인신공격적 언어, 추문 들추기가 난무하는 담론의 타락 현상에 이르기도 한다. 담론의 타락은 정책결정의 합리적 논의의 전면적인 파국 현상을 의미한다. 물론 그런 연후에 합리성의 외피를 쓴 새로운 정책담론이 등장하면서 정책결정은 종결된다. 위성방송 정책결정 과정의 사례뿐 아니라 오늘날 우리 사회의 상당수 정책결정 과정이 이렇게 이루어지고 있다. 적지 않은 정책들이 담론 간의 헤게모니 전쟁이 아니라 물리적 힘으로 밀어붙이는 담론 실종의 상황(예컨대 공청회의 물리적 방해, 토론 대신 점거와 폭력으로 이어지는 국회의 정책결정 과정 등), 정책과 무관한 적나라한 비방이나 인신공격, 추문 들추기 같은 담론 타락의 상황을 거쳐 결정된다. 합리적 논리가 담긴 담론이든 타락한 담론이든, 그 함의는 그것이 생산된 맥락과 관련된 다양한 주체들 간의 상호 관계 분석을 통해서 밝혀낼 수 있을 것이다.

역사 드라마와 역사 체험

손병우의 드라마 내러티브 분석은 역사 드라마의 내용이 지닌 논리와 그것이 의미를 구축해내는 방식에 초점을 둔다. 기호학적 분석틀을 사용하고 있는 이 글은 앞서 소개한 양은경이나 홍종윤의 연구와 달리 문화적 텍스트와 그것이 생산된 구체적 맥락 간의 관계를 연결해서 분석하지 않는다. 이것은 기호학적 분석의 특징이기도 하다. 대신 기호학의 관심사가 그렇듯이 다양한 문화적 장르가 의미를 만들어내는 방식, 당대 사회의 욕망을 구현해내는 방식에 초점을 맞추고 있다. 바르트Roland Barthes의 말처럼 문화물을 통해서 한 시대 또는 한 사회가 자신을 어떻게 드러내고 있는지를 밝혀내는 게 분석의 목적이라고 할 수 있다.

「선덕여왕」을 비롯해서 최근의 사극은 허구 과잉의 양상을 보인다. 한때는 역사적 사실에 얼마나 충실한지, 얼마나 충실한 고증을 거쳤는지가 사극을 평가하는 잣대가 되기도 했다. 그러나 실증할 수 있는 역사적 사실만이 역사의 전부일까? 실증 가능한 사실이란 실제 삶의 폭과 깊이를 감안하면 얼마나 빈약한가? 이런 빈약한 '역사적 사실들'만으로 역사를 이해한다는 것이 과연 당연한 일인가? 그 사실들의 빈틈을 메우는 야사들 역시 픽션에 해당하는 것이다. 이런 것들을 토대로 우리의 상상력을 이용해 그 빈 공간을 메우려 한다면 이는 역사에 대한 이해의 폭을 넓히는 것일까 혹은 역사를 왜곡하는 것일까? 혹 이는 객관적 사료라는 골격의 역사에 살을 붙여 역사를 살아 움직이게 하는 것은 아닐까?

최근 역사 연구를 둘러싸고 나타난 이 같은 일련의 쟁점들은 허구성의 정도가 점점 커져가고 있는 텔레비전 사극의 경향을 새로운 각도에서 바라보게 해준다. 최근 역사 드라마 혹은 사극은 한줌의 실증 가능한 사실에 큰 보따리의 상상적 픽션을 가미해 관객을 열광케 하는 식으로 역사적 체험의 장을 만들어준다. 그러나 순수 픽션만으로 이루어진 채 실증적 사실을 전혀 참조하지 않은 시대극이란 역사 드라마가 아니다. 어느 구석에라도 어느 왕조 시대인지를 암시하는 단서가 있어야 사극임을 주장할 수 있다. 그렇지 않으면 단순한 코스튬 드라마(예를 들면 「해를 품은 달」처럼 아예 시대적 단서가 전무한 왕조 드라마 등)일 뿐이다.

손병우의 연구는 두 가지 관심 축을 중심으로 이루어진다. 한국 시청자들이 노소를 막론하고 즐기는 사극이라는 장르는 어떤 방식으로 역사를 체험하게 하는 것일까? 특히 허구 과잉인 최근 사극들의 경우는 어떠한 특징이 있으며 이러한 현상은 무엇을 의미하는 것인가?

사극이 사실과 허구를 조합하여 시청자들을 역사 속으로 이끌어가는 방식에 관해 손병우는 "사실성의 경계선"(역사적 사실에 바탕을 두고 있다고는 해도 사실성을 주장할 수 있는 정도로 사극과 사실이 구분되는 경계선)과 "허구성의 경계선"(상상의 자유가 허용되는 정도. 예컨대 큰 줄기의 역사적 사실에 대한 존중으로 허구와 사극을 가르는 경계선)이라는 개념을 제안한다. 최근의 사극은 이전 사극에 비해 이 경계선이 상당히 변하고 있음을 보여준다. 이는 허구 과잉 현상에서 비롯된 변화로 생각된다.

현재 허구 과잉의 경향은 사극이 과거보다 오늘의 현실을 그려내는 데 더욱 관심이 있기 때문일지도 모른다. 왕조 시대를 배경으로 하되 시청자가 현재 처한 현실과 구조적으로 유사한 상황을 그려냄으로써 현재의 문제를 비유적으로 체험하도록 이끄는 방법이 최근 사극에서 흔히 접하게 되는 설정이며 「선덕여왕」도 예외는 아니다. 양극화된 오늘의 정치 현실을 연상시키는 설정은 시청자의 공감을 이끌어내기에 유리하다. 그리고 현실에서 기대하기 어려운 이상의 실현을 꿈꾸게 한다는 점에서 허구 과잉의 사극이 환영받고 있는 것일지도 모른다. 과거는 가보지 못한 이국처럼 낯선 세계이므로 어떤 상상일지라도 리얼리티를 잃을 염려는 크지 않기 때문이다.

남북정상회담의 서사 구조와 새로운 기호자원의 발굴

곽현자는 손병우의 경우와 같이 내러티브 분석 방법을 차용하고 있지만 기호학적 접근이 아닌 사회기호학적 방법을 쓰고 있다. 이것은 기호가 생산되고 해독되는 맥락과 텍스트 간의 구체적인 연관관계를 주목하는 분석으로, 이미지와 내레이션의 멀티모달한 대상을 다룬다.

이 연구 작업은 2000년 6월 13일부터 15일 사이에 이루어진 남북정상회담 생방송 보도를 대상으로 하는데 저널리즘적 관점에서 바라보는 뉴스 이벤트로서가 아니라 방송 미디어 자체가 사건에 의미를 부여해 나가는 미디어 이벤트 장르로 접근하고 있다. 미디어 이벤트는 예상치 못한 돌발적인 사건이 아니라 미리 계획된 이벤트의 생중계로서 대개 역사적 사건을 다룬 생방송이 그 범주에 들어간다. 예컨대 세기의 주목을 끌었던 영국 다이애나 왕비의 결혼식 생중계나, 이집트 사다트 대통령의 역사적인 이스라엘 방문 생중계 등이 이에 속한다. 김대중 대통령의 북한 방문도 미디어 이벤트의 조건을 그대로 지닌다.

미디어 이벤트는 픽션처럼 사건을 일관된 내러티브로 만들고 스토리라인을 부여한다. 그 결과 픽션과 뉴스의 구분이 사라지고 미디어 이벤트는 '객관성과 중립성'이라는 저널리즘적 기준을 적용하는 것이 적절하지 않게 된다.

남북정상회담의 서사는 악당이 다스리는 왕국으로 알려진 미지의 세계에 홀로 용감하게 들어간 영웅이 그곳에서 선하고 친절한 왕을 만나게 된 모험 이야기의 면모를 지닌다. 두렵고 불안한 길을 떠났던 영웅은 예측불허와 불확실성의 서스펜스 드라마 같은 상황에서 의외로 반겨주는 주인과 낯설지 않고 우리에게 친숙한 동질적 요소들을 확인하며 종국에는 기존의 대립과 반목을 화해와 협력으로 바꿔내는 데 성공하는 영웅담으로 끝맺음한다. 사람 좋은 웃음을 띠고 농담을 하는, 활기차고 솔직하며 자신감에 차 있는 유쾌한 김정일 위원장의 몸짓과 움직임과 목소리가 모두 북한을 나타내는 새로운 기호자원으로 관심을 끈다. 또한 공통의 과거를 환기시키는 많은 기호들, 예컨대 아리랑 공연, 동방예의지국, 심지어 유서 깊은 평양의 모습 같은 것은 남북한 간의 동질성 기호로 새로이 활용되기도 한다.

매그넘 그룹은 한국을 어떻게 보았을까

외국인 사진작가 집단인 '매그넘'의 한국을 소재로 한 전시회 작품 분석은 전문가들의 사진 담론 구축 방식을 볼 수 있는 좋은 기회이다. 그뿐 아니라 서구의 오랜 이미지 생산 전통 속에서 형성된 '세상을 보는 시각', 특히 아시아로서의 한국 사회를 보는 시각을 발견할 수 있다.

매그넘 그룹은 한겨레신문사의 초청으로 60여 일간 한국에 머물면서 한국의 종교, 빛, 전통, 도시, 젊음, 영화, 패션 등의 주제를 중심으로 한국의 사회, 문화, 교육, 산업의 모든 모습을 사진에 담는 전시회를 열었다. 『한겨레』가 기대한 것은 아마도 진보적인 다큐멘터리 사진가 집단으로 알려진 매그넘 그룹이 한국에 대한 객관적 초상을 시각적으로 구축해 보여주는 것이었으리라. 주형일은 기호학적 방법으로 그 사진전을 분석한다.

주형일의 연구는 사진가라는 전문가 집단이 생산한 사진 담론이 실패한 경우를 보여주고 있다는 점에서 흥미롭다. 나아가 어느 정도의 실패에도 불구하고 그들의 사진 담론이 강력한 영향력을 가지게 되는 역설을 지적하고 있다. 주형일의 연구는 사진 텍스트의 분석에 중심을 두지만 언론 보도, 사진가들의 언술, 관람객들이 인터넷에 올린 관람 후기를 일부 소개하는 방식으로 소극적으로나마 수용의 콘텍스트를 텍스트와 상호 연계시켜보기도 한다. 그 결과 애초 매그넘이라는 진보적 전문가들에게 걸었던 기대가 충족되지 못함으로써 전문가 담론이 실패한 것으로 간주한다.

매그넘 작가들이 한국 사회를 모델로 찍어낸 사진들은 한국의 모습을 있는 그대로 복사해낸 것이 아니다. 거기에는 매그넘이 지향하는 가치와 그들 특유의 경향이 작용한다. 한국을 미개와 야만 혹은 신비의 나라로 재현한 19세기 말과 20세기 초의 사진들, 그리고 그 이후로도 끊임없이 반복 생산되어온 오리엔탈리즘으로부터 매그넘은 얼마나 벗어난 것일까? 진보적 성향의 작가군으로 알려진 매그넘 작가들의 시각예술은 과연 이 같은 서구 사진가 집단의 오래된 미적 규범과 시선을 극복했을까?

매그넘 사진전에 전시된 사진들을 보면 그 배경은 현대적인 도시이고, 그에 등장하는 한국인들은 양복을 입었고 서구적 스포츠를 즐기며 서구인과 같은 상품을 소비한다. 그들은 더 이상 미개하지도 신비하지도 않은 모습으로 재현된다. 주형일은 이 사진들을 한국이 근대화의 결과로서 이룩한 다양한 면모를 흥미로운 관찰의 대상으로 대상화해서 보여주고 있다고 본다. 이 점에서는 전통적인 오리엔탈리즘에서 크게 벗어나지 못한 것이다.

한국인 관람객들은 이 사진들에 대해 낯설고 불편한 이미지로 평가하는 경향을 보인다. 이렇게 본다면, '사진 이미지'로는 강하게 발현된 서구의 오리엔탈리즘 시각이라 할지라도, '사진전'이라는 사회적 사건으로 실행되고 대중의 '체험'으로 유입되고 향유되는 과정에서 오히려 오리엔탈리즘이 거부되고 실패하는 역설적 결과가 나타나고 있음을 발견할 수 있다. 그러나 이 글은 이 같은 한국 관람객들의 평가가 매그넘 사진가들이 극복하지 못한 오리엔탈리즘의 한계를 지적하는 데 도움은 되었겠지만 매그넘의 권위를 절하시키는 역할은 할 수 없을 것으로 판단한다.

사진은 매체의 성격상 일단 중립적이고 객관적으로 보이는 겉모습과 그 겉모습을 신뢰하는 대중의 인식 때문에 매우 강력해질 수 있다. 또한 전문가들의 사진은 전문가들과 그 감상자인 일반 관람자들 간에 오랜 기간 공유되어온 사진문화의 전통과 관행 때문에 신뢰의 강도는 더 강해질 수 있다. 전문가들이야말로 자신들의 작품을 자연스럽고 권위 있게 만들어주는 그런 관행을 깊이 내면화한 사람들이기 때문이다. 여기에 더해서 사진을 생산하는 사람이나 매체가 사회적 권위를 가질 경우 사진이 생산하는 담론의 힘은 배가한다. 많은 한국인 관람객들에게는 전통적 오리엔탈리즘의 전통에서 크게 벗어나지 못한 편향된 모습으로 보인다 해도 서구적 시각예술의 미적 기준에 익숙한 일부 한국인과 세계인의 눈에는 한국에 관한 권위 있는 지식이 될 것이다. 또한 매그넘의 사회적 권위는 그것을 더욱 강하게 뒷받침해줄 것이다.

인터넷 공간의 수행성 담론과 성 정체성: 한국의 경우

김수아와 홍석경은 각기 담론심리학적 분석틀과 수행성 이론을 사용해서 한국과 유럽 성인 여성들의 한국 아이돌 팬덤 현상을 분석했고, 그것을 통해 성 수행성에 일고 있는 변화를 논하고 있다. 지배적인 성 규범(홍서경), 성 정체성(김수이)이 팬덤 활동을 통해 어떻게 변화되고 체험되는지가 관심의 초점이다. 두 연구는 각기 다른 방법론을 사용하고 있기는 하지만 큰 틀에서 볼 때 수행성을 통한 정체성 연구의 범주에 포함된다고 볼 수 있다.

아이돌 문화가 보편화되고 한국 대중문화의 주요 콘텐츠로 등장하면서 기존의 10대뿐 아니라 성인들도 팬덤 문화에 편입되는 양상을 보이고 있다. 특히 인터넷 공간에서 형성되는 동호인 커뮤니티는 이 같은 팬덤 활동을 편하고 자유로운 것으로, 나아가 대담한 것으로 만들기도 한다. 유사한 현상이 한국의 아이돌 그룹을 대상으로 한 유럽 여성들에게서도 발견된다.

김수아는 아이돌에 대한 삼촌팬과 누나팬의 온라인 팬덤을 비교 분석한다. 동호인 사이트에서 팬들이 세대와 젠더가 모순적으로 중첩되는 지점에서 자기 정체성을 형성하는 과정을 설명하고 있다. 이 연구에서는 적나라하게 성적 발언을 하는 누나팬과, 명시적인 성적 표현을 삼간 채 삼촌의 위치를 지키는 삼촌팬이 대비된다. 10대 아이돌에 대한 성인의 팬덤은 자칫 청소년을 성애화한다는 혐의로부터 자유롭지 않을 수 있다. '누나팬' '삼촌팬'이라는 자기 정체성은 바로 이 같은 팬덤의 '이데올로기적 딜레마'를 해결하는 동시에 자신의 욕망을 충족시키려는 타협적인 산물로 설명된다.

소년 아이돌(흔히 보이 아이돌로 부르기도 한다) 인터넷 동호인 커뮤니티라는 공간 속에서 누나팬들은 낮 동안에는 그들을 지켜주고 돌보는 후원자 누나가 되지만 새벽녘에는 그들에 대한 욕망을 노골적으로 펼쳐내는 성인 여성 팬들로 변신한다. "해칠 수 있는 힘(권력)을 갖지 못한", 그렇기 때문에 "위험하지 않은 누나팬"들은 소년 아이돌들에게 성애적 욕망을 거리낌 없이 적극적으로 드러낸다. 이 점이 성인 남자 아저씨팬(해칠 수 있는 힘을 가진)들의 소녀 아이돌 그룹에 대한 태도와 차이가 난다. 한밤과 새벽의 인터넷 공간은 누나들에게 잠시 욕망의 해방구가 된다. 반면에 아저씨팬들은 스스로를 '삼촌'이라 지칭하며 욕망(폭력에 대한 우려의 시선으로 바라볼 수 있는)을 가족애로 순화해 표현한다.

여성에게는 욕망 억제 혹은 욕망 부재의 수동적 정체성이 강요되었던 유교적 전통을 가진 우리 사회에서 성인 여성 팬들은 욕망의 적극적인 표현을 통해(한밤의 한정된 시간 동안뿐이고 그래서 더욱 의미심장한 것이기도 하지만) 그 억압에 대해 놀이 같기도 하고 가장행위 같기도 한 투로 시비를 거는, 일종의 성 수행성 담론을 생산한다. 김수아는 여기서 가부장적 젠더 질서가 모호하게 흐려지거나 일탈되는 담론적 수행효과를 주목한다.

인터넷 공간의 수행성 담론과 성 정체성: 유럽의 경우

인터넷이 제공한 지구적 디지털 미디어 네트워크 덕분에 동아시아 문화산업 관련 국제 사이트가 번성하면서 한국의 아이돌과 꽃미남 문화는 전 세계에 유포되고 향유될 수 있게 되었다.

홍석경은 유럽 여성의 한국 소년 아이돌 팬덤 분석에서, 한국 아이돌이 유럽 여성들에게 사랑을 받게 된 '사건'을 유럽 사회의 지배적인 성 규범의 맥락에서 살펴본다. 그는 유럽 여성들의 아이돌 팬사이트에서 만들어지는 담론 속에서, 유럽 여성 팬들이 어떻게 이성애적 성적 규범을 이탈하고 서구 중심적인 미적 기준을 넘어서며, 한국 꽃미남의 이미지들이 제공하는 시각적 쾌락digital scopophilia을 소비하는가를 분석한다.

디지털 기술 덕분에 유럽 여성 수용자들은 아이돌들이 등장하는 로맨틱 판타지의 내러티브로부터 아이돌 이미지들을 자유로이 분리해내 다양한 상태로 가공하면서, 원하는 시간에 원하는 장소에서 자유자재로 즐긴다. 이는 정신분석학적 영화 이론에서 발전된 관음증적이고 남성 중심적인 영화 수용의 방식과는 뚜렷이 구별되는 양상이다. 또한 여성들이 주체적 위치에서 적극적인 방식으로 이미지 소비와 담론 실천이 가능해진다는 사실을 의미하기도 한다.

성이 무척 개방되어 있는 듯 보이는 서유럽에서도 성 담론은 무수한 규범이 작용하는 영역이다. 이런 맥락에서 볼 때 유럽 여성들이 주체적으로 원하는 아시아 남성 아이돌 이미지를 획득해서 공공연하고 당당하게 욕망의 대상으로 즐기면서 성적 코멘트나 느낌을 스스럼없이 표현하는 것은 김수아가 분석한 한국 아이돌에 대한 여성 팬사이트의 현상과 유사해 보인다. 아울러 한국 아이돌 팬덤에서 관찰되는 백인 여성들의 아시아 남성에 대한 열망은 서구 사회에 견고하게 구축되어 있는 백인 우월적 담론, 지배적인 남성성masculinity 담론에 균열을 내는 대안적 담론의 가능성을 엿보게 한다. 이는 비록 논리와 주장을 앞세운 심각한 모습은 아니지만 시각적 쾌락과 억눌린 욕망의 표출이라는 방식으로 나타나는 저항성의 모습이라고 볼 수도 있다. 아니면 적어도 열망하는 남성성의 미학적 변화를 의미하는 것일 수도 있을 것이다.

홍석경은 이러한 현상이 백인 우월적인 남성 정체성 질서에 큰 위협이 되는 것은 아니더라도 서구 문화의 성 정체성 담론구성체를 '문제화'하는 논리를 제공한다고 본다. 그럼으로써 유럽 여성들의 성 수행성에 있어서 사용 가능한 자원을 확장해주는 것만은 분명해 보인다는 점을 지적하고 있다.

시민지성 담론의 특징: 미네르바 사건

최선정은 2008~2009년 한국 사회를 뜨겁게 달구었던 '미네르바' 사건을 비판적 담론 분석 방법론을 활용하여 분석한다. 담론이 생산되고 수용이 이루어지는 사회적 상황과 긴밀히 연관지어 이해하고자 하는 것이다. '미네르바' 사건은 인터넷의 새로운 지식 공동체 시스템의 산물로서 제도적으로 승인된 학위나 자격증 없는 비전문가가 해박한 지식과 통찰력 있는 분석만으로 네티즌들의 인정과 사회적 권위를 획득하는 데 성공한, 사이버 공간의 엘리트를 등장시킨 사건이었다. 이는 주류 언론과 전문가들이 배타적으로 향유하던 사회적 권위와 담론권력에 도전해서 대안적 지식체계를 구축해온 위키피디아 같은 협업적 집단지성 모델과는 구별되지만 '시민지성'이라고 정의될 수 있는, 새로운 지성/지식 질서의 형성을 의미한다.

최선정은 한국 국민들이 IMF 경제위기 당시 경험했던 생존에 대한 공포 이후 세계화와 신자유주의화의 흐름 속에서 일상화된 불확실성과 불안의 정서라는 콘텍스트에 주목한다. 2008년 한국 사회가 미국발 세계 경제위기를 또다시 겪으면서 엄습하는 불안과 IMF 위기로 갖게 된 국가와 전문가에 대한 불신이 미네르바 신드롬의 한 축으로 작용하며 미네르바 담론의 의미 있는 수용의 터전을 만들어주었다는 점을 지적한다.

여기서는 시민지성이 탄생하는 토양이 된 인터넷 담론의 특징은 무엇일까가 중요한 관심 대상이다. 최선정의 연구에서 확인할 수 있는 것은 인터넷 시민지성의 경우도 여전히 기존의 지식생산 시스템에서 요구하는 합리성과 객관성, 이성적 추론이 요구된다는 것이다. 미네르바의 게시판 글 역시 논리정연하고 전문가들이 사용하는 도표, 통계 등의 근거 자료를 능숙하게 사용하고 있는 것이다.

그러나 주목해야 할 중요한 차이가 있다. 인터넷 특성상 게시판 글이 아무리 길어도 전문가의 논문이나 보고서 정도의 분량이 되기는 어려우며 비교적 짧고 간략한 외형을 지닌다. 또한 전문가 글의 경우에는 칼럼 같은 짧은 글도 그 나름의 형식에 따라 구조화되어 있고 존중하고 따르는 일정한 관행이 있으며, 앞뒤 모순되는 내용이 없도록 문맥을 맞추고 서론과 결론이 고리로 맞물려 있는 경우가 대부분이다. 그러나 인터넷 글은 그렇게 다듬고 공들여 만드는 글이 아니며 제도권 공론장이 요구하는 틀에 맞춰 숙고되는 글도 아니다. 논리는 정연하지만 직선적이고 화통하다. 전문적인 글의 기준으로 보면 때로 서로 모순되고 논리가 거친 부분도 있다.

미네르바 글의 힘은 커뮤니티 구성원들로부터 감탄과 공감을 이끌어내는 데 있었다. 그 힘은 그의 해박한 지식, 고급 정보, 시원한 분석력, 그리고 적중하는 예측력 등에서 찾을 수도 있었지만, 감정을 고조시키는 능력이 뛰어났다는 점을 무시할 수 없다. 우선 인과적 분석에서 전문가들과 달리 원인의 소재가 늘 분명했다. 미네르바는 모든 위기의 원인으로 구체적 대상, 인물, 조직을 지목한다. 이는 권위를 인정받은 전문가들의 설명 방식과 매우 다르다. 전문가들 역시 현상 분석을 하고 원인도 규명하지만 이때 특정 개인이나 정파를 지목하지는 않는다. 대신 국제 금융제도의 문제점이나 월스트리트의 탐욕, 미국적 시장경제, 신자유주의에 원인을 귀속시킨다.

좌우를 불문하고 기존의 전문가들이 제도, 구조, 시스템의 분석으로 접근하는 반면 미네르바는 특정인, 특정 정당, 특정 정부 같은 구체적 담당자(악당 같은 ××장관 등) 같은 확인 가능한 실체를 지목한다. 그래서 일반인들이 쉽게 이해하고 공감할 수 있을 뿐 아니라, 그들의 분노를 자극하고 원망과 감정을 배설할 수 있는 대상을 확실하게 지적하며 감정적 언사와 욕설을 통해 카타르시스를 제공해준다. 따라서 미네르바의 글은 제도 공격이나 비판 같은 추상적 진단보다 훨씬 이해하기 쉽고 시원스러우며 분노를 자극하기도 용이하다. 일종의 감정 배설구 역할을 하는 것이다.

멀티모달리티로 보는 우리 사회 감정의 구조

김예란의 연구는 문학, 드라마, 노래, 대중의 인터넷 담론을 폭넓게 다룬다. 이 방법을 통해 기호학 분석 방법의 주요한 요소인 상호텍스트성과 장르의 문제를 심층적으로 탐구한다. 주로 단일 양식, 단일 장르, 단일 저자, 단일 작품의 범위 안에서 행해졌던 기존의 내러티브 분석이나 기호학 분석의 외연을 확장하는 동시에 내적인 다양화를 도모할 것을 제안한다. 이에 따라 전통 미디어 영역과 디지털 공간을 두루 넘나들며 문학, 노래, 대중적 블로그 등 미디어 정경에 산재하는 다양한 문화물들을 두루 섭렵하는 멀티모달리티 분석을 채택하고 있다.

멀티모달리티 분석은 다양한 언어양식들을 한께 살펴볼 수 있게 함으로써 문자텍스트만으로는 담아내기에 (사회적, 기술적 조건에 따라) 부족한 것들, 예컨대 비가시적이고 감성적이며 때로는 무의식적인 한국 사회 감정구조의 일면을 해석할 수 있게 한다. 또한 멀티모달리티 분석 방법을 활용해서 여러 가지 장르와 양식, 그리고 그것이 담아내는 의미들을 상호 연관적으로 이해하고자 시도한다.

이런 점에서 김예란의 글은 다매체 시대의 요구에 부응한 선구적 연구이다. 바르트가 인터넷 다매체 시대를 살았다면 썼을 법한, 독창적이고 스케일이 크면서도 깊이 있는 분석이다. 멀티모달리티 분석이 반드시 이런 방식으로 이루어져야 하는 것은 아니지만 전통 미디어와 디지털 미디어를 두루 넘나드는, 쉽지 않은 연구 작업의 훌륭한 모범을 보여주는 사례이다. 특히 윌리엄스Raymond Williams가 개념적으로 제시했고 많은 연구자들이 분석을 시도한 '감정의 구조structure of feeling'의 연구가 어떻게 수행되어야 하는지 전범을 보여주는 것 같다. 한 시대의 감정구조를 밝히고자 하면 무수한 매체에 실려 다니며 다수 언어체들로 이루어진, 수없이 많은 문화물들을 그 연관관계 속에서 섭렵할 수 있는 소양과 의지와 근면함이 필수적이기 때문이다.

김예란은 이질적인 표현 양식(멀티모드)의 텍스트 분석을 통해, 현재 우리 사회의 감정구조를 "불안의 정서"로 보았다. 불안은 한국 사회의 감정구조이면서, 문화적 분위기이며 문화적 상상력으로 이해된다. 멀티모달리티는 미디어와 텍스트의 복합성과 연계성이 상호텍스트적이며 하이퍼텍스트적으로 강화되는 디지털 담론 환경에서 더욱 활성화되리라 전망된다.

3. 오늘날 한국 사회의 담론

지금까지 이 책에 실린 논문들의 특징을 개괄했다. 그로부터 오늘의 한국 사회에서 생산·유통되는 담론의 성격을 도출하는 것이 가능하리라 생각된다. 여기에서는 그 특징을 두꺼운 언어/얇은 언어, 현상적 텍스트/생성적 텍스트, 수행적 전환 등의 세 가지 요소로 설명하고자 한다.

1) 두꺼운 언어와 얇은 언어

담론의 구조화된 틀이 만드는 두께

언어의 두께는 생각의 두께를 반영한다. 많은 생각을 담은 언어, 이 지적 언어는 두꺼워질 수밖에 없고 즉각적, 감성적 언어는 얇아진다. 전통적인 미디어 시대에 공론장을 채웠던 것은 두꺼운 언어로서 대개는 전문가들에 의해 숙고, 계산, 선택되고 잘 다듬어진 언어들이다. 신문 같은 문자언어의 장뿐 아니라 방송에서도 예외는 아니다. 방송 프로그램은 대부분 사전에 치밀하게 기획되고 큐시트와 대본이 준비되며 리허설을 거쳐 녹화되고 전파를 타게 된다. 이런 미디어 텍스트들은 대개는 정치적 이념성, 지향성과 나름의 목표를 가진 거대 미디어 조직에 의해 만들어지고 법적, 제도적 규정을 준수해야 한다. 또한 그것을 접하는 일반 사람들의 반응과 그 효과를 충분히 계산하고 저울질하며, 이들을 평가하고 저울질할 수용자들의 반응은 물론 감시 감독 기관의 잣대에 대해서도 유념한다. 이렇듯 전통적인 미디어 언어는 많은 생각들이 교차하고 융해되어 만들어지므로 바르트가 말하는 함축의 미들이 켜켜이 생기게 된다. 모든 고려와 숙고의 과정을 거치면서 이들 언어에는 이념, 가치, 취향, 계산의 켜가 쌓이며 두꺼워진다.

두꺼운 언어의 사례들은 앞서 소개한 정책담론, 신문과 방송드라마, 사진전시회의 영역에서 드러난다. 예를 들어 정책담론은 합리적 논거(혹은 합리성을 가장한 논거)들과 주장들을 일정한 전략을 바탕으로 해서 생산해내는 담론이다. 오늘날 정책은 단순히 권력관계로만 결정되지 않고 반드시 합리적인 토론의 결과로만 얻어지는 것도 아니다. 관련 조직이나 기관의 상충하는 이해관계가 복잡하게 얽히게 되므로 그것은 다층적으로 구조화되어 생산되게 마련이다. 의미가 단순할 수 없고 언어가 두꺼울 수밖에 없는 이유이다.

미디어 담론은 오랜 세월을 거쳐 전문가들이 구축하고 유지·발전시켜온 관행과 스타일을 따르게 된다. 신문의 스트레이트 기사는 육하원칙의 틀을 준수한다. '언제 누가 어디서 무엇을 어떻게 왜'라는 방식으로 세상을 인식하는 것이다. 칼럼이나 사설, 기획기사는 필자의 개인적인 레토릭의 성향에 따라 스타일의 차이를 보이지만 문제 제시, 전개, 사례로 뒷받침, 결론의 순으로 이어지며 제시한 문제와 고리로 맞물리게 되는 논리 구조에서 크게 벗어나지 않는다.

「선덕여왕」의 사례에서 보듯, 역사에 대한 해석, 오늘날 현실에 대한 해석 등 복합적인 해석의 이중 구조는 오늘날 역사 드라마의 구조화된 틀이 되었다. 시청자들은 자연스럽게 과거의 역사와 오늘날의 현실을 접목함으로써 보편적 인간현실이라는 다층적인 의미를 읽어내는 데 익숙해져 있다.

다큐멘터리 사진은 시각예술이 오랜 세월 쌓아온 구도, 시각, 원근법의 관행을 따른다. 그것은 바로 세상을 바라보고 인식하고 해석하는 시각의 틀이기도 하다. 매그넘 그룹은 다큐멘터리 사진 전문가 중에서도 진보적 경향의 전통과 스타일을 지닌 것으로 알려져 있다. 그러므로 매그넘 그룹의 사진은 시각예술의 전통적 관행과 그룹의 관행이라는 질서들이 혼합되어 복합적으로 틀 지워진 것으로 가정할 수 있다. 그런 틀들은 특정한 방향으로의 의미생산을 위해 구축된 것으로서 그런 틀에 맞추어 생산되는 언어는 여러 층위의 의미를 가지고 있게 마련이다.

대상언어/메타언어와 두께

바르트는 신화성이 강한 언어와 빈약한 언어를 구분한다. 부르주아의 언어와 혁명의 언어를 비교하는 맥락에서 나온 말이지만 혁명이 좌파로 변했을 때도 신화성은 높아진다. 신화성이 빈약한 언어는 생산자의 언어이다. 생산자의 언어는 대상 '을' 말하는 대상언어langage-objet, 즉 일차 언어로서 생산자와 대상 사이에는 노동행위만이 개입된다. 나무꾼이 쓰러뜨리고자 하는 나무를 말할 때처럼 노동자가 노동의 대상 '을' 말하는 언어는 신화성이 약하다. 그러나 그 대상에 '대해서' 말하는 이차 언어인 메타언어meta-language는 더 이상 생산자의 행동의 언어가 아니라 그것을 이미지로 보존하는 언어이다. 메타언어는 그 전체가 신화적이지는 않지만 신화가 자리 잡는 장소이다. 신화는 이미 일차 언어에 의해 매개된 대상에 대해서만 작용하기 때문이다(Barthes, 1957). 피지배자, 억압된 자의 언어 역시 빈약하고 단조롭고 즉각적이다. 매개된 것이 아닌 일차 언어이기 때문이다. 그러나 그들의 고통을 말하는 직접적인 언어가 아니라 그것이 좌파의 정치 수단이 되면 신화성은 강해지게 마련이다.

전문가들이 생성한 전통적 미디어의 언어가 대부분 신화성이 강한 다층적인 두꺼운 언어들이라면 인터넷 공간에서 만나게 되는 언어는 대부분 얇은 언어들이다. 디지털 미디어 환경에서 다수의 보통 사람들은 인터넷의 개인화된 미디어(블로그 등)나 동호인 사이트 등의 다양한 커뮤니티들을 넘나들며 자기표현의 기회를 확보할 수 있게 되었다. 이들이 생산하는 담론은 표준화된 언어로 조직되기보다는, 김예란의 지적처럼 "유행어, 속어 혹은 깨진 언어, 일탈적 언어 등의 다양한 모습을 지니며", 멀티미디어의 환경에서 이미지, 음악의 요소들과도 자유롭게 혼종하는 모습을 보인다.

얄팍하고 납작한 부유하는 기표들이 트위터에서 블로그로, 팬 공동체 등으로 흘러 다니며 끊임없이 다른 것과 결합하여 하루살이 같은 의미를 만들어낸다. 이처럼 서로 충돌하고 연결되며 이루어내는 담론의 언어들은 기의가 애매하다. 바르트가 말한 중첩된 의미작용을 하거나 함축의미 혹은 신화를 형성하는 깊이에까지 이르지 않는다.

서로 다른 모달리티의 언어들에서는 예전처럼 하나의 의미를 위해 협력하기보다 서로 모순되고 충돌하는 불화 관계(장기하의 노래와 백댄서의 관계처럼)—즉 말과 이미지가 서로 밀어내고 불화하는 관계—가 생겨나기도 한다. 요소들이 통일된 의미로 구조화되기보다 병렬적으로 배치되어, 그들 간의 관계에서 생기는 효과가 점차 중요해진다.

그리고 이들은 다양한 장소에 다양한 양식으로 끊임없이 변형하며 이동한다. 갖가지 채널을 통해 흘러 다니며, 수많은 사람들에 의해 회자되는 산포, 유통, 변화의 과정을 거친다. 이 재가공은 대부분 보통 사람들의 일상적인 담화를 통해 이루어지는 것으로, 여기서 재생성되는 언어들은 기성의 세련된 언어들에 비해 빈약하지만 더 직접적이고 순진한, 날것의 모양새를 지닌다. 복잡한 전문적 가공의 과정을 거치지 않고 생산된 일종의 날것의 언어이다.

전문가 담론에 유사하게 기존의 지식생산 체계에서 요구하는 합리성과 객관성을 갖추고 이성적 추론을 따르는 듯한 인터넷 담론인 미네르바의 글에서조차 이러한 얇은 언어적 특징이 두드러진다. 앞서 지적했듯이 미네르바 담론이 전통적 담론과 구분되는 특징 중의 하나는 원인의 실체를 직접적으로 지목하거나 감정 배설의 대상을 확실하게 제공하는 담론 양식을 취한다는 점이다. 이 부분에서 미네르바의 글은 메타언어로 걸러진 담론은 아니며 즉각적인 대상언어에 가깝다고 볼 수 있는 것이다.

담론 생산과 유통의 시간성과 두께(실시간의 언어와 가공된 시간의 언어)
인터넷 공간의 언어는 즉각적 언어로, 실시간의 언어에 가깝다. 그러나 신문은 늘 무시간적이다. 글을 쓰는 '나'의 시간도, 기사를 읽는 '독자 여러분'의 시간도 아니다. 아침에 배달된다고 해서 아침 시간에 맞춰 쓰이는 것도 아니다. 모든 시간에 읽히는 것을 전제하기에 그렇다. 방송의 경우 생방송을 즉각적 언어라고 할 수 있을까? 극히 일부를 제외하고는 생방송 프로그램의 언어들도 치밀하게 준비되고 계산되어 일정한 큐시트와 대본으로 가공된 것들이다. 생산 당시 방송되는 시간을 고려한, 가장된 시간성을 가졌을 뿐이다.

그러나 인터넷 디지털 담론에서는 생산자의 체험적 시간과 그 순간의 감정이 그대로 드러날 수 있다. 가장되거나 가공된 시간이 아니라 날것의 시간 그대로이다. 날것의 시간에 생산된 날것의 언어이다. 실시간의 상호작용이 가능하므로 생산의 시간, 즉 말을 하는 시간의 분위기, 감정, 기분이 그대로 드러나고 다른 이들과 동시에 공유할 수 있다. 반면 이와 유사해 보일지라도 방송은 방송되는 시간의 시간대와 계절, 대상과 분위기를 전제하고 상상하면서 만들어지는 것이다.

아이돌 팬덤의 경우, 지배적인 담론에서 지정하는 주체 위치와 욕망 사이에서 발생하는 모순을 해결하고 균형을 잡기 위해 수행되는 팬들의 담론적 실천은 지극히 시간 종속적이다. 드라큘라나 늑대인간과 유사하게 밤과 낮의 시간대에 묶여 있다. 김수아의 논문에 나타나는 누나팬들의 소년 아이돌에 대한 일탈적인 성적 욕망의 표시는 한밤에만 가능하다. 대낮에는 순종적인 돌봄의 누나로 돌아온다. (그녀들이) 성적 지배 담론에 대한 종속과 일탈 사이를 자유롭게 왕래하는 이중적 담론 실천을 행하고 서로 모순된 위치를 넘나들 수 있는 것은, 인터넷 공간이 24시간 열려 있어 실시간으로 담론을 생산, 공유할 수 있기 때문이다.

2) 현상적 텍스트와 생성적 텍스트

전문가들의 담론은 장르에 따라 요구되는 형식, 규칙과 관습에 맞추어 구조화되어 있다. 이런 담론들은 여러 층위로 이루어진 중첩된 의미작용을 촉발시켜 신화성이 강하면서 크리스테바Julia Kristeva의 텍스트 이론에서 말한 '현상적 텍스트pheno-text'의 측면이 두드러지는 담론들이다. 그러나 위에서 다룬 대다수 인터넷 담론의 얇은 언어들은 신화성은 약하면서 '생성적 텍스트geno-text'의 측면이 강하다.

크리스테바의 텍스트 이론에 주목하게 되는 이유는 대중적 글쓰기가 대부분인 인터넷 담론의 경우, 의미 못지않게 감각성과 육체성이 중요해지고 멀티모달한 환경에서 언어들이 옮겨 다니며 서로 결합하고 충돌하면서 끊임없이 새로운 의미를 생성해내는 측면을 고려할 때 유용할 수 있기 때문이다.

크리스테바는 유전학의 제노타입과 페노타입의 개념을 원용해서 생성적(제노) 텍스트와 현상적(페노) 텍스트의 두 가지 개념을 제시한다. 이 둘은 별도로 존재하는 것이 아니라 하나의 텍스트 속에 함께 묶여 있다. 즉 이는 텍스트가 지니고 있는 두 가지 측면으로서 모든 텍스트가 두 가지 속성을 다 지니고 있지만 어느 하나가 강세를 보이는 경우가 많다.

현상적 텍스트는 의미전달에 사용되는 언어의 상징적 기능의 측면으로, 커뮤니케이션을 가능케 하는 의미를 구축하여 무엇인가에 대해 설명하고, 이념, 논리를 구축, 전달하는 기능을 한다. 생성적 텍스트에 담겨 있던 기호들이 사회적으로 용인된 일정한 정석formula의 규칙 형식 코드에 따라 현상적 텍스트로 구조화되며 의미를 만들어낸다(Kristeva, pp. 86~89).

생성적 텍스트는 그 자체로는 구조화되어 있지 않고 다양한 의미화를 가능하게 하는 원천이다. 그러나 생성적 텍스트에서 사회적으로 용인되지 않은 요소들, 억압된 요소들은 전이, 응축, 변환 같은 왜곡, 변형된 형태로 텍스트 속에 의미형성과 상관없이 등장한다. 무의식에서 나온 욕구의 파생물derivatives인 이 요소들은 실수, 망각, 실착행위parapraxis처럼 나타나기도 하며 서로 간에 일관성이 없고 상호 모순되는 충동들이 함께 등장하기도 한다. 이것은 무의식 세계와 관련되어 감지될 수 있는 충동 에너지drive energy의 전달체transfers라고 간주된다.[2]

이 같은 생성적 텍스트가 강세를 보이는 대표적 분야는 살바도르 달리 같은 초현실화가의 회화이다. 그러나 최근에는 우리 사회의 대중문화 속에서도 흔히 발견된다. 김예란의 분석에서 다루어진 '장기하와 얼굴들'이 좋은 예이며, 아마도 이러한 예가 가장 두드러지는 것은 인터넷 게임의 그래픽 이미지일 것이다. 괴물, 기괴한 형상을 한 상상적 생물체 같은 초현실적 존재들이 난무하는 곳이 인터넷 게임의 세계이기 때문이다.

생성적 텍스트는 의미전달이 아니라 감정, 느낌 등을 자극하는 역할을 하며 대개는 언어의 물질성으로부터 비롯된다. 이를테면 그림의 의미와 무관한 색깔, 형태, 붓의 힘과 움직임(그림, 서예 등), 음악에서 소리의 결, 무용수의 다리 등 의미와 상관없이 감각을 자극하는 요소들이다. 구두언어나 문자언어의 경우도 감성적인 어휘나 발성, 억양 등 비언어적 요소들이 유사한 기능을 할 수 있다. 때로는 초현실주의 회화나 '장기하와 얼굴들'에서처럼 상호 간에 논리적 연결을 거부하는 (즉 의미구축을 외면하는) 배열 관계에서 비롯되기도 한다.

텍스트는 현상적 텍스트가 의존하는 사회적 구속social constraints과 생성적 텍스트가 비롯되는 무의식적 충동drives 사이의 진동 사이에서 생성된다고 할 수 있다. 즉 텍스트는 언어의 의미작용만으로 이루어지는 것이 아니라 텍스트 생산의 재료들이 물질적 자극을 통해 작용하는 감

---

2) 전통적 기호학은 말하는 주체를 실제의 개인으로 보지 않고 관념적ideal인 주체, 즉 경험적 세계 밖에 존재하는 '초월적 자아'로 보았다. 초월적 자아는 육체로부터 단절된 것으로 간주된다. 즉 말하는 주체의 육체성은 고려되지 않았던 것이다. 이에 크리스테바는 프로이트의 이론을 기호학에 적용하여 육체의 문제를 논의에 포함시킨다. 이는 말하는 주체를 생물 생리학적 과정(혹은 충동drives)과 사회적 제약 양자의 측면에서 고려함을 뜻한다. 이 양자적 관계를 텍스트에 대입하면 전자는 현상적 텍스트에, 후자는 생성적 텍스트에 해당한다. 즉 텍스트는 이 양자가 결합되어 있는 것이므로 이를 고려해서 분석해야 한다는 것이다.

각적 요소들과 결합되어 이루어진다. 그러므로 담론 분석에서는 텍스트의 이 같은 두 가지 요소가 고려되어야 할 것이다.

전통적인 전문가 담론은 현상적 텍스트의 성격이 강하고, 대중적 글쓰기(문자로 씌어진 글만을 의미하는 것이 아니라 이미지 음향을 포함한 텍스트를 의미한다)가 대부분인 인터넷 담론은 생성적 텍스트가 강세를 보인다. 전통적인 기호학 분석이나 담론 분석은 현상적 텍스트 중심으로 이루어졌다. 논리성과 이념, 이론, 가치 등을 다루는 텍스트의 영역, 특히 주로 전문가 담론은 현상적 텍스트의 요소가 강했기 때문이다. 그러므로 이제까지는 생성적 텍스트의 측면에 굳이 관심을 가질 필요가 없었다. 물론 음악, 미술, 춤, 영화 등의 공연예술 분야에서는 가끔 생성적 텍스트의 요소가 고려되고 적용되어왔지만 체계적인 분석의 대상이 된 경우는 그리 많지 않다.

한편 최근의 문화 현상에서 두드러지게 나타나는 것은 생성적 텍스트 요소이다. 예컨대 김예란은 현시대의 문학에서 시각과 운동감과 같은 육체 감각 및 그들이 체험하는 이미지 세계가 활성화되는 것에 비해 의식은 축소 또는 차단되는 경향이 관찰된다는 점을 지적하고 있다. 특히 인터넷에서 행해지고 있는 많은 글쓰기와 텍스트 생산 작업에서 생성적 요소가 중요하게 등장하고 있다. 전문가들의 작업에서 기존의 내면화된 규칙, 형식, 코드를 존중하는 현상적 텍스트의 성격이 보다 강조되었다면, 인터넷 공간에서는 자발적이고 충동적이고 감성적인 생성적 요소들이 활발하고 자연스럽게 만들어지고 공유된다.

김수아와 홍석경의 아이돌 팬덤 분석에서 지적되고 있는 시각적 쾌락, 억눌린 욕망의 표출 같은 것도 좋은 사례이다. 김수아의 연구에서

누나팬들의 '나쁜 마음'이 표현될 수 있는 계기는 자정 이후 심야 시간
대에 허용되는 '새벽짤'의 이미지들을 통해서이다. '새벽짤'은 주로 노
출한 2PM 멤버들의 파편화된 신체 이미지로 구성되어 있으며 플래시
이미지의 형태로 게시판에 올라온다. 이들 이미지에 대한 댓글 반응은
"만져보고 싶다" "나쁜 마음" "갖고 싶다" "모니터에 손을 댔다"는 등
의 구체적이고 즉물적인 성애적 욕망의 표현으로 표출된다. 이미지뿐
아니라 "하악하악"과 같은 의성어 표현도 새벽 시간대에 등장한다. 이
는 저속하고 성적 함의가 짙어 공개적으로 쓰면 비난을 받았을 표현이
지만, 새벽 시간대라서 허용된다. 이처럼 누나팬들은 자신의 감정과
욕망에 충실한, 날것의 고유한 결과 질감을 지닌 언어들을 생산하고
공유한다. 홍석경은 서구 여성들이 디지털 환경에서 언어가 통하지 않
는 한국의 보이 아이돌 콘텐츠를 찾아 보는 문화를 분석하고 있다. 모
든 신체적인 즉각 효과를 발생시키는 텍스트를 일부 학자들은 '신체 장
르body genre'라고 부르고 포르노적이라고 규정하는데, 이러한 범주에
속하는 게시판 글들이 팬사이트에 흔히 등장한다. 홍석경은 디지털 관
음주의가 과거 영화의 그것과 다른 양식으로, 보다 이용자 참여적이고
탈규범적인 방식으로, 지구적 차원에서 이루어지고 있음을 알려준다.

　이 같은 인터넷 담론에서 발견되는 욕망과 감성의 표출은 생산적인
감성과 육체의 생명 에너지로부터 발현되는 바람직한 변화의 터전으로
서 기대를 갖게도 한다. 조심스러운 것은 가끔 무질서와 막말, 상궤를
벗어난 공격적이고 파괴적인 모습을 보이는 경우들이다. 생산적인 것
과 파괴적인 것을 구분해내는 것은 분석자의 몫이다. 파격적이고 충격
적이지만 억압적인 담론도 있고, 반대로 억압으로부터의 해방을 전망

케 하는 담론들도 있기 때문이다. 후자의 경우는 수행성과 연결되어 새로운 문화 변동의 한 동인이 될 수도 있을 것이다.

김예란은 문학, 밴드의 음악 쇼, 인터넷 블로그에서 문자, 이미지, 몸짓, 소리의 양식들이 멀티모드로 존재하는 양상을 살펴본다. 그런데 그가 주목하는 것은 다수 양식들 간의 조화라기보다는 불협화음이다. 의도하지 않은 듯 우연스럽게 만들어지고 만난 요소들이 파생시키는 부조화적 멀티모드성에서 역시 비확정적이고 가변적인 정조인 불안이 표현되고 있다고 해석한다. 이런 점에서 불협화음이라는 멀티모드성의 표현적 특성과 그로부터 창출되는 '불안'이라는 감정은 일정한 상동성을 지닌다고도 볼 수 있다. 그가 주목하는 것은 멀티모드의 텍스트들이 만들어내는 의미가 아니라 느낌, 분위기 같은 정서이다. 의미구축은 구성요소들 혹은 관련되는 요소들 간의 조화로운 결합에 의해 이루어지는 것이 보통이다. 그러나 여기서 다루고 있는 멀티모드의 기호들은 하나의 텍스트 속에서도 서로 불화하고(장기하와 얼굴들) 매체를 달리하는 서로 다른 텍스트들 간에는 일종의 하이퍼텍스트 구조로서 부조화와 불안의 분위기가 상호 확인되거나 상승효과를 일으키기도 한다. '장기하와 얼굴들'에서는 수줍고 가진 것 없는 청년의 냉소적이고 불우한 자의식이 노래 가사라는 언어에 숨어 있다면, 백댄서 여성들의 이미지는 내면이라는 것 자체를 조롱하듯 싸구려 물질로 팽배한 키치 미학을 발산한다. 이러한 모순된 상태의 공존, 그 경계가 바로 불안의 분위기를 자아내는 것으로 볼 수 있다. 그리고 이와 유사한 텍스트들의 네트워크가 누적, 확장되면서 불안이 사회적 분위기로서 구성되는 것이다. 예를 들면 냉장고의 소음 덕분에 외로움으로부터 탈피해 냉장고와 사랑에 빠지는 청년(박민규의 「카스테라」)의 내면을 대변하는 문학에서 유사한 불안의 수사학을 읽는다.

개인 블로그들을 채우고 있는 셀카 이미지의 '뽀샵'된 자기 이미지는 "찌질한" 자기 위장적 이미지이며, 스스로 체험해본 적 없는 다른 블로그나 웹사이트에서 퍼온 근사한 이국적 풍경들은 자기와 무관한 자기 소외적인 이미지에 다름 아니다. 동일 블로그 내에 공존하는 자기 위장적인 초근경 이미지와 자기 소외적인 초원경 이미지는 불안의 스펙터클을 구성하는 시각구조로서 읽힌다.

김예란은 인터넷 세상에 널려 있는 무수한 신조어들에 대해서도 흥미로운 분석을 가한다. 예컨대 내용 없음을 뜻하는 '냉무'는 없다는 사실을 천연덕스럽게 선언하는 행위이다. 열등감 폭발을 의미하는 '열폭'은 저하된 감정 상태인 열등감을 폭발이라는 괴력을 발휘하는 반어적 관계로 표현한다. 또한 대비되는 의미를 한 몸에 안고 있는 암수동체적인 언어들이 번성한다. "쩐다"라는 어휘는 너무나도 좋거나 지극히 싫어서 어쩔 줄 모르는 상태를 가리키는데 이것이 긍정적인 의미인지 부정적인 의미인지는 전적으로 문맥에 의존하여 짐작하는 수밖에 없다. 수동과 능동을 구분하는 문법의 태mode의 기준도 화자가 멋대로 전용한다. 예컨대 "멍때리다"는 "멍하다"라는 행동부재의 상태를 지칭하는 동사와 "때리다"라는 공격적인 동사를 결합하여, 아무것도 하지 않는 주체를 능동적 행위자로 변형시키는 언어로 만들기도 한다. 불안의 언어는 단순하지만 모호하며 양가적이고, 상식적인 담론의 세계에서는 한마디로 말이 되지 않는 표현들로써 세계의 비세계성을 드러낸다.

인터넷 담론들의 생성적 텍스트의 특징은 기존의 전문적 담론은 물론이고 포스트모던 현상과도 뚜렷하게 구분된다. 보드리야르Jean Baudrillard의 시뮬라시옹에 관한 포스트모던적 사고에서는 모든 인식론적 토대를 재현representation의 체계에서 찾는다. 그리고 물질세계로부터 발생하는 기호 가치에 대한 궁극적인 제약 요인이 모두 사라진 것으로 본다. 따라서 권력의 위계적 구조에 의해 의미의 제약이 가해지는 현실적 측면이 간과된다. 이는 지시대상이 사라지고 기호가 실제를 생산해낸다는 입장으로 나타난다. 기호 가치만 존재하고, 사용, 교환, 상징적 교환의 가치가 모두 사라짐을 주장하는 것이다. 한편 인터넷 공간에서 발견되는 생성적 혹은 육체적 언어는 이러한 포스트모던적 현상과 인식을 부인하는 것으로 이해된다. 인터넷 담론에 관한 연구들에서 연구 대상이 된 언어들은 기호에 물질세계와 육체가 복원되어 나타난 현상인 것으로 설명된다. 그러한 언어들의 세계가 지극히 맥락적이고 가변적이기는 하지만 기호-대상의 뿌리 없이 미끄러지는 포스트모던적 기호인 것은 아니며, 동시에 신화적 담론의 세계처럼 두껍고 이념의 무게가 가득 실린 담론의 세계도 아니라는 것이다. 대신 빈약하며 때로는 깨지거나 불완전하기도 하지만 즉각적이고 투명하고 진솔한 언어 현상으로 평가된다.

이런 점에서 김예란은 포스트모던적 관점(기호가 다른 맥락에서 다른 기호와 만남으로써 새로운 의미가 구축되었다가도 다시 미끄러진다고 설명한다)과는 다른 시각에서 인터넷 공간의 담론들을 해석한다. 그의 시각에서 인터넷 공간의 담론은, 그것을 주체적으로 차용하는(그것이 진지하게 혹은 장난스럽게 보이든 간에) 주체가 있고 주체의 행위의 결과로 만들어지는 언어들이다. 따라서 이들은 포스트모던의 미끄러지는 언어와도 다르며 이차 언어인 메타언어도 아니라는 것이다. 김예란은 이렇게 즉각적이고 투명하며 감성적인 언어를 표정 언어라고 명명한다. 사회문화의 두께가 약한 육체적 언어로서, 표정 언어 역시 생성적 텍스트의 성격이 강한 얇은 언어의 하나로 이해할 수 있을 것이다.

3) 수행적 전환?

새로운 문화 현상 중의 하나는 수행적 담론이 증가 추세에 있다는 점이다. 이는 주로 인터넷이나 SNS 공간을 중심으로 확산되고 있다. 언어는 우리가 사는 세계나 주변의 대상을 재현하기도 하지만 그것을 해체시키기도 하며, 사회와 역사와 문화를 만들어내고 조직해낼 수도 있다. 그러한 가능성을 언어의 수행적 기능에서 볼 수 있다.

지난 20여 년간 수행성 연구는 비판적 문화 연구의 주요 영역으로 부상했다. 1980년대 말까지 기호학적 분석이나 일부 담론 분석에서는 기본적으로 재현의 문제에 분석의 초점이 맞춰져 있었다. 동시에 이념이나 구조, (주체의) 위치 같은 것이 관심사가 되었다. 물론 재현의 문제 틀은 광범해서 문화 연구에서 관심을 가졌던 다양한 부분들을 거의 포괄할 수 있었다. 예컨대 "재현Representation"이라는 제목으로 스튜어트 홀Stuart Hall이 편저해 출간한 교과서 성격의 책은 정체성에서부터 한 시대의 특정 문화의 패러다임과 사회변동에 이르기까지 다양한 문제를 다루고 있다.

재현에 관한 연구들은 대개 (미디어) 전문가들이 생산한 텍스트들에 의해 일반 수용자들이 받게 될 영향을 가정한 것이었다. 이 가정 위에서 특히 마르크시스트 혹은 네오마르크시스트의 시각에서 이루어진 비판적 연구들이 대부분이었다. 그러한 거시적 연구 패러다임이 1980~90년대 들어와 기울기 시작하면서 미시적인 '저항'에 대한 연구들이 행해졌지만 그 중심은 저항적 실천에 관한 것이었다. 미셸 드 세르토Michel de Certeau는 『저항의 일상적 실천*The practice of every day life*』에서 '혁명'이 아닌, 그리 심각해 보이지 않는 다수의 일상적인 저항의 실천들이 세상을 바꾸어가는 양상에 관해 설명하고 있다.

수행성 연구는 드 세르토의 저항성 연구와 맥을 같이하는 연구라고 볼 수 있다. 수행성의 흥미로운 사례들은 특히 전문가들의 영역이 아닌 일반 미디어 수용자 혹은 인터넷 공간에서 활발히 활동하는 일반 네티즌들이 생산해내는 짤막짤막한 다양한 텍스트에서 발견된다.

수행성 연구는 오스틴John Langshaw Austin의 언어 이론을 출발점으로 해서 데리다Jacques Derrida, 버틀러Judith Butler 등이 제시한 수행성 이론을 주로 활용한다.[3] 버틀러는 오스틴과 데리다의 수행성 이론을 원

---

3) '수행적performative 언어'는 오스틴(Austin, 1962)의 『말로 행위하는 방법*How to do things with words*』에서 처음 소개된 언어학적 개념이다. 오스틴은 '진술적constative 언어' 혹은 '사실 확인'적 언어와 수행적 언어를 구분했다. 이후에 그가 보다 세분화된 재분류를 제시했지만 애초의 두 가지 기능을 부정한 것은 아니어서 두 가지 분류 방법이 여전히 다양한 분야의 학자들에게 원용되어왔으며, 특히 수행적 언어의 개념은 많은 학자들에게 학문적 영감을 주었다. 진술적 언어 혹은 사실 확인적 언어는 "하늘이 파랗다" 같은 사실적 묘사나 "나는 좋은 배경을 가졌다" 같은 사실 혹은 거짓을 증언하는 기능을 뜻한다. 그러나 결혼식 서약에서 "예, 맹세합니다" 혹은 "결혼이 성립되었음을 선언합니다" 같은 말은 사실이나 거짓을 증언하는 것이 아니라 결혼이라는 구체적 행동을 이끌어내는 실천적 행위가 되는 말이다. 이것이 바로 언어의 수행적 속성이다. 그것은 어떤 것을 '기술'하거나 '보고'하거나 확인하기 위한 혹은 '참이나 거짓'을 증언하는 '진술문'과 구분된다. 이처럼 수행적 언어는 생각을 재현하거나 묘사하는 2차적 도구가 아니라 새로운 행동과 상황을 생성하는 창조적 도구이다.

용·발전시켜 담론 수행을 통한 정체성의 구성을 설명하는 수행성 이론을 제안했다. 버틀러는 개인의 성 정체성은 사회가 정상적이라고 구성한 여성성과 남성성의 내용을 수행함으로써(이 내용은 물론 담론의 형태로 존재한다) 구축되는 것이라 본다. 언어행위에서 하나의 선언을 이루는 문장이 선언의 효과를 내는 것처럼, '남성' '여성'으로서의 일상적인 언어 사용, 행동양식, 스타일 등의 반복된 수행이 젠더 소속감을 생산하고, 마치 개개인이 안정된 젠더 정체성을 가진 것 같은 환상을 갖게 만든다는 것이다. 이처럼 젠더가 언어와 행위 수행을 통해 이루어지고, 그것이 억압적인 정상성 담론을 생산하는 것이라면, 역으로 정상성 담론을 문제시하고 비판하고 변화시키는 수행의 반복적 실천을 통해 젠더 정체성을 해체시킬 수도 있게 된다. 이 같은 수행성은 사회 변화의 토대를 제공할 수 있다.

　수행성과 관련된 논의들은 지배적 담론에 종속되어 있는 상황에서도 그것을 변화시킬 수 있는 가능성을 제시해준다는 면에서, 인터넷 이용자들의 담론적 실천을 고찰하고 이해하는 데 도움을 줄 수 있을 것이다. 물론 전문가 담론에서도 수행성 분석이 가능할 수 있다. 그러나 그 경우 전문가들이 받고 있는 다양한 제약—형태적, 관행적 제약, 소속된 조직 혹은 그룹의 담론 생산의 규칙 등—을 고려할 때 소수의 (정치적·문화적) 전위적 전문가 그룹을 제외하면, 그들의 수행적 효과에 관해 흥미 있는 결과를 기대하기란 쉽지 않을 것이다. 전문가 담론의 경우는 반복과 인용이 흔히 일어나는 담론이기는 하지만 근본적으로는 지배적 가치나 정체성을 강화하는 반복과 인용이지 고정되어 있는 것을 해체시키거나 전복하고 새로운 것을 창조해내는 성격의 것이 되기는 어렵다.

이 책에서 손병우, 양은경, 곽현자, 주형일 등이 연구 대상으로 삼고 있는 문화 현상들은 재현의 범주에 들어가는 텍스트들을 대상으로 취한다. 사극(손병우)은 역사적 사실과 픽션을 조합하여 현재의 사회적 욕망의 시각에서 역사를 바라보게 해준다. 신문기사(양은경)는 조선족 같은 특정 사회 집단의 정체성을 우리 사회의 지배적인 사회경제적 가치와 필요(사회적 이념과 권력관계의 구도)의 틀 속에서 구축해주는 역할도 한다. 미디어 이벤트(곽현자)는 생방송 자체가 김대중 대통령의 북한 방문 사건에 개입해서 그 의미를 구성해나가며 (비록 일시적으로나마) 남북관계의 현실을 넘어서 대안적 가능성을 생각하게 한다. 사진 전시회(주형일)처럼 21세기 한국 사회를 19~20세기 서구 사회의 패권적 시각에서 구축된 오리엔탈리즘적 눈으로 재현해주는 경우도 있다.

이처럼 현상 강화적인 기능을 하는 재현 범주의 담론들과 함께 그것을 해체하고 전복시키고자 하는 수행성 담론들이 공존한다. 김수아의 분석 대상이 된 남성(보이) 아이돌 그룹의 여성 팬들은 우리 사회에 견고하게 구축되어 있는 성 정체성 담론에 균열을 내는 작업을 시도한다. 유교적 전통 속에서 성적 능동성이나 욕망을 드러내는 것이 금기시되고 여성답지 못한 것으로 교육받았던 여성들이 욕망의 적극적인 표현을 통해 가부장적 젠더 질서에 시비를 건다. 홍석경의 연구 대상이 된 유럽의 한류 여성 팬들에게서도 유사한 현상을 발견하게 된다. 유럽 여성 팬들은 오랫동안 백인 남성 중심의 이성애적 성적 규범 속에서 살아왔다. 개방적인 유럽 사회라고는 해도, 동양 남자인 한국 꽃미남 아이돌의 이미지를 공개적으로 욕망의 대상으로 즐기면서 성적 코멘트와 느낌을 서슴없이 표현하는 행위에서 서양식의 심미적 기준에 대한 도발의 자세가 감지된다. 이런 점에서 서구 백인중심주의(홍석경) 또는 가부장적 젠더 질서(김수아)가 모호하게 흐려지거나 일탈되는 담론적 수행효과가 주목된다. 한국과 유럽 여성들의 성 수행성에 일고 있는 변화의 일단이라고 할 수 있다.

인터넷상의 언어행위들은 일견 진지하지 않은 것으로 보이기도 한다. 장난스럽고 때로는 '그런 척pretending'하는 등 놀이 같은 면모도 있다. 블로그나 게시판 같은 곳에서 일종의 역할 놀이를 하고 있는 듯 보이는 경우도 있다. 김수아가 분석한 팬사이트 혹은 홍석경이 다룬 유럽 한류 여성 팬사이트에서의 활동 같은 것도 마찬가지이다. 과연 이런 언어행위들을 의미 있는 수행적 행위로 볼 수 있을까? 이에 관해 데리다나 버틀러, 그리고 수행성 관련 연구자들은 무대 위와 무대 밖을 구분하는 존재론적 기준이 가능한지 반문한다. 롤플레잉과 우리 자신의 존재 사이에 근본적인 차이가 있는 것일까?

진지한 수행과 진지하지 않은 수행 간의 존재론적 차이를 허물어버리려 시도한 이론가들 중의 한 명이 데리다이며 버틀러 역시 데리다의 이 같은 해체적 주장을 받아들여 그의 수행성 이론을 발전시켰다. 고프먼Erving Goffman의 수행성 이론도 유사한 주장을 펴고 있다. 고프먼은 사람들이 무대가 아닌 일상생활에서 자신의 사회적 역할을 해내기 위해 의식적으로 하는 척하거나 연기를 하고, 반드시 어떤 역할을 선택해 행동하는 것은 아니지만 (특정한) 사회적 위치를 차지하기 위해 불가피하게 일종의 롤플레잉 같은 것을 하게 된다고 지적했다.

이렇게 볼 때 김수아나 홍석경의 연구가 보여주는 성인 여성들의 성 수행성 담론들은 가볍고 장난스러워 보이기도 하고 일종의 연기를 하는 듯이 보이기도 하지만, 진지한 일상적 행동에 비해 그 무게가 덜하다고 보기 어렵다. 지배적인 성 정체성을 장난스럽게 희롱하는 듯해도 그 반복적 실천을 통해 기존의 질서에 균열을 가하며 새로운 성 정체성을 실천해나갈 수 있는 가능성을 담지하고 있는 것이다. 이런 점에서 성인 여성들의 인터넷 팬덤 실천을 수행적 담론으로 보아도 무방할 것이다.

4. 방법론 지도

1) 담론 분석 방법론의 원류: 기호학과 비판적 언어학

오늘날 활용되고 있는 담론 분석 방법론의 계보는 크게 기호학에서 비롯된 전통과 언어사회학 혹은 사회언어학으로부터 유래한 비판적 언어학 전통의 두 가지로 구분지어 정리할 수 있다.

기호학은 사회과학 연구에 (의미를 통한 설명 체계를 말하는) 언어적 전환이 이루어진 계기를 만들어주었다. 보다 구체적으로는 인류학 연구에 구조주의 기호학을 도입한 레비-스트로스Claude Lévi-Strauss에 이어 문학과 대중문화에 소쉬르의 기호학과 마르크시즘을 결합해 분석을 시도한 롤랑 바르트가 그 시작이다.

기호학적 분석은 문화 텍스트의 의미를 분석하는 일종의 질적인 내용 분석 방법으로 오해하는 경우도 더러 있는데, 의미가 아니라 의미

를 만들어내는 방식, 의미가 만들어지는 논리(혹은 구조라고 부르기도
한다)를 밝혀내는 것이 분석의 핵심이다. 이 분석 방법은 개별적인 문
화물을 대상으로 하지만 궁극적으로는 특정 문화 전반의 구조적 특징
을 밝혀내는 작업에 관심을 둔다.

기호학적 연구는 보통 텍스트의 내재적 연구, 즉 텍스트가 만들어지
고 전파되고 소비되는 콘텍스트와 연결하지 않고 텍스트 자체만을 연
구하는 방법이라고 인식되어 있다. 아닌 게 아니라 기호학 연구 방법
은 1960년대 초반 프랑스의 문학 연구에 도입되면서 랑송Gustave Lanson
방식으로 일컬어졌던 기존의 텍스트 외적 자료에 의한 방법론, 즉 작
가의 연대기적 사건에 의존해서 작품의 의미를 해석, 분석하던 방법에
대한 대안으로 채택되었다.

예컨대 작가의 사적인 인간관계, 연애사건, 가족관계 혹은 그가 겪
었던 혁명, 전쟁 등 사회변동의 직접적 영향으로서 작품을 바라보고
그 흔적이나 반영을 찾아내는 방식에 대한 거부이다. 이는 문화물을
작가나 생산자의 의도로부터 비롯된 결과물(혹은 창작물)로 보았던 낭
만주의 이래 구축된 전통적 작품 해석 방법에 대한 부정으로서, 그것
으로부터의 단절을 시도한 것이다. 이런 접근 방식의 변화는 문화물을
개인의 완벽한 독창적 산물이 아니라 사회적 산물로 보는 인식론적 변
화를 의미하는 것이다. 이러한 접근법 자체는 20세기 중후반에 부상하
기 시작한 '사회결정론' 내지는 '사회 징후론'에서처럼, 문화물의 '사회
성sociality'에 중점을 두는 일련의 문화사회학적 접근 방법들과 유사하
다. 즉 문화물의 개인적 산물로서의 측면은 거의 다루지 않고, 사회적
산물로서의 측면을 강조하고 그 부분에 분석의 초점을 맞춘 것이다.

바르트의 구조주의 기호학적 방법론 역시 그러한 시대적 흐름과 맥을 같이하는 것이라 할 수 있다.

기호학은 작품과 관련되는 직접적인 맥락, 즉 작가의 자전적 경험, 작품의 즉각적인 배경이 되는 시대적, 역사적 사건 같은 것과 단절하여 작품의 의미생산 체계를 밝혀내는 내재적 분석 방법을 채택하지만 작품의 의미생산 체계나 논리를 거시적 맥락——예컨대 사회구조적·이념적 맥락 같은 것——과의 관계 안에서 설명한다. 기호학적 분석 방법이 무수히 작업해낸 문화물의 이념적 특징, 그것이 작용하는 방식 등을 설명할 수 있는 근거이다. 그런 작업이 가능했던 것은 기호학의 전통에 있었던 분석 방법론들은 구조주의 언어학과 마르크시즘, 네오마르크시즘, 라캉의 정신분석학 등을 결합하고 언어학과 사회학, 심리학 이론 등을 통합시켜 텍스트 분석 단계에서도 활용했고 거시 사회와의 연결 방식을 설명해내는 이론적 틀을 개발하기도 했기 때문이다. 그렇기 때문에 이를 텍스트의 내재적인 의미 분석에만 국한된 탈사회적인 연구라고 말할 수는 없는 것이다.

내재적 분석은 작품의 단순한 내용 분석과 구분하기 위해 형태적 분석이라 명명되기도 했다. 이 분석 방법은 개별적인 문화물을 분석 대상으로 하지만 특정 문화 분야 혹은 문화 장르가 의미를 생산해내는 체계 자체를 밝혀내려 한다. 예컨대 기호학적 방법으로 분석해낸 할리우드 클래식 영화의 형태적 분석(이제는 보편적 이론이 되어버린)을 예로 들어보면 이렇다. 인과론적 서사(원인-결과의 도식으로 이야기를 엮어나가는 방식)의 틀로 서스펜스의 심리를 구성하면서 대상에 몰입하게 만들기, 시각의 성본능scoptophilia을 이용한 엿보기 분위기로 영화에 집중시키기, 황홀한 스펙터클을 통한 페티시즘의 마력 이끌어내기 같은 시각적 장치로 응시와 시선의 고정을 유도하기, 장르적 관행으로 이야기를 표준화하기 등이 할리우드 클래식 영화의 대표적인 구조적 특징으로 지적된다. 이러한 구조적 특징의 분석을 통해 극영화의 기본 모형이라고 할 수 있는 할리우드 영화가 세상을 인식하는 방식을 어떻게 구축해내는지, 강한 이념작용을 이루어낼 수 있는 문화적 힘이 어디서 비롯되는지 등을 규명해냈다. 이처럼 기호학적 분석 작업은 신문, 방송, 영화, 광고, 공연물 등 다양한 문화 장르들로 이루어진 대중문화에서 각 장르별 언어적 특성이나 구조적 특성에 따라 달리 나타나는 의미구축의 논리를 밝혀내면서 한 사회가 의미를 생산해내는 체계를 설명해내는 데 큰 공헌을 해왔다.

이 책에서 기호학적 분석틀을 활용한 두 연구(손병우의 내러티브 분석과 주형일의 매그넘 사진 분석)는 대상이 된 텍스트들, 더 나아가서는 텍스트들이 속한 장르의 의미생산 구조, 의미구축의 논리를 명쾌하게 밝혀주고 있다. 손병우는 역사 드라마 「선덕여왕」의 내러티브 분석을 통해 역사 드라마의 의미구조 핵심을 두 가지 방향에서 설명한다. 첫째, 사실의 경계선과 허구의 경계선이라는 틀 속에서 만들어지며, 둘째, 과거와 현재가 조우하면서 역사에 대한 해석과 오늘날 현실에 대한 해석의 복합적인 이중 구조가 오늘날 역사 드라마의 구조화된 틀임을 보여준다. 주형일의 매그넘 사진 분석 역시 다큐멘터리 사진이 어떻게 세상을 인식하는 시각을 만들어주는지, 그것이 어떻게 권력관계에 기반을 둔 이념적 틀을 재생산하는지를 설명해준다. 촬영 주체, 촬영 대상, 촬영 방식의 기호학적 분석을 통해 한국 사회가 어떻게 재현되는지를 분석하고 그 재현 방식이 19세기 이래 서양이 동양을 바라본 시각인 오리엔탈리즘에서 벗어나지 못하고 있음을 말하고 있다.

비판언어학 역시 문화 텍스트와 그것을 생산해낸 사회의 이념, 권력, 정치적·사회적 힘의 작동방식에 관심의 초점을 맞춘다. 그러나 텍스트 분석에서는 전반적인 의미생산 구조나 의미구축의 논리보다는 사용된 언어의 미세한 분석에 더 관심을 갖는다. 이 책에 수록된 연구 중에 비판언어학의 방법론을 주 방법론으로 활용한 경우는 없다. 그러나 기호학이건 담론 분석 방법이건 간에 언어에 관한 분석 내용이 부분적으로 들어가게 마련이고 그 경우에 비판언어학의 분석은 늘 유용하다.

전통적인 비판언어학 연구들은 주로 문자텍스트의 비판적 언어 분석을 통해 권력관계, 이념 등을 분석해내려 했다. 예컨대 사용하는 언어의 종류를 본다면 이스라엘이나 서방을 상대로 하는 무장 액티비스트 activist들이 서방세계에서는 '테러리스트'라는 언어로 표현되는 반면 일부 아랍 언론에서는 "해방전사freedom fighter"로 표현되는 점을 지저하고 단어의 사용을 통해 어떻게 그 사건에 대한 특정한 이념적 혹은 정치적 입장을 드러내는가 등을 비판적으로 분석한다. 테러리스트라는 말은 결코 투명한 단어가 아니라 대상에 대한 가치판단을 이미 전제하고 있다는 것이다. 폭력 수단을 사용한 행위를 모두 그렇게 명명하는 것이 아니라 자신의 정치적 입장과는 대척점에 있기 때문에 선택되는 단어인 것이다.

예컨대 최근 문제가 되고 있는 중국의 북한 탈주민들의 북송 사건에서도 관건은 그들의 정체성을 어떻게 보느냐에 달려 있고 그것은 그들을 지칭하는 언어에 극명히 드러난다. 중국은 그들을 불법으로 국경을 넘은 '월경인'으로 지칭하지만 우리나라에서는 북한의 핍박과 억압적 생활을 피해 도망친 탈북자, 즉 '난민'으로 부른다. 중국은 그들을 월경인으로 보기에 가차 없이 체포해서 북송해버릴 입장이(었)지만 국제사회가 개입하면서 탈주민들의 정체성 담론들 간에 헤게모니 전쟁이 벌어졌다. 어떤 정체성 담론이 우위를 점하느냐에 따라 월경인(탈북자들)은 북송될 수도 있고 반대로 자유로이 원하는 세계로 가는 것이 허용될 수도 있을 것이다. 물론 담론이라는 '말'에 지나지 않는 것들이 국가 간의 힘의 관계, 국가적 이해관계에서 비롯된 정책적 고려 등을 뛰어넘을 수 있겠느냐는 주장도 있을 수 있다. 예전 같으면 타당한 주장으로 보았겠지만 오늘날 이런 문제는 단지 국가 간의 힘겨루기 싸움만으로 결말을 보는 것 같지 않다. 정체성을 둘러싸고 서로 다른 논리와 주장을 가진 주체들 간에 서로 우위를 점하기 위한 담론 헤게모니 다툼이 중요한 역할을 한다. 시민사회의 발달과 함께 이런 현상은 더욱 두드러진다. 시민사회의 참여로 다양한 매체, 특히 인터넷 매체를 통해 여론 형성이 쉬워지고 그 전파 속도가 즉각적인 이 시대에 담론 전쟁은 중요한 역할을 한다. 국가 간의 힘겨루기의 결과로 담론 전쟁이 이루어지기보다 거꾸로 국가 간 헤게모니 다툼이 담론 전쟁에 편승, 그것을 이용하는 경우도 많다.

그 밖에도 비판언어학적 연구들은 문장의 수동태 혹은 능동태의 사용이라든지 모달리티 분석을 통해 텍스트가 말하고 있는 대상에 대해 친화적 혹은 부정적 인식을 만드는 방식 등을 설명한다. 즉 언어의 선택과 사용을 통해 어떻게 특정 이념을 만들고 그것을 강화시키거나 보수, 수선하는지를 밝힌다.

비판언어학과 바르트의 기호학의 차이점이라면, 바르트의 경우 텍스트의 정치적, 이념적 의미 분석에 머무는 것이 아니라 그 텍스트가 존재하는 거시적 사회의 이념 구조와의 관련성을 밝히는 것이 궁극적인 목적인 데 비해, 비판언어학은 미시적 차원의 정치성, 이념성을 밝혀내는 데 주안점을 둔다는 데 있다.

2) 비판적 담론 분석

또 다른 전통으로 비판언어학의 연장에서 비판적 담론 분석틀을 제시해온 반 데이크Teun A. van Dijk, 크레스Gunther Kress, 페어클로Norman Fairclough 등의 연구 전통에 주목할 수 있다. 비판적 담론 분석(Critical Discourse Analysis, 이후 CDA로 지칭)의 대전제는 사회 권력과 지배의 특성을 이해하고 담론이 그것의 재생산에 기여하는 방식에 대해 밝혀내고자 하는 것이다. 거시적 사회의 권력 구조, 제도처럼 담론이 생산되고 해독되는 사회에 대한 이해와 분석을 바탕으로 해서 그러한 거시 사회의 권력이 담론과 연결되는 방식, 즉 그것을 매개해주는 다양한 사회적 실천, 이를테면 구체적인 생산, 해석 과정 같은 직접적 맥락과의 연결에 관심을 둔다.

CDA에서 선호되는 연구는 특정 사회집단의 정체성이 만들어지는 과정, 특정 정책이 채택되는 이유와 과정, 새로운 개념이 탄생되어 새로운 가치·제도로 정착되는 과정, 새로운 산업 영역의 탄생, 지배 종속의 관계가 하나의 가치 혹은 세계관으로 형성되는 과정 같은 문제들이다.

　이것은 바르트의 기호학적 분석과 관련해서 유의미한 차이가 있다. 두 진영 모두 언어 사용이 만들어내는 함축 효과에 관심을 가졌지만 바르트는 함축의미가 거시 사회의 이념적 맥락에서 어떤 역할을 하게 되는지에 관심을 두었다면, CDA는 그런 언어 사용이 채택되는 구체적인 과정에 더 관심을 둔다. 예컨대 바르트의 경우 테러리스트라는 표현은 북아일랜드의 분리운동이 정치적인 정당성을 갖는 것이 아니라 치안 차원에서 다뤄야 할 범죄로서 인식하게 만드는 함축의미를 생산한다는 점을 지적했을 것이다. 이 점에서는 실상 바르트의 기호학과 CDA가 큰 차이를 보이지 않는다. 그러나 CDA의 경우는 이 텍스트가 생산된 맥락, 예컨대 북아일랜드 문제에 대한 영국의 공식적 입장, 그리고 제도권 언론들이 그 입장에 종속되어야 했던 상황, 그리고 그 신문의 독자층이 갖고 있는 정치적 성향 등이 무엇이고 왜 그렇게 될 수밖에 없었는가 하는 문제들, 혹은 이 표현이 당시 세계적으로, 특히 서구 유럽 사회의 악몽이 되었던 아랍 '테러'에 대한 불안과 적의를 드러내던 담론들과 어떤 식으로 텍스트 상호성을 갖는가라는 문제들을 중요하게 다룬다.

　즉 소쉬르의 이분법적 기호학의 바탕 위에 섰던 바르트는 부르주아 자본주의 사회 같은 거시적 의미의 콘텍스트는 늘 염두에 두고 있었지만 퍼스Charles Sanders Peirce의 3분법적 틀이 제안하고 있었던 기호와 그것의 구체적인 생산, 해석 과정 같은 직접적 맥락과의 연결을 시도하지는 않았다. 그 연결은 기호학이 의도적으로 배제해왔던 것이기도 하다. 이에 비해 CDA는 퍼스의 분석틀을 차용하면서 생산과 해독의 콘텍스트와 텍스트 간의 직접적 연관관계에 의해 설명을 시도한다. 언어학 전통의 비판적 담론 분석가들이 기호학과의 차별성을 드러내는 주요 지점이다.

사회과학적 분석 방법으로서 비판적 담론 분석의 큰 과제는 언어 분석 방법과 사회 이론의 통합을 어떻게 체계적으로 이루어내느냐 하는 것이었다. 언어학 전통에서는 언어의 사회적 차원에 대한 주장과 관심은 컸지만 정작 사회 이론을 체계적으로 통합시키는 데는 취약했다. 따라서 언어적 텍스트language text의 분석에는 강했음에도 이념과 권력에 관한 사회적 논의에는 소극적이었던 탓에 사회과학으로부터 고립되어 왔다. 반대로 프랑스에서 사회철학자이면서 두 영역의 결합을 최초로 시도해서 담론 분석이라는 용어와 분석틀을 정식으로 제안했던 미셸 페셰Michel Pêcheux의 방법은 정반대의 문제점을 드러냈다. 알튀세르Louis Althusser의 이데올로기 이론을 본격적으로 차용하면서 사회 이론으로서의 세련성은 갖추었으나 언어 분석은 아주 좁은 의미론적 개념 분석 정도에 국한되어 있었던 것이다. 말하자면 어느 쪽에서도 언어학적 요소와 사회과학적 이론 사이의 균형 있는 통합을 이루어내지는 못한 것이다. 결과적으로 언어를 사회적, 문화적 변화의 과정 속에서 역동적으로 탐색하는 데 적절한 방법론이 고안되지는 못했다.

페어클로와 3차원적 담론 분석 방법

아마도 CDA 방법론을 가장 체계적으로 정리해내고 언어학 이론과 사회 이론을 균형 있게 결합해 사회변동과 담론 변화의 관계를 역동적으로 탐색할 수 있는 가능성을 보여준 연구자로 페어클로를 들 수 있을 것이다. CDA의 대전제는 사회 권력과 지배의 특성을 이해하고 담론이 그것의 재생산에 기여하는 방식을 밝혀내고자 한다는 것이다. 지배란 정치, 문화, 계층, 인종, 성 등의 영역에서 사회적 불평등을 야기하는 엘리트, 조직 혹은 집단에 의한 사회적 권력의 행사로 정의된다. 그러므로 여기서는 거시적 사회의 권력 구조, 제도 등 담론이 생산되고 해독되는 사회에 대한 이해와 분석이 일차적으로 요구된다. 나아가 그러한 거시 사회의 권력이 담론과 연결되는 방식, 즉 그것을 매개해 주는 다양한 사회적 실천에 관한 분석을 요한다. 이러한 일련의 작업을 가능하게 하기 위해 페어클로는 비판적 언어학(할리데이Michael A. K. Halliday 등), 화용론, 종래의 담론 분석(주로 대화 분석에 관심을 두었던)과 다양한 사회 이론(그람시Antonio Gramsci, 알튀세르, 푸코, 하버마스Jürgen Habermas, 기든스Anthony Giddens 등의 이론)의 체계적 통합을 시도했다.

페어클로의 담론 분석 방법은 3차원적인 구도에서 이루어진다. 텍스트의 차원과 텍스트 생산이나 해독 과정을 의미하는 담론적 실천의 차원, 텍스트와 담론적 실천에 작용하는 사회구조, 조직, 제도적 상황 같은 사회적 실천의 차원이다. 텍스트 차원은 텍스트의 언어 분석에 초점을 맞춘다. 담론적 실천의 차원은 텍스트의 생산과 해석 과정의 성격을 상술한다. 이를테면 어떤 타입의 담론들(예를 들어 상업적인 것인가, 민주화 지향적인 것인가, 군사문화적인 것인가 등)이 텍스트 생산에 차용되어 결합된 것인지, 텍스트 생산의 주체는 어떤 성격의 조직인지, 해석은 누구에 의해 어떤 상황에서 이루어지는지, 어떤 문화적 해석 틀이 상호 텍스트적으로 작용했는지 같은 요소들이 포함된다. 사회적 실천의 차원은 담론이 생산되는 거시 사회의 조직적·제도적 상황을 말하며, 그것이 어떻게 담론적 실천과 연결되어 위에서 참조된 텍스트들의 구성적, 구축적 효과를 구현하는지를 탐구한다.

페어클로가 그의 저서 『담론과 사회변화*Discourse and Social Change*』에서 보여주고 있는 좋은 사례가 있다. 그는 고도로 상업화되어가는 사회적 변화 속에서 발생한 언어 사용 관행의 변화를 지적한다. 많은 나라에서 시장이 확장되면서 예전에는 공익 영역으로 시장 논리가 개입되지 않았던 교육, 건강관리, 예술 등의 영역에 변화가 왔다(사회적 실천). 이들 영역에서도 소비자를 위한 상품의 개념과 마케팅으로 활동을 재구조화하고 재개념화할 사회적 요구가 생기기 시작했다. 이런 변화는 관련 분야에서 일하는 사람들의 활동, 사회적 관계, 사회적·직업적 정체성에 깊은 영향을 끼쳤다. 영향의 중요 부분들은 담론적 실천에서의 변화를 포함한다. 교육, 건강, 예술 관련 기관에 기업이나 PR, 광고, 마케팅 분야의 전문가들이 영입되고 상업적 조직과 유사한 개념과 활동이 유입된다. 결과적으로 교육계만 보더라도 학교 행정에 마케팅 개념이 들어오고, 교육자와 학생 간에 새로운 방식의 관계 정의가 이루어졌다(담론적 실천). 배우는 사람을 제자 대신 소비자 혹은 고객, 가르치는 사람을 선생님 대신 공급자, 교과목들을 패키지 혹은 생산품으로 재명명하도록 압력을 가하는 식(텍스트)의 새로운 담론적 질서가 구축된 것이다. 이는 상업화 담론에 의한 교육 담론의 식민화 현상을 보여준다.

양은경의 연구는 페어클로의 3차원적 담론 분석 방법을 창의적으로 진일보시킨 모범적 사례라 말할 수 있다. 기사의 주제어 분석, 사용되는 언어의 범주 분석을 통해 조선족의 정체성이 구축되는 양상을 보여주고 '텍스트(조선족 정체성 구축)-담론적 실천(조선족 이주노동자 정책에 상응하는 조선족 문제 이슈화 기획기사)-사회적 실천(신자유주의적 이해관계와 이주노동자 정책, 한민족 공동체 전략의 연계)의 3차원적 연계와 연동의 실체를 설득력 있게 짚어주고 있다.

최선정의 연구는 세계화와 정보화가 급속히 이뤄지는 가운데 잦은 빈도로 발생하는 경제위기의 거시적인 맥락에서(사회적 실천) 미네르바라는 새로운 시민지성에 의한 지식생산(텍스트)의 특징을 분석하고 있다. 인터넷 게시판 글쓰기라는 상황에서 텍스트의 스타일, 양태, 가치평가 분석에 이어 댓글 분석을 통한 수용방식과 아울러 시대적 우울과 불안 심리의 수용맥락과의 연관성(담론적 실천)을 보여주고 있다. 최선정의 논문은 담론의 생산과 수용의 콘텍스트에 중점을 두어 비판적 담론 분석 방법을 상당히 창의적으로 응용했다는 점에서 주목할 만하다.

홍석경의 연구는 페어클로의 틀을 거명하고 있지는 않지만 푸코, 버틀러의 이론에 기대어 유럽 성인 여성의 한국 아이돌 팬사이트에서 생산되고 있는 담론들을 분석한다. 그럼에도 그의 접근은 페어클로가 제안하고 있는 방법론적 틀과 유사해 보인다. 그는 세계화라는 전 지구적 맥락과 그 속에서 이루어지는 팬덤 현상의 세계화(사회적 실천) 과정에서 한국과 일본 등의 아시아 대중문화가 서구 사회에 퍼지게 된 배경을 발견한다. 이어서 담론적 실천의 측면에서 흥미로운 점으로 팬들이 아이돌의 영상 자료를 원하는 대로 편집해 즐기면서 게시판 담론을 생산하고 있다는 점을 지적한다. 게시판에 실린 텍스트들의 언어 분석은 오스틴과 버틀러로 이어지는 수행적 언어의 분석틀을 따르고 있다.

그러나 비판적 담론 분석이 항상 3차원적 분석을 따르는 것은 아니다. 사회적 실천 부분, 즉 담론이 생산·해독되는 사회의 거시적인 양상과의 연계가 느슨하거나 부재하는 경우도 많다. 3차원적 분석은 사회변동과 담론의 변화 같은 거시적 차원의 문제를 다룰 때는 필수적이다. 그러나 제기되는 문제의 성격에 따라 담론 생산이나 수용맥락과의 관련성 같은 담론적 실천의 분석으로 충족되는 경우도 많다. 아래의 연구들이 그런 경우이다.

홍종윤의 연구는 위성방송의 지상파 재송신 정책결정 과정에서 벌어진 담론 헤게모니 다툼의 양상을 의미구축의 논리, 스타일, 장르 측면에서 분석, 추적한다. 동시에 정책 주장을 담은 텍스트들이 정책결정에 이해관계를 가진 다양한 이해집단과 어떤 연관관계를 맺으면서 변화해가는지를 보여준다. 정책담론 생산과 담론 생산 집단 간의 관계에 초점이 맞춰진 담론적 실천 분석이 핵심이다.

김수아의 연구는 아이돌 성인 여성 팬사이트의 게시판 분석에서, 큰 틀은 비판적 담론 분석을 따르지만 구체적인 언어 분석 차원에서는 해석적 레퍼토리라는 담론심리학적 개념을 사용하고 있다. 그의 분석은 성인 남성 아이돌 팬사이트의 담론과 비교 분석을 통해 여성 성 정체성의 새로운 변화 측면을 부각시킨다. 이 논의는 성인 팬덤의 등장이라는 새로운 현상, 팬 활동 과정에서 성 차원의 지배적 이념과 부딪치게 되는 딜레마 같은 담론 생산 차원의 상황과 연계(담론적 실천)하여 해석되고 있다.

3) 사회기호학: 비판적 담론 분석과 멀티모달 기호학의 결합

사회기호학은 비판적 담론 분석과 유사한 접근 방식을 가지고 있지만 대상에 있어서 문자 외에 다른 다양한 기호를 대상으로 하는 멀티모달리티를 지향한다. 다양한 매체나 언어양식을 지향한다는 점에서는 전통적인 기호학과 유사하지만 기호의 생산과 해석의 방식과 과정에 관심을 갖는다는 점에서 차이를 보인다.

비판언어학이나 비판적 담론 분석 방법이 주로 문자텍스트에 초점을 맞추었던 것에서 더 나아가 사회기호학은 시각적 이미지, 특히 최근에 와서는 재현과 커뮤니케이션에서 이미지를 비롯한 다른 비언어적 기호들, 예컨대 제스처, 응시, 자세, 목소리, 음악, 공간의 사용 물질문화 등으로 그 분석 범위를 넓혀왔다. 주윗Carey Jewitt은 이것을 '멀티모달로의 전환'이라는 용어로 표현한다. 실상 기호학적 자원의 다양성을 의미하는 멀티모달리티multimodality가 전적으로 새로운 개념은 아니다. 인간의 커뮤니케이션 활동이 말과 글로만 이루어진 것은 아니며, 오히려 그보다 더 원초적으로는 표정, 태도, 몸짓과 같은 '비언어적' 커뮤니케이션 행위가 작동한다는 점에서, 인간 커뮤니케이션은 기본적으로 멀티모드적이라고 할 수 있다. 이렇게 인간 커뮤니케이션이란 그 자체가 멀티모드적이지만 최근 들어 멀티모드에 대한 사회적, 학문적 관심이 대두하는 것은 오늘날 디지털 기술에 기반을 둔 지구적 멀티미디어 네트워크 환경에서, 과거와는 구별되는 독특한 방식과 논리에서 멀티모드 담론 행위가 사회적으로 실행되고 있기 때문이다.

이 연구들의 공통 전제는 '언어는 곧 문자'라는 식으로 당연시되어온 문자중심적인 전제를 극복하는 것이다. 문자중심적인 텍스트 구성 질서에서 주변화되어온 텍스트 요소들(이미지, 소리, 운동성, 맛)과 감각들(시각, 청각, 촉각, 후각, 미각)을 정당한 기호학적 자원으로 다루고자 한다. 이 같은 현상은 바르트의 기호학에서 영화, 광고 이미지, 레슬링 같은 운동경기 등 다양한 문화 영역을 다루면서 확대되어왔지만 사회기호학에서는 기호자원을 더욱 광범위하게 포괄하려고 시도한다. 실상 이제까지는 광고나 텔레비전 프로그램 같은 영상 의존도가 높고 멀티모드적인 매체 분석에서 이미지 분석에 관심을 가졌던 정도이다. 그것도 대체로 자연언어와 이미지가 상호보완적으로 어우러지면서 만드는 통일된 의미 분석에 치중하는 문자언어 중심적 분석이었다.

판 레이우헌Theo Van Leeuwen은 사회기호학의 모태가 1960년대의 파리학파, 그중에서도 바르트의 기호학이라는 점을 밝히면서 할리데이의 사회기호학으로 명명된 언어학 이론에 빚지고 있다고 말한다. 사회기호학은 기호학에서 추구했던 텍스트의 내재적 분석과 기시 사회와의 관련성에 대한 관심보다는 기호의 사회적 사용, 이를테면 특수한 사회적 상황과 사회적 실천의 맥락에서 기호자원이 생산되고 해독되는 방식에 관심을 갖는다. 동시에 '문자제국주의'로부터 해방된 다양한 기호학적 요소들의 생성 및 조화 혹은 충돌로서 텍스트를 바라볼 것을 제안한다. 눈과 귀를 비롯해 다양한 감각의 사용을 요하는 기호들을 폭넓게 다루면서 새로운 기호학적 자원을 발견해내고 기존 기호들의 새로운 사용방식에도 관심을 갖고자 한다. 결국 사회기호학은 기호학과 비판적 담론 분석을 결합시킨 방법이라 할 수 있다.

곽현자의 연구는 사회기호학의 관심사를 적절히 다룬 좋은 사례이다. 연구 대상은 김대중 대통령의 사흘간의 북한 방문 과정을 다룬 생방송 프로그램으로, 여러 날에 걸친 것이지만 동질적인 단일 프로그램으로 간주했다. 그러므로 단일 매체, 단일 텍스트 내의 멀티모드 기호들을 분석하고 있는 사례에 속한다. 곽현자의 연구에서는 미디어 이벤트의 내러티브가 최초의 남북정상회담에 대해 어떤 패턴의 이야기를 구축했는지에 관한 분석도 중요하지만 특히 주목할 만한 것은 남한의 카메라가 처음 들어갈 수 있었던 이 상황에서 카메라가 생산해낸 북한에 대한 새로운 기호학적 자원과 그것이 만들어낸 의미들이다.

이 연구는 정상회담이 북한과 남북관계에 대한 새로운 준거 틀을 제시할 수 있었던 것은 그것이 북한에 대한 새로운 기호들을 생산했기 때문이라고 본다. 기존 자료화면 속에서 늘 시무룩하고 굳은 표정이던 김정일이 이제 웃음을 짓고 농담을 하고 그의 모습은 "건강하고 활기"찼으며, 그의 태도는 "솔직하면서도 자신감"에 넘쳤고, 소탈하고 유쾌하다. 예의바르고 격의 없이 남쪽 대통령을 환대하며 호탕한 웃음과 활달한 제스처를 보이는 김 위원장의 모습은 움직이는 시청각 기호로서 북한의 환유가 된다. 그의 몸짓과 움직임과 목소리가 모두 북한을 나타내는 새로운 기호자원으로 관심을 끈다. 새로운 자원만이 아니라 이미 알려진 기호들의 새로운 사용방식도 주목할 만하다. 예컨대 전통 문화 공연, 예법, 우리가 이미 알고 있는 역사적으로 유서 깊은 평양의 모습은 북한을 나타내는 기호로 사용된 적이 거의 없다. 남한과 이질적인 것들이 주로 부각되었기 때문이다. 그러나 이번에는 우리에게 익숙한 기호들을 새롭게 등장시켜 공통의 과거를 환기하면서 남북한의 동질성 기호로 새로이 활용되었다.

새로이 개발된 북한에 대한 새로운 기호자원들과 새로운 방식으로 사용된 기존의 기호들은 북한에 대한 고정관념과 인식을 바꾸었고 북한과 분단에 대한 패러다임을 근본적으로 전환하는 데 결정적인 기여를 하게 되었다. 만일 북한에 대해 축적된 기호자원이 전혀 없는 수용자가 이 생방송을 보았다면 단순한 정상외교의 평범한 이미지로 해독했을 것이다. 기호가 사용되는 사회적 상황과 사회적 실천의 맥락에서 기호자원이 생산되고 해독되는 방식이 고려되어야 하는 이유이다.

김예란의 연구는 멀티모달리티 분석 방법을 활용해서 전통 미디어 영역과 디지털 공간을 연계해서 여러 가지 장르와 양식, 그리고 그것이 담아내는 의미들을 상호 연관적으로 이해하고자 시도한다. 다양한 미디어와 수많은 텍스트 간에 서로 연계되어 상호텍스트적이며 하이퍼텍스트적으로 강화되는 디지털 담론 환경의 특징을 고려한 창의적 연구이다. 단일 양식, 단일 장르, 단일 저자, 단일 작품을 대상으로 이루어졌던 분석 방식을 탈피하고 기호학 분석이 지향은 하면서도 만족할 만큼 실현시키지 못했던 다양한 장르를 아우르는 작업을 시도하고 있다. 단일 텍스트 내에서도 문자, 이미지, 몸짓, 소리의 양식들이 멀티모드로 사용되는 양상을 다루면서 일관성 있는 의미구축의 측면만이 아니라 서로 간에 모순되고 충돌하는 관계에 대해서도 새로운 해석을 제시하고 있다. 이러한 멀티모달리티 접근 방식이 주목받는 이유는 다음과 같다.

첫째, 오늘날의 미디어 환경은 다양한 미디어들이 통합적으로 연계되는 멀티미디어적 성격이 강하며 그것이 일상화되다시피 하고 있다.

물론 고전적인 멀티-미디어로서 오페라와 연극과 같은 공연예술이나 건축과 같은 공간예술, 그림책과 잡지가 오래전부터 존재해왔다. 그러나 이러한 아날로그적인 멀티-미디어에서는 다수의 기호학적 양식들은 서로 다른 기호학적 양식들이 혼합되어 공존하는 '외양'을 가지는 것에 가깝다. 즉 지금의 디지털 체계에서 컴퓨터가 그러하듯이 동일한 미디어 언어(디지털의 경우에 0과 1이라는 디지트)에 의해 데이터화된 후 정보 저장-조직-처리-실행의 통합적 논리 안에서 연동되는 것은 아니다. 우리가 인터넷이나 스마트기기에서 일상적으로 접하는 텍스트는 존재론적으로 동일한 디지털화된 정보로 존재하되 그 표출되는 양식이 다양한 것이다. 그래서 우리의 작동방식에 따라 그 표출 양식의 변이와 재구성이 자유롭게 이루어진다. 즉 동일한 정보 체계에 속하는 데이터이기에, 상대적으로 멀티모드 텍스트의 구성과 변형은 상당한 유연성과 용이성을 지니고 효율적으로 이루어질 수 있다. 이런 환경에서 언어의 문법적 규칙을 넘어서며, 나름의 결과 질을 적나라하게 내보이는 생성적 텍스트에 속하는 언어들이 자유롭게 생성되고 표출될 수 있는 기술적 토양과 자원이 마련되었다고 할 수 있다.

둘째, 디지털 네트워크 현상에서 미디어 이용의 쌍방적인 수행성이 강화되고 있으며, 그 수행 주체로 일반대중이 대거 개입하고 있다. 매스미디어 환경에서는 저자 혹은 미디어 전문가가 텍스트를 생산하여 사회적으로 유포하는 일방향성이 주효했다. 그러나 오늘날 디지털 네트워크에서는 방식과 정도의 차이는 있을지언정, 다수의 이용자들이 텍스트 생산 혹은 재생산의 주체로 참여할 수 있는 폭이 매우 넓어졌다. 예컨대 트위터에서 단일 사안에 대한 무수히 짧은 발언들이 쉴 새

없이 수많은 논자들에 의해 쏟아져 나오고, 그 과정에서 새로운 이슈들이 돌발적으로 부상하며 담론 지형에 지속적인 변화를 가하고 있을 때, 텍스트의 시공간적 맥락, 개별 텍스트 단위 측정, 저자와 이용자의 위치와 기능 구분에 있어 과거의 문자텍스트 중심적인 방법론은 효용성을 잃게 되는 경우가 많다. 예를 들어 잡지 분석의 경우 과거에는 한 페이지의 광고사진을 분석 단위로 한다거나, 일정 기간, 특정 출판사에서 출간된 잡지들을 분석의 모집단으로 하며, 그중에서 특정 필자나 특정 주제를 핵심어로 하여 기사 분석을 한다는 식의 설정이 가능했다. 그러나 오늘의 담론 지형에서는 저자가 무수하기에 그들이 사용하는 담론 스타일과 양식 역시 이질적이며 다양한 자원들이 자유롭게 동원된다. 따라서 상대적으로 문법적 규정력이 강하여 획일적인 양식으로 통일되는 성격이 강한 문자텍스트에 관한 분석 방법론 대신 상이하고 복합적이며, 쌍방향 또는 다방향적이고 시간성(시간적 변형성)을 함축한 기호학적 양식을 해석할 수 있는 방법론이 요청된다.

셋째, 멀디모달리디 양식에 대한 관심은 서구의 문자언어, 특히 영어 중심으로 구축된 담론 질서 및 연구 전통에 대해 어느 정도의 문화적 다양성을 높이는 효과를 기대해볼 수 있다. 문화적 다양성이라는 주제가 새로운 것은 아니지만, 인터넷 환경에서 지구적 차원으로 전개되는 문화 유통과 소비 양상은 과거 매스미디어 환경의 그것과 뚜렷이 구분되는 경향을 보인다. 과거의 문화 소비가 개별 주권국가의 국경이라는 틀에 의해 한정되었으며, 국제적 문화 유통이라 할지라도 서구에서 비서구로 전파되는 일방성이 강했던 점을 부인할 수 없다. 반면 오늘날 인터넷 환경에서는 해당 국가의 정부나 주요 미디어 기업이 통제할 수 없는 범위와 방식으로, 대중이 자신이 원하는 콘텐츠를 찾아보고 변형하며 재구성하여 재유통하는 일이 일상적으로 펼쳐지고 있다.

크레스와 판 레이우헨에 의하면 언어중심적 담론 분석 방법은 텍스트를 '추상적'으로 '해석'하는 성격이 강하다(Kress & Van Leeuwen, 2001). 반면 멀티모달리티 담론 분석은 다양한 기호자원들의 색깔, 질감, 형태, 운동감, 리듬, 시공간의 개별 특수성뿐 아니라 그들 사이의 구체적인 연계성과 접합성을 고려한다. 따라서 분석에 있어 각 요소들의 감각성과 구체성이 중요하게 취급된다. 예를 들어, 집 인테리어 광고 메시지의 경우 단지 언어로 묘사한다면 '태양, 그늘, 물, 공기, 푸른색과 흰색으로 꾸며진 여름의 꿈'이라고 일반적이고 추상적으로 이야기되고 말 것이다. 그러나 이 언어적인 요소들이 푸른색과 흰색의 색조로 만들어진 의자와 커튼, 꽃과 꽃병들과 같은 실제 사물들이 응접실에 배치된 모습을 찍은 사진 이미지와 어우러진다면, 그 푸른색이 구체적으로 어떤 푸른색인지, 그것이 어떠한 소재의 옷감으로 구체화되어서 다른 질감의 그것과는 구별되는 어떠한 미적 효과를 가지고 오는지(푸른색 플라스틱 의자와 푸른색 린넨 시트로 만들어진 의자는 분명 다르다)와 같은 다감각적인 구체성을 확보하게 된다. 나아가 이러한 다수 양식을 확보한 기호자원들이 응접실이라는 특정한 사회적 의미를 지닌 공간 질서로 결합되고 배치됨으로써, 그 이미지 자체가 서양의 쾌적하고 낭만적이고 세련된 라이프스타일 같은 특정한 문화적 의미를 지니게 된다.

반대로 동일한 요소가 다른 질감과 형태와 조직 원리로 배치되었다면 전혀 다른 의미를 전달하리라고 어렵지 않게 상상할 수 있다. 예를 들어 열대 섬에 펼쳐진 푸른 바다와 빛나는 백사장, 그리고 밝은 태양과 물, 그리고 나무 그늘의 이미지를 상상해보자. 이 이미지는 탈일상성, 전근대적 원초성, 낯섦과 호기심을 자극하는 바캉스 여행 광고로 쓰일 수도 있고, 무인도에 난파당한 사람의 난감함과 무기력함, 고난을 표현하는 것으로 이해될 가능성도 있다. 위의 인테리어 광고와 무인도의 이미지는 문자언어로 기술된다면 동일하게 묘사될 수 있는 일반적 요소들을 공유하도록 구성되었음에도 불구하고, 그 시각적 조직의 방식 및 그들이 창출하는 감정적, 감각적 차이 때문에 서로 전혀 다른 의미를 지니게 되는 것이다.

디지털 미디어에서 중시되는 요소는 행위성, 특히 텍스트(콘텐츠)와 이용자 혹은 이용자들 간에 이루어지는 상호작용성이다. 대표적인 것이 컴퓨터 게임이다. 게임은 21세기 예술 형식의 핵심이 되리라는 전망이 나올 정도로 상호작용적 행위성이 강조되는 멀티모드적 콘텐츠이다(Kress & Van Leeuwen, 2001, p. 110). 크레스와 판 레이우헨은 「사이코 남성 살해자Psycho Men Slayers」라는 여성 전용 온라인 게임 분석 사례를 제시한다. 온라인 게임이 남성지배적이라는 사실은 익히 잘 알려진 사실이다. 여성 게이머에 대한 남성의 성희롱과 성폭력이 다반사로 발생할 뿐 아니라 어떤 게임은 여성 게이머 이용을 애초부터 금할 정도로(여자들과는 놀기 싫다는 심리) 온라인 게임은 여성 배타적이며 마초적이다. 「사이코 남성 살해자」는 이처럼 남성지배적 게임 문화로부터 배척당한 여성 게이머를 위해 새로운 형태의 상호작용성 방식이 개발, 응용된 '창안적' 콘텐츠다. 여성 게이머들은 아바타 키우기와 이름 붙이기를 통해 자신이 욕망하는 여성성에 관한 '가상적' 육체성 및 담론을 만들어낸다. 잔혹하고 거대한 무기로 장착한 '탱크 걸, 레이디 데스Lady Death'가 선정적이고 폭력적인 (마초의 여성적 적용) 여성성을 표현한다면, 청순한 이미지로 꾸며진 '엔젤'이나 '섹시 걸'들은 전통적인 여성미와 성애화된 매력을 강조하는 아바타들이다. 이렇게 온라인 사이트는 재현(드라마)과 상호작용(게임) 요소들을 새로운 방식으로 결합한다. 기본적으로 온라인 게임 사이트 그 자체는 '매스 미디어 신화와 유사한 욕망, 주제, 사고 들을 재현/극화/작동시킨다'는 점에서, 전통적 미디어와 다르지 않다고 볼 수도 있을 것이다. 그러나 소설이나 영화 같은 전통적 미디어가 동일시를 통해 모순의 '상상적 해결'을 제공하는 데 반해 게임은 그것을 '새로운 방식'으로 '실현시켜준다'는 점에서 전통적 미디어와 구별된다. 게임에서는 사용자들의 직접적인 '참여, 공동체, 공동 창조'의 기능이 필수적이라서 상상적 동일시가 아니라 가상적으로 참여하고 실현을 체험할 수 있게 되는 것이다(Kress & Van Leeuwen, p. 110).

그러나 '상상적 해결'과 '가상적 실현'이 과연 어떤 인식론적 차이를 지니는 것인지는 앞으로 규명해내야 할 과제이다. 이런 점에서 멀티모달리티 담론 분석에서는 의미의 재현 못지않게, 텍스트에 대한 상호작용적인 행위 방식 및 수행성의 효과가 중요하게 분석될 필요가 있다(선구적 연구인 Myer, 2003 참고). 수행성에 대한 분석이 축적되면서 둘 사이의 인식론적 차이를 규명하는 데 크게 기여할 수 있을 것이다.

4) 코퍼스 분석과 담론 분석 방법[4]

이 책에서 다루지는 못했으나 언급하고 넘어가야 할 방법론적 문제가 있다. 오늘날처럼 담론이 양적으로 넘쳐나는 상황에서 대용량의 자료를 담론 분석 방법이 어떻게 다루어낼 수 있느냐 하는 논의이다. 인터넷, 디지털, 모바일 기술의 발달로 사람들은 일상의 많은 소통을 디지털 미디어를 이용하여 행하고 있다. 특히 페이스북이나 트위터, 블로그, 온라인 커뮤니티를 통해 인간관계를 맺거나, 정치적, 사회적, 미학적 의견을 표출하는 일이 점점 많아지고 사회적 중요성이 높아지고 있다. 그리고 이 소통들은 많은 부분 디지털화된 기록으로 남는다. 담론 연구자의 입장에서는 연구 가치가 높은 언어적 데이터가 이전에는 상상할 수 없었던 양으로 축적되고 있는 셈이다. 또한 과거에 인쇄되었던 신문, 잡지, 도서 등 문헌자료들이 속속 디지털화되어 연구자료로 활용할 수 있는 언어적 데이터가 급속도로 증가하고 있다.

코퍼스 분석은 담론 연구가 이러한 대용량의 자료를 분석하기 위해 활용할 수 있는 대표적인 연구 방법 중 하나이다. 코퍼스 분석의 가장 큰 장점은 대용량 자료를 근거로 사용함으로써 담론 분석에 흔히 제기되는 일반화, 대표성, 신뢰도 등의 문제를 보완할 수 있다는 것이다. 예를 들어, 어떤 신문이 여성에 대해 성차별적인 언어를 어떻게 사용하는가를 보여주는 것뿐만 아니라, 그러한 언어 사용이 다른 신문에 비해 심각한 수준이라는 점을 밝혀내고자 할 때 대용량의 자료를 처리

---

4) 이 부분은 이범준, 김예란 교수가 함께 집필한 것임을 밝혀둔다.

하는 코퍼스 분석이 도움이 될 수 있다.

　현재 담론 연구에서 가장 많이 활용되고 있는 코퍼스 분석 연구는 특정 단어와 함께 출현하는 단어들(연어collocates)이나 문장 색인 concordances을 연구하는 방법이다. 함께 등장하는 단어를 연구함으로써 그 단어의 사용 패턴이나, 그 단어가 가진 함축의미나 가정을 밝힐 수 있다. 예를 들어, 칼다스-쿨타드와 문은 영국의 타블로이드 신문 코퍼스를 이용하여 각각 여성과 남성의 매력적인 몸을 나타내는 구어 형용사 '커비(curvy: 곡선의)'와 '헝키(hunky: 건장한)'의 문장 색인을 만들어, 연어들을 살펴본 결과 '커비'의 여성은 나이, 이름, 머리색, 출신지역 등으로 설명되는 데 비해, '헝키'의 남성은 직업과 역할, 속성으로 설명되고 있음을 보여준다(Caldas-Coulthard & Moon, 2010). 그들은 또한 "남자/여자man/woman" "소년/소녀boy/girl"의 네 단어 앞에서 이 단어를 한정짓는 수식어를 추출하고 관찰하여, 여성은 주로 외모와 섹슈얼리티로 평가되는 데 비해 남성은 주로 사회적 기능과 지위로 평가된다는 것을 드러낸다. 연어는 또한 어떤 사회적 대상이나 개념이 특정 공동체에서 긍정/부정적으로 수용되고 있는지 살펴보는 데 활용될 수 있다. 코테이코는 탄소 관련 합성어의 연어를 분석하여 블로거들이 '탄소 상쇄carbon offset'나 '탄소 배출권carbon credit'들의 신조어에 본래의 중립적, 준기술적인 뉘앙스를 담고 있는 단어들뿐 아니라, 부정적인 뉘앙스의 단어들(사기, 넌센스, 의미 없는, 어리석은)을 함께 자주 사용하고 있음을 관찰한다(Koteyko, 2010). 그는 이를 신조어에 대한 새로운 맥락의존적 함축의미가 시장 지향적인 기후변화 정책담론에 비판적인 온라인 집단에서 만들어졌음을 반영한다고 설명한다.

이 같은 연구들은 통계적인 연구는 아니다. 그러나 특정 단어와 함께 등장하는 단어들을 범주화한 뒤 이를 통계적으로 비교하는 것도 가능하다. 그렇게 한다면, 예를 들어 두 코퍼스 간 차이나 시계열적 변화 양상을 좀더 신뢰도 있고 일목요연하게 살펴볼 수 있다. 그러나 어휘의 범주화 작업은 사람들이 사용하는 단어와 어구의 수가 매우 많기 때문에 많은 시간과 노력을 필요로 한다는 단점이 있다. 코퍼스 언어학이나 전산언어학 등에서 축적되어온 기존 연구를 활용하거나 장기적인 공동 작업이 필요하다. 이는 코퍼스 구축과 활용 과정에서도 마찬가지인데, 대용량의 자료를 상대할 때는 단순해 보이는 데이터 수집과 가공도 전산 처리 기술을 활용하지 못하면 불가능하다.

소비자의 상품평, 네티즌의 정치인 관련 글들의 경우, 상업적 관심이 높기 때문에 이에 대한 코퍼스 연구가 상당히 진행되었다. 또한 심리학 분야에서 개인의 개성이나 심리적 상태를 분석하기 위한 연구도 높은 수준에 도달한 것으로 보인다. 언어학 분야의 연구 외에도 이러한 연구들을 참조한다면 큰 도움을 얻을 수 있을 것이다. 연어 분석 외에도 전체 어휘를 범주화하여 둘 이상의 코퍼스 간에 어휘 범주별 빈도 차이를 연구할 수 있다. 대표적으로 볼탄스키Luc Boltanski와 치아펠로Ève Chiapello는 일곱 개의 정당화 체계justification regime에 해당되는 어휘들을 범주화하고, 이 어휘들이 1960년대와 90년대 대중경영서에 어떤 빈도로 등장하는지 조사하여 1990년대 자본주의가 이전의 자본주의에 비해 연결성, 이동성을 강조하는 프로젝트 체계projective city와 창조성을 강조하는 영감 체계inspirational city에 보다 더 의존하고, 가내공업적 체계domestic city와 산업적 체계industrial city에 보다 덜 의존하면서 직장인들의 활동을 규제하고 있음을 보여준다(Boltanski & Chiapello, 2007). 코퍼스 분석만으로는 그 연구 결과 도출된 수치가 어떤 의미가 있는지 제대로 분별하기 어렵기에 코퍼스 분석과 담론 분석을 결합시키는 것이 담론 분석 연구자들의 중요한 과제로 대두되고 있는 것이다.

오늘날 전 지구적 디지털 자본주의 체제에서는 대용량 데이터의 상업적 활용을 목적으로 하는 대형 프로젝트가 종종 산학 협력적인 관계 안에서 적극적이고 공격적으로 이루어지고 있다. 이렇게 글로벌 자본과 데이터가 결합하여 구축해내는 거대 지식/권력 체계를 비판적으로 성찰하는 작업 역시 담론학자들의 책임으로 대두된다. 인터넷과 소셜 네트워크에서 발생하는 데이터는 양뿐만 아니라 속도, 다양성에서 개인 연구자의 인식 능력을 넘어설 정도로 거대하고 빠르고 복잡다단하다. 따라서 이러한 데이터에 접근하기 위해서는 엄청난 자본과 기술과 장치를 필요로 하며, 이런 일을 수반할 수 있는 것은 이미 기성의 지식·자본·정치 권력을 지닌 관산학 연합체인 경우가 대부분이다. 이 지식 추구의 연동 작용은, 엄청난 가치를 품고 있는 신생 지적 영역으로 개척되고 있으며 우리가 살아가고 있는 사회와 세계에 대해 무궁무진한 답을 제공할 수 있는 긍정적, 발전적인 면이 있다. 그러나 그에 못지않게 심각한 문제를 가지고 있다. 우선 데이터를 순수 연구 목적으로 활용할 때 이용자 개인과 집단에 대한 감시와 통제의 힘이 가해지는 문제점이 있다. 구글이나 페이스북의 데이터베이스에 무수한 개인 정보와 이용 현실이 저장되어 있다는 것은 공공연한 비밀이다(그 서버의 위치나 작동 원리는 대외적 비밀이다). 그것은 엄청난 상업적 가치를 지니고 있으며, 이것이 오늘날 디지털-인터넷 기업 가치의 지지 기반이기도 하다. 즉 데이터의 금융화, 화폐화가 전면적이고 일상적으로 진행되고 있는 것이다. 푹스Christian Fuchs가 지적하듯, 비판적 인터넷 연구가 필요한 지점이다(Fuchs, 2008). 또한 이러한 자발적 이용자들을 이용한 마케팅, 여론 형성 기업-연구소의 영향력에 대해서도 생각할 필요가 있다. 그들의 연구 결과에서 사회는 피상화, 추상화된다. 사회의 복잡성과 역동은 사라지고, 긍정-부정-중립, 찬성-반대와 같이 계량적인 데이터로 조정manipulation되어 활용하기 좋은 데이터로 변모되는 것이다. 안드레예빅Mark Andrejevic이 주장하듯 데이터 물신화 경향에서 인식론의 위기가 감지되기도 한다(Andrejevic, 2011). 이제 "이론은 필요 없다. 데이터가 모든 것을 말해줄 것이다"(Anderson, 2008)라는 식의 주장이 공공연히 말해지고 있다. 다량의 데이터들이 무궁무진하게 산출되는 조건에서는 이제 이론적 모델 구축 대신 데이터들 간의 상관관계를 기술하고 그에 따라 미래를 예측하는 것만으로 충분하다는 것이다.

이러한 분위기 안에서 의미론적이고 해석학적인 학문 분야의 무용론은 물론이고, 가설 설정 및 입증이라는 논리 구조를 따르던 경험론과 실증론도 무용한 것으로 평가된다. 거대 기업과 기관이 측정, 생산, 조정, 공표하는 빅 데이터와 메가 데이터의 통계학적 분석 결과가 나의 진실, 사회적 진실을 말해주는 권위를 독점하게 될지도 모른다는 위기감이 생기는 것은 지나친 피해의식일가? 그러나 데이터 중심적인 논리가 하나의 진리 체제로 구축되고 있는 경향은 분명해 보인다. 이러한 지식-권력 연동 체제에서, 어떻게 사회적 담론과 언어 작용이 데이터화하며 배치되고 가동되는지—고전의 시대에 푸코의 고고학이 아카이빙의 차원에서 그 작업을 했다면—그 데이터의 구조와 작동원리를 밝히는 것이 오늘날 디지털 환경에서 담론 분석자들이 수행해야 할 연구 분야가 될 수 있을 것이다.

5. 나가며: 건강한 사회적 담론 질서를 위하여

언어나 문화 장르는 세월을 거치면서 다듬어지고 체계화·구조화되면서 틀을 갖추게 된다. 그렇게 발달하다가 활력을 잃게 될 때, 혹은 그것이 (드러나게) 유연성을 잃고 억압적이 될 때, 혹은 권위와 신뢰를 잃을 때, 그것에 도전하는 새로운 언어와 담론이 등장한다. 새롭게 등장한 언어들은 견고해 보이는 담론에 충격을 가하고 그것을 무너뜨리거나 변모시키거나 서로 융합되는 현상을 보이기도 하면서 다양한 방식으로 새로운 형태의 담론을 발생시킨다.

1960년대 이후 1970~80년대에 이르기까지 우리 사회 담론 질서에서 주목할 만한 현상 중 하나는 제도권과 운동권의 담론 대결이었다. 두 진영의 담론은 여러 면에서 형태상으로는 유사점을 보인다. 예컨대 표어나 구호를 대국민 소구 수단으로 즐겨 활용한 점, 그리고 계도적 혹은 계몽적 소구 방식을 많이 사용했다는 점을 들 수 있을 것이다. 그러나 두드러진 차이점 역시 존재한다. 제도권 담론은 조국 근대화를 기치로 내걸고 숫자와 과학을 근대화와 발전의 척도로 간주하고 주된 설명의 틀로 활용했다. 이 점에서는 이전 자유당 정권의 제도권 담론과도 분명 구분된다. 제3공화국 정권의 상징처럼 된 경제개발 5개년 계획 같은 것이 대표적이고 이는 전문가들 사이에서만 유통된 특수 담론이 아니라 일반 국민들에게 끊임없이 설득과 동원을 위한 담론틀로 사용되었다. 숫자를 동반한 언어는 질서와 생산, 국가 발전, 국토방위 등 기능주의적 언어가 대부분이었다.

제도권 담론에 대응해서 등장한 운동권 담론은 정부의 표어와 형식상으로는 유사한 구호, 걸개그림, 대자보 같은 매체를 통한 소구 방식을 취했다. 그러나 수치적 인식이 아닌 정서적 인식을 유도하는 담론이 활용되었다. 동서고금을 망라하고 역사상 이루어진 모든 혁명과 변혁과 저항의 사건이 인용되고 표현 가능한 모든 저항과 전복, 해방의 언어들과 사회주의 이론, 민중 이론들이 동원된 담론들이었다. 그중 일부는 혁명 소설, 혁명가, 판소리, 사설, 노동요, 전통 연희 등의 문화적 형식으로 풍자와 해학, 저항적 감수성에 호소하기도 했다. 이를테면 '산업화' 담론과 '민주화' 담론 간의 대결이었다고 볼 수 있다. 이렇게 시작된 담론 대결은 보수 담론 대 진보 담론이라는 형식을 거치고 조금씩 변화를 거듭하며 오늘날까지 이어지고 있다.

1990년대에 폭발적으로 일어난 포스트모더니즘 문화 담론들이 모더니즘 담론에 충격을 가한 현상은, 새로운 담론이 기성의 담론에 변화를 가져온 또 다른 좋은 예다. 수세기 동안 견고하게 다져져왔고 의문의 여지 없이 진리의 위상을 지켜왔던 많은 모더니즘 문화 담론이 도전을 받게 된 것이다. 상당 부분의 이분법적 우열의 가치 분할의 토대위에 서 있었던 정치·경제·사회·문화·종교·젠더 등의 담론에 균열이 생겼다. 우리 사회에서는 주로 문화와 젠더 영역에서 특히 위력을 발휘했다. 오늘날 대중문화/고급문화 간의 구분, 전통적인 성역할과 성 정체성을 강변하는 담론들은 더 이상 '정치적으로 옳은' 담론으로 간주되지는 않는 듯하다. 물론 이로 인해 기성의 담론들이 완전히 붕괴되거나, 마치 포스트모더니스트들이 주장하듯이 모더니스트적 질서가 포스트모던적 상대주의로 바뀐 것은 아니지만 담론 질서에 많은 변화가 발생한 것은 사실이다.

그러나 그것이 제도권/운동권 담론 대결이건 모던/포스트모던 담론 갈등이건 간에, 그것을 이끈 핵심적인 주체들은 공통적으로 전문가 세계 내의 존재들이었다. 정치적 지향에 관한 것이든, 아니면 계몽주의와 반계몽주의의 대립에 관한 것이든, 그건 전문가들 사이의 담론 전쟁이었다. 그리고 아주 진지한 인식론적 논쟁 위에 기반을 둔 것이었다. 따라서 서로 다른 입장의 주체들은 그 이념이나 세계관에 있어서는 대척적이었으나 그것을 담론화하는 '방식'에서는 동일한 문법, 수사, 논리적 기준을 따르는 게임의 규칙을 공유했다고 볼 수 있다. 그 기준이란, 정도와 구체적인 실행 방법상의 차이는 있겠으나, 어느 담론주체이거나 언어의 진지성, 이성적이고 합리적인 설득, 객관성과 중립성을 표명하는 수사, 체계적이고 보편적인 논리를 '옳은' 담론의 요소로 중시했다는 것이다. 또한 이러한 담론적 가치 실현이 그 주체의 '정치적 옳음'을 증명하는 근거인 것으로 간주되었다.

반면 2000년대에 벌어지고 있는 담론적 도전은 지식과 전문성의 권위 그 자체에 대한 도전의 모습이라는 점에서, 이전의 담론 경쟁과는 뚜렷이 구별되는 양상을 보인다. 무릇 모든 튀는 것, 감성적인 것, 놀이적인 것, 오락적인 것에 대한 예찬이 넘쳐나는 현상, 그리고 실제로 많은 문화가 그런 성향을 띠어가는 모습은 마치 모든 가벼운 것의 승리를 보여주는 듯하다. 인터넷에 청소년들이 올린 이미지가 전문가가 고도로 다듬은 이미지보다 때로 더 큰 인기를 얻고, 인터넷 게시판에 실리는 보통 사람들의 길지 않은 글들이 사회생활 전반에서 알게 모르게 영향력을 발휘하고, SNS의 외마디 같은 짧고 즉흥적인 담론들이 여론을 좌우한다. 물론 이 대열에는 저명한 전문 인사들도 때로 가담하지만 그들의 담론은 더 이상 그들을 키워온 전문가들의 담론 형태가 아니다. 우리 사회에서는 이런 담론 지형의 변화가 보수, 진보의 정치적 투쟁과 맞물리면서 그 임팩트가 정치적인 것으로 보이도록 하는 착시 현상을 일으키기도 한다. 인터넷 세상을 메우고 있는 수많은 텍스트들은 보통의 비전문가들이 생산한 것들이 월등하게 많다. 이 중에는 전통적인 가치의 기준에서 본다면 무가치해 보이는 것들도 많다. 그러나 때로는 전통 있는 신문에 수십 년의 전문성을 겸비한 전문인들이 쓴 무게 있는 글보다 더 큰 영향력을 갖기도 한다. 인터넷 같은 디지털 문화가 발달하면서 가장 큰 타격을 받은 것은 전문가적 담론을 형성하는 두꺼운 언어의 세계이다.

얇은 언어의 등장을 지적한 연구들, 얇은 언어들을 의미 있게 바라보고 연구의 대상으로 주목하게 되는 것은 그런 이유에서이다. 얇은 언어들의 상징적 공백을 채우고 들어서는 것은 감성의 영역이다. 언어나 담론은 의미로만 소통하는 것은 아니다. 감각, 느낌, 감정, 무의식 등은 명백히 잡히지는 않지만 상징적 의미 못지않게 중요한 역할을 하며 상징적 의미와 반드시 연결되지 않은 방법으로—때로는 독자적이거나 그 의미에 오히려 균열을 가하는 방식으로—우리에게 다가오기도 한다. 아폴론적 측면에 관심을 두어온 이제까지의 담론 연구는 디오니소스적 측면, 생성적 텍스트 측면의 분석 개발에도 관심을 두어야 할 것이다. 가볍고 뜻 없어 보이는 현재의 것들이 내일의 문화를 예고하는 것일 수도 있기 때문이다. 권위 있는 전문가 혹은 공신력 있는 소스로부터 나온 진지한 주장, 엄숙한 발언만이 아니라 가볍고 무책임한 놀이 같은 말들, 변덕스러운 가장, 과장, 척하기 같은 담론 행위도 주목해 보아야 할 대상이다. 수행성 연구는 그런 의미에서 중요해 보인다. 특히 그것이 사회적으로 의미 있는 흐름을 형성할 때는 단지 지나가는 바람으로 무시할 일은 아니다. 사회적으로 의미 있는 흐름이란 그것이 생산되고 향유되는 사회구조적 변화와 긴밀한 연관성이 있는 경우를 말한다. 그런 경우 그 언어적 겉모습은 바뀌고 지나가 사라지는 듯 보일지 모르지만, 그것이 시작된 근원으로부터 뿌리 뽑히거나 고사하는 것은 아닐 수 있다. 오히려 새로운 모습으로 성장해나가는 경우가 많다. 담론 분석은 바로 그 연관성 여부를 밝혀내는 작업이기도 하다. 그러므로 겉으로는 가볍고 무의미해 보이는 것들이 중요한 사회적 변동의 징후나 결과가 아닌지를 밝혀내는 작업을 수반할 때, 비로소 덧없어 보이는 것들의 진짜 정체를 알아볼 수 있게 된다. 그 얇고 가벼우며 육체성이 강한 말들의 현상을 무시해도 좋은 것인지, 심각하게 살펴야 할 것인지 판단을 내릴 수 있는 것이다. 지금까지 담론 분석 방법은 두꺼운 담론, 지배적 담론 분석을 위한 틀 중심으로 개발되었다. 이에 문화적 변화에 부응하는 새로운 접근 방법이 요구된다.

그러므로 나날이 복잡다양해지는 담론의 네트워크 상황에서, 더욱 다양한 방식으로 추진되는 두꺼운 혹은 얇은 담론들의 양식, 체계, 의미작용 수행 방식의 원리 및 효과 그리고 이처럼 서로 다른 담론 양식들 간에 맺어지는 조화 혹은 부조화 관계, 접합 혹은 탈구의 효과 등을 면밀히 파악하는 작업의 필요성이 더욱 커지고 있다.

얇은 언어의 활동성과 영향력이 점차 증대한다면, 두꺼운 언어는 어떤 운명에 처하게 될까? 얇은 언어의 도전에 무너지게 될까, 아니면 변화하는 문화 환경에 대응하기 위해 독자적인 작동 원리를 개발함으로써 자신의 효능성을 강화하게 될까? 과연 얇은 언어는 생성과 부흥의 기세를 계속 유지해나갈까? 혹은 제3의 가능성이 있을까? 또한 각각의 경우 그 현상이 의미하는 것은 무엇이며, 어떠한 문화적, 정치적 효과를 우리 사회에 가지고 올까?

단언하기는 섣부르지만, 두꺼운 언어와 얇은 언어의 공존은 가능할 것으로 전망된다. 어쩌면 두꺼운 언어와 얇은 언어가 반드시 대적하는 관계로만 존재하는 것은 아닐 수 있다. 우선 존재론적으로 볼 때 두꺼운 언어를 이루는 층층은 얇은 언어의 결들이 쌓여서 만들어진 부분이 상당할 것이다(예컨대 바흐친의 문학비평에서, 하나의 소설은 다수의 민중(대중)의 목소리들이 다성적으로 혼합되어 만들어진 것으로 설명된다. 또한 상호텍스트성에 대한 이론은, 하나의 텍스트가 수많은 다른 텍스트의 결들이 엮이어 만들어지는 것임을 알려준다). 그렇다면 두꺼운 언어는 얇은 언어를 먹고 자란다고 할 수 있으리라. 얇은 언어 역시 두꺼운 언어를 근간으로 하여 그로부터 파생해나가는 경우가 대부분이다. 주로 완전한 무에서 생성된다기보다는 두꺼운 언어를 뿌리와 바탕으로 두고 그로부터 싹트거나(인용과 스크랩의 방식으로 블로그를 쓰는 경우), 아니면 그 두꺼운 것을 대항의 목표로 삼아 그것을 비틀거나 그로부터 일탈하고 반발하는 방식(패러디의 경우)으로 대중은 자신의 얇은 언어들을 만든다. 그래서 대중의 얇은 언어는 많은 경우, 창조하는 독창성보다는 조합과 변형의 독창성이 두드러진다. 이미 있는 자원(즉 두꺼운 언어)을 자신의 입맛대로 왕성하게 먹어치우고 흡수하여 소화함으로써 새로운(혹은 조금씩 다른) 형태로 성장, 번식해가는 순발력과 생장력이 뛰어나다. 이처럼 두꺼운 언어와 얇은 언어는 이질적이지만 상호 형성적이고 상호 보완적인 성격을 지니므로, 하나는 다른 하나에게 있어 필수불가결한 존재다.

또한 기능론적으로 본다면 얇은 언어는 직접적이고 가볍기에, 발화 전에 깊은 사고를 거치거나 발화 후에 성찰적인 되새김을 하는 성질은 상대적으로 약하다. 얇은 언어의 발화는 곧 행위 자체로 기능하고 그 행위 자체로 진정성의 의미를 획득하게 되는 수행적 언어일 것이다. 반면 두꺼운 언어는 발화 순간에는 물론이고 그 전후에 깊은 사고와 긴 반성의 시간을 갖는다. 미리 목표를 고민하고 그에 적절한 효과를 최대한 잘 성취하기 위한 예측과 설계 작업에 몰두하며, 발화 이후에도 지속적인 검토와 수정을 해나가는 반성의 과정을 밟아나간다.

이처럼 두꺼운 언어와 얇은 언어가 서로 판이하기에 오히려 역설적으로 공존할 수 있을 뿐만 아니라 더욱 중요하게는, 함께하지 않을 수 없는 필연성이 생긴다. 얇은 언어는 두꺼운 언어가 그 큰 무게 때문에 미처 포착하거나 표현하지 못하는 대상과 의미를 놀라운 순발력과 사실적인 어감으로, 투명하고 즉시적으로 말할 수 있다. 반면 이러한 본능적이며 직접적인 얇은 언어들에 귀 기울이고, 그들을 폭넓게 채집하며, 특정한 논리와 관점에 따라 배치·분리·연결함으로써 개별적인 얇은 의미들이 (때로는 얇은 언어의 발화자조차 미처 자각하지 못한 의미들까지도) 말하고자 하는(했던) 바를 관계적이고 누적적인 차원에서 읽어내는 일, 그럼으로써 그 개별적인 얇은 언어들의 함의를 구성하고 설명하는 일이 두꺼운 언어의 중요한 기능이 될 수 있을 것이다. 이러한 담론의 조직화와 역동의 과정에서 얇은 언어의 생성적 텍스트들이 두꺼운 언어의 현상적 텍스트로 쌓이고 엮임으로써, 현실적인 사회적 담론으로 체현되고 가시화될 수 있다. 그리하여 자칫 자폐적으로 고착하거나 유연성을 잃을 위험이 있는 두꺼운 언어에 얇은 언어가 지속적인 자극과 생명력을 부여하는 역할을 할 수도 있을 것이다.

어느 사회이든 그것이 존속하기 위해서는 구성원들이 행하는 무수한 크고 작은 담론들에 대해 그 의미를 이해하고 설명하는 기능을 누군가가 담당해야 한다. 이러한 비판적 성찰, 해석, 형성의 담론적 역할은 두꺼운 언어가 맡을 수밖에 없을 것이다.

얇은 언어의 부상은 전문가들이 지배해온 말들의 세상 속에서 일반 대중들이 비로소 자기 말의 영역을 만들어나오기 시작한 현상으로 볼 수 있을 것이다. 지배적 담론들은 얇은 언어의 세계에서 권위주의, 위계성, 억압성, 허위성, 배타성의 이유로 풍자와 비판의 대상이 된다. 얇은 언어들은 일탈적이고, 무책임하고, 파괴적인 공격성의 문제가 취약점으로 지적받고 있다. 두꺼운 언어와 얇은 언어의 만남을 통해 서로의 부정적인 성격들이 상호 충돌 속에서 필요하고도 유용한 만남으로 승화될 길을 열 수 있어야 한다. 현실적으로 중요한 관건은 이처럼 서로 다른 성질과 기능의 언어들이 상보적으로 자리 잡고 행해질 수 있는 생태계로서 건강한 사회적 담론 질서가 마련되는 일이다.

두꺼운 언어의 세계

재현과 미디어 담론

고대 영웅에 대한 상상적 기억
: TV사극 「선덕여왕」

손 병 우

「선덕여왕」은 사극일까? 이 질문은 이 글의 탄생을 지연시켰다. 그 덕택에 참고할 글들이 많아졌고, 한 걸음쯤 천천히 간다 해도 그리 늦는 것이 아님을 알았다.

「선덕여왕」은 사극이고, 변화 과정에 있는 TV담론을 보여준다. 주인공 덕만과 유신은 신라 삼국통일의 시동을 건 주역들일 수 있다. 그런데 어쩌면 이요원과 엄태웅의 극 중 이름일 따름인지도 모른다. 드라마 속 덕만과 미실의 대립은 역사의 현대적 복원일 수 있다. 그런데 미상불 현실의 정치 정황에 대한 삐딱한 발언을 짐짓 아닌 척하기 위한 코스프레일 가능성이 더 크다.

「선덕여왕」은 가벼운 두꺼움, 얄팍한 무거움이라는 두 가지 이율배반을 말쑥한 모습으로 보여준다. 그리고 시청자에게 질문을 던진다. 현대인이여, 우리는 거인의 어깨 위에 올라탄 난쟁이가 아닌가! 고대인의 꿈, 그 기억, 다 어디 갔어?

두꺼운 언어를 벗겨봤다. 그런데 벗겨낸 언어들이 얇지 않다. 이는 1980년대
산 연구자의 한계일지 아니면 미덕일지, 생각 중이다.

1. TV사극: 역사와 드라마의 만남

TV사극에는 역사와 드라마라는 서로 모순된 두 개의 개념이 결합되어 있다. 과거의 사실을 객관화시키는 것이 역사라면, 있을 법한 허구를 작가가 주관적으로 꾸며낸 것이 드라마이다. 이러한 사실과 허구, 객관과 주관이라고 하는 상호 모순된 속성들이 서로 뒤섞여 결합하고 있기 때문에 사극을 둘러싼 수많은 논의들이 시작되었다고 볼 수 있다.

가장 전형적인 논의들은 세 가지 범주로 정리된다. 첫째, 복식이나 건물, 식생활 등의 고증 문제는 꾸준히 논의되는 사항이다. 이는 역사적 사실을 드라마가 얼마나 충실하게 재현하느냐에 초점을 맞춘 것으로서 각 전문 분야의 연구 성과에 따라 개선되고 있다. 둘째 범주는 사극에 등장하는 인물이나 사건의 실존 여부와 같은 사실 관계에 대한 지적들이다. 가령 「허준」[1]에서 스승으로 나오는 유의태가 시기적으로 허준 이후 사람임을 지적한다든가(이상곤, 2009), 「선덕여왕」에서 속함성 전투를 승리로 이끈 인물로 나온 설원랑이 사실은 그때 이미 사후임을 지적하는 등이다(김종성, 2009). 셋째, 역사적 사실의 왜곡에 대한 비판들이 있다. 역사관의 왜곡과 비논리성(이덕일, 2001), 문학적 상상의 한계를 넘어서는 통속적 오락화(박광용, 1989) 등에 대한 비판이 여기에 해당한다.

첫번째 범주는 사실 그대로의 재현이라는 '역사' 쪽 요구를 '드라마' 쪽에서 충실히 반영하고자 하는 영역이다. 사극 제작진은 역사 드라마로서의 품질을 입증하는 요소로서 얼마나 충실한 고증에 입각하여 시대상을 재현하고 있는지를 강조한다. 두번째 범주에서는 과거 사실의 변형이 있지만 그 변형은 드라마를 위해 용인할 만한 수준의 것들이다. 하지만 세번째 논의들은 그 변형의 허용 한계를 넘어선 데 대해 비판하거나 장르적으로 사극은 역사와 무관한 드라마일 뿐이라는 좀더 완고한 태도를 보인다. 작가의 상상에 의한 창작의 허용 범위는 이 두번째 범주와 세번째 범주 사이에 경계선이 설정되고 있다.

1) 사실성과 허구성의 안쪽 경계선

사극의 유형을 구분하려는 시도는 역사와 드라마의 만남으로 인해 빚어지는 이런 논란들을 정리하고자 추동되었다고 볼 수 있다. 조보라미는 사실과 허구를 양축으로 하여 역사소설을 세 가지로 분류한다.[2]

---

1) 최완규 극본의 「허준」(1999)은 1972년과 1991년에 방송된 이은성 극본의 「동의보감」을 저본으로 하여, 후반부 의녀 이야기 등을 새로 창작한 것이다.
2) 사실과 허구의 만남이라는 점에서 역사소설에 대한 분류는 참고할 만하다.

기록적 역사소설, 가장적 역사소설, 창안적 역사소설이 그것들이다. 기록적 역사소설은 역사적 사실 관계가 뚜렷해 텍스트의 사실-효과는 텍스트의 외적 원천에 의해 형성된다. 가장적 역사소설은 역사나 야사의 인물을 주인공으로 하여 역사에 대한 물음을 유지하는 것으로서 역사적 기대지평과 소설의 관습적 기대지평을 나누어 가진다. 창안적 역사소설은 완전한 허구로서 소설의 관습적 기대지평만 갖는다(조보라미, 2009, pp. 525~26). 주창윤은 역사 드라마에서 역사성을 강조하느냐 허구성을 강조하느냐에 따라 네 가지 서술방식을 구분한다. 기록적 역사 서술방식, 개연적 서술방식, 상상적 서술방식, 허구적 서술방식이 그것들이다. 여기서 특징적인 것은 앞의 가장적 역사소설에 해당하는 범주를 개연적 서술과 상상적 서술로 세분하고 있는 점이다. 역사적 개연성과 허구성의 관계에서 중심을 개연성 쪽에 두면 개연적 서술이고, 허구성 쪽에 두면 상상적 서술로 본다(주창윤, 2004, pp. 174~75).

그런데 지금까지 한 논의들은 모두 사실과 허구가 부딪치는 안쪽 경계선 획정에 초점을 맞춘 것들이라고 할 수 있다. 역사적 사실과 작가의 상상 사이에서 작가의 상상이 역사적 사실을 어떻게 또 얼마나 침범하는가를 기준으로 삼고 있다. 그 기준에서 역사적 사실을 드라마로 잘 구현하고 있는지, 아니면 변형과 왜곡이 이루어지고 있는지를 판단한다. 그래서 앞에서 소개한 사극과 역사소설의 유형 분류는 장르 내적 분류로서 그 의의를 가진다. 주창윤은 그의 네 가지 유형 분류에서 기록적 역사 서술방식에 해당하는 역사 드라마들이 역사 다큐멘터리로 편입되어 이제는 그런 유형의 사극을 볼 수 없다고 한다(p. 181). 이는 의미심장한 관찰이다. 이렇게 사극의 유형 가운데 하나가 다큐멘터리로 편입되었다면, 그것을 사극의 유형 분류의 한 범주로 포함시켜도 되는 것일까?

　다큐멘터리는 사실을 있는 그대로 재현하는 것을 목표로 삼는다. 하지만 대상에 대한 영상을 확보할 수 없는 경우, 다큐멘터리는 양식적 유연성을 취해왔다. 그 가운데 대표적인 것이 드라마 양식이다. 특히 역사 다큐멘터리의 경우, 재현 대상은 이미 소멸된 과거이다. 영상을 확보할 수 없는 과거의 사실을 재현하고자 할 때, 다큐멘터리는 드라마 양식을 차용한다. 그런데 이처럼 역사를 재현하기 위해 드라마 양식을 차용한 것을 사극이라 부르지는 않는다. 이런 양식을 우리는 다큐드라마(또는 드라마 다큐)라 부르고, 그 장르는 다큐멘터리에 포함시킨다(Paget, 2004; Rhodes & Springer, 2005). 여기서 우리는 사극의 바깥쪽 경계선 또한 숙고할 필요가 있다.

2) 사실성과 허구성의 바깥쪽 경계선

　범박하게 말해서 사극은 역사가 아니고 드라마이다. 하지만 사실 구속성이 크다는 점에서 일반 드라마와 다르다. 사극은 역사적 사실에 의해 조건화된 드라마이지, 역사의 재현물이 아니다. 즉, 사극은 역사와 드라마의 교집합이기도 하지만, 역사적 사실에 대한 의존성이 큰 드라마이기도 하다. 역사적 사실 쪽에 무게중심을 두느냐, 아니면 허구적 창작 쪽에 무게중심을 두느냐에 의해 사극 장르의 내적 유형을 분류할 수도 있지만, 사극의 성격을 더 분명하게 이해하기 위해서는 사극에 허용되는 사실의 한계와 허구의 한계에 대해서도 논의해야 한

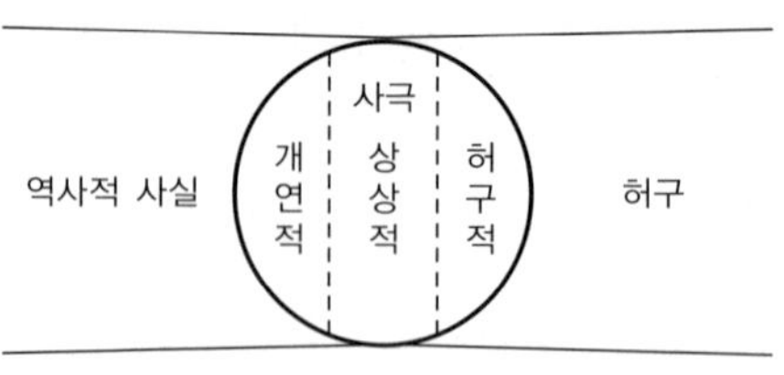

사극의 바깥쪽 경계선과 안쪽 경계선

다. 여기서 우리는 사극의 바깥쪽 경계선을 생각해볼 수 있다.

사극은 그 바깥쪽으로 두 가지 경계선을 두고 있다. 하나는 사실성의 경계선이고, 또 하나는 허구성의 경계선이다. 사극이 아무리 역사적 사실에 바탕을 두고 있다고는 해도 사실 그 자체를 전달하지는 않는다. 우리가 사극에 사실 그 자체일 것을 요구한다거나, 또는 사극이 스스로 사실의 재현임을 표방한다면 그것은 사실성의 바깥쪽 경계선을 넘어선 것이다.

드라마 「허준」에는 허준이 각종 병증을 처방하고 치유하는 장면들이 많이 나온다. 드라마에서는 그때마다 마치 한방상식을 전달하듯 그 내용들을 자막으로 전달했다. 「대장금」에서는 각종 궁중요리를 조리하는 장면들이 나왔고, 현실에서 그것은 일종의 레시피처럼 받아들여졌다. 매실이 대표적인 예가 되는데, 「허준」에서 매실이 역병에 효험이 있는 것으로 그려지고, 「대장금」에서 매실 장아찌 담그는 장면이 방영된 이후 현실에서 매실 철이 되면 매실 판매가 급증했다.[3] 이는 드라마가

---

3) 농촌진흥청 블로그 기사(2011. 3. 28)에 실린 매실 재배업자의 인터뷰를 보면 드라마 「허준」의 사회적 영향을 알 수 있다. "예전엔 매실을 재배해도 팔 데가 없어서 버리기도 했어요. 그러던 와중에 드라마 「허준」에서 그 효능이 알려져 점점 수요가 늘게 되었어요." 또, 삼성경제연구소 발표 2000년대 10년간 히트 상품 가운데 매실음료가 포함돼 있고(『디지털

그저 지어낸 이야기로 소비되고 마는 것이 아니라, 그 경계선을 넘어 현실과 직접 만난 현상으로 해석된다. 드라마 속 허준의 처방이 현실의 시청자들에게 직접 전달되는 이런 현상은 드라마 속 여주인공이 착용한 액세서리가 좋아 보여서 나도 한번 해보는 수준을 넘어서는 것이다. 또 다른 예로 드라마 「춤추는 가얏고」(1990)와 연관된 파문을 들 수 있다. 드라마가 방송될 당시 어느 대학교 국악과 학생들이 방송사 앞에 와서 항의시위를 한 적이 있다. 그 이유는 부정적 이미지로 나오는 국악과 교수가 그 대학교의 특정 교수를 지칭하는 것으로 오인되었기 때문이다(손병우, 2007, p. 29). 이 사건도 드라마의 사실성의 경계선을 넘어선 인식 때문에 빚어진 것이다. 드라마의 사실성은 내용 속에 다루어지는 소재가 실존하는 특정 인물이거나 사건이어야 확보되는 것이 아니다. 드라마는 기본적으로 허구이지만 현실과의 구조적 유사성 때문에 담론적 사실성을 획득하게 된다. 「춤추는 가얏고」 파문에서 보이듯이 그 드라마가 담고 있는 국악에 대한 주제 의식에 대한 반론이 아니라, 특정 인물이나 사건을 현실에 대입시켜 반발한 태도는 드라마의 사실성의 경계선을 이탈한 것이다.

드라마의 허구성의 경계선도 사실성의 경계선만큼 중요하다. 사극이 역사 그 자체가 아니라고 해서, 즉 꾸며낸 이야기라고 해서 작가에 의한 상상의 자유가 무한정 허용되지는 않는다. 가령 백제에 의해 신라와 고구려가 패망했다는 설정이 받아들여지기 어려운 까닭은 그것이 허구성의 경계선을 넘어갔기 때문이다. 사료의 구속으로부터 더 자유

타임스』, 2011. 1. 26), 드라마 「대장금」에 나온 요리들로 구성된 '팔도 대장금요리'가 남북정상회담에서 제공되기도 했다(『연합뉴스』, 2007. 10. 7).

로운 상상을 행하는 이른바 퓨전 사극들도 허구성의 경계선을 넘어서
게 되면 시청자의 공감을 사기 어렵고, 더 이상 사극으로서의 정체성
을 유지할 수 없게 된다.

　사극의 바깥쪽 경계선에 대한 인식을 통해 우리는 사극에 허구가 개
입되는 방식을 세 가지로 볼 수 있다. 첫째는 '행간 메우기'이다. 사료
에는 워낙 중요한 사항만 간략하게 기록되어 있을 뿐이다. 그것을 토
대로 하여 행간의 빈 공간을 작가의 상상을 통해 만들어진 이야기로
메우는 것이다. 둘째는 '사실의 배제'이다. 기록이 있음에도 불구하고
사극에서는 배제되거나 조명받지 못하는 사실(사건과 인물)들이 있다.
셋째 방식은 '사실의 변형'이다. 이것은 시간 순서, 인물의 역할, 그리
고 사실 관계 등을 기록과 다르게 바꾸는 것이다. '행간 메우기'는 기록
의 빈자리를 메우는 보완 작업으로서의 성격을 띠지만 단순한 보완에
머물지 않는다. 언어양식과 행동양식을 통해 등장인물에게 특정한 성
격을 부여한다거나, 하위 에피소드들의 창작을 통해 사건의 배경을 이
해하는 관점이 개입될 수 있다. '사실의 배제'는 작가에 의해 이루어진
선택 작업이다. 여기서 배제된 것들은 작가가 의도한 의미의 흐름에
장애가 되기 때문이거나, 또는 선택된 것을 부각시키기 위한 장치일
수 있다. '사실의 변형'은 이야기 구성에 더 주안점을 두고 행하는 작가
의 창조적 자유에 해당한다. 사건이나 인물의 등장 순서의 변경, 등장
인물의 역할 교체, 사실 관계 뒤바꾸기 등 허구성의 경계선 위에서 행
하는 창작은 역사적 사실의 왜곡 혐의를 감수하면서 이루어지는 만큼
가장 적극적으로 작가의 의도를 드러내줄 수 있다.

　이러한 '메우기'와 '배제'와 '변형'은 허구fiction를 만들어내는 장치들이

지만, 정서적으로는 오히려 리얼리티를 성취해내기 위해 필요한 작업들이다. 과거는 로웬덜David Lowenthal이 말하듯 낯선 나라다(Lowenthal, 1985). 과거가 마치 외국처럼 낯설게 느껴지는 까닭은 무엇일까? 레이먼드 윌리엄스Raymond Williams는 '체감felt sense' 때문이라고 답한다.

우리가 실질적으로 전반적인 사회 조직을 안다고 할 수 있는 것은 우리 시대, 이곳뿐이다. 〔……〕 과거의 시대를 연구하는 데서 가장 포착하기 어려운 것은 바로 〔……〕 체감하는 것이다. (Williams, 1961, p. 63)

허구화의 작업, 즉 역사가 드라마화할 때 이루어지는 작업인 '메우기'와 '배제'와 '변형'은 시청자(독자)들에게 낯선 과거를 체감하게 해준다. 물론 사극에서의 체감은 작가의 상상의 경로를 따라 이루어지는 것이고, TV 화면에 비춰진 이미지를 통한 상상적 체감이다. 즉, 사극은 작가의 상상 그리고 시청자의 상상의 구현체이다. 따라서 이 세 가지 허구화 방법, 즉 사극의 상상에 대한 분석을 통해 우리는 사극의 의미를 해석하는 하나의 방법을 찾을 수 있다. 작가에 따라 역사의 극화가 달라질 수 있고, 시청자(독자)들의 체감이 달라질 수 있는데, 그것은 이 세 가지 허구화 방법의 차이에서 비롯된다.

2. 역사의 드라마화: 「선덕여왕」

역사를 TV드라마로 다시 쓴다는 것은 작가의 상상이기도 하고, 시청자의 욕망을 지향한다는 점에서 시청자의 상상이기도 하다. 2009년에 방송된 「선덕여왕」은 평균 시청률 35.4퍼센트, 최고 시청률 44.9퍼센트에 이를 만큼 큰 인기를 끌었다.[4] 이런 높은 시청률은 이 드라마가 보여준 한국 고대사에 대한 상상적 이미지가 현대 한국인들의 정서적 교감을 이끌어냈음을 말해준다. 이외에도 「선덕여왕」은 역사의 드라마화의 특징을 보여줄 수 있는 텍스트 내적 요소들을 지니고 있으며, 현대인들에게 낯선 고대의 상황을 체감하게 하는 이미지들을 풍부하게 담고 있다. 또한 사료에 기록된 내용에 바탕을 두되 그 행간에서 과감하고 자유분방한 상상을 하고 있고, 등장인물들의 행위와 관계를 개인, 집단, 시대의 세 층위에서 해석할 수 있도록 플롯이 잘 짜여 있다.

　이 글은 드라마 「선덕여왕」을 두 단계로 분석하고자 한다. 첫째는 드라마화 방식의 분석이다. 이 분석을 통해 드라마 「선덕여왕」에서 '메움'과 '배제'와 '변형' 작업이 어떻게 이루어지고 있고, 그 작업의 효과가 무엇인지에 대해 논의할 것이다. 두번째는 플롯 분석이다. 드라마 「선덕여왕」의 플롯과 그 층위를 분석함으로써 앞에서 분석된 사항들이 어떻게 유기적으로 조직화되고 있는지를 파악할 것이다.

1) 기록의 행간 메우기

　사극 작가에게 사료의 부족은 양면성을 띠는 조건이다. 시대가 조선왕조 이전으로 거슬러 올라가면 사료의 부족으로 행간이 매우 넓어진

---

4) TNmS의 조사 결과 「선덕여왕」의 시청률 순위는 2000년대에 방송된 드라마 가운데 8위, 사극으로는 4위에 해당한다(『한국일보』, 2011. 7. 5).

다. 부정적으로 본다면 이는 이미지를 구현하는 데 필요한 재료의 부족을 뜻한다. 소설과 달리 드라마는 복식이나 건축양식, 생활 도구는 물론이고 군신 간에 갖춰야 하는 격식, 공식 업무에서의 행동양식과 일상생활에서의 습속을 시청자 눈앞에 보여줘야 한다. 이런 것들이 제대로 제시되지 않으면 시청자들의 체감을 불러일으키기 어렵다. 하지만 사료의 부족이 사극을 만들 때 꼭 약점으로만 작용하는 것은 아니다. 역사의 기록물은 사극 작가의 상상력을 자극하고 이야기의 큰 틀을 제공한다. 사료가 많다는 것은 이야기를 구성하고, 상상을 이어가는 데 필요한 재료가 풍부하다는 것을 뜻하기도 하지만, 역으로 상상을 구속하기도 한다. 사료가 적다는 것은 상상의 공간이 그만큼 넓다는 것과 발언의 부담이 그만큼 감면된다는 것을 뜻한다. 따라서 「선덕여왕」처럼 신라시대를 배경으로 하는 드라마의 경우 『화랑세기』 같은 위작 의혹을 받고 있는 자료들을 적극 활용하는 것도 허용된다.

「선덕여왕」을 통해 본 사극에서의 '행간 메우기' 작업은 네 가지 기능으로 분류된다.

내러티브 구조 설정

「선덕여왕」에서는 두 가지 구조를 기본 축으로 삼고 있다. 첫째, 선덕여왕과 미실 사이에 설정된 인물 간의 대립구조이다. 선덕여왕은 사료에 기록된 실존인물이지만, 그 대립항인 미실은 『화랑세기』에만 등장하는 인물이다. 둘째는 사건 구조이다. 「선덕여왕」은 드라마 전체에 걸쳐 '어출쌍생 성골남진御出雙生 聖骨男盡'이라는 예언이 사건의 기본 구조를 이룬다. 이 말은 신라 왕실의 예언으로, 왕실에서 쌍둥이가 태어나면 왕족 남성의 씨가 마른다는 뜻이다. 『삼국유사』에는 드라마 「선덕여왕」의 시대적 배경인 신라 진평왕 때 실제로 성골 남성의 대가 끊겼고, 이는 여왕 즉위의 현실적 조건으로 작용했다는 기록이 있다(김선주, 2009, p. 315; 김종성, 2009). 하지만 덕만(선덕여왕의 이름)이 쌍둥이로 태어났고, 그 점이 문제가 되었다는 기록은 없다. 따라서 여기서 행간 메우기는 전체 내러티브 구조 속에서 위기와 복선을 제공하는 기능을 하고 있음을 알 수 있다.

「선덕여왕」에서 행한 가장 과감한 상상은 '어출쌍생' 예언으로 신생아인 덕만이 왕실에서 버려졌고, 멀리 타클라마칸 사막에 있는 어느 주점에서 성장했다는 설정이다. 이는 덕만 대 미실의 대립구조를 성립시키기 위한 것으로 볼 수 있다. 드라마에서 미실은 고도의 정략가이자 정치 실세로 설정되고, 덕만은 그에 대적하는 역할을 부여받는다. 타클라마칸 시기는 덕만이 그런 인물로 성장하는 데 필요한 요소들을 학습하는 시기이다. 그래서 그녀는 중국어와 라틴어에 능통하고, 무역 상인들과 접촉하여 경제에 밝고, 공간적 포용력이 웅대하며, 단신으로 신라에 돌아올 만큼 의지력을 갖춘 인물로 성장한다. 여기서 행간 메우기는 인물에 성격을 부여하여 인물 간의 대립구조를 구성하는 기능을 한다.

체감장치

사극에서 참조할 수 있는 자료는 기록된 사료와 유형의 유물과 유적들이다. TV드라마는 문자로 기록된 사료의 내용을 시청각 텍스트로 전환시켜야 한다. 그래서 시청자로 하여금 고대사 속의 상황을 체감케

해주어야 한다. 사극의 체감장치는 세 가지 유형과 기능으로 구성된다.

첫째, 스펙터클을 제공해야 한다. 격전이 벌어졌다고 기록되어 있다면 사극에서는 그 스펙터클을 눈앞에 보여주어야 한다.

둘째, 그 시대의 생활상을 보여주어야 한다. 이로부터 시청자들은 현대인에게 생소한 삶의 국면인 과거를 목격하는 즐거움을 향유하게 된다. 1990년대 이후 한국 TV드라마에서는 특수 직업군을 소재로 활용해왔고, 이는 전문 분야의 일상적 이미지를 구체적으로 목격하는 즐거움을 주었다. 이런 경향은 사극에도 반영되어, 「일출봉」「성균관 스캔들」「대장금」「허준」「바람의 화원」은 성균관 유생, 의녀醫女, 어의御醫, 화원畵員 등의 삶을 구체적으로 묘사했다. 「선덕여왕」에서는 화랑도의 삶을 구체적으로 보여준다. 조직과 위계구조, 풍월주 선발 방식, 그리고 낭도가 자기 목숨을 담보로 의견을 표출할 때 얼굴에 화장을 하는 '낭장결의' 같은 특수한 관습 등이 그런 예이다.

셋째, 말투와 행실을 통해 인물에게 성격을 부여한다. 사료에는 중요한 인물의 경우 외모와 성품 그리고 그의 업적 등은 기록되어 있지만, 말투나 행실은 그 행간으로 비워져 있다. 이러한 무형의 것들은 전적으로 상상에 의해 재구성되어야 한다.

고대사의 느낌 부여

조선왕조 이전 시기를 드라마화할 때 나타나는 특징은 객관적인 역사의 재현에 더하여 먼 옛이야기의 느낌을 부여하고자 한다는 점이다.

먼저 영웅설화의 도입이다. 고대사의 영웅들은 대부분 탄생 설화를 가지고 있다. 고대사를 시대적 배경으로 하는 드라마에서는 그런 설화들을 적극 도입한다. 궁예의 탈출과 애꾸가 된 사연(「태조 왕건」), 유화가 주몽을 순산할 때 화면 가득 나타나는 삼족오의 이미지(「주몽」) 등이 그렇다. 그런데 사료 속 선덕여왕은 탄생 및 성장과 관련된 설화를 가지고 있지 않지만 드라마 「선덕여왕」에서는 영웅설화의 플롯을 도입하고 있다. 즉, 떠남과 귀환의 플롯이다.[5] 덕만은 '어출쌍생' 예언 때문에 왕실에서 버려지고, '북두칠성' 예언 덕택에 귀환하여 왕위에 오른다.

신화적 상징물도 고대사의 느낌을 부여한다. 「선덕여왕」에는 '혁거세의 알'과 '소엽도小獵刀' 등이 그런 신화적 상징물로 등장한다. 상징이란 원래 동전이나 메달의 양쪽 절반으로 만들어진 동일성 확인 표시이다 (Eco, 1984, p. 130). 진지왕의 즉위식에 등장하는 혁거세의 알은 왕권을 나타내고, 소엽도는 덕만이 공주임을 증명하는 장치로 사용된다.

과장된 말투와 동작도 현대와의 거리감을 크게 느끼게 하는 장치로 사용된다. 드라마에서는 본디 현실에 비해 행동이나 말투가 과장되는데, 그 정도는 현대극보다 사극에서 더하고, 고대사 드라마에서 가장 심하다. 연기자들의 강한 억양과 과장된 몸짓은 고대의 느낌을 주고 싶은 드라마의 의도를 표시한다. 가령 드라마 「근초고왕」을 보면, 다른 말들은 현대어를 사용하면서 유독 '아버님'을 '아바님'으로, '오라버니'를 '오라바니'로 발음한다. 이 또한 소박하나마 드라마의 시대적 배경이 먼 옛날임을 지칭하는 지표이고, 고대사의 느낌을 부여하고자 하

---

5) 떠남과 귀환 플롯은 오이디푸스 설화 이후, 모세, 아서왕 등 대부분의 영웅설화에서 반복되고 있다. 이에 대해 프로이트는 포르트-다fort-da 게임의 비유를 통해 인간의 근원적 상실과 욕망의 구조를 상징화한다.

106

는 시도로 볼 수 있다.

현대적 담론의 대입

사극에서는 거의 전적으로 현재의 관점에서 행간 매우기가 이루어지기도 한다. 현대의 담론들이 과거의 상황 속에 대입되는데, 사극에서 주로 활용되는 것들은 정치 담론, 경제 담론, 과학 담론 등이다. 사극에서는 이러한 현실 담론과 극 중 에피소드를 결합시킨다.

「선덕여왕」 중반부의 핵심은 덕만과 미실의 정치적 담론 대결인데, 여기서 현재 한국 사회에서 익숙한 정치 담론들이 구사된다. 주요 인물들의 정치적 행위도 현실 정치 담론으로 형상화된다. 왕위를 계승할 뜻을 표명하는 덕만, 춘추, 미실 등의 행위는 마치 현실 정객들의 대권 도전 선언을 보는 듯하다. 특히 미실은 왕위 계승 선언 직전, 긴박한 정치 상황에서 한 발 물러서 야유野遊를 떠나는데, 이는 이른바 정치 9단들이 폭탄선언을 하기 전 칩거에 들어가는 모습을 떠올리게 한다.

경제 담론과 과학 담론은 현대와 과거 사이의 지식 격차를 활용하는 방식을 띤다. 시장 중심의 경제관념 그리고 과학과 공학의 수준 차이가 확연하게 나타나기 때문이다. 사료 속 선덕여왕은 즉위 초 민생을 돌보는 정책을 펼쳤다(정연식, 2009, p. 87). 드라마 「선덕여왕」에서는 그것을 귀족들의 매점매석에 대응한 왕실의 시장 개입으로 묘사했다. 덕만은 왕실의 구휼미와 군량미를 일시적으로 방출함으로써 시장의 곡가를 낮춘 뒤, 귀족들이 가격 하락을 우려해 다시 시장에 내다 파는 곡식을 되사들임으로써 물가 안정과 왕실 재정 확충을 이루어낸다. 또한 현대인에게는 상식적인 공학의 원리를 활용하여, 미실과 선덕은

둘 다 신비 현상을 연출해낸다. 미실이 하늘에 제사를 지내는 동안 땅속에서 비석이 솟아오르는데, 이는 그녀의 동생인 미생이 물에 콩을 담근 그릇 위에 비석을 얹어 미리 땅속에 묻어둔 것이다.

이렇게 현대적 담론을 과거 시점에 대입하게 되면 세 가지 효과가 나타난다. 첫째는 현실 비유 효과이다. 덕만과 미실 사이의 담론 투쟁은 과거로부터 교훈을 얻는다는 온고지신 쪽이 아니라 현재적 관점에서 상상적으로 만들어낸 과거일 따름이다. 하지만 그런 장면은 다시 현실 정치의 비유로 환원된다. 둘째, 전지적 시점에서 시청하는 효과를 낳는다. 현대적 물가 정책과 과학 상식을 알고 있는 시청자는 사건의 추이와 결과를 미리 알고 지켜보는 즐거움을 누릴 수 있다. 셋째, 그로 인해 우리는 과거의 인류에 대해 우월감을 갖게 되고, 이는 역사 발전의 신념, 현재의 정당화로 이어질 수 있다.

2) 기록된 사실의 배제

사극은 기록된 내용이라고 해서 망라하여 다루지 않는다. 내러티브 구조를 명료화하는 데 필요하지 않은 내용들은 배제시킨다. 따라서 역사가 드라마화함에 있어서 배제된 것들은 그 사극이 의도하는 의미를 분명하게 드러내줄 수 있다.

여성 인물의 배제

드라마 「선덕여왕」에는 세 명의 여성 인물이 배제되고 있다. 그들은 만호태후, 선화공주 그리고 승만왕후이다.

만호태후는 진흥왕의 여동생이고 진평왕의 어머니이다. 진평왕은 앞서 진지왕이 3년 만에 폐위되는 바람에 13세라는 어린 나이에 왕위에 올랐다. 따라서 진평왕 재위 초기 정국은 진지왕 폐위에 주도적 역할을 한 노리부, 수을부, 김후직 등과 함께 만호태후가 주도했을 것으로 추정된다(김병곤, 2009; 이정숙, 2005, pp. 49~53). 하지만 「선덕여왕」에서 진평왕은 미실 세력에 둘러싸인 고립무원의 처지이다. 만호태후의 배제는 진평왕대의 왕권을 아주 미약한 것으로 설정함으로써 미실의 정치적 영향력을 부각하기 위해서, 그리고 왕권 회복을 위한 유일한 구심점으로서 덕만을 내세우기 위해 행해진 것으로 볼 수 있다.

진평왕은 공주를 여러 명 두었는데, 그 가운데 유명한 인물은 선화공주이다. 하지만 드라마에선 선화공주가 배제되고, 덕만과 천명만 등장한다. 선화공주는 『삼국유사』에 기록되어 있고, 나중에 백제 무왕이 되는 서동과의 로맨스로 유명하다. 「선덕여왕」에서 중요하게 등장하는 속함성 전투도 백제 무왕의 침공으로 인해 빚어진 사건이다. 하지만 드라마 「선덕여왕」에서는 덕만과 천명이 쌍둥이로 설정되어, 그것이 드라마 내러티브의 가장 핵심적인 위기 요인으로 기능한다. 따라서 독자적인 에피소드를 가지고 있을 뿐만 아니라, 백제와 신라 간의 혼인 관계 그리고 무왕의 신라 침공 등을 설명해야 하는 선화공주를 그 내러티브 속에 포함시키게 되면 사건 구조를 단순 명료하게 정립하기 어려워진다. 이 점이 배제의 이유가 되었다고 볼 수 있다.

진평왕은 덕만과 천명의 생모이자 왕후인 마야부인 사후, 승만부인을 후비로 맞아들였다. 승만왕후가 낳은 아들은 의문사했고, 그로 인해 덕만의 남편 김용춘은 좌천되었다고 한다. 이 사건은 덕만의 왕위 등극 앞에 놓인 가장 큰 위기 상황으로 해석되기도 하는데(김종성, 2009), 드라마 「선덕여왕」에는 승만왕후의 존재가 배제되어 있다. 「선덕여왕」에서 가장 핵심적인 사건 구조는 왕족 세력을 대표하는 덕만 대 귀족 세력을 대표하는 미실의 대립이다. 덕만과 미실이 정치권력을 놓고 벌이는 경쟁과 대립은 '미실의 난'으로 절정에 도달한다. 이러한 사건 구조와 인물 간의 대립구조를 명료화하기 위해 승만왕후가 배제된 것으로 해석된다.

드라마 「선덕여왕」에서 배제된 주요 인물들이 여성이라는 점은 주목할 만하다. 이 드라마는 정치 영역에서 여성이 주도권을 행사한 상황에 초점을 맞추고 있다. 이는 인기 요인 가운데 하나로 해석되기도 했고, 현실 정치인과 대비되기도 했다.[6] 여기서 배제된 여성들은 공통된 특징을 갖고 있다. 만호태후는 진평왕 초기 정국을 주도한 인물이란 점에서 미실과 중복되고, 당시 왕권을 대표하는 여성이란 점에서 덕만과 중복된다. 승만왕후는 덕만의 왕위 등극에 걸림돌이 되었다는 점에서 미실과 중복된다. 선화공주는 독자적인 에피소드를 가진 인물이란 점에서 드라마의 기본 구조를 분산시킬 수 있다. 따라서 드라마 「선덕여왕」은 덕만과 미실의 대립이라는 기본 구조와 두 인물의 성격을 선명하게 부각시키기 위해 사료에 등장하는 세 명의 여성을 배제시켰다고 볼 수 있다.

---

6) 여러 건의 신문 보도뿐만 아니라, MBC에서는 '박근혜 전 대표, 선덕여왕을 꿈꾸나?'라는 제목으로 현실 정치인 박근혜와 선덕여왕의 유사점을 소개하는 프로그램을 방송하기도 했다(「생방송 오늘아침」, 2009. 6. 23).

유명 설화의 배제

선덕여왕과 관련하여 민간에 가장 널리 전승되어온 이야기는 『삼국사기』에도 기록된 '목단설화'와 '옥문지설화'이다. 「선덕여왕」에는 이 두 설화가 배제되어 있다. '목단설화'는 당태종이 신라에 보낸 모란꽃 그림에 벌과 나비가 없는 것을 본 선덕여왕이 그 꽃에 향기가 없음을 알아맞혔다는 내용이다. '옥문지설화'는 옥문지라는 연못에서 우는 두꺼비 소리를 듣고, 여근곡에 백제군이 매복해 있음을 알아낸 선덕여왕이 알천을 보내 전투에 승리했다는 내용이다.

이 두 설화는 모두 선덕여왕의 총명함과 유능함을 강조하고 있다. 따라서 드라마 속 덕만의 이미지와 일치한다. 하지만 드라마의 기본 구조 및 이야기의 진행과 불일치하기 때문에 배제된 것으로 보인다. 덕만 대 미실의 대립구조에서 미실은 이미 행정부(상대등)와 병권(병부령)과 의회(화백회의)를 장악하고 있는 반면, 덕만은 왕족이라는 조건 하나만 가지고 미실에게 도전하는 입장이다. 드라마의 큰 줄거리는 왕실에서 버려졌던 덕만이 돌아와 어떻게 미실의 장벽을 뛰어넘어 마침내 왕이 되느냐에 맞춰져 있고, 여왕 즉위 이후에도 미실의 왕권 흔들기로 인해 계속 위기를 맞이한다. 그런데 옥문지설화는 이미 선덕여왕 치세가 안정기에 접어들 무렵의 일이고(김선주, 2009, pp. 322~24), 여왕의 정통성과 유능함을 나타내기 위해 여성의 자궁을 지칭하는 설화로 포장하고 있다(이도흠, 2000, pp. 59~60). 드라마 속 선덕여왕은 미실과의 대립 속에 끊임없이 위기 시퀀스를 맞이하도록 설정되어 있어서 안정기를 맞이하지 못한다. 또, 여왕의 우월함을 내세우기보다 여왕으로서 겪어야 하는 어려움에 초점을 맞추고 있기 때문에

이 설화의 취지와 부합하지 않는다. 목단설화는 당나라와의 외교관계를 저변에 깔고 있는 설화이다. 「선덕여왕」은 삼국통일의 큰 꿈이 이 시기에 구체화되기 시작한다는 정황을 보여주지만, 정작 삼국 간의 국제 정세는 드라마에 거의 나타나지 않는다. 백제와의 전투 시퀀스가 두 번 비중 있게 등장하지만, 그것도 신라 내부의 권력 투쟁 맥락 속에서 설원과 김유신의 역량을 나타내기 위한 일화로 다뤄졌다.

목단설화 자체는 배제된 데 반해 그 설화와 연계된 다른 기록, 즉 여왕을 비하하는 당나라의 태도는 드라마에서 주요하게 채택되고 있다. 고구려와 백제의 공격을 받은 신라가 당에 군사를 청했을 때 당태종은 "여인을 왕으로 삼고 있어 이웃나라의 업신여김을 받는 것爾國以婦人爲主 爲 國輕侮"이라 답하며 거절했다(김선주, 2009, p. 324; 정연식, 2009, p. 110; 주보돈, 2010, p. 54). 이 내용은 드라마에 소상하게 묘사되고 있는데, 이는 여성 정치 권력자가 맞닥뜨리고 반드시 넘어서야 하는 조건을 잘 보여줌과 아울러, 그것을 극복해내는 선덕의 외교적 역량을 부각시킬 수 있기 때문이다.

대중적 흥미를 유발하는 데 좋은 소재가 됨에도 불구하고, 드라마 「선덕여왕」에서 유명 설화들이 배제된 것을 통해 우리는 사실의 배제가 가지는 두 가지 기능을 알 수 있다. 그것은 사건 구조의 정립과 인물의 성격 부여이다. 여기서는 주된 배제 항목으로서 주요 여성 인물들과 설화의 배제에 대해 집중적으로 논의했지만, 그밖에 다른 역사적 기록들에 대한 배제도 같은 이유로 해석할 수 있다. 고구려에 맞선 진평왕의 군사행동(603년)과 선덕여왕의 군사적 실책(645년)도 배제되었는데, 이는 유약한 성격의 진평왕과 강인하고 현명한 성격의 선덕여왕이라는 드라마에서의 설정과 배치되기 때문이다. 또, 김유신이 자기 누이 문희와 김춘추의 결혼을 성사시키기 위해 행한 엄포 에피소드는 널리 알려진 이야기이지만(이도흠, 2000, p. 46; 정연식, 2009, p. 88), 이 또한 드라마 속 김유신의 성격인 순수함과 우직함 등과 배치되기 때문에 배제된 것으로 해석할 수 있다.

3) 기록된 사실의 변형

사극에서 역사학자들이 가장 주시하는 부분이 바로 기록된 사실의 변형이다. 메우기와 배제하기에 비해 변형 부분에서는 역사적 사실의 왜곡 지점이 더 잘 노출되기 때문이다. 이는 사극의 후일담 가운데 독자들의 흥미를 가장 많이 자아내는 부분이기도 하다. 사건이나 인물의 등장 순서의 변경, 등장인물의 역할 교체, 사실 관계 뒤바꾸기 등은 허구성의 경계선 위에서 이루어지는 창작이기 때문에 작가의 의도가 가장 적극적으로 개입된다.

인물 성격의 변형

「선덕여왕」에서 가장 심하게 변형된 인물은 진평왕이다. 드라마에서 진평왕은 왕권을 거의 행사하지 못하는 유약한 왕으로 나온다. 하지만 다수의 연구들에 따르면 진평왕은 54년여의 긴 세월 동안 재위함으로써 왕권을 강하게 누렸고, 덕만공주가 여왕에 즉위할 수 있었던 것도 진평왕의 왕권이 강했기에 가능했다고 한다(김병곤, 2009; 김선주, 2009; 이정숙, 2005; 주보돈, 2010). 드라마에서 진평왕이 무력한 왕으로 묘사됨으로써 덕만과 미실은 중요한 역할을 부여받는다. 즉, 덕만에게는 왕권 확립의 과제가 주어지고, 미실은 정치 실권자로서 입지를 차지하게 된다.

선덕여왕이 미혼인 것도 중요한 변형이다. 기록에 의하면 음갈문왕이라는 배필이 있었다고 하고(김선주, 2009, p. 315), 『화랑세기』에서는 세 명의 남편이 있었던 것으로 추정한다(김종성, 2009. 8. 3). 그런데 드라마에서 덕만은 평생 미혼으로 산다. 그로 인해 「선덕여왕」은 두 가지 가능성을 갖게 되었다. 첫째는 왕권 확립과 삼한일통이라는 더 큰 가치를 추구한 영웅의 면모를 보여줄 수 있었다. 두번째 가능성은 비담과의 로맨스 라인을 만들어낼 수 있었다. 그런데 덕만이 평생 미혼을 유지하면서 그 로맨스는 이루어지지 못한 비극적 플롯을 취한다. 개인적인 행복을 포기한 영웅의 고결한 풍모는 「선덕여왕」의 후반부를 비장미로 장식할 수 있게 한 배경이 됐다. 그에 비해 미실은 드라마 속에서 진흥왕, 진지왕, 상대등 세종, 병부령 설원 등과 부부관계를 맺은 것으로 나온다. 이는 야망을 이루기 위해 수단을 가리지 않는 미실의 성격, 그리고 그러한 중혼重婚 상황을 무리 없이 유지해내는 미실의 인간 관리 역량을 나타내준다. 미혼의 선덕여왕은 중혼의 미실과 확연한 캐릭터의 대비를 이룬다.

인물 관계의 변형

드라마 「선덕여왕」의 인물 관계는 덕만과 미실의 대립을 중심으로 그들 각각의 조력자들로 구성된다. 미실의 조력자들이 현실적 '이권 동기'로 구성돼 있는 반면, 덕만의 조력자들은 명분과 이상을 추구하는

'가치 동기'로 구성돼 있다. 덕만의 조력자 가운데 문노와 천명공주에게 가해진 변형은 이 드라마의 내러티브 구성상 주목할 만하다.

『화랑세기』에는 "미실에게 시종일관으로 대한 사람은 설원랑이었고, 세종에게 시종일관으로 대한 사람은 문노였다"고 기록되어 있다(김종성, 2009. 7. 1). 즉, 문노는 충직한 미실 쪽 조력자인 것이다. 그런데 「선덕여왕」에서 문노의 역할은 변형된다. 그는 진지왕 폐위 당시 미실 쪽 조력자로 참여했지만, 이후 그 반대편인 덕만 쪽 조력자로서 중요한 역할을 한다. 그는 드라마의 복선인 진흥왕의 유지를 받들며, 왕실에서 버려진 덕만을 피신시킨다. 그리고 덕만이 신라로 돌아오는 동인이 된다. 드라마 후반부에는 덕만에게 삼한일통의 대의를 화두로 던져준다(오윤아, 2010, p. 28). 즉, 드라마에서 문노는 덕만의 버려짐과 귀환 그리고 성장의 주요 지점에 배치되어 있다. 사료의 내용을 바꿔가며 그런 중요한 역할을 문노에게 부여한 이유는 그가 진흥왕대의 정치가인 거칠부의 사위이고, 화랑의 최고 지위인 국선이었기 때문이다. 거칠부는 『국사』를 집필하여 신라의 국가관을 확립한 인물이다. 따라서 그의 사위인 문노는 덕만에게 삼한일통이라는 한 차원 높은 소명의식을 부여할 적임자이다. 쌍생이 있던 날 덕만을 데리고 문노가 사라진 뒤 국선 자리는 줄곧 공석이었는데, 바로 이 '비워둔 의자'는 결정적 조력자의 결핍을 상징한다. 그리하여 문노가 돌아와 그 비워둔 의자에 앉는 순간 덕만 쪽 조력자 구성이 완성되고, 이는 극적 카타르시스로 경험된다.

천명공주는 덕만이 공주로 복귀하기까지 미실에 대항하는 역할을 담당하다 비극적인 죽음을 맞이한다. 하지만 『화랑세기』에 따르면 그녀는 용춘과의 사랑에 결실을 맺어 행복하고 안온한 삶을 살았다고 한다 (김종성, 2009. 8. 12). 드라마에서 천명공주에게 가한 변형은 덕만의 복귀에 앞서 조력자들을 미리 구성해놓는 역할이 필요했기 때문이고 (오윤아, 2010, p. 20), 이는 사건 전개상의 전기가 된다. 그녀의 죽음 으로 미실 쪽은 정치적 위기를 맞게 되고, 덕만 쪽은 미실과의 대결에 사명감을 갖는 동기를 부여받는다. 덕만과 춘추의 주체적 변화를 자연 스럽게 이끈 것은 천명공주의 죽음이 보여준 '비장미'의 효과이다.

시간의 변형

드라마 「선덕여왕」은 진흥왕 말기부터 선덕여왕 재위 기간까지, 그 러니까 약 576년부터 647년 전후까지 70여 년의 시기를 다루고 있다. 시간에 대해 생각할 때 가장 이상한 점은 미실의 극 중 외모가 그대로 인 점이다. 덕만이 여왕에 즉위한 632년에 미실은 80줄에 들어선 나이 여야 하고, 둘 사이의 갈등이 주로 진행된 시기에는 60대여야 한다. 극 중 미실의 외모가 40대 여인의 모습을 유지하고 있음에도 불구하고 리얼리티 상실로 인한 불편 없이 시청이 가능했던 까닭은 미실의 극 중 기능이 특정 인물의 재현이 아니라 하나의 세력과 그 가치관을 대 변하는 것이기 때문이다. 즉, 드라마에서 생성시키는 의미는 덕만과 미실의 개인적인 갈등이라기보다는 정치관과 스타일의 차이, 왕권파 대 귀족파 사이의 대립임을 알 수 있다.

속함성 전투도 마찬가지이다. 백제가 점령한 속함성을 수복하기 위 해 병부령 설원이 출정하는데, 이는 설원 사후에 벌어진 사건이다(김 종성, 2009. 6. 30). 이 에피소드 역시 속함성 전투라는 역사적 사실의 추이를 재현했다기보다는 적군(백제군)과 정적(덕만을 돕는 김서현)을 동시에 곤경에 빠뜨리는 설원의 계책을 보여주기 위해 만들어진 것이다. 즉, 설원의 무공과 정략이 뛰어남을 나타내기 위한 설정이기 때문에 속함성 전투가 아닌 다른 가공의 상황을 만들었다 해도 상관없다. 다만 시간을 변형시켜 역사적 사건을 도입함으로써 사실감이 높아졌을 것이다. 미실과 속함성 전투 등은 드라마 속에서 '사실'로서가 아니라 '기능'으로서 기능한다.

4) 「선덕여왕」의 플롯

역사의 드라마화에 동원되는 작업들을 메우기, 배제, 변형의 틀로 분석해보았다. 이러한 허구화는 사료에 나열되어 있는 내용을 하나의 전체로 재구성하는 작업이다. 같은 역사적 재료들이라도 어떤 플롯으로 재구성하느냐에 따라 의미는 크게 달라진다. 「선덕여왕」의 기본 플롯 또는 큰 이야기 구조는 떠남과 귀환이라는 영웅 서사의 플롯이다. 그 발단부터 결말까지의 과정은 이렇다.

발단(덕만이 버려짐)-전개(덕만의 귀환)-절정(미실과의 대립)-결말(선덕여왕의 왕권 확립)

이러한 큰 이야기 구조 아래 작은 이야기 구조들이 배치되고, 여기에 더하여 TV드라마의 속성상 매회 위기가 제시된다.

「선덕여왕」의 플롯은 복합적인 구조를 지향한다. 현대극과 비교할 때 사극, 특히 고대사를 배경으로 삼는 사극은 감정을 과장하는 데 치중하는 반면 사건 구조는 비교적 단순하다. 즉, '그래서 어떻게 되었는데And then……?'의 연대기적 시퀀스 구조를 띤다. 이는 역사적 기록이나 설화, 그리고 시간 순서에 구속받기 때문에 그렇다. 다시 말해 사극 속 사건은 시청자에게 이미 그 추이가 어느 정도 알려져 있어서, 서스펜스나 미스터리 플롯의 효과를 거두기 어렵다. 따라서 등장인물의 성격도 고정되어 있고, 그들의 행동양식은 단선적이다. 그런데 「선덕여왕」은 앞서 분석을 통해 살펴보았듯이, 널리 알려진 설화나 기록된 사실들을 거의 대부분 배제하고 적극적인 행간 메우기를 시도하고 있다. 그리하여 사극에 복합적인 구조를 구현해내고 있다.

복합적 인물의 형상화

드라마 「선덕여왕」의 복합성은 인물의 성격에서 실현되고 있다. 그것을 외형적 성격의 변화와 내면의 고뇌로 구분해볼 수 있다.

외형적 성격의 변화는 덕만과 미실 사이에 극명한 대비를 나타낸다. 덕만은 시간의 흐름과 함께 외형적 변화를 꾸준히 보인다. 타클라마칸 사막에서 보낸 덕만의 유년기는 학습기, 서민의 삶, 자기 정체성에 대한 관심 등으로 구성된다. 특히 아비의 부재로 인한 자기 정체성에 대한 의문은 이후 미혼의 여왕으로서 겪어야 하는 결핍으로 연결된다. 신라로 돌아온 덕만의 청년기는 제도권으로의 유입, 조직 기반의 획득으로 구성된다. 공주 지위를 회복하는 시기의 덕만은 정체성의 급격한 변화로 인한 당황, 총체적 악조건 속의 번민, 조력자들과의 절대 신뢰 관계 등을 보인다. 왕위에 등극한 이후의 덕만은 개인적 삶을 희생하고 역사와 국가의 무게를 오롯이 짊어지는 결단을 내린 존재이다. 이때 그녀가 추구한 것은 더 높은 가치이다. 그리고 조력자를 포함한 모든 구성원에 대해 의심하는 자세를 취한다. 이처럼 덕만은 지속적인 상승과 성숙 플롯 속에 있다. 반면 미실은 외형적 성격을 고수한다. 드라마가 시작되면서 이미 그녀의 입장과 입지는 확고하게 설정된 상태였고, 그런 외형적 성격은 끝까지 유지된다. 그녀의 외모가 시간성을 위배하면서 유지된 것은, 비록 제작진이 의도하지 않았을지언정 그런 특성을 상징적으로 나타낸다. 따라서 비록 미실(그리고 연기자 고현정) 캐릭터가 드라마에 몰입하게 하는 강한 흡인력을 발휘했지만, 「선덕여왕」의 기본 플롯은 덕만의 플롯이고 미실은 그 대립자임을 알 수 있다.

외형적 성격 변화의 대비와 다르게 덕만과 미실은 모두 끊임없이 고민하고 내적으로 갈등하는 존재라는 점에서 공통된다. 이는 사극의 인물로는 특이한 근대적 인간형이라고 할 수 있다. 인간이 번민하게 된 것은 데카르트의 코기토 이후의 사건이다. 덕만과 미실 사이에 빚어지는 충돌은 겉으로는 왕위에 누가 오르느냐 하는 문제 때문이지만, 그것은 단순히 사적 이익의 차원이 아닌 더 근원적인 문제에서 비롯된다. 즉, 상호 권력 기반의 차이, 시대의 변화에 임하는 정치관의 차이 등이 거기에 작용한다.

권력 기반과 관련해서는 덕만의 왕권파 대 미실의 귀족파의 대립에 가야세력이 제3의 요인으로 등장한다. 덕만은 가야세력을 자신의 주요한 권력 기반으로 포섭하려 하고, 미실은 그런 시도를 좌절시키려고 한다. 이런 조건 속에서 유신 또한 복합적인 성격을 지닌 인물이 된다. 신라에 병합된 가야 출신으로서 신라에 충성하면서도, 가야인들을 어떻게 신라의 주류 구조 속에 자리 잡게 할 것인가를 고민하는 점에서 그렇다. 결국 그는 덕만에 충성하면서도 미실의 손녀와 혼인을 하며 타협하는 복합적인 행동을 취한다. 덕만이 가야세력을 편입하는 과정도 단순하게 그려지지 않았다. 가야인들의 의심과 불안을 위무하면서 힘으로 압박하는 그녀의 복합적인 대응 방식은 주류의 철학을 나타낸다. 따라서 유신의 시퀀스들은 덕만의 플롯 안에서 작동하는 것으로 볼 수 있다.

정치관의 차이는 미실에 대한 덕만의 반격 과정에서 구체화된다. 미실은 백성을 통치의 대상으로 보고 천문에 관한 정보의 독점을 활용해 여론 조작을 수행하고, 구휼 정책으로 위로한다. 반면 덕만은 천문 정보의 공개와 자영지 분배를 통해 백성 스스로 생산력을 증대시킬 조건을 만들어주는 쪽으로 정책을 변화시킨다. 그런데 이는 다만 정치관의 차이를 나타내는 부수적 에피소드에 머물지 않는다. 미실의 권력 기반을 훼손시킬 정략을 더 높은 차원의 가치로 승화시킨 것으로서, 시대의 변화를 맞이한 덕만이 고뇌 끝에 도달한 판단이다.

이처럼 「선덕여왕」의 주요 인물들이 겪는 내적 갈등은 스스로 판단하고 결정을 내려야 하는 근대적 인간의 고독한 실존 조건을 나타낸다.

다층적 플롯의 복합

드라마 「선덕여왕」의 플롯은 '발견의 플롯' '에피소드적 플롯' '비극의 플롯' 등 다층적 복합 구조를 이루고 있다.

발견의 플롯은 작은 범위에서 빈번하게 도입된다. 이는 매회 말미를 클리프 행어로 마쳐야 하는 TV 드라마의 숙명이라고 할 수 있다. 발견의 플롯은 내러티브의 시간 순서에서 중간의 시퀀스를 뒤로 돌림으로써 '뒤늦게 알게 되는' 구조를 띤다. 시퀀스의 교체는 플롯의 변화를 유발하는데(Riessman, 1993, pp. 17~18), 「선덕여왕」에서는 이런 발견의 플롯을 특히 자주 구사한다. 예를 들어 미실과의 논쟁을 마치고 나가다 덕만이 돌아서는 데에서 앞의 신scene이 끝난다. 그리고 다음은 미실과 설원의 대화 신이다. 여기서 앞 신의 마지막, 삭제된 부분을 시각적 간접화법으로 노출시킨다.

(미실, 설원에게) 덕만공주가 그러더군요.
(앞 신의 삭제된 부분 인서트, 덕만, 미실에게) 새주璽主께서 오래 사시길 바랍니다.

이런 식의 시퀀스 교체는 시청자들의 궁금증을 유발시켜 주목 효과를 낳고, 대화의 내용에 함축성을 배가시킨다. 다른 예로 비담이 문노의 진의를 뒤늦게 깨닫게 되는 시퀀스도 발견의 플롯에 해당한다. 비담은 자신을 키워준 문노를 오해하여 그에게서 삼국 지도를 모아놓은 책 『삼한지세』를 빼앗고자 뒤를 쫓다가, 자객의 기습으로 죽어가는 문노와 마지막 대화를 나눈다. 이때 자신의 오해를 뒤늦게 알게 된다. 이런 발견의 플롯으로 인해 등장인물들은 '의심-알게 됨-탄식-성찰'로 이어지는 내면의 복잡한 고뇌를 겪게 된다. 복합적 인물의 형상화가 이루어지는 것이다.

에피소드적 플롯은 역사적 사실의 시간성에 구애받지 않고, 드라마의 의도대로 의미를 산출해내기 위해 구사된다. 미실의 난과 칠숙의 난이 좋은 예다. 미실의 난은 덕만의 개혁안으로 인해 추동된다. 귀족 계급을 고립시키기 위한 조세개혁안과 화백회의의 만장일치제를 다수 결제로 바꾸려는 의회개혁안이 그것이다. 이에 미실은 귀족들의 병력을 동원하여 화백회의를 무력화한 뒤 계엄령을 선포한다. 하지만 미실의 세력 기반이었던 지방 토호세력이 덕만 쪽에 가담하면서 미실의 난은 끝난다. 즉, 미실의 난은 이 드라마의 기본 골격으로 유지되어온 덕만 대 미실의 대립이 절정을 이룬 시퀀스이다. 칠숙의 난은 덕만의 여왕 즉위에 반대하여 일어난 난이다. 연대기적으로 볼 때 미실의 죽음과 선덕여왕의 즉위는 십몇 년의 거리가 있는 일이다(김종성, 2009. 11. 17). 그런데 드라마에서는 그 두 에피소드를 연이어 배치한다. 그에 따라 칠숙의 난도 미실의 자살로 인해 지도자를 잃은 세력들이 미실의 난의 연장선에서 일으킨 것이라는 연결 논리를 갖게 된다. 칠숙의 난을 미실의 난의 하위 시퀀스로 포함시킨 것이다. 이렇게 시간을 압축시켜 별개의 에피소드를 하나의 플롯으로 재구성함으로써 덕만과 미실의 대립구조를 유지하게 되고, 선덕여왕의 즉위가 쉽지 않았음을 그 대립의 맥락에서 해석하게 된다.

이런 하위 플롯들이 모여 이루는 드라마 「선덕여왕」의 큰 플롯은 비극의 플롯이다. 「선덕여왕」을 비극으로 만드는 요인은 덕만이 '가지고 있는 것'과 '추구하는 것' 사이의 상충에 있다. 덕만이 가지고 있는 것은 순정한 성품이고, 추구하는 것은 대의이다. 이는 개인과 전체로 대비되고, 비담과의 로맨스와 영웅의 과업(왕권 확립, 삼한일통)으로 갈린다. 비극의 플롯은 비담과의 로맨스에서 '역전의 플롯'을 하위 플롯으로 갖는다. 즉, 시작beginning이 좋으나, 중간middle에 오해가 개입하여,

행위자들의 의도와 다른 나쁜 결말end에 도달하는 내러티브를 역전의 플롯이라 부를 수 있을 것이다. 그 내러티브 구조를 정리하면 이렇다.

(시작: 로맨스)

덕만과 비담은 문노 슬하에서 함께 보호받은 인연을 가지고 있다.

→ 청년기에 비담은 수호천사 역할을 하며 덕만과 조우한다.

→ 미실과의 대결에서 비담은 덕만의 조력자가 되어 로맨스를 키워간다.

(중간: 오해)

→ 덕만은 개인적 사랑보다 대의를 선택한다.

→ 비담의 복합적 과거사가 복선으로 작용, 둘 사이에 오해가 생긴다.

(결말: 죽음)

→ 비담은 선덕여왕에게 반기를 들고 난을 일으킨다.

→ 사랑하는 마음을 간직한 채, 그는 덕만의 눈앞에서 죽음에 이른다.

이렇게 상충되는 두 속성이 결합된 복합적 성격을 부여받고 있기 때문에 덕만의 삶은 전경前景에서 이뤄진 상승 및 성취와 달리, 배경背景에서는 비극적인 정조를 띠게 된다. 희극이 상승 플롯을 통해 활력과 환희를 다루는 반면, 비극은 하강 플롯 속에서 고행과 정화를 다룬다(Scholles & Kellogg, 1966, p. 290). 덕만이 미실을 극복하고 왕위에 오르기까지의 시퀀스들은 이러한 희극 플롯을 가지고 있지만, 덕만의 개인적 삶은 스스로의 선택에 의해 연이은 고행을 겪는다. 그리고 이 드라마는 마지막 장면에서 감정의 정화를 보여준다. 그것은 덕만이 신라로 돌아온 첫날 꾼 꿈 이야기이다. 병약해진 덕만은 유신에게 말한다. 신라로 돌아온 첫날 장터에서 자기를 껴안은 그 꿈속의 여인이 누구였는지 알 것 같다고. 그 여인은 바로 성인成人 덕만이다. 성인 덕만은 어린 덕만에게 앞으로의 삶이 많이 외로울 것이라고, 그래도 견뎌야 한다고 말한다. 이 마지막 장면은 표면상으로는 어린 덕만이 미래의 자신과 만난 것이지만, 실제로는 삶의 종착점에 도달한 덕만이 과거 신라에서의 출발점을 회고한 것이다. 이 마지막 장면은 가지고 있는 것과 추구하는 것 사이의 상충에서 빚어진 굴곡진 개인의 삶에 대한 회한, 곧 상실의 정조 속에 감정의 정화를 나타낸다.

3. 사극의 상상적 기억: 고대인에 대한 근대인의 욕망

사극은 사료에 기술된 내용들에 플롯을 부여하여 하나의 전체로 만들어내는 행위이다. 그 플롯의 구성을 위해 사극에서는 사료의 행간 메우기, 기록된 사실의 배제, 그리고 변형작업이 가해진다. 그 결과 사극은 시대에 대한 의미를 명료하게 수립한다. 그 덕택에 "어떤 측면에서 우리는 그때 살았던 사람들보다 그때를 더 잘 안다"고도 할 수 있다(Lowenthal, 1985, p. 435). 플롯은 해석의 관점에 의해 구성된다. 해석의 관점은 "이해관계와 감정적인 만족"에 의해 세워질 것이다(p. 480). 따라서 과거의 재현은 현재의 필요에 맞춰 이루어진다. 현재가 과거를 필요로 하는 때는 많다. 비교를 통해 교훈을 얻고자 할 때, 현재를 정당화하고 찬양하고자 할 때, 현재의 불확실성으로 인한 불안감을 위로받고자 할 때(손병우, 2007), 공동체의 정체성을 수립하고자 할 때(김영목, 2003; 김응종, 2011) 등이다. 과거가 현재로 불려나오는 통로는 여러 가지이다. 역사교과서, 박물관, 역사소설, 그리고 영상 미디어의 사극 등이다. 이 가운데 관점과 지식을 전수하는 가장 강한 제도는 교과서이지만, 대중적 접촉면이 가장 넓은 것은 TV이다. 특히 TV사극은 이미지를 통해 과거를 체감하게 하고, 매혹적인 인물과 사건들을 통해 몰입시킨다.[7]

TV 속에서 현재의 욕망은 더 적극적으로 과거 재현에 개입한다. 드라마「선덕여왕」에 대한 분석을 통해 볼 때, 그 개입은 세 가지 층위에서 이루어진다. 첫째, 내러티브 구조의 정립을 위한 작업이다. 그 시대의 주요 인물들 가운데 극 중 등장인물들을 선택(그리고 배제)하여 특정한 성격을 부여하고, 그들 사이에 대립과 도움의 관계를 설정한다. 그리고 기록된 사건과 허구의 사건들을 지속적으로 공급하여, 내러티브의 기본 구조 안에서 인물들의 반응과 운동을 통해 이야기를 진행시킨다. 이때 사료 속 시간성 또한 내러티브의 기본 구조에 맞춰 자유롭게 변화시킨다.

둘째, 시청자의 흥미를 돋우기 위해 즐거움을 제공하는 작업이다. 이는 다시 두 가지로 구분할 수 있는데, 먼저 시각적 즐거움이다. 스펙터클의 구현과 과거에 대한 체감 이미지를 제공하는 것은 주로 시각적 즐거움에 해당한다. 다음으로 합리적 사유를 동원한 즐거움이 있다.

---

7) 박민자(2011)의 연구는 이와 관련해 흥미로운 내용을 담고 있다. 드라마「선덕여왕」에서 사실에 해당하는 에피소드와 허구 에피소드를 가르고 고등학생들의 인식을 조사했다. 조사 대상 학생들은 교과서와 드라마 사이에 상치되는 내용은 교과서 쪽의 것을 기억한 반면, 교과서에 나오지 않는 내용은 드라마의 것으로 기억하는 경향을 보였다. 6개월 뒤 같은 조사를 해본 결과, 드라마의 내용을 대부분 잊어버렸지만, 인물 이미지에 대한 기억은 비교적 많이 남아 있었다.

사극은 과거와 현재 사이의 지식 격차를 활용한 에피소드들을 통해 현재의 시청자들로 하여금 '이미 알고 있는 자'라는 우월감을 느끼게 한다. 이는 고대에 비해 더 발전된 현대라는 관념 그리고 인류 역사는 계속 진화해왔다는 믿음을 강화한다. 그로 인해 현재 속 나의 존재 또한 정당화된다. 사건들은 다양한 층위로 중첩된 플롯에 의해 재구성됨으로써 놀라움, 탄식, 카타르시스 등 강한 감정적 체험을 하게 된다. 이것들은 시청자의 합리적 사유 능력을 통해 가질 수 있는 즐거움이다.

셋째, 영웅 이미지의 구현이다. 사극에서는 이러한 모든 구조와 요소들이 한 명의 영웅으로 응집된다. 그 영웅은 두 가지 전제 위에 의미를 갖는다. 하나는 현재로 연결되는 과거라는 관념이고, 또 하나는 현재 상실했으나 복원해야 할 가치가 과거에 있었다는 기억이다. 그에 따라 드라마 속 영웅이 지닌 속성은 교훈과 위로와 정체성 확인의 준거 기준이 될 수 있다. 「선덕여왕」에서 덕만으로 형상화된 영웅의 상은 상충된 것의 결합이라는 특징을 보여준다. 그 상충된 요소들의 계열은 가지고 있는 것과 추구하는 것 사이의 대비로 구성된다. 그 계열의 체계는 개인 대 전체, 로맨스 대 과업, 비담과의 사랑 대 비담의 난과 진압,

덕만이 가지고 있는 것	덕만이 추구하는 것
순정한 인품	대의
개인	전체
로맨스	역사적 과업
비담과의 사랑	비담의 난과 진압
상승 플롯의 스토리	하강 플롯의 정조
현실	이상

상승 플롯의 스토리 대 하강 플롯의 정조로 이어진다. 이 계열체 요소들을 집약하면 현실과 이상의 모순된 결합이라고 할 수 있다.

덕만은 '미실의 난' 에피소드에서 바로 이런 현실과 이상의 착종된 결합체로서의 영웅의 모습을 극명하게 나타냈다. 미실의 난을 군사력으로 진압하고자 하는 현실적 의지와, 그럼에도 불구하고 전방의 병력을 동원해선 안 된다는 이상적 결단을 동시에 보여주었다. 그것은 미실도 마찬가지였는데, 이는 미실이 덕만의 거울상임을 나타낸다. 「선덕여왕」의 기본 구조인 덕만 대 미실의 대립은 어쩌면 덕만 내면의 대립이었을지 모른다. 현실과 이상의 결합체인 덕만은 고민하는 왜소한 근대적 자아와 큰 꿈을 추구하는 거대한 고대 영웅의 결합이라고 할 수 있다. 사극 「선덕여왕」은 현재적 담론의 대입을 통한 현실 비유의 적절성에 따른 시청자의 공감과 현실에 없는 이상의 추구를 통한 시청자의 염원을 동시에 성취해내고자 한 허구이다. 이런 의미에서 사극 「선덕여왕」에서 수행된 과거에 대한 형상화는 근대인의 욕망이 투영된 고대 영웅에 대한 상상적 기억이라고 할 수 있다.

방법론

　내러티브 분석 방법은 내러티브에 대한 분석 방법이면서, 대상이 되는 텍스트를 내러티브로 설정하고 분석하는 방법이기도 하다. 즉, 내러티브 분석 방법은 서사시와 소설에 대한 분석 방법인데, 그것과 다른 대상, 가령 매스미디어 텍스트에 대해서도 같은 방법을 적용하여 분석할 수 있다고 본다. 따라서 내러티브 분석 방법을 통해 우리는 매스미디어 텍스트의 내러티브를 분석할 수 있을 뿐만 아니라, 대다수의 매스 미디어 텍스트들이(심지어 가장 무관할 것 같은 광고나 뉴스 등도) 내러티브 형태를 취하고 있음을 깨닫게 된다.

　내러티브에 대하여 가장 널리 받아들여지는 정의는 "시간에 따라 발생한 연속된 사건들로 이루어진 이야기"라는 것이다(Cohan & Shires, 1988; Labov, 1972; Prince, 1982; Riessman, 1993 등). 이러한 인식은 내러티브를 처음-중간-끝을 가진 것이라고 한 아리스토텔레스의 전통 속에 있다. 이 정의는 내러티브를 구성하는 네 가지 요소를 담고 있다. 화자, 인물, 사건, 시간이 그것들이다. 이야기 속에 등장하는 인물들은 모두 사건을 가지고 있고, 화자는 그것을 시간 속에 배치하여 드러내거나 묻어둔다. 채트먼(Chatman, 1978)의 도식은 내러티브를 이해하는 데 도움이 된다.

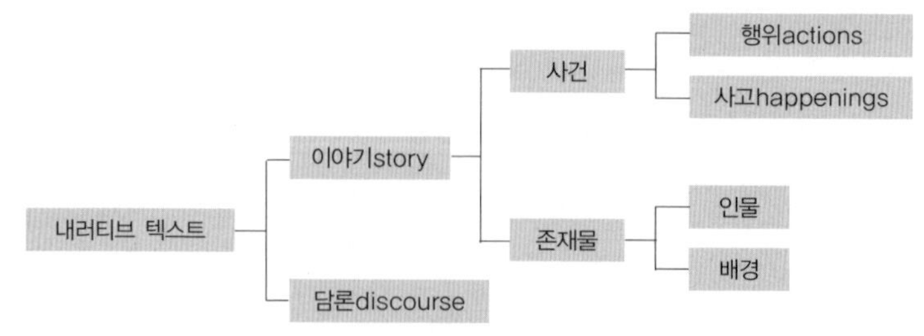

여기서 이야기는 내러티브에서 묘사하는 '무엇'에 해당하고, 담론은 '어떻게'에 해당한다. 러시아 형식주의자들은 이를 파불라fabula와 수제sjuzet라 부른다. 파불라는 실제로 일어난 일을 뜻하고, 수제는 독자에게 전달되는 방식, 작품 속 사건들의 질서, 즉 플롯을 뜻한다. 정리하자면 내러티브란 어떤 상황에 처한 인물들이 행동을 통해 일으킨 사건들을, 화자가 시간의 변형을 통해 재구성한 표현물이라고 할 수 있다.

따라서 내러티브 분석은 두 단계로 구성할 수 있다. 첫째는 인물과 사건에 대한 분석이고, 둘째는 플롯 분석이다. 인물에 대한 분석은 성격, 관계, 역할에 대한 분석이고, 사건에 대한 분석은 시간과 공간 속에서의 사건 전개를 분석하는 것이다. 플롯 분석은 이러한 인물들과 사건들이 어떻게 조직화되는가에 대한 분석이다. 플롯을 통해 작가의 관점과 세계관이 표현된다는 점에서 우리는 아리스토텔레스가 이를 미토스mythos라 부르고, 앞서 제시한 채트먼의 도식에서 이를 담론이라 부르는 것을 이해할 수 있다.

내러티브 분석은 롤랑 바르트(Barthes, 1966)의 기념비적인 글 「내러티브의 구조 분석 입문」을 통해 그 함의가 문학 이상의 영역으로 확장되었고, 이런 관점은 그 뒤 보편적인 것으로 받아들여졌다. 코핸과 샤이어스(Cohan & Shires, 1988)는 광고, 영화, 만화 등을 폭넓게 거론하며 내러티브 분석에 대해 논의하고 있고, 코즐로프(Kozloff, 1987)는 내러티브 분석을 통해 TV 내러티브의 특성에 대한 뛰어난 통찰에 도달함을 보여주고 있다. 그리고 리스만(Riessman, 1993)은 내러티브 분석 방법이 생애담Life Story 연구에도 유용하게 적용될 수 있음을 세 가지 유형을 통해 예시하고 있다.

내러티브 분석 방법은 알려진 기원으로만 쳐도 아리스토텔레스로까지 거슬러 올라가는 아주 오래된 것이라서, 대단히 밀도 높은 분석 체계를 갖추고 있다. 그래서 분석 도구들을 자기 것으로 만들려면 꼼꼼하고 인내심 있는 공부 자세가 필요하다. 그런데 그렇게 체계가 잘 갖추어져 있다 하여 실제 적용이 기계적으로 이루어진다면 의미 있는 분석 결과를 산출해내기 어렵다. 오래된 방법일수록 더 창의적인 연구 태도가 필요한 것인지 모른다. 또는 소박하게 자기 분석 범위를 제한하는 것도 나쁘지 않은 태도일 수 있다.

필자는 TV사극 「선덕여왕」의 내러티브를 분석했다. 이 글의 분석은 두 단계로 이루어져 있다. 첫 단계에서는 사료에 기록된 내용이 허구로 변화되는 방식을 분석했다. 내러티브 분석 방법으로 표현하자면 인물과 사건에 대한 분석에 해당한다. 두번째 단계에서는 플롯을 분석했다. 장편 사극인 만큼 이 드라마의 다층적 플롯 구조를 선명하게 제시하고자 했다. 이렇게 이 글은 내러티브 분석 방법의 모델 사례를 염두에 두고 작성되었지만, 또한 내러티브 분석 방법의 기계적 적용을 넘어서기 위해 창의적이고 논쟁적인 시도를 했다. 글 앞부분에서 제기한 '사실성과 허구성의 바깥 경계선' 범주가 그것이다. 이 범주는 지난 20년간 필자가 방송 비평문을 통해 틈틈이 벼려온 개념으로,* 드라마 「선덕여왕」을 통해 사극 또는 역사 드라마의 본질에 대한 논의에 본격적으로 적용해보았다.

사극에 대한 기존의 논의들은 사실과 허구의 교집합적 의미에 집중되어 있었다. 이 글에서는 그 의미를 이어받으면서, 사실과 구분되고 완전한 허구와도 구분되는 경계선 또한 인식해야 사극에 대한 더 진전된 이해에 도달할 수 있다는 새로운 인식을 제안했다. 이를 그림으로 표현하자면 다음과 같다.

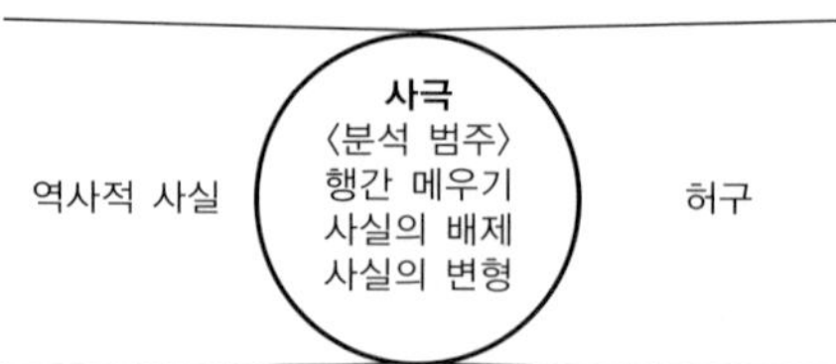

사극은 사실 자체가 아니고 기본적으로 지어낸 이야기이다. 역사적 사실이 허구에 의해 견인되어 허구의 영역으로 들어온 것이 사극이다. 이렇게 사실과 사극 사이를 가르는 경계선을 사실성의 경계선이라 부를 수 있다. 하지만 사극의 허구는 전적으로 지어낸 이야기가 아니라 사료의 기록에 구속된다. 즉, 허구 또한 사실에 의해 견인되어 사실의 영역으로 들어온 것이 사극이다. 여기서 허구와 사극을 가르는 경계선을 허구성의 경계선이라 부를 수 있다. 이처럼 사실성과 허구성의 바깥 경계선 안쪽 영역에

---

* 가령 「텔레비전 드라마의 어제와 오늘」(월간 『한국인』, 1992. 3), 「TV 사극, 역사의 행간에서 벌이는 게임」(『창작과비평』, 2001년 가을호) 등. 이 글들은 모두 손병우(2007)에 재수록되어 있다.

서, 기존 논의에서와 같이 사실에 더 가까이 있는지, 허구에 더 가까이 있는지에 따라 사극의 유형 분류가 이루어질 수 있다. 이 글에서는 사실과 허구의 상호 견인 관계라는 인식에서 '체감' 개념을 중심으로 행간 메우기, 사실의 배제, 사실의 변형이라는 세 가지 분석 범주를 만들어 드라마를 분석했다.

이방인이 본 한국의 모습
: 매그넘 코리아 사진전

주 형 일

사진이 거짓말을 한다고? 누구나 다 아는 이야기 아닌가? 증명사진이나 셀카 사진 보고 예쁜 줄 알고 미팅 나갔는데 전혀 다른 사람이 앉아 있어 놀라고 실망한 적이 한두 번이 아니잖아? 뭐 나도 가끔 전혀 나 같지 않은 잘 나온 내 사진 보면서 흐뭇해해. 그런데 왜 흐뭇해할까? 사진 속의 나는 나처럼 주름 많고 잡티 많고 눈 작은 얼굴이 아니라서 나처럼 보이지 않는데 왜 그 사진을 보면 흐뭇하지? 그것은 사진이라서 그런 것 아니야? 아무리 다른 얼굴의 내 사진이라도 나를 찍은 사진이니까 결국 내 안에는 어떤 점에서는 그런 잘생긴 모습이 있다는 것 아니겠어? 어찌 됐건 그것은 부정할 수 없는 내 얼굴이라니까…… 사진이니까 말이야.

사진은 현실을 보여주지 않는다고 사람들은 말하지만 동시에 그들은 사진이 보여주는 현실을 부정하지 못하고 믿는다. 왜냐하면 사진은 현실의 빛을 포착한 결과물이기 때문이다. 게다가 그 사진을 다큐멘터리 세계에서 인정을 받은 유명한 작가가 찍었다면, 대중의 신뢰를 바탕으로 활동하는 공식적인 기관이 촬영한 사진이라면 그것은 단순한 사진이 아니라 현실의 모습을 보여주는 기록이자 초상이라고 강요된다. 이렇게 되면 사진은 더 이상 시각적 표현물이 아니다. 그것은 현실을 특정한 방식으로 보이고 이해되게 만듦으로써 현실에 대한 우리의 생각을 만들어주는 담론구성체이다. 이 글은 모두 의식의 표면에서는 의심하지만 마음속 깊은 곳에서는 믿을 수밖에 없는 사진이 어떻게 담론으로 구성되는지를 '매그넘 코리아' 사진전이라는 구체적 사례를 들어 살펴본다.

1. 왜 '매그넘 코리아' 사진전인가

여기에서 우리는 사진을 통해 사회를 재현하는 행위가 담론의 차원
에서 어떻게 이해될 수 있는지를 구체적 사례를 통해 알아보게 될 것
이다. 분석을 위해 이용할 사진들은 2008년 7월부터 2010년 2월까지
전국 4개 대도시에서 순차적으로 열린 '매그넘 코리아' 사진전의 사진
들[1]이다. 이 사진들이 선택된 이유는 그것들이 현재 한국 사회의 모습

---

1) '매그넘 코리아' 사진전은 『한겨레』가 건국 60돌과 창간 20주년을 기념해 기획한 것으로
2008년 7월부터 2010년 2월까지 서울, 대전, 광주, 대구 등 전국의 4개 대도시에서 순차적
으로 열렸다. 사진전의 사진들은 사진통신사 '매그넘Magnum Photos'의 사진가 20명이
2006년 7월부터 약 1년에 걸쳐 한국 사회의 갖가지 모습을 촬영한 것들이었다. 『한겨레』의
초청을 받은 매그넘 사진가들은 1년 동안 개별적으로 10일에서 60일 정도까지 한국에 머물
면서 한국의 현재 모습을 담은 2,400여 장의 사진을 촬영했다. 사진전에 전시된 것들은 이
들 중 선별된 434점의 사진이었다. 서울 전시회(2008년 7~8월), 대전 전시회(2008년
10~12월), 광주 전시회(2009년 1~3월), 대구 전시회(2009년 12월~2010년 2월)가 2년
여에 걸쳐 열렸고 네 번의 전시회 동안 모두 20만 명이 넘는 관객들이 사진을 관람해 역대
사진전 최다 관객 수를 기록할 정도로 큰 성공을 거뒀다.

을 보여주겠다는 뚜렷한 기획의도 하에 외국인들로 구성된 전문 다큐멘터리 사진가들에게 의뢰해 실행된 작업의 결과물들이기 때문이다.

사진전에 즈음해 『한겨레』가 내건 광고의 대표적인 슬로건은 "세계를 찍은 매그넘, 한국을 찍다"였다. 이 슬로건은 사진전의 기획의도를 고스란히 드러낸다. 세계적인 명성을 얻은 다큐멘터리 사진가들이 찍은 사진을 통해, 다시 말해 그들의 눈을 통해 오늘의 한국이 어떤 모습인지를 보겠다는 것이다. 이것은 상당히 주목할 만한 가치가 있는 사건이다. 왜냐하면 외국인(주로 서구인)이 집중적으로 촬영한 한국 사회의 모습을 한국인들이 볼 기회를 가진 것은 한국전쟁 이후 60년 만이기 때문이다. 게다가 이 사진전의 사진들은 영어로 된 설명문이 첨가된 사진집으로 만들어져 한국뿐만 아니라 외국에서도 출판됐기 때문에 마치 한국과 한국인의 모습을 객관적으로 재현한 것으로 광고되고 인식됐다.[2]

사진전을 주최한 『한겨레』는 2008년 6월 13일부터 8월 25일까지 사진전을 다룬 다양한 기사들과 칼럼들을 내보냈다. 그 기사들을 통해 『한겨레』는 사진전에 대해 "세계적인 거장 매그넘 사진가들이 찍은 한

---

2) "이번 사진집은 한국의 종교, 빛, 전통, 도시, 젊음, 영화, 패션 등의 문화적 주제뿐만 아니라 자동차 공장과 조선소 등의 산업시설, 그리고 비무장지대의 풍경까지 포함한 2007년 한국 사회의 다양한 면면을 담아냈다. 우리에게는 익숙하지만, 제3자의 시선에는 도드라졌던, 우리가 몰랐던 한국 사회의 상황situation과 환기된 진실truth을 살펴볼 수 있다"(인터넷 교보문고 책소개. http://www.kyobobook.co.kr/product/detailViewKor.laf?mallGb=KOR&ejkGb=KOR&linkClass=&barcode=9788996086901).
"Of the dozens of photo books of countries that I have this is the finest ever. I have travelled extensively in Korea and have lived there. This book is true to the country and the people. It truely is a great work of art and terrific value"(아마존의 독자평. http://www.amazon.com/Korea-As-Seen-Magnum-Photographers/dp/0393067742).

국의 객관적 초상"을 볼 수 있는 기회라는 의미를 부여했다. 예를 들어 7월 3일자 『한겨레』 칼럼에서 소설가 신경숙은 사진전에 대해 말하면서 "우리는 이 사진들을 가짐으로써 비로소 객관적인 우리의 초상을 갖게 되었다"고 단언했다. 한편 미술평론가 이주헌은 8월 5일자 『한겨레』 칼럼에서 사진들을 "희한하게 낯선 우리시대 초상화"라고 평가하면서 그 이유를 "안목이 날카롭고 사물의 핵심을 잘 집어내는" 매그넘 사진가들이 찍었기 때문이라고 설명한다.

사진전의 사진들과 관련돼 형성된 이 담론들은 통찰력을 갖춘 다큐멘터리 사진가가 사진을 통해 사회에 대한 객관적 진실을 드러내 보여준다는 것을 당연시하고 있다. 이 담론들은 사진 자체가 사실은 사회문화적 맥락에서 결코 자유로울 수 없는 주관적 구성물일 수 있다는 것을 고려하지 않는다. 우선 사진가들이 사회에 대한 특정한 관점을 갖고 있을 수밖에 없는 인간들이며, 회화의 역사에서 우리가 보듯이 사진도 시대의 지배적인 재현 방식을 따른다. 그리고 무엇보다도 진실이란 것 자체가 객관적인 실체라기보다는 주관적인 담론구성체이다.

매그넘 사진가들과 같은 다큐멘터리 사진가들이 나름대로 갖고 있는 개인적 관점과 직업 활동을 통해 체득한 지배적인 사진 재현 방식의 영향 하에서 제작된 사진들은 한국과 한국인의 객관적 초상이라기보다는 특정한 유형의 주관적인 담론구성체를 담고 있다. 이 담론구성체가 자신들의 모습에 대해 공유하고 있는 주관적 담론구성체와 일치하지 않을 경우 한국인들은 그 사진들 앞에서 최규승(2008)이 느끼듯이 낯설고 불편한 느낌을 가질 수 있다.

매그넘 사진전의 사진들은 사회적으로 인정받은 20명의 다큐멘터리 사진가들이 한국 사회에 대해 미리 정해진 여러 가지 주제들을 표현하기 위해 다양한 장소에서 여러 시간대에 촬영한 것들이지만 단순히 사람이나 사물들을 보여주는 시각적 구성물로만 머물지는 않는다. 한국인의 객관적 초상이라는 의미가 부여되기 전에 이미 사진들은 한국 사회를 특정한 방식으로 보게 만드는 힘을 가진 담론으로 작동한다. 그것들은 한국 사회에 대한 지식을 만들어내거나 전달하는 기능을 한다. 게다가 그 지식은 객관적인 것이라고 소개되기 때문에 지식으로서 가질 수 있는 가장 강력한 상징적 힘을 갖게 된다. 이들 사진이 갖고 있는 강력한 힘을 깨닫는다면 전시회와 사진집이라는 매체를 통해 한국과 한국인에 대한 지식을 전달하는 이 사진들이 한국 사회를 어떻게 재현하고 있는지를 알아보는 것은 매우 중요하다고 할 수 있을 것이다.

이 글은 우선 지식을 만들어내는 담론으로서의 사진의 기능에 주목하면서 특히 다큐멘터리 사진의 재현에 대한 사회적 인식과 실천이 제기하는 문제들에 대해 서술할 것이다. 그럼으로써 사진에 대한 대중적 인식과 분석적 평가 사이의 간격을 통해 현실에서 사진이 발휘하는 담론적 힘을 가늠해볼 수 있을 것이다. 그리고 이 글에서 우리는 사진전의 사진들에 대한 구체적인 분석을 접하게 될 것이다. 또 사진가, 촬영 대상, 촬영 방식에 대한 분석을 통해 사진전의 사진들이 한국 사회를 재현하는 데 있어서 보여주는 특성들이 어떤 것이며 왜 그런 특성들이 나오게 됐는지를 서술하려 한다. 이 글을 통해 우리는 이방인들의 사진을 통해 구성된 한국 사회의 모습이 어떤 것인지에 대해 이해할 수 있을 것이다.

2. 다큐먼트의 객관성에서 다큐멘터리의 사회성으로

사진은 존재하는 것 또는 존재했던 것을 기록한 것이다. 존재하는 혹은 존재했던 대상이 없다면 그 대상의 사진도 존재할 수 없다. 이렇듯 사진은 기본적으로 대상에 의해 그 존재가 결정되는 것이기 때문에 사진의 존재적 본질은 객관적objective이라고 할 수 있다. 그런데 사진의 존재론적 특성이 객관적이라는 것에 대한 사람들의 지식은 곧바로 사진이 사회적으로 사용되는 과정에서 사물이나 사건, 현상에 대한 객관적 의미를 제공한다는 믿음으로 전환됨으로써 사건을 재현하는 사진의 객관성 혹은 진실성이란 담론을 만들어낸다. 하지만 대상을 기록한다는 것과 대상의 객관적 의미를 제공한다는 것은 서로 전혀 다른 담론이다. 이 서로 다른 두 담론은 다큐먼트document로서의 사진의 존재론적 특성이 다큐멘터리documentary로서의 사진의 사회적 사용을 위해 전용되는 방식 속에서 교묘하게 하나의 동일한 담론인 것처럼 위장된다.

다큐먼트는 대상의 존재를 증명하는 서류이다. 빛을 기록하면서 얻게 된 사진의 정교한 재현 능력은 사진이 그림과는 달리 객관적 관찰을 가능하게 한다는 판단을 낳았다. 프랑스의 국회의원 프랑수아 아라고François Arago는 1839년 다게르타입이라는 사진술을 대중에게 처음으로 공표하면서 이 객관적 관찰의 수혜자가 될 영역으로 고고학을 거론했지만[3] 실제로 사진이 대중에게 직접적으로 그 능력을 확인시켜준 것은 초상사진 분야에서였다. 19세기 의학 분야에서 환자들의 유형을 구분하기 위해 촬영되기 시작한 초상사진은 곧 경찰에 의해 범죄자들의

유형을 구별하고 식별하기 위해 촬영됐고 인류학 분야에서는 사회계급
과 "미개인들"의 유형을 분류하기 위해 촬영됐다(김석원, 2002; 박상
우, 2009; 최봉림, 2000). 인간의 형상을 촬영한 사진을 통해 인간을
연구하고 통제하고자 했던 이 노력들은 다큐먼트로서의 사진이 단순한
재현물로 머물지 않고 어떻게 사회적으로 사용되는지를 아주 구체적이
고 실질적으로 보여준다.

다큐먼트로서의 사진의 힘에 대한 믿음 그리고 다큐멘터리로서의 사
진의 사회적 사용이 초래하는 효과에 대한 인식 사이에서 다큐멘터리
사진에 대한 고민들이 발생한다. 다큐멘터리 사진은 단순한 현실의 기
록이 아니라 해석을 동반하는 현실의 기록으로 이해된다. 사진은 언제
나 실제로 존재하는 것의 재현, 다시 말해 현실의 기록, 다큐먼트이지
만 사진이 다큐멘터리로서 사회적으로 사용될 경우 그것은 곧잘 폭로
나 고발, 휴머니즘, 이국적 정서exoticism와 연결된다(박종현, 2009).

초기 다큐멘터리 사진은 사실의 기록이라는 사진매체의 특성을 기반
으로 출발했지만 다큐멘터리 사진가들은 곧 사실의 기록을 사회적 진
실이라는 개념으로 이해하기 시작했고 사진을 통해 사회적 진실을 밝
혀 사회개혁에 기여한다는 의무를 스스로에게 부여했다(정영혁,
2003). 제이콥 리스Jacob Riis, 루이스 하인Lewis Hine 등과 같은 미국의
초기 다큐멘터리 사진가들이 도시 빈민들과 노동자, 농민들의 비참한

---

3) "이 새로운 기술로부터 고고학이 얼마나 풍부한 결실을 거두게 될 것인가! 테베, 멤피스,
카르나크 등에 산재한 위대한 건축물들의 외부까지 덮고 있는 수백, 수천만의 상형문자들
을 베끼려면 20여 년의 세월과 수십 명의 그림 그리는 사람들이 필요할 것이다. 다게르타
입을 가지고는 단 한 사람이 이 방대한 작업을 끝까지 할 수 있을 것이다"(Freund, 1974,
p. 27에서 재인용).

삶을 사진으로 기록, 공개함으로써 그들의 삶을 개선시키는 사회개혁 운동에 기여한다고 믿고 있을 때 유럽의 사진가들은 자본주의의 모순을 폭로하고 사회혁명에 기여하는 무기로 사진을 이해했다(주형일, 2000). 오늘날에도 여전히 다큐멘터리 사진은 사회현상이나 문제에 대한 심층적이고 장기적인 취재를 통해 사회에 대한 깊은 통찰력과 이해를 보여주는 수단으로 여겨진다(김성민, 2007).

하지만 통찰력 있는 뛰어난 사진가가 사회현상에 대한 일련의 사회적 진실을 사진을 통해 보여줄 수 있다는 것을 믿는다고 해도 그 진실이 보편적인 것이 아닌 특정한 관점에서 바라본 진실이라는 것을 부정할 수는 없다. 사실 바르트가 기호학적 분석을 통해 사진이 이데올로기를 전달하고 있음을 보여주고(Barthes, 1957/1995), 부르디외와 여러 연구자들이 사회학적 조사와 분석을 통해 사진이 사회계급과 직업 조직에 의해 다르게 이해되고 촬영된다는 것을 밝히고(Bourdieu, 1965), 손태그가 미적인 직관을 이용해 사진이 현실을 있는 그대로 보여주는 것이 아니라는 것을 말한 이후로(Sontag, 1977/2005), 사진이 객관적 현실이나 보편적 진실을 보여준다고 말하기는 매우 힘들어졌다. 많은 연구자들이 특히 다큐멘터리 사진이 사회적으로 제도화된 방식으로 대중과 직접 만나는 신문사진들을 분석하면서, 그것들이 일정하게 의도된 방식으로 현실을 재현하고 있다는 것을 보여주고 있다.

한국에서 사진의 사회적 기능에 대한 문제의식과 사진의 객관성에 대한 의심이 대중 사이에 자리 잡게 된 것은 1980년대다. 1980년대 중반 이후 정권에 저항하는 민중운동, 문화운동의 일환으로 사진이 본격적인 관심을 받기 시작했으며 많은 사진가들이 사진을 사회운동 수단으로 사용하기 시작했다. 많은 사회운동가들에 의해 사진은 현실을 폭로하고 민중을 교육하는 사회적 다큐멘터리이자 대항매체로 이해됐다(이경영, 1994). 기존의 신문사진들이 정권 홍보를 위해 거짓말을 하고 사실을 왜곡, 날조하고 있다는 인식도 생기기 시작했다(이영준, 1990).

2000년 이후에는 사진, 특히 사실을 기록하고 보여준다고 흔히 이해되는 신문사진이 특정한 관점에 따라 편향된 방식으로 현실을 재현하고 있음을 보여주는 연구가 많이 생산되고 있다. 사진은 현실의 시공간을 인위적으로 절단해 고정시킨 영상(주형일, 2003a)이므로 사진의 진실성은 사진 자체에 내재돼 있는 것이 아니라 촬영자와 응시자의 주관적 해석에 따라 달라진다는 주장(김형곤, 2004; 오승환, 2003)이 일반적으로 받아들여지고 있다. 반면 신문사진의 신뢰성에 대해서는 의견이 갈린다. 신문사진에 대한 신뢰가 존재하는 것은 사진 사용과 관련된 사회제도적 관행 때문이라고 보고 그 신뢰를 유지시키기 위해 어떤 조작이나 연출도 금지하는 노력이 필요하다는 주장(오승환, 1997; 최현주, 2003)이 있는 반면, 신문사진이 현실에 대한 의미를 능동적으로 만들어낼 수 있게 하려면 오히려 단순 조작이나 연출에 대해 너무 민감하게 반응할 필요가 없다는 주장(주형일, 2005)도 있다.

많은 연구자들은 신문사진들을 분석하면서 사진이 사건을 있는 그대로 보여주고 전달하는 것이 아니라 사건에 대해 특정한 관점에서 본 특정한 의미를 부여해 전달한다는 것을 보여줬다. 한국전쟁에 대한 사진전시회에 대한 분석(김형곤, 2005a)과 한국전쟁에 대해 한국과 미국에서 발간된 사진화보집에 대한 분석(김형곤, 2005b), 한국전쟁 사진의 해석에 대한 연구(박은영, 2009)는 한국전쟁에 대한 의미가 관점의 차이에 의해 어떻게 다른 방식으로 사진을 통해 부여되는지를 보여준다. 4·19혁명에 대한 신문사진 분석(김승현, 2000)과 5·18 광주민주화운동에 대한 신문사진 분석(송정민·한선, 2005; 허현주, 2002)도 4·19나 5·18과 같은 역사적 사건들에 대한 의미가 신문사진들을 통해 어떤 방식으로 부여되는지를 보여준다. 또한 대통령 선거와 같은 큰 정치적 사건의 경우에 각 신문의 정치적 편향성이 신문사진을 통해 그대로 드러나고 있음을 보여주는 연구들(박정순·정경희, 2005; 임양준, 2009), 신문사진이 대중의 기억에 호소함으로써 익숙한 영상들과 이야기들을 상기시키고 사회적으로 공유되는 가치들을 재생산하고 있음을 보여주는 연구들(임영호·김보영·최수정, 2008; 주형일, 2006), 장애인이나 외국인 노동자들과 같이 사회적 소수자들을 신문사진이 특정한 방식으로 재현하고 있다는 것을 보여주는 연구들(김성민, 2004; 양종훈·김금녀, 2005), 신문사진에 나타나는 스포츠 선수들에 대한 특정한 재현 방식에 관한 연구들(고은하·김한주, 2004; 조성식, 2008; 조성식·홍계희, 2007), 사진기자나 편집자의 주관적 판단이나 편집의 관행들이 사진 게재에 미치는 영향에 대한 연구(박재영, 2006), 그리고 전쟁이나 환경재난과 같은 사회적 파장이 큰 사건들에 대한 의미를 신문사진이 어떻게 구성하고 있는지를 보여주는 연구들(김성민, 2006; 신재경·허현주, 2009)은 모두 신문사진이 단순히 현실을 기록하거나 보여주는 것이 아니라 특정한 방식으로 재현하면서 특정한 의미를 부여하는 기능을 하고 있다는 것에 의견일치를 보고 있다.

이처럼 신문사진, 보다 넓게는 다큐멘터리 사진이 현실의 단순한 반영이나 객관적 초상이 아님을 밝히는 많은 연구들이 진행되고 있지만 일상적인 차원에서는 여전히 다큐멘터리 사진의 객관성을 주장하는 담론들이 생산, 유통되고 있다. 이것은 경우에 따라서는 사진을 통해 특정한 이데올로기를 손쉽게 전달하고 수용하도록 만드는 기반이 될 수 있다. 여기에서 분석하고자 하는 '매그넘 코리아' 사진전의 사진들의 경우가 그렇다. 매그넘 코리아 사진전에 대한 신문의 글들에서 볼 수 있듯이, 뛰어난 사진가가 촬영한 사진이라면 대상의 진실한 모습을 보여주리라는 믿음이 여전히 사회적으로 유통되고 있다. 그러나 뛰어난 사진가라 할지라도 특정한 사회적, 문화적 맥락 안에서 경험을 쌓고 나름대로의 세계관을 구성해간다. 그리고 사진가의 세계관은 그가 사진을 통해 대상을 재현하는 방식에도 영향을 준다. 다음 장에서는 매그넘 코리아 사진전의 사진들이 어떤 사진가들에 의해 촬영됐고 한국과 한국인을 어떻게 재현하고 있는지를 구체적으로 살펴보도록 하자.

3. 누가 무엇을 어떻게 보여주는가

매그넘 코리아 사진전의 사진들이 전체적으로 전달하는 의미를 파악하기 위해서는 크게 세 가지 요소들을 분석해야 한다. 사진촬영 주체의 속성, 촬영 대상의 특징, 표현 방식의 특성이 그것이다. 누가 무엇을 어떻게 촬영했는지를 파악한다면 사진전의 사진들이 한국과 한국인을 어떻게 재현하고 있으며 왜 우리에게 낯선 느낌을 주는지를 이해하는 데 도움이 될 것이다.

1) 촬영 주체

  사진이 특정 대상을 어떤 방식으로 재현하는지를 알고자 할 때 촬영 주체의 속성을 조사하는 것이 필요한 이유는 사진은 결국 사진가의 주관적 표현물이기 때문이다. 사진가의 개인적 취향과 그 개인적 취향을 만들어낸 사회문화적 환경을 조사함으로써 우리는 사진가의 사진들이 어떤 대상을 어떤 방식으로 재현할 것인지를 추측하고 이해할 수 있다. 특히 사진가의 극히 주관적인 세계를 표현하는 예술사진이 아니라 현실세계를 재현하는 다큐멘터리 사진의 경우 사진가가 어떤 사회문화적 맥락 속에서 성장했고 작업을 하는지를 아는 것은 그가 촬영한 사진의 의미를 이해하는 데 도움을 준다.

  예를 들어 볼탄스키는 사진기자들과의 인터뷰를 분석해, 특정 사진이 촬영되고 게재되는 것은 사진기자의 독자적인 선택의 결과가 아니라 신문사나 잡지사가 원하는 것을 사진기자가 내면화한 후 표현한 결과라는 것을 밝혔다(Boltanski, 1965/2004). 해밀턴은 제2차 세계대전 직후 프랑스의 다큐멘터리 사진가들이 프랑스와 프랑스인들을 사진으로 재현하면서 '프랑스다움frenchness'이라는 것을 어떻게 구성해내고 있는지를 분석했다(Hamilton, 1997). 그는 『파리-마치Paris-Match』와 같은 르포르타주 화보잡지들을 위해 일을 한 사진가들이 인간주의라는 지배적 재현 패러다임 속에서 사진촬영에 대한 공통의 관점을 공유하면서 자신들의 '세계관'을 보여주는 공통 주제들을 개발해 전후 프랑스 사회에 대한 특정한 이미지들을 만들어냈음을 보여주었다. 김상미(2010)는 한국전쟁 당시 한국의 종군사진기자들이 외국의 사진기자들과 다른 사진들을 찍은 이유를 그들이 1940~50년대의 한국의 특수한 사회문화적 환경 속에서 사진을 접하고 배웠기 때문에 사진에 대한 특정한 생각을 갖고 있었고 외국인이 아닌 한국인으로서 고통에 빠진 동족의 모습을 기록했다는 사실에서 찾고 있다.

매그넘 코리아 사진전의 경우에도 참가 사진가가 20명이나 되고 그들이 모두 동일한 조직의 구성원이므로 그들의 공통 속성을 알아보는 것은 전시된 사진들의 전반적 경향을 짐작하는 방법이 될 수 있다. 매그넘은 1947년 설립된 사진통신사로 회원들이 공동소유, 운영하는 조합의 형태를 띠고 있다. 2007년 현재 46명의 정회원, 여섯 명의 준회원, 여섯 명의 기고가, 다섯 명의 후보회원이 등록돼 있다. 매그넘은 최소 4년 동안 두 차례에 걸친 까다로운 심사를 통과해야만 비로소 정회원이 될 수 있는 상당히 폐쇄적인 구조를 갖고 있다. 설립 회원들의 유명세, 까다로운 입회 과정을 거친 소수의 회원, 소속 사진가의 독립성 강조 등은 매그넘을 세계에서 독보적인 사진가집단으로 만들었다.

매그넘이 설립된 이유는 회원 사진가들의 독립된 작업 활동과 저작권을 보호하기 위해서이다. 제2차 세계대전을 겪으며 보도사진에 대한 사회적 요구가 크게 증가하고 화보잡지가 전성기를 누리게 되자 사진가들은 자신들의 작업의 독립성을 확보하고 사진에 대한 권리를 주장할 필요를 느꼈다. 사진가들은 잡지에 사진을 판매하는 단순한 기술자가 아닌 독립된 참여자의 지위를 바랐던 것이다. 그렇게 탄생한 매그넘은 사회에서 벌어지는 일을 담는 다큐멘터리 사진을 지향하면서 동시에 사회에 대한 사진가의 시선을 보여주는 예술사진을 추구한다. 매그넘의 사진가들은 단순한 사진기자가 아닌 독립적 사진예술가로 활동한다. 그들의 사진은 신문이나 잡지에 실릴 뿐만 아니라 미술관의 벽에도 걸린다(Lardinois, 2007).

그런데 매그넘 회원들을 성별, 국가별로 분류해보면 압도적으로 남성이 다수를 차지하고 있으며 미국인과 유럽인이 역시 압도적 다수를 차지하고 있음을 알 수 있다. 동양인은 대만인과 일본인 두 명뿐이며 흑인도 미국인 한 명뿐이다. 결국 매그넘은 백인 남성이 압도적 다수를 차지하는 구조로 돼 있다. 이것은 매그넘 코리아 사진전에 참가한 작가들에게서도 똑같이 반영된다. 총 20명의 작가가 참여했는데 이 중 대만인, 일본인, 칠레인, 러시아인, 체코인, 폴란드인 각각 한 명씩을 제외하고는 모두 미국과 서유럽 출신 작가들이었다. 게다가 비서구권 사람들이라고 할 수 있는 사진가들 중에서도 대만인은 미국시민권자이고 일본인과 칠레인은 미국에서 유학을 했으며 폴란드인은 프랑스에서 활동 중이다. 여성과 흑인도 각각 한 명으로 참여 작가들이 대부분 백인 남성으로 구성돼 있다고 할 수 있다. 참여 작가들의 구성이 서유럽과 미국의 백인 남성 위주로 돼 있다는 것은 사진들에 근본적인 일정한 편향성이 나타날 수 있는 위험이 있다는 것을 의미한다.

매그넘의 사진가들은 대부분 다큐멘터리 사진계에서 오랜 경험과 명성을 쌓은 사람들이다. 매그넘 코리아 사진전에 참가한 작가들도 마찬가지이다. 대부분이 개인적인 작품 활동을 하기보다는 사진통신사나 『슈테른*Stern*』『라이프*Life*』 등과 같은 서구의 시사잡지, 화보잡지 등을 위해 일하며 경험을 쌓았다. 이들이 활동한 대표적인 잡지 중 하나는 『내셔널지오그래픽*National Geographic*』이다. 20명 중 다섯 명의 작가들이 자신의 프로필에서 『내셔널지오그래픽』을 위해 일한 것을 주요한 경력으로 내세웠다(Lardinois, 2007).『내셔널지오그래픽』이 서구 다큐멘터리 사진 잡지를 대표한다고 간주된다는 점을 고려하면 이 잡지의 사진들이 어떤 성향을 보여주는지를 알아보는 것은 매그넘 사진가들의 사진의 특성을 유추할 수 있는 기회를 제공할 것으로 보인다.

『내셔널지오그래픽』은 미국의 국립지리학회가 1888년부터 발행해온 잡지로 32개 언어로 발행되며 매달 9백만 부가 발행되는 세계적인 잡지이다. 이 잡지는 세계 각국의 자연과 사회, 문화에 대한 정보를 많은 사진들을 통해 전달한다. 루츠와 콜린스에 따르면, 이 잡지는 과학과 오락, 진실과 아름다움 사이에서 미묘한 줄타기를 하면서 근대화 과정에서 주저앉았거나 그 길을 가고 있는 국가들을 고통과 계급투쟁에서 비교적 벗어나 있는 이상화된 이국적 세계로 소개한다. 이 잡지의 사진들은 우아하며 밝고 명랑하다. 이런 사진들은 결국 합리적이고 관대하며 자선적인 미국의 국가적 정체성을 보여준다(Lutz & Collins, 1993, pp. 15~46).

정리하자면, 매그넘 코리아 사진전의 사진을 촬영한 사진가들은 어떤 단체나 매체의 의뢰를 받아 사진을 찍지만 자기 활동의 독립성을 유지하려는 예술가적 장인 정신을 가진 주로 미국과 서유럽 출신의 백인 남성들로서 아시아, 중동, 남미, 아프리카의 국가들을 대상으로 길게는 수십 년간 다큐멘터리 사진을 찍어온 사람들이다. 한겨레신문사에서 출판한 매그넘 코리아 사진집의 서문에서 엘리엇 어윗Elliott Erwitt이 고백한 대로 그들 중 대다수는 이전에 한국을 방문한 적이 없는 사람들이며 한국에 대한 특별한 지식이나 관심을 표명한 적도 없다. 그들이 촬영을 위해 한국에 머문 시간도 짧게는 10일, 길게는 60일로 제한적이었다. 사진전 준비 단계부터 창구역을 맡아온 일본 작가 구보타 히로지久保田博二가 한국에서 작업할 20명의 작가들을 매그넘에서 선정할 때 소속 사진가들이 서로 자기가 하겠다고 나선 이유 중에는 한 번도 가보지 못한 나라를 촬영한다는 사실에서 오는 일종의 흥분감도 포함돼 있었을 것이다.[4] 그들은 처음 방문한 한국에 최대 60일 정도만을 머물며 한국의 다양한 모습을 촬영해야 했다. 이런 상황이었기 때문에 한국에 대한 이해보다는 자신의 촬영 경험과 스타일이 사진촬영 과정에서 더 중시될 수밖에 없었을 것이다.

참가 사진가 중 한 명인 토마스 휍커Thomas Hoepker는 『한겨레』 기자와의 인터뷰에서 이렇게 밝힌다. "한 번도 가본 적이 없는 나라를 방문했을 땐 첫 아침을 즐기려고 노력한다. 아침에 숙소를 나서서 산과 들로 자동차를 몰고 나간다. 이제부터 무슨 일이 생길지 아무런 사전 정보도 없다. 그것이 발견이고 신나는 순간이다." 그는 한국의 교육을 주제로 사진을 촬영했다. 그는 자원이 부족한데도 한국이 높은 생활수준을 누리는 것은 교육의 덕택이라고 생각한다. 하지만 그는 "교실 한 가득 모인 학생들에게서 좀처럼 그림이 되는 장면이 나오지 않았기" 때문에 촬영현장에선 좌절을 느꼈다고 고백했다.[5]

데이비드 앨런 하비David Alan Harvey의 경우에는 자신이 촬영할 나라를 이해하기 위해 신문도 읽고 안내서도 보지만 그 나라에 대한 소설을 읽는 것을 사전 준비 작업으로 삼는다고 한다. 스페인을 방문했을

---

4)「한국은 흥미진진… 그 다양성 찍었다」, 『한겨레』, 2008. 7. 2(http://www.hani.co. kr/arti/SERIES/192/296544.html).
5)「'걸어다니는 호기심' 그 자체 한국교육 비춘 앵글 좌절감」, 『한겨레』, 2008. 6. 15(http://www.hani.co.kr/arti/SERIES/192/293380.html).

때에는 헤밍웨이의 『누구를 위해 종은 울리나』를 읽으며 준비했다고 한다. 하지만 한국 촬영을 준비하면서 어떤 책을 읽었는지는 기사에 드러나지 않는다.[6]

오랜 사진 활동을 통해 자신만의 고유한 스타일을 정립한 매그넘의 사진가들은 사실상 한국에 대해 무지한 상태에서 짧은 시간 동안 체류하며 『한겨레』와 계약한 대로 종교, 빛, 전통, 도시, 젊음, 영화, 패션 등의 주제를 중심으로 한국의 사회, 문화, 교육, 산업 등 모든 것을 사진에 담으려 노력했다. 사진가들이 작업을 하면서 가졌을 열정이나 진정성과는 별개로 그들의 사진은 크게 두 가지 요인에 의해 편향된 모습을 가질 수밖에 없었다. 하나는 한국에 대한 그들의 무지와 선입견이고 다른 하나는 각자가 갖고 있는 사진 스타일이다. 자신이 잘 알지 못하는 나라에 난생 처음 발을 디딘 사진가들은 자신의 오랜 직업 생활에서 습득한 노하우를 갖고 촬영에 임한다. 촬영하는 대상에 대해 잘 알지 못하는 상태에서 사진가들은 결국 자신이 즐겨 찍거나 자신의 눈에 특이해 보이는 대상, 좋아하는 구도, 앵글, 색 등을 표현함으로써 자신만의 사진을 만들려 노력하게 된다. 그 결과, 사진은 일정하게 편향되거나 양식화된 모습을 갖게 된다. 실제로 전시회의 사진들은 작가전과 주제전으로 나뉘어 전시됐다. 특히 작가전의 사진들은 작가의 작품세계를 보여주기 위해 한국이 대상으로 이용되는 모습을 보여준다. 이것은 사진들의 상당수가 한국을 재현하기보다는 사진가들의 스타일을 재현하기 위해 촬영됐다는 것을 시사한다.

---

6) 「사진으로 이웃 도운 '영원한 청년'」, 『한겨레』, 2008. 6. 24(http://www.hani.co.kr/arti/SERIES/192/295111.html).

이미 제3세계를 바라보는 자신만의 관점을 확고히 가진 사진가들이 한국에 대한 지식이 없는 상태에서 단기간 체류하며 사진을 촬영했다는 것은 이미 그들이 사회적 다큐멘터리 사진 작업에서 일반적으로 관찰되는 것과 같은, 대상과의 지속적인 접촉과 대상에 대한 애정, 관심, 지식에서 비롯된 통찰력 있는 이해를 바탕으로 대상을 깊이 있게 재현할 수 있는 상황(김성민, 2010; 석재현, 2004; 이동환, 2003)이 아니었음을 의미한다. 대상에 대한 깊은 이해 없이 피상적인 모습만을 담아낸 그들의 사진은 "순진한 사람들의 얼굴에 한마디 말도 없이 카메라를 들이대고는 또 다음 번의 피해자를 향해 가는"(Norberg-Hodge, 1991/1996, p. 100) 여행자들의 사진에 더 가까울 수도 있다.

2) 촬영 대상

매그넘 코리아 사진전의 사진들은 한국과 한국인의 객관적 초상이라는 의미가 부여된 채 공개됐다. 그런데 한국과 한국인들은 셀 수 없이 다양한 모습을 갖고 있다. 그 많은 모습들 중에서 어떤 것들이 취사선택돼 사진을 통해 재현됐는지를 파악한다면 사진전이 보여주는 한국과 한국인의 포괄적인 이미지가 무엇인지를 알 수 있을 것이다.

사진전이 끝났기 때문에 실제 전시된 사진들을 모두 조사하는 것은 불가능하다. 다행히도 전시된 사진들의 상당수가 사진집이나 도록을 통해 출판됐다. 이 연구에서는 그렇게 출판된 사진들을 조사 대상으로 삼았다. 우선 매그넘 코리아 사진전의 사진들은 사진집으로 발간됐다(매그넘, 2008). 248점(표지사진 포함)의 사진들이 수록된 이 사진집은 영문으로 발간됐다. 그리고 네 개의 도시에서 열린 전시회를 위해 매번 작품집이 발행, 판매됐다. 이들 중 가장 최근에 열린 대구특별전의 도록(매그넘, 2009)을 조사 대상으로 선택했다. 이 도록에 실린 사진 중 기존의 매그넘 코리아 사진집의 사진들과 중복되지 않는 사진은 75점이었다. 이 두 사진집에 수록된 사진들(총 323점)을 조사해서 어떤 대상들이 촬영됐는지를 알아봤다. 촬영된 대상은 다음과 같다.

우선 대부분의 사진들에 사람이 등장한다. 일을 하거나 여가를 즐기거나 길을 가는 많은 사람들이 촬영됐다. 인물이 나오지 않은 사진은 66점에 불과하다. 이들은 시골풍경(12점), 도시풍경(11점), 사물(19점), 손이나 발 등 인물의 일부만 나온 사진(14점), 자연풍경(4점), 산업단지풍경(3점)으로 나뉜다. 촬영된 사람들 중에서는 주요한 경제활동인구인 20~30대와 40~50대의 사람들이 압도적으로 많았다. 10대 이하의 청소년이나 아이들보다는 노인들을 촬영한 사진들이 더 많았다. 인물을 클로즈업해 촬영한 사진의 경우 노인 두 명을 제외하고는 10대 후반에서 20대의 젊은 여성들이 촬영 대상이었다. 촬영된 인물들 중 미소를 띠거나 웃고 있는 경우는 상대적으로 수가 적었지만 울거나 고통을 표현하거나 화를 내는 인물은 없었다.

인물들은 다양한 활동을 하는 모습이 촬영됐다. 노동이나 레저 활동을 하는 경우가 가장 많았고 학업, 종교 활동이 그 뒤를 이었다. 군인들을 촬영한 사진도 상당수 있었다. 위안부 할머니들의 시위 사진 두 점만이 정치적 사회활동을 하는 모습을 보여준다. 13점의 사진들은 장례, 결혼, 제사 등의 의례에 관련된 활동을 보여주었다. 전통복장을 한 인물들이 나온 사진은 22점이었으며, 연인이나 부부를 촬영한 사진은 19점이었는데 이 중 15점이 젊은 사람들의 사진이었다.

여성의 나체가 표현된 사진이 하나 있었는데 그것은 미술실기교실을 촬영한 사진에서 누드모델이 촬영된 것이었다. 걸인 혹은 노숙인의 사진도 한 점 있었는데 경찰과 가게주인처럼 보이는 여자가 노숙인을 쫓는 듯한 모습을 촬영한 것이었다. 서양인이 촬영된 사진은 모두 세 점이 발견됐다. 이들 중 두 장은 각각 결혼식 사진과 결혼한 부부의 가족 사진이었고 나머지 한 장은 고등학교 교실의 수업 사진이었다. 서양인은 국제결혼의 당사자이거나 외국인 교사의 모습으로 재현됐다.

사진의 촬영 배경을 확실히 구분할 수 있는 사진들 중에는 도시를 찍은 사진이 시골을 찍은 사진들보다 많았다. 도시 사진 중에서는 서울을 배경으로 한 사진이 가장 많았다. 공장을 배경으로 한 사진도 여럿 있었다. 전통가옥이나 전통악기 등을 촬영한 사진도 많이 보였다. 종교와 관련된 사진들 중에서는 불교에 관한 사진이 가장 많았고 기독교, 유교, 민간신앙, 증산도를 표현한 사진들도 있었다.

야외가 아닌 실내 공간에서 촬영한 사진은 모두 91점이었는데 대부분은 가게, 공공건물 등과 같은 공적인 실내공간에서 촬영된 것이었고 외부인이 쉽게 접근하기 어려운 사적인 실내공간에서 촬영된 것은 6점에 불과했다. 그중 가장 사적인 공간인 가정집 안에서 촬영된 것은 2점이었다. 〈표 1〉은 다양한 대상들을 촬영한 사진들의 수를 간략하게 파악한 것이다.

비인물사진	시골풍경(12), 도시풍경(11), 사물(19), DMZ풍경(3), 인물의 일부만 나온 사진(14), 자연풍경(4), 산업단지풍경(3)				
		아이	10대	20~30대	40~50대	노인
인물 클로즈업	남성					1
	여성			8		1
활동 중의 인물	남성	3	1	41	20	12
	여성	1	6	43	22	3
	혼재	5	1	36	12	5
	전 연령 혼재	24				
	남성과 아이	5				
	여성과 아이	4				
	부부와 아이	3				
웃는 인물	여성(11), 남성(6), 혼재(6), 아이(1)					
전통복장을 한 인물	여성(9), 남성(9), 혼재(4)					
연인, 부부	청장년(15), 노인(4)					
특이한 인물	서양인(3), 걸인(1), 여성나체(1)					
인물 수	1인(63), 2인(40), 3인(31), 4인 이상 다수(118)					
실내	공적 공간(85), 사적 공간(6)					
촬영 배경	시골(33), 서울(31), 다른 도시(17), 자연(4)					
활동	노동(54), 레저(46), 학업(23), 종교(20), 소비(12), 군사(9), 공연(9), 정치(2)					
종교	불교(14), 천주교(4), 개신교(4), 유교(3), 민간신앙(2), 원불교(1), 증산도(1)					
의례	결혼(4), 제사(4), 장례(2), 졸업식(1), 돌잔치(1), 칠순잔치(1)					
기타	문화유산(28), 기계류와 산업시설(15)					

3) 촬영 방식

사진에 재현된 대상은 카메라 렌즈의 종류, 촬영 각도, 카메라와 대상 사이의 거리, 색의 사용 여부, 셔터 스피드, 피사계 심도 등 다양한 기술적 변인들에 의해 매우 다르게 재현될 수 있다. 어떤 방식으로 카메라를 조작하느냐에 따라 동일한 대상도 상이한 느낌과 의미를 갖는 방식으로 재현된다. 각각의 기술적 변인들은 관습적 의미를 가진 일종의 기호처럼 기능한다. 예를 들어 하이앵글로 촬영된 대상은 왜소하고 코믹하고 가벼운 것으로 이해되고, 로앵글로 촬영된 대상은 거대하고 진지하고 무거운 것으로 이해된다. 따라서 사진촬영 시 사용된 기술적 변인들을 조사하는 것은 사진가가 대상에 부여하고자 한 의미나 대상을 바라보는 사진가의 자세를 파악하는 데 도움을 준다.

전시회 도록에 실린 알렉스 마욜리Alex Majoli의 흑백사진 두 장을 제외하면 사진전의 사진들은 모두 컬러로 촬영됐다. 매그넘 코리아 사진집의 사진들은 모두 컬러였다. 또 구보타 히로지의 항공촬영사진들을 제외하면 대부분의 사진들이 사진가의 일상적인 눈높이에서 촬영됐다. 극단적인 하이앵글이나 로앵글은 거의 나타나지 않는다. 대부분의 사진들은 대상과 거의 비슷한 눈높이를 보여주는 미디엄앵글로 촬영되거나 사진가가 자연스럽게 서거나 앉은 자세에서 본 모습대로 촬영됐다. 일상적인 시각적 경험이 그대로 사진에 표현됐다고 할 수 있다.

또한 심한 광각렌즈나 망원렌즈의 사용도 거의 눈에 띄지 않았다. 덕분에 사진에 재현된 형태들에서는 왜곡이나 과장, 아웃포커스 효과 등이 별로 발견되지 않았다. 이처럼 사진을 극적으로 미화시킬 수 있는 렌즈의 사용을 자제함으로써 대부분의 사진들이 일상적 분위기를 표현하는 효과를 갖게 됐다.

촬영된 인물의 경우, 인물이 카메라를 응시하는 경우(24점)보다는 카메라를 바라보지 않는 경우(201점)가 압도적으로 많았다. 또 뒷모습을 촬영한 경우(32점)도 상당수 있었다. 인물이 카메라를 응시하는 경우, 정면으로 응시하는 모습은 10점, 얼굴을 돌린 상태로 비스듬히 바라보는 모습은 14점이었다. 인물이 카메라를 의식하지 않거나 못하는 상태에서 촬영된 사진이 대부분이라고 할 수 있다. 리즈 사르파티Lise Sarfati의 여성 사진들이나 일라이 리드Eli Reed의 연예인 사진들을 제외하고는 인물이 작위적으로 자세를 취한 것처럼 보이는 사진은 없었다.

이처럼 컬러를 사용하고 미디엄앵글과 표준렌즈를 주로 사용하며 카메라를 의식하지 않는 사람들을 촬영한 것은 매그넘 사진가들이 인물의 일상적 삶을 자연스럽게 재현하고자 하는 다큐멘터리 사진의 관습을 추구하기 때문에 나온 결과일 수 있다. 일상적 경험의 대상들을 특별한 왜곡 없이 촬영한 매그넘의 사진들은 기본적으로 현실을 충실히 기록하는 다큐멘터리 사진의 영역에 속한다. 그것은 매그넘 집단 자체가 일차적으로 추구하는 것이기도 하다. 매그넘의 사진가들은 "인생을 관찰하고, 우리 시대를 증언한다는" 기본적 욕구를 갖고 있다 (Lardinois, 2007, p. 9). 실제로 토마스 횝커는 서울 전시회 때 가진 기자 간담회에서 한국인들은 카메라를 들이대도 전혀 당황하지 않았기 때문에 사진을 찍기 쉽기도 했지만 카메라만 보면 손가락으로 V자를 만드는 등 인위적 자세를 연출했기 때문에 자신이 원하는 자연적인 모습을 촬영하기 힘들었다고 밝혔다.[7] 이런 촬영 방식은 거리사진street photography이라는 명칭하에 분류될 수 있는 다큐멘터리 사진장르에서 일반적으로 관찰되는 것이며 실제로 매그넘은 설립자들 중 한 명인 앙리 카르티에-브레송Henri Cartier-Bresson을 비롯해 많은 거리사진의 전문가들을 회원으로 두었다(Westerbeck & Meyerowitz, 1994).

4. 한국은 어떻게 재현되는가

　매그넘 코리아 사진전은 크게 두 부분으로 나뉘어 진행됐다. 한 부분은 20명의 작가들이 각자의 전시공간을 갖고 사진을 전시한 작가전이었고, 다른 부분은 한국의 종교, 한국의 문화, 서울 그리고 도시, 자연 그리고 삶, 즐겨라 코리아, 입신양명, 사랑과 결혼, 한국의 사회상이라는 주제로 사진들을 모아 전시한 주제전이었다.[8] 작가전을 위해 촬영된 사진들 중에는 굳이 한국인이나 한국의 풍경을 대상으로 촬영하지 않고 다른 나라 사람들이나 풍경을 대상으로 했어도 전달하고자 하는 의미에는 차이가 없다고 할 수 있을 정도로 한국의 정체성과는 직접적 연관성을 찾아보기 힘든 것들도 발견됐지만[9] 사진집에는 작가

---

7) http://cafe.naver.com/digitalphotography7.cafe?iframe_url=/ArticleRead.nhn%3Farticleid=278.
8) 총 434점의 사진들 중 118점은 작가전 사진, 316점은 주제전 사진이었다. 작가전 부분에서 각 사진가들은 기존의 작업과의 양식상의 연속성을 보여주는 소수의 개성적인 사진들을 전시했다. 전시장에서는 각 사진가들의 기존 작품들을 모니터 등을 통해 볼 수 있도록 함으로써 관람객들이 한 사진가의 작업의 일관성을 비교, 확인할 수 있는 기회를 제공했다. 주제전 부분에서는 각 주제에 대한 많은 사진들을 전시함으로써 한국 사회의 다양한 모습들을 볼 수 있도록 했다.
9) 엘리엇 어윗의 여성 다리만을 촬영한 사진들이나 게오르기 핀카소프Gueorgui Pinkhassov

전과 주제전의 사진들이 구별되지 않고 혼재돼 게재됐다. 모든 사진들이 한국과 한국인의 모습을 보여주는 것으로 이해된 것이다.

사진들에서 한국과 한국인들은 어떤 시선으로 보여지고 있으며 어떻게 재현되고 있는가? 사진의 대상과 촬영 방식을 조사한 결과를 종합해 판단한다면 사진들은 다음과 같은 일정한 편향성을 드러낸다.

첫째, 인물에 대한 시선의 편향성이 나타난다. 인물 클로즈업 사진의 경우 남성 노인 사진과 여성 노인 사진을 제외하면 모든 사진이 10대 후반에서 20대 초반의 젊은 여성 사진이다. 인물 클로즈업 사진은 사진 대상과의 감정적 연루가 가장 크게 일어나는 사진으로 그 인물이 속한 사회나 상황을 상징적으로 표현하는 기능을 한다. 그렇다면 매그넘의 사진가들은 한국을 젊고 아름다운 여성으로 재현하려는 일정한 경향을 갖고 있었다고 할 수 있다. 예외적인 경우[10]가 있지만 이것은 크게 두 가지 시선이 결합된 산물이라고 할 수 있다. 하나는 남성의 시선이고 다른 하나는 서구인의 시선이다. 사진전에 참가한 매그넘 작가 20명 중 19명이 남성이다. 젊은 여성은 남성의 시선을 사로잡는 대표적인 대상이다. 사진을 촬영하는 카메라의 시선이 남성의 시선과 동일하며 여성은 이 시선의 대상으로 나타난다는 지적은 오래전부터 있어왔다(Berger, 1972/1990; Mulvey, 1975). 최근 연구에서도 신문사진에서 여전히 여성이 남성의 시선을 위한 성적인 대상으로 재현된다는 점을

의 추상적 사진들, 알렉스 마욜리의 흑백정물사진들, 리즈 사르파티의 젊은 여성들의 사진, 치엔치 창Chien-Chi Chang의 풍경사진 등은 현실의 모습을 재현하는 다큐멘터리 사진이라기보다는 연출과 색감 조정 등을 통해 작가의 주제의식을 강하게 드러내는 예술사진의 형태를 보여준다.

10) 여성 사진가인 리즈 사르파티가 작가전을 위해 준비한 일련의 여성 사진들이 있다. 필자가 조사한 사진집에는 모두 4장이 들어 있다.

보여주고 있다(고은하·김한주, 2004; 조성식, 2008). 더구나 이 전시회 사진들은 거리사진으로 분류될 수 있는데 거리사진이라는 장르 자체가 특히 남성적 시선을 내포하고 있다고 여겨지는 것이다(김성민, 2003).

대부분 처음 한국을 방문한 매그넘 사진가들에게 여성은 자신들이 잘 알지 못하는 이국적인 동양의 나라를 이미지로 재현하는 데 가장 적절한 대상이었을 수 있다. 오리엔탈리즘의 영향하에 있는 서구인에게 비서구권 국가들, 특히 아시아 국가들은 여성으로 재현되어왔었고 지금도 여전히 그렇기 때문이다.[11] 실제로 한국은 이미 19세기 말과 20세기 초에 서구의 제국주의적 시선의 대상이 돼 사진을 통해 정체된 야만성과 이국적인 아름다움을 가진 나라로 재현됐으며(권행가, 2002; 권혁희, 2005; 이경민, 2003; 주형일, 2003b) 지금도 그 영향에서 완전히 벗어나지는 못한 상태이다(주형일, 2008). 한국과 한국인을 "착한 미개인"이자 "동양의 현자"로 보는 오래된 서구인의 시각(불레스텍스, 2001)은 각각 남녀 노인을 재현한 두 장의 클로즈업 사진에서도 드러난다. 남성 노인의 경우는 사모관대를 하고 정면을 바라보면서 인자한 미소를 띤 모습이다. 여성 노인은 시위 중인 위안부 할머니로 비옷을 입고 다른 곳을 바라보고 있다. 남성 노인은 전통적인 격식을 차린 옷을 입고 정면을 바라보는 반면, 여성 노인은 초라한 옷을 입은 약자의

---

11) 2011년 1월 20일 "21세기의 지성"이며 프랑스의 석학이라고 한국 언론에서 소개되는 기 소르망Guy Sorman은 국립중앙박물관 방한 강연에서 이렇게 말한다. "한국의 문명은 미지의 아름다운 여인과 같다. 신비에 싸여 있다. 수난이 많았던 역사에서 자기방어를 위해 스스로를 격리했기 때문이다." http://blog.naver.com/iperry?Redirect=Log&logNo=70101406494.

한 명으로 시선을 피하고 있다. 남성 노인은 "동양의 현자"라는 서구의 오래된 편견을 보여주는 반면, 여성 노인은 가련한 약자의 모습을 재현한다고 할 수 있다.

둘째, 노동에 대한 재현의 편향성이 나타난다. 주요 경제인구인 20대에서 50대까지의 사람들이 인물사진의 대부분을 차지하는 것은 그들이 노동과 여가를 비롯해 종교, 문화 등 다양한 사회활동을 하기 때문이다. 여러 활동들 중에서 노동과 관련된 사진들이 가장 많았다. 그런데 노동 사진의 경우 특징적인 것은 노동의 장소가 대부분 농어촌이라는 것이다. 도시를 배경으로 하는 노동도 상점이나 거리에서 하는 육체노동이 대부분이었고 산업단지의 공장에서 일하는 모습이 조금 눈에 띄었다. 회사원들이 사무실에서 일하는 모습을 촬영한 사진은 없었다. 점심시간에 밖에서 휴식을 취하는 회사원의 사진이 있었을 뿐이다.

이처럼 노동 사진들이 대부분 농어촌에서의 육체노동 사진으로 구성돼 있는 것은 한국을 전근대적 모습으로 재현하는 효과를 가져온다. 실제로 농어촌 사진의 경우에도 기계를 이용한 노동을 촬영한 사진은 없었으며 모든 사진이 기초적인 수제 도구들을 이용한 노동활동을 보여준다. 지게를 메고 가거나 소를 끌고 가는 사진들은 서구인이 아시아에 대해 갖고 있는 전형적인 이미지에 부응하는 것이다.

셋째, 이국적 풍취를 고취시키는 사진들이 많다. 한국 농어촌의 전통적 노동 모습을 담은 사진들은 서구인들에게 이국적 풍취를 보여주는 사진이라고도 할 수 있다. 또한 전통복장을 한 사람들과 전통가옥이나 문화재, 생활용품 등에 대한 사진들이 상당수 존재한다. 종교에 대한 사진의 경우, 불교를 다룬 사진이 다수를 차지하며 유교, 민간신앙, 증산도 등 서구인들에게는 낯선 종교들에 대한 사진이 있다. 그리고 제사, 전통적인 장례, 전통결혼식, 돌잔치, 칠순잔치 등의 의례를 촬영한 사진들도 한국 고유의 전통적인 옷을 입은 인물들을 보여줌으로써 이국적인 풍취를 만들어내는 데 일조한다. 사용맥락에서 분리된 채 클로즈업 촬영된 여러 사물들(생선, 컵라면 등)의 사진도 사물들의 이질성을 강조함으로써 이국적 풍취를 만들어낸다.

넷째, 피상적인 훔쳐보기의 시선이 존재한다. 인물들이 카메라를 바라보지 않는 사진들이 압도적으로 많았고 그중에는 뒷모습을 촬영한 사진들도 많았다. 이것은 물론 자연스러운 모습을 포착하고자 하는 의도가 나타난 것으로 볼 수 있다. 하지만 그것은 매그넘의 작가들이 한국인과 한국 사회에 대한 이해를 바탕으로 사람들 속으로 들어가지 못하고 이방인으로서 먼 거리에서 바라보는 데 만족했다는 것을 보여주는 결과일 수도 있다. 실제로 거의 모든 사진들이 사적인 공간이 아니라 공적인 공간에서 촬영된 것이라는 사실은 이런 추론을 뒷받침한다. 4인 이상 다수의 사람들이 모여 있는 사진들이 전체 인물 사진의 절반 가까이 되는 것도 작가들이 사람들과의 친밀한 접촉을 통해 그들을 잘 알고자 하는 노력을 하지 못한 결과라고 할 수 있다.

많은 사진들이 길거리와 야외에서 일하거나 쉬거나 노는 사람들을 훔쳐본 거리사진들이다. 사진기는 노동과 휴식, 여가, 교육, 종교 등의 활동을 하는 많은 사람들의 영상을 강탈했다. 이것은 사람들의 활동을 흥미롭고 재미있는 관찰 대상으로 축소시키는 효과를 갖는다. 이런 사진 작업은 결과적으로 사람들의 활동을 내재적인 동기에 의해 이해하기보다는 외부에서 미리 정해진 편견에 의해 판단해 재현하게 된다. 한국은 교육열이 높은 나라이기 때문에 공부하는 학생들의 모습은 흥미로운 관찰 대상이 되고 급속한 근대화의 과정을 거치며 서구화되며 발전하는 나라이기 때문에 젊은이들의 놀이 문화가 재미있게 눈여겨보며 기록할 만한 대상이 되는 것이다. 결국 한국에 대한 사진가의 스테레오타입이 사진촬영에 우선적으로 개입하는 것이다.

다섯째, 현실의 어두운 면을 외면하고 밝은 면을 재현하려는 경향이 나타난다. 사진들 중에는 병이나 재해, 가난 등으로 고통받는 사람들을 보여주는 사진이 없었다. 남루한 옷을 입은 노숙인이 등장한 사진이 한 장 있지만 노숙인의 모습은 움직임 때문에 상이 흐려져 분간하기 어렵고 그를 잡고 있는 경찰과 가게 주인처럼 보이는 여성의 표정은 밝다. 사회적 문제로 인한 다툼과 폭력, 갈등을 보여주는 사진도 없다. 유일한 시위사진인 위안부 할머니들의 사진은 할머니들이 노란 비옷에 노란 우산을 들고 형형색색의 글씨가 인쇄된 플래카드를 들고 앉아 있는 모습을 노란 우산 뒤에서 바라보는 서정적인 형태를 띠고 있다.

이것은 전시회 사진들이 한국 사회를 이상화하려는 경향을 보이고 있음을 알려준다. 고통, 불행, 갈등이 없는 사회는 존재하지 않는다. 그런 사회는 내부 사정을 잘 알지 못하는 외부인이 편견에 찬 방관적인 관찰자의 시선으로 바라볼 때만 나타날 수 있다. 사회를 이상화해 재현하는 것은 타자화시키는 방법 중의 하나이다. 오염되지 않은 아름다운 자연, 건강하고 행복한 사람들, 조화로운 사회의 모습은 타자화된 사회를 긍정적으로 재현할 때 흔히 접할 수 있는 것들이다.

여섯째, 한국 사회의 외국인에 대한 재현의 편향성이 나타난다. 조사된 사진들 중에서 아시아인이 아닌 외국인이 등장한 사진은 모두 세

점이며 외국인은 모두 백인이다. 한 명은 전통결혼식 중에 사모관대를 쓰고 신부에게 키스하러 다가가는 남성, 다른 한 명은 거실 소파 위에서 아이를 사이에 두고 남편과 앉아 정면을 바라보는 여성, 마지막 한 명은 교실에서 한복을 입은 학생들에게 강의를 하고 있는 나이 든 남성이다. 공장과 농촌의 일터에서 수많은 외국인 노동자들(거의 대부분은 백인이 아니다)이 일하고 있지만 매그넘 사진 속의 외국인은 한국인과 결혼한 백인이거나 한국인을 가르치는 교사로만 재현된 것이다. 그리고 그 백인들은 수동적 한국인들(전통복장의 여성과 학생)에 대한 능동적 행위주체로 주로 재현된다.

전시회 사진들은 앞에서 열거한 한국의 종교, 문화 등 여덟 개의 주제에 따라 분류돼 전시됐다. 이 여덟 개의 주제는 한국 사회의 모습을 전체적으로 시각화해내기 위해 필요한 영역을 구획지은 것이라고 볼 수 있다. 이 형식적 주제와는 별개로, 나는 사진들의 내용을 분석한 결과를 토대로 실제로 사진들은 여섯 개의 주제를 담고 있다는 결론에 도달했다. 여성, 전근대적 농촌, 도시의 거리, 전통적 삶, 건강한 생활, 교육받는 아이들이 그것이다. 한국과 한국인에 대한 사진들이 이와 같은 주제들로 분류될 수 있다는 것은 사진 전반에 걸쳐 한국을 타자화하는 서구의 남성적 시선이 지배하고 있음을 의미한다. 우리는 이와 유사한 시선을 상당수의 매그넘 작가들과 협력관계를 유지해왔으며 지난 수십 년 동안 제3세계 국가들을 사진으로 재현해온 『내셔널지오그래픽』에 실렸던 사진들에서도 발견할 수 있다(Lutz & Collins, 1993).

전체적으로 볼 때 한국을 촬영한 매그넘의 사진들은 아름다운 자연, 발달된 도시와 산업 시설, 그리고 아시아의 풍취가 물씬 풍기는 농어촌에서 고유한 풍속을 간직한 채 별다른 갈등 없이 일하고 즐기고 공부하는 활동적이고 건강한 아시아인들과 그들을 교육하는 백인의 모습을 스쳐 지나가듯 피상적으로 보여준다. 사찰이나 정자와 같은 아시아 특유의 건축물이 자리 잡고 있는 자연, 전통적 농기구와 소가 이용되는 농촌, 빠른 산업화, 근대화로 급성장한 복잡한 도시, 높은 교육열 속에서 공부에 열중하는 학생들, 분단 상황으로 인한 군사적 긴장 속에서 훈련하는 병사들, 다양하고 열광적인 종교 활동을 담고 있는 사진들은 한국을 미개와 야만 혹은 신비의 나라로 재현한 19세기 말, 20세기 초 사진들에서 보이는 전형적인 오리엔탈리즘을 넘어서 보다 다양한 시선들을 드러낸다. 예를 들어 현대적인 도시를 배경으로 서구인과 동일한 옷을 입고 동일한 상품을 소비하며 동일한 스포츠를 즐기는 청년들의 모습을 담은 많은 사진들을 볼 수 있다. 그들은 더 이상 미개하지도 신비하지도 않은 모습으로 재현된다. 대신 그들은 서구식 근대화의 결과로서 흥미로운 관찰의 대상이 된다. 전시회 사진 속 다양한 시선들은 여전히 서구인들이 가진 스테레오타입을 바탕으로 한국과 한국인들을 타자화하는 시선인 것이다.

사진들에서 타자화하는 시선들이 발견되는 이유는 무엇인가? 나는 사진가들이 대상에 애정과 지식을 갖고 이해하면서 촬영하지 않은 것이 가장 큰 이유라고 생각한다. 사진들에는 한국인들과 사진가들 사이의 이해와 상호작용의 흔적이 드러나지 않는다. 멀찍이 떨어져 있는 사진가들이 그들의 눈에 신기하고 특이해 보이는 대상을 포착한 것처럼 보이는 사진들은 건조하고 차갑게 한국인들의 특정한 겉모습을 기록하고 있다. 매력적인 여성들과 공부하는 아이들, 도시의 거리를 채운 무표정한 행인들, 농어촌에서 전근대적 수작업 노동을 하는 사람들을 촬영한 사진들은 분명히 존재하는 한국의 일상을 기록하고 있지만 한국인의 일상적 경험과는 동떨어진 것이다. 한국인이 알고 이해하는 일상의 모습, 친근한 한국인이 아닌 낯선 이방인의 모습이 사진 속에 드러나 있다. 사진을 보고 많은 관람객들이 어색함을 느꼈다고 말하는 것은 바로 자신을 낯선 타자로 보는 시선을 느꼈기 때문이다.

5. 약탈된 이미지의 담론

매그넘 코리아 사진전의 사진들은 한국과 한국인들에 대한 다큐멘터리 사진들이며 나아가 한국 사회에 대한 지식을 전달하는 담론이다. 한국인의 객관적 초상을 보여준다고 홍보되고 평가된 이 사진들은 사실은 한국의 특정한 면만을 보여준다. 재현된 한국과 한국인들은 그들이 속한 맥락에서 분리된 채 사진가들의 촬영 습관과 편견에 적합한 형태를 갖추고 등장한다. 사진가들이 공유하는 거리사진의 재현 방식이 사진의 전반적인 형태를 지배하고 있으며 서구인들이 가진 아시아 국가에 대한 편견에 적합한 대상과 형태가 사진 속에서 재현되고 있다.

우리는 이 분석결과를 토대로 사진작업 자체가 기본적으로 한국이 가진 특수성에 대한 심도 있는 이해를 바탕으로 진행된 장기적인 작업이 아니었다고 결론내릴 수 있다. 아마도 사진들은 짧게는 10여 일에 불과한 체류기간 동안 자신의 재현 방식과 편견에 너무나 익숙한 사진가들이 즐거운 이방인으로서 자신의 눈에 흥미롭게 보이는 대상들을 포착하는 작업의 결과물이었을 것이다.

이런 이미지 약탈자나 포획자에 가까운 거리사진들로 구성된 전시회 사진들 앞에서 낯설고 불편한 감정이나 부족한 감정을 느끼는 한국인 관람객들이 많은 것은 당연한 일이라고 볼 수도 있다. 분단한국을 표현하기 위해서는 매그넘 사진가들처럼 훈련받는 군인들의 모습만을 촬영하기보다는 눈물을 흘리며 머리를 밀거나 입대하기 전에 부모에게 큰절을 하는 아들의 모습을 촬영하는 것이 더 나았을 것이라는 관람객의 말[12]은 매그넘 코리아 사진전의 사진들이 갖는 문제를 잘 표현한다.

담론을 만드는 수단으로서 사진이 갖는 권력은 중립적이고 객관적으로 보이는 사진의 겉모습과 그 겉모습을 신뢰하는 대중의 인식 때문에 매우 강력해질 수 있다. 더구나 사진을 생산하는 사람이나 매체가 사회적 권위를 가질 경우 사진이 생산하는 담론의 힘은 배가한다. 매그넘 사진전의 사진들은 그 힘이 어떻게 행사되는지를 잘 보여준다. 사진전의 사진들은 매그넘의 사회적 권위를 등에 업고 한국과 한국인에 대한 특정한 방식의 재현을 객관적 지식의 수준으로 끌어올린다.

우리는 이 글에서 매그넘 사진전이 어떤 방식으로 한국 사회를 재현하는지 봤다. 그것은 객관적 초상이라 부르기 힘든 것이었다. 사진이 편향적 지식을 생산하면서 강력한 권력을 행사하는 담론의 하나로 기능한다는 경고가 계속되고 있지만 포토샵으로 손본 증명사진에서 신문사진과 다큐멘터리 사진에 이르기까지, 일상의 사회적 실천 속에서 사진은 권력을 행사하는 데 별 어려움을 겪고 있지 않는 것으로 보인다.

---

12) http://blog.naver.com/idealism?Redirect=Log&logNo=80054150835.

방법론

　사진과 같은 영상을 하나의 텍스트로 간주하고 의미를 분석하려는 작업은 기호학적 방법을 이용하면서 본격적으로 시도됐다. 기호학은 크게 보면 두 가지 기원을 갖고 있다. 하나는 언어학에 뿌리를 둔 것이고 다른 하나는 철학에 뿌리를 둔 것이다. 전자는 스위스 언어학자 소쉬르Ferdinand de Saussure에서 출발해 옐름슬레우Louis Hjelmslev, 그레마스Algirdas Julien Greimas, 야콥슨Roman Jacobson, 바르트 등에 의해 기본 개념들이 개발됐다. 후자는 미국의 철학자 퍼스Charles Sanders Peirce에서 출발해 모리스Charles William Morris, 오그던Charles Kay Ogden과 리차즈Ivor Armstrong Richards, 세보크Thomas Sebeok 등에 의해 발전된다. 전자가 기호의 내적인 관계에 주목하면서 구조주의적 성격을 띠면서 발전했다면, 후자는 기호를 통한 개인과 사회 간의 상호작용에 더 주목함으로써 사회심리학적 성격을 띠면서 발전했다.

　주로 언어를 연구 대상으로 삼아 어떻게 기호가 의미를 만들어내는가라는 문제를 고민하던 기호학 연구가 대중매체와 대중문화를 분석하는 데도 유용할 수 있다는 것을 처음 보여준 것은 롤랑 바르트였다. 바르트는 1950년대와 60년대에 걸쳐 다양한 대중문화 현상들을 기호학적 방법을 이용해 분석해냈다. 그는 특히 사진과 같은 영상매체가 전달하거나 담고 있는 이데올로기적 의미를 기호학적 방법을 이용해 밝히는 작업을 수행함으로써 대중문화 연구에 큰 영향을 미쳤다. 스튜어트 홀Stuart Hall과 같은 영국 버밍엄 대학 현대문화연구소CCCS의 문화 연구자들은 기호학적 방법을 적극적으로 받아들이면서 대중문화 현상을 분석하고자 했다. 한편 오툴Michael O'Toole, 크레스 Gunther Kress와 같은 호주의 연구자들은 기호 사용의 사회적 맥락을 중요시하는 사회기호학 방법을 이용해 영상의 의미생산을 분석하는 작업을 계속하고 있다.

　기호학은 크게 세 가지 측면에서 의미에 접근한다. 하나는 기호 내부의 요소들이 어떤 관계를 맺으면서 의미를 만들어내는가라는 측면(구문론)이고, 또 하나는 기호가 외부의 대상을 어떻게 지시하면서 의미를 만들어내는가라는 측면(의미론)이며, 마지막 하나는 기호를 해석하거나 사용하는 사람들에 의해 어떻게 의미가 만들어지는가라는 측면(화용론)이다. 대중매체를 통해 제공되는 기사, 광고, 다큐멘터리, 픽션 등의 다양한 텍스트들을 기호학적 방법을 통해 분석한다는 것은 텍스트의 의미를 위의 세 측면에서 개별적 혹은 종합적으로 분석하는 작업이다.

예를 들어 광고사진을 분석할 경우, 우리는 색과 형상들의 배열 방식, 문자의 크기와 위치 등을 분석함으로써 어떤 의미가 만들어지는지를 이야기할 수 있다. 혹은 색이나 형태가 어떤 대상을 재현하고 있으며 문자가 지시하는 것은 무엇인지를 분석함으로써 광고사진의 의미가 무엇인지를 이야기할 수 있다. 그리고 광고사진이 어떤 환경 속에서 어떤 사람들에 의해 제작되거나 소비되는지를 분석함으로써 광고가 전달하는 의미에 대해 이야기할 수도 있다. 이 세 측면의 분석은 명확히 구분될 수도 있지만 실제 텍스트의 의미를 이야기하는 과정에서는 혼재된 방식으로 나타나기도 한다.

기호학은 텍스트가 명시적으로 드러내는 의미보다는 겉으로 잘 드러나지 않는 의미를 발견하고자 한다. 기호학적 분석을 통해 발견되는 의미는 텍스트가 생산, 유통, 소비되는 사회와 문화에서 지배적 위치를 차지하는 가치들을 담고 있는 것으로 여겨진다. 텍스트를 통해 암묵적인 방식으로 생산, 유통되는 이 의미를 발견하는 데 사용될 수 있는 표준적인 기호학적 방법은 존재하지 않는다. 기호학적 방법은 기본적으로 질적인 방법이기 때문에 분석의 결과는 우선적으로 연구자의 능력에 의존한다. 따라서 연구 결과 도출된 텍스트의 의미는 주관적 해석의 결과물이며 객관적 진리의 지위를 갖는다기보다는 사회와 문화 현상의 이해를 돕는 역할을 한다.

미디어 이벤트로서의 1차 남북정상회담의 서사

곽 현 자

우리는 수많은 이야기들에 둘러싸여 살아간다. 어린 시절에 들은 북한에 관한 이야기들은 모조리 북(괴)의 '만행'에 관한 것이었다. 나의 여중 시절 지금의 학생회에 해당하는 학생 자치 기구의 이름은 '멸공소녀대'였다. 그렇게 북은 야만의 존재이고 멸해야 할 적이었다. 그리고 그 적은 '김일성'이라는 구체적인 이름과 얼굴을 갖고 있었고, 더구나 그는 항일독립운동가였던 김일성 장군의 이름을 사칭한 '가짜 김일성'이었다. 그것은 우리가 물리쳐야 할 적이 명확한 선악의 스토리였다.

탈냉전 시대로 들어서면서 이 선악 구도는 더 이상 이전처럼 간단하지 않게 되었다. 야만의 이야기는 여러 가지로 분화되었다. 그것은 동포이면서도 이 지구화 시대 또는 다문화 시대에 어떤 이민족보다도 오히려 낯설고 이질적으로 경험되는 존재의 의미를 정의하려는 노력들의 표현일 것이다.

이 글은 남북이 오랜 대립과 반목에서 화해의 스토리를 가장 극적으로 상연했던 사건이라고 할 수 있는 1차 남북정상회담을 하나의 이야기로 분석해본 것이다. 그 이야기는 분단의 모순을 해결해주는 '신화'의 지위에 이르지 못했고, 그것의 '동화'적 해결을 제공해주지는 않았으나, 북한에 관한 이전의 이야기에서 볼 수 없었던 행위와 사건의 새로운 배열을 보여주었다. 평화의 여정에서 우리에게 필요한 것은 통일 이전에 이 분단의 '상상적 해결'을 상연하는 더 많은 이야기들인 것 같다.

1. 들어가며

오랜 기간 우리 국민의 숙원으로 합의되어 있었던 '통일'은 어느새 남남갈등이라고 할 정도로 치열한 담론 투쟁의 지점이 되었다. 1990년대와 비교할 때 2000년대 들어 통일의 '당위성'에 대한 동의는 줄어드는 것으로 나타나고 있는데,[1] 이렇듯 통일의 당위성에 대한 지지가 약화되는 과정은 북한에 대한 인식이 '경계대상'이나 '적대대상'에서 '협력대상'이나 '지원대상'으로 변화하는 과정과 일치한다. 일반적으로 남북관계가 탈냉전관계로 접어들었다고 할 수 있는 시기에 통일지상주의가 약화되기 시작한 것은 통일에 대한 현실주의적 인식이 증가했기 때문이라고 할 수 있다.

북한에 관한 탈냉전적 인식과 태도가 등장한 것은 사회주의권의 붕

---

1) 남한과 북한이 '반드시 통일'되어야 한다는 응답 비율은 1993년 58퍼센트에서 2008년에는 12.3퍼센트로 줄었다(은기수, 2011).

괴가 시작된 1980년대 후반에서 90년대 초반이었지만, 북한을 화해와 협력의 대상으로 인식하는 데 획기적인 계기를 제공한 것은 2000년의 1차 남북정상회담(이하 남북정상회담)이었다고 할 수 있다. 이 글의 관심은 남북정상회담 자체가 아니라 텔레비전으로 재현된 남북정상회담에 있다. 뉴스특보와 생방송 형식으로 재현된 남북정상회담은 '뉴스 이벤트'가 아니라 '미디어 이벤트'였고, 여기서 북한은 더 이상 정지된 혹은 무음의 이미지가 아니라 현장의 소리를 수반한 움직이는 이미지로 체험되었다. 이것은 이전 북한 재현의 특징이었던 '추측 과장보도'나 '소설쓰기'를 불가능하게 만드는 재현 양식이었다. 이 글에서는 남북정상회담 주관방송사였던 KBS 방송을 중심으로 미디어 이벤트라는 담론 형식을 취한 정상회담이 새롭게 가능하게 한 북한에 대한 재현/체험이 어떤 것이었는지 분석하고, 그 의미와 효과를 밝혀보고자 했다.

2. 미디어 이벤트 담론구조의 특징

2000년 남북정상회담의 뉴스보도에 대한 기존 연구(장호순 외, 2000)는 정상회담의 방송보도가 저널리즘의 기본 원칙을 지키지 않았다고 비판했다. 정상회담 기간에 방송된 뉴스 유형을 분석한 결과, 72.3퍼센트가 스케치보도였으며 기획 취재나 심층해설보도는 전무한 것으로 나타났다. 뉴스 내용 또한 정상회담의 이슈나 정책 등의 "본질적인 내용보다 주변적이고 지엽적인 내용을 강조"하고, 논조에 있어서도 북한이나 정상회담에 대해 객관성을 결여한 긍정 일색의 우호적 태도를 보인 것이라든지, 김정일 국방위원장을 다룰 때 그의 정치적 입장이나 국가지도자로서의 능력이 아니라 성격이나 외모에 관심을 집중했던 흥미 위주의 보도 행태, 그리고 경제협력 주제를 다룰 때 남과 북의 경제체제의 차이 문제는 소홀히 하거나 간과하며 경제 현안을 북한 특수로 단순화시킨 것 등이 문제점으로 지적되었다.

그러나 이러한 비판은 정상회담보도가 미디어 이벤트 형식이었다는 점을 염두에 두지 않은 것이라고 할 수 있다. 미디어 이벤트라는 용어는 종종 부어스틴이 말하는 '거짓-이벤트pseudo-events'로, 즉 자발적으로 발생한 사건spontaneous events[2]이 아니라 미디어의 주목을 끌기 위해 기획 혹은 연출된 홍보성 사건으로 간주된다(Boorstin, 1962). 또 다른 관점에서 볼 때 미디어 이벤트는 '통합'을 설교하고 찬양하며, 그럼으로써 지배계급의 이데올로기를 유지시키는 역할을 하는 현대판 '정치 스펙터클'이다. 그러나 다얀과 캐츠는 미디어 이벤트라는 용어에 들어 있는 이러한 비하적 의미를 걷어내며 새로운 개념화를 시도한 바 있다(Dayan & Katz, 1992). 그들은 부어스틴처럼 미디어 재현과 동떨어진 객관적 현실을 상정하고 옛날을 그리워하는 것은 미디어 재현의 구성적 성격을 보지 못한다고 비판하며(Katz, Dayan & Motyl, 1981), 미디어 이벤트의 이데올로기적 기능을 부정하진 않으면서도 그것이 (비록 일시적으로나마) 현실을 비판적으로 인식하고 대안적 가능성을 생각하게 한다는 점에서 "본질적으로 해방적"인 기능을 할 수 있다고 주장한다(Dayan & Katz, 1992, p. 47).[3] 그들이 보기에 민주적 사회

---

2) 이것을 부어스틴은 진정한 사건genuine events이라고 부른다. 자연재해나 범죄 사건이 그 예이다.

와 전체주의적 사회를 구별 짓는 것은 미디어 이벤트의 유무가 아니라 그 유형, 즉 미디어 이벤트의 이데올로기적 내용과 스타일이다.[4]

다얀과 캐츠는 '역사적 사건의 생방송'을 미디어 이벤트 장르로 개념화한다. 여기에는 정치와 스포츠에서의 영웅적인 대결(대통령 후보 토론이나 올림픽), 카리스마 넘치는 임무(사다트의 예루살렘 방문이나 교황의 바르샤바 방문), 위대한 사람들의 통과의례(케네디의 장례식이나 찰스와 다이애나의 결혼식)가 포함된다(p. 23). 이들 미디어 이벤트는 한 국가 혹은 전 세계에 실시간으로 방송되며, 그 방송은 시청자의 일상의 흐름을 중단시키고(통사론), 거대한 규모의 시청자를 매혹시킨다(화용론).

미디어 이벤트는 대개 뉴스 부서의 책임하에 만들어지지만 뉴스 이벤트와 구별되는 특징을 갖고 있다. 우선 뉴스 이벤트가 사람들이 예상하지 못한 '놀라운 사건'이라면, 미디어 이벤트는 미리 예고되고, 그래서 시청자들이 기다려온 중요한 어떤 것이다. 이를테면 중요 정치 지도자의 암살은 뉴스 이벤트이지만 그의 장례식은 미디어 이벤트이다. 미디어 이벤트와 뉴스 이벤트를 구별 짓는 또 하나의 중요한 차이점은 그것이 "사전 계획pre-planned"된 것이라는 데 있다(p. 29). 즉 뉴스 이벤트도 생방송으로 보도되는 경우가 있지만(주요 재난 보도들이 그 예이다), 그것은 사전 계획된 것이 아니기 때문에 미디어 이벤트는 아니다.

---

3) 이후 페이지만 밝힌 것은 모두 이 글(Dayan & Katz, 1992)에서 인용한 것이다.

4) 이를테면 동유럽과 같은 전체주의 사회의 미디어 이벤트가 과거의 역사적 사건에 대한 회고적retrospective 기념에 머무르는 반면, '예기치 못한' 것을 경축하는 서유럽 민주주의 사회의 텔레비전 이벤트는 전망적prospective이다(Dayan & Katz, 1988).

미디어 이벤트의 핵심은 미디어의 수행performance에 있다. 이것은 미디어가 단순히 거대한 사건을 텔레비전으로 전달하는 것 이상의 역할을 한다는 것을 의미한다. 남북정상회담 준비접촉 과정에서 가장 막판까지 협의에 난항을 겪은 것이 취재 방식과 취재단의 규모였다는 사실이 보여주듯, 미디어 자체가 남북정상회담의 중요한 구성요소였다. 미디어 이벤트에서 미디어는 원래의 사건을 단순히 재현/복제하는 것이 아니라 그 사건에 개입해서 그 의미를 구성해나간다. 미디어 자체가 중요한 참여자가 되어, 미디어 이벤트를 "재창조"(p. 141)하는 것이다.

미디어의 개입은 일차적으로는 그 사건을 미디어 이벤트로 인정하는 것, 즉 그 사건을 생방송하는 데 동의하는 것이지만,[5] 더욱 중요한 부분은 미디어 이벤트에 의미를 부여하고 그 의미를 해석하는 역할을 통해 수행된다.

우선 뉴스 이벤트와 비교할 때 미디어 이벤트에서는 영상의 중요성이 증대한다. 뉴스에서 영상이 말의 의미를 보완하는 역할을 하는 데 비해, 미디어 이벤트에서는 영상이 말보다 훨씬 큰 비중을 차지하며, 영상 자체의 미학적 측면도 중요해진다. 텔레비전은 이벤트의 메시지를 가장 잘 전달할 수 있는 영상을 선택하며, 종종 그 메시지를 압축적으로 표현해줄 수 있는 상징이 되어줄 이미지를 찾는다. 이러한 비언어적 요소들은 이벤트에 함축의미를 부여하는 역할을 한다. 그러나 미디어 이벤트에서는 언어적 메시지보다도 선택된 피사체 자체가 함축의

174

미를 전달한다.[6]

미디어 수행에서 가장 중요한 부분은 "이벤트를 일관된 내러티브로 만들고 스토리라인을 부여하는 것"이다(p. 122). 미디어 이벤트 장르의 주요 스토리라인은 '경연, 정복, 대관식' 세 가지로 구분된다(Dayan & Katz, 1992).[7] 그러나 다얀과 캐츠도 인정하듯이 이 세 가지 스크립트가 미디어 이벤트의 모든 서사유형을 포괄하는 것은 아니며,[8] 또 서로 배타적인 범주도 아니다. 흥미로운 것은 서로 다른 스크립트가 경쟁을 벌이는 미디어 이벤트이다. 이를테면 폴란드 정부는 교황의 바르샤바 첫 방문의 의미를 '순례'로 제한하려고 했지만, 그것은 '정복'의 스크립트가 되었다. 그 결과 교황의 여행은 폴란드인에게 가톨릭 국가로서의 집단기억을 환기시키는 데 그치지 않고, 폴란드만이 아니라 동유럽 전체 변화의 시발점이 되었다. 미디어 이벤트의 스크립트는 이벤트 자체의 성격과도 연결되어 있지만, 그 이벤트를 둘러싸고 있는 여러 행위자들의 권력관계 속에서 구성된다.

이렇듯 픽션과 뉴스의 대립이 사라져서 미디어 이벤트가 픽션영화와 흡사해지면, 텔레비전 시청자는 영화 관객과 유사한 위치에 놓이게 된

---

6) 바르트는 사진 메시지에 함축의미를 부여하는 여러 방식(트릭효과, 포즈, 피사체, 포토제니아, 유미주의, 통사론)을 설명하고 있다(Barthes, 1977).
7) '경연'은 월드컵이나 대통령 후보 토론, 워터게이트 청문회, '정복'은 달 착륙이나 사다트의 이스라엘 방문, 대관식은 엘리자베스 2세의 대관식이나 찰스 왕세자의 결혼식 또는 맥아더 장군의 귀국 같은 것이 해당된다. 저자들은 가장 성공적인 이벤트는 경연-정복-대관식으로 이어진다고 말한다.
8) 다얀은 '재난 마라톤'이나 테러 혹은 무장 갈등을 다룬 생방송이 증가해가는 현실을 인정하며 이러한 '분열disruption'의 스크립트에 대한 주목을 환기한 바 있으며(Dayan, 2010), 캐리는 워터게이트 청문회나 매카시 청문회를 경연의 스크립트로 보는 것은 부적절하다고 비판하며 그것을 '수치shame, 수모degradation, 파문excommunication'의 의례로 개념화했다(Carey, 1998).

다. 미디어(여기서는 텔레비전)가 제공하는 스토리라인과 논평은 그 이벤트의 의미를 어떻게 해석할 것인지 그 틀을 제공할 뿐만 아니라, 수용자(시청자)가 그 이벤트의 주인공과 동일시할 수 있는 조건을 제공한다. 더구나 미디어 이벤트에서의 내레이션과 논평은 (일상적이고 간결하며 사실에 충실한 뉴스의 언어가 아닌) 장식적이고 때로 서정적이기까지 한 언어와 그 고양된 어조를 통해 이벤트에 대한 수용자의 감정 이입과 참여를 고조시키는 역할을 한다(p. 150). 여기서 저널리스트는 거리를 둔 객관적인 보고자나 관찰자가 아니다. 미디어 이벤트에서는 '객관성과 중립성'이라는 저널리즘의 패러다임은 의미가 없다(p. 132).

남북정상회담 방송보도를 미디어 이벤트의 관점에서 보게 되면 "우호적 보도 일색"이라든가 "심층기사 부재" 또는 "피상적 스케치"라고 하는 비판은 다른 맥락에 놓이게 된다. 남북정상회담 방송보도에 관한 기존 연구는 신문 보도를 연구할 때와 마찬가지로 보도량이나 뉴스 유형 및 뉴스 주제, 보도 태도에 초점을 맞춤으로써(장호순 외, 2000), 언어와 영상의 의미작용, 특히 실시간 영상 및 그 언어의 의미작용에 주의를 기울이지 못했고, 그 결과 정상회담보도 담론을 규명하는 데도 한계가 있었다. 이 글에서는 베이징에서 남북 비밀특사 사이에 체결된 4·8 합의문이 발표된 4월 10일부터 김대중 대통령이 2박 3일(6월 13~15일)의 정상회담 일정을 마치고 귀환한 6월 15일 사이의 남북정상회담 관련 뉴스(특보)와 생방송을 대상으로 남북정상회담의 서사와 의미구조를 재구성해보고자 했다. 이를 위해 내레이션과 논평만이 아니라 비언어적 메시지, 즉 시각적·청각적 메시지를 함께 분석했으며, 분석 대상은 당시 남북정상회담 주관방송사였던 KBS의 보도로 한정했다.

3. 남북정상회담의 사회정치적·담론적 배경

정상회담의 재현을 본격적으로 분석하기 전에 먼저 남북정상회담 성사 이전 대북정책담론의 전개 및 남북정상회담 시도를 살펴볼 필요가 있다. 대북정책담론과 관련해서 볼 때 1차 남북정상회담은 기본적으로 1990년대 후반 김대중 정부의 대북포용정책을 배경으로 하고 있다. 대북정책의 기조가 '햇볕정책'이 되면서 이전의 대북대결담론 대신에 화해협력담론이 주도권을 쥐게 되었다. 한편 이 시기는 북한이 1994~98년 사이의 고난의 행군을 지나 경제적으로 최저점을 벗어나고 1998년 헌법 개정을 통해 김정일 체제가 정비되면서, 이를 바탕으로 대외관계 확대와 남북관계 개선을 시도하기 시작한 시기이기도 했다. 남북정상회담은 한편으로는 남한 정부가 지속적으로 추진해나간 햇볕정책의 성과와 다른 한편으로는 경제적 실용주의에 바탕을 두고 제한적 대외개방과 남북관게 개선을 추구해나가기 시작한 북한의 전략적 혹은 전술적 선택이 결합해서 이루어진 것이었다(박종철, 2000).

1차 남북정상회담 이전에도 남북 간의 대화 국면이 조성된 적이 없었던 것은 아니나 이는 곧바로 다시 대결과 반목의 국면으로 변화하곤 했다(박형중, 2000). 1970년대 초반 데탕트의 분위기 속에서 7·4 남북공동성명을 낳았던 화해 국면은 얼마 가지 못하고 파국을 맞았고,[9] 1980년대 후반 노태우 정부의 화해지향적 통일정책 추진의 결과로

---

9) 그 표면적인 계기는 박정희가 6·23선언으로 남북 유엔 동시가입을 공식화하자 이에 북측이 강력히 항의한 것이었다. 구체적인 분석은 김지형(2008)에서 볼 수 있다.

1991년 12월에 채택된 '남북 사이의 화해와 불가침 및 교류·협력에 관한 기본합의서'(이하 남북기본합의서)는, 1992년부터 안팎의 이유로 실천 단계에 들어서지 못하다가 1993년 이후 북미 핵공방이 고조되고 김영삼 정부가 대결지향적 통일정책을 취하면서 사문화되었다(김진환 2010).[10]

햇볕정책 이전에도 정상회담 시도는 세 차례 있었다. 그러나 1985년과 1990년 두 차례의 남북의 밀사 교환은[11] 두 번 다 북측이 요구한 '통일방안'에 관한 의제 타결에 실패해서 성사되지 못했다(박형중, 2000). 1994년에는 카터 전 미국 대통령의 중재로 '남북정상회담 개최를 위한 합의서'가 채택되는 단계까지 나갔으나[12] 김일성 주석의 갑작스런 사망으로 '연기'되었고, 이후 남한의 조문파동을 거치면서 민간 차원에서의 교류마저 모두 단절되어버리는 결과를 낳았다.[13]

김대중 대통령이 1998년 취임사에서 새 정부의 대북3원칙을 천명하면서 "북한이 원한다면 정상회담에도 응할 용의가 있"음을 공식적으로

---

10) 김진환(2010)은 김영삼 정부가 대결지향적 통일정책을 고수하게 된 핵심 원인이 당시 유행했던 '북한붕괴론'이라고 설명하고 있다(pp. 350~52).

11) 5공화국 때인 1985년에는 북한 노동당 중앙위원회 비서(허담)와 남한 안기부장(장세동)이 각각 서울과 평양을 극비리에 방문해서 남북정상회담 개최에 합의했으며(최보식, 1996), 6공화국이던 1990년에는 당시 안기부장(서동권)이 평양을 방문하고 1992년 봄에는 북한 노동당 중앙위원(윤기복)이 밀사로 서울을 방문해서 노태우 대통령을 평양으로 초청했다(이 내용은 『월간조선』 1999년 5월호에 실렸다. 『연합뉴스』, 1999. 7. 9).

12) 1993년 초 북한이 국제 핵사찰을 거부하면서 한반도에 긴장분위기가 조성되고 한반도에 전운까지 드리웠던 1994년 6월, 카터 전 미국 대통령은 북한을 방문해 북미 간 협상이 지속될 수 있는 계기를 마련하는 것과 더불어 김일성 주석의 정상회담 제안 소식을 가져왔다. 이에 불과 열흘 만에 부총리급 예비회담이 개최되고 이 한 차례의 접촉으로 '남북정상회담 개최를 위한 합의서'가 채택되었으며, 7월 25~27일 사이에 평양에서 정상회담을 개최하기로 합의하였다.

13) 북측은 "우리 측의 유고로 정상회담을 연기하지 않을 수 없게 되었다"고 통지해왔다.

밝힌 후에도 남북관계는 계속 답보상태였다.[14) 남북정상회담의 직접적인 계기는 2000년 3월에 발표된 대북경협지원 확대를 골자로 하는 베를린선언으로 평가된다. 그러나 북한이 베를린선언을 수용할 것인지는 미지수였고, 여론조사에서도 응답자의 73.5퍼센트가 베를린선언의 내용에는 공감하면서도 북한의 수용 가능성에 대해서는 50.2퍼센트가 부정적으로 전망했다(『동아일보』, 2000. 3. 10). 북한이 대화에 응할 가능성에 대해서 대중은 '반신반의'하고 있었던 셈이다. 그래서 4월 10일 남북에서 동시에 남북정상회담 개최 합의 소식이 전해졌을 때의 반응은 '놀람'이긴 했으나, '기대'의 분위기가 조성되지는 않았다. 언론은 북한이 어떤 계산에서 정상회담에 응했는지 이유를 분석하느라 분주했고, 미국과 일본은 공식적인 '환영'의 뜻을 밝혔으나, 야당은 한목소리로 총선용이라고 비난했다.

대북정책담론이 대결담론에서 화해담론으로 바뀌어가는 과정은 냉전적 사고와 적대적 태도에 갇혀 있던, 북한과 통일 그리고 남북관계에 대한 재현의 변화와 맞물려 있다. 미디어에서 북한에 대한 재현이 변화하기 시작한 것은 1988년 이후라고 할 수 있다. 그 이전까지 남북관계 혹은 통일에 관한 기사는 국가안보 문제로 취급되어 정부가 인정하는 취재원을 통해서만 제공되었으며, 미디어 자체가 정부의 엄격한 통제하에 놓여 있었기 때문에 남북관계의 재현은 냉전논리와 반공이념에 기반을 둔 관급기사들로 이루어졌다. 1980년대 후반 들어 민간 차

---

14) 이러한 화해 국면은 김대중 대통령 개인의 전향적 통일관만으로 가능해진 것은 아니다. 이경호(2007)는 햇볕정책 추진의 배경으로 ① 김대중 정부 특유의 대북우호적이며 대미 자주적인 사고, ② 냉전의 종식, ③ 세계화 시대의 도래와 민주주의와 시민사회의 성숙, ④ 국력의 대북우위를 들고 있다.

원의 통일운동이 활발하게 전개되고 정부에서도 실용적이고 개방적인 대북정책을 실시하면서 북한 및 남북관계를 다루는 언론의 이념적 스펙트럼이 확장되기 시작했다. 이러한 변화를 가장 쉽게 감지할 수 있는 것은 바로 어휘 차원이었다. '북괴' 혹은 '공산괴뢰' 같은 표현은 '북한'이나 '평양당국' 같은 중립적인 표현으로 바뀌었고, 남한 언론에서는 김일성 대신에 '김일성 주석', 북한에서는 '역도'나 '괴뢰' 대신에 '남조선 집권자'라는 표현을 사용하기 시작했다(윤영철, 1991: 유선영, 1998에서 재인용). 남북정상회담 국면에서 두드러진 어휘의 변화는 '김정일'이 '총비서' 또는 '국방위원장'이라는 칭호와 함께 쓰이게 되고, 남한이나 북한이라는 용어 대신에 '북측'이나 '남측'이라는 중립적인 표현이 사용된 것이다.

1990년대 들어 북한 재현에서 이념의 스펙트럼이 넓어졌다고는 하나 냉전적 언론 보도 관행은 지속되었다. 1990년 평양에서 열린 2차 남북고위급회담 취재보도는 "부정적 고정관념"을 재생산했으며(박정순, 1990), 언론단체들이 통일 원년으로 선포했던 1995년 이후에도 북한에 대한 "일상화된 오보" 및 "안보상업주의"는 여전했다(유선영, 1998). 1997년 정권교체 후 김대중 정부의 대북포용정책이 본격적으로 시작되면서 북한에 대한 적대적인 보도가 현저하게 줄어들기는 했으나, 그것이 일관된 흐름을 형성하지는 못했다(윤영철, 2000).

한편 이 시기 미디어의 북한 재현과 관련한 중요한 변화는 텔레비전에서 등장했다. 1989년부터 남한 안방에 북한 텔레비전에서 방영된 북한 사회 현안 및 생활상을 보여주는 프로그램이 방영되기 시작한 것이다. 남북 간 이해와 화합의 공감대를 넓히기 위한 목적으로 정규 편성된 「남북의 창」(KBS)과 「통일전망대」(MBC)가 그것이다. 그러나 이들 프로그램은 그 시청자 층이 실향민이나 관련 전문가에 한정되었을 뿐만 아니라, 그 내용 역시 획일적이어서 오히려 체제의 이질화를 강조하고, 통일 분위기에 역행한다는 지적을 받기도 했다(『세계일보』, 1993. 2. 28). 즉 1990년대 이후 신문이나 방송에서 모두 북한에 대해 우호적인 재현이 등장하기는 했으나 그것이 보여준 것은 북한 체제의 획일성, 이질성, 그리고 낙후성이었다.

4. 남북정상회담의 드라마: 기획에서 상영까지

남북정상회담은 김대중 대통령의 청와대 출발에서 시작해서 정상회담의 하이라이트였던 평양 순안공항 도착 장면을 거쳐 남북공동선언 서명 및 교환, 그리고 김 대통령의 서울 귀환에 이르는 주요 장면들이 생방송으로 다루어진 미디어 이벤트였다. 여기서는 다얀과 캐츠가 미디어 이벤트의 통사론적 특징이라고 말했던 "중단, 독점, 원격 로케이션"의 요소들이 모두 발견된다(Dayan & Katz, 1992). 평양에서 열린 2박 3일의 정상회담 기간 동안 방송사들은 거의 모든 정규프로그램을 중단했다. KBS의 경우 아침 6시부터 저녁뉴스까지 온통 남북정상회담을 특보로 다루었고, 남아 있던 한두 개의 정규프로그램도 남북정상회담 관련 내용으로 꾸며졌다. 「아침마당」에는 이산가족이 출연했고 일기예보는 매일 평양의 날씨를 전했으며, 생방송의 하이라이트 장면이나 주요 뉴스는 하루 종일 되풀이되었다. 이렇게 이 기간에 텔레비전은 정상회담이 독점했다.

여기서는 남북정상회담이 KBS 뉴스특보 및 생방송을 통해 어떻게 구성되어갔는지를 그 시간 전개에 따라 세 단계로 나누어 살펴보았다. 먼저 4·8 남북합의문이 발표된 4월 10일부터 5월 18일 실무절차합의서 타결을 거쳐 정상회담 선발대가 방북한 5월 31일까지를 정상회담 기획/준비 단계라고 볼 수 있으며, 6월 1~12일은 정상회담의 개봉박두를 알리는 일종의 '홍보'가 본격화된 시기였다. 6월 13~15일에 평양에서 생방송으로, 때로는 녹화방송으로 방영된 남북정상회담의 드라마는 미디어 이벤트의 본방송이었다.

1) 남북정상회담의 기획/준비 단계

제작발표회: 4·8 합의문 발표

2000년 4월 10일 오전 10시, 2000년 6월 12일부터 14일까지 평양에서 정상회담을 개최하는 데 남북이 합의했다는 소식이 남과 북에서 동시에 발표되었다.[15] 이것은 마치 곧 펼쳐지게 될 정상회담이라는 드라마의 제작발표회 같은 것이었다. 당일 신문사들은 정부의 중대발표를 알리는 호외를 발행했으며, 그날 저녁뉴스는 남북합의문 소식에 절반 이상을 할애했다. 그다음 날인 11일은 4·13 총선 불과 이틀 전이었음에도 정상회담 소식이 선거전 뉴스를 뒤로 밀어냈다.[16] 싱가포르,

---

15) 남한에서 그것은 정부의 '중대발표' 형식으로 생방송되었다.

16) 김 대통령은 회고록에서 이것이 총선용이 아니었다고 말했다. 4·8 합의문 발표일이 4월 10일로 정해진 것은 북측에서 김일성 주석의 생일(4월 15일)을 기념하기 위해 열리는 '4월의 봄 친선예술축제'가 시작하는 10일에 발표해야 한다고 주장했기 때문이라는 것이다.

상하이, 그리고 베이징에서 양측 대사관도 알지 못하는 세 차례의 비밀 접촉을 통해 전격 성사된 남북정상회담 합의는 그 과정 자체도 첩보 드라마의 한 토막이었지만,[17) 4·8 합의문의 의미는 그것이 남북정상회담의 무대와 주연과 주제를 확정한 데 있었다. 그 무대는 '평양'이, 주제는 '7·4 남북공동성명에서 천명된 조국 통일 3대 원칙'과 1991년 채택된 남북기본합의서의 정신이 될 것이었다. 그리고 합의문에서 무엇보다 중요한 것은 주연 캐스팅이었다. 북한이 1998년 헌법 개정으로 명목상 국가원수가 최고인민회의 상임위원장 김영남으로 되어 있는 상황에서 합의문에 정상회담의 당사자를 '김대중 대통령과 김정일 국방위원장'으로 명시하는 것이 중요했던 것이다.

김 대통령이 1998년 2월 취임사와 같은 해 8월 광복절 경축사, 그리고 2000년 3월 10일 베를린 자유대학 연설에서 계속해서 남북기본합의서 이행을 위한 특사 교환을 제의하고 특사 교환 수락을 촉구하기는 했지만, 그것은 대중의 관심을 끌지 못하는 정치인의 수사학에 머물러 있었다. 그런데 이제 그 특사들이 대중 앞에 모습을 드러냈다. 비밀 접촉은 시각적으로 '비가시성'의 영역에서 이루어졌다. 박지원 장관이 공개한 한 장의 사진 속에서 남북 특사는 악수를 하고 있었으나, 합의 소식을 전하는 텔레비전 영상은 상하이와 베이징 거리와 그곳에서 바삐

국정원에서는 그 시점에 정상회담 개최 합의를 발표하는 것이 총선에 부정적인 영향을 미칠 것이라고 예측하며 발표를 총선 뒤로 미루는 것이 유리하다고 보고했지만 정부로서는 4월 10일에 발표할 수밖에 없었고, 총선에서 여당은 제1당이 되지 못했다.

17) 3월 9일 김 대통령의 베를린선언 직후 북한 측이 정상회담 의사를 밝혀옴으로써 긴급하게 이루어진 양측의 첫 접촉은 3주간 여섯 차례에 걸친 담판 끝에 마침에 4월 8일 남측 문화관광부 장관 박지원과 북측 조선아시아태평양평화위원회 부위원장 송호경의 서명으로 남북정상회담 개최 관련 합의문을 채택하는 것으로 결실을 맺었다.

혹은 무심히 오가는 중국 사람들의 모습을 원경으로 보여줄 뿐이었다. 남북 특사가 합의문에 서명한 것으로 알려진 베이징의 차이나월드 호텔 앞 거리에서도 두 특사의 흔적 같은 것은 볼 수 없었다. 4·8 합의문에 관한 뉴스 화면은 그것이 문자 그대로 막후behind the scenes, 혹은 '물밑' 접촉의 성과임을 보여주는 시각적 상관물이었다.

4·8 합의문 관련 뉴스는 합의서 도출을 "햇볕정책의 성과"로 평가하며, 그것이 "평화 공존 시대로 들어가는 디딤돌"이 될 것이라고 전망했다(「뉴스 9」, 2000. 4. 10).[18] 그러나 이러한 내레이션은 화면으로 뒷받침되지 못했다. 이 시기 뉴스 영상은 과거의 자료화면에 의존할 수밖에 없었기 때문이다. 내레이션과 직접 관련 없는 북한 관련 자료 화면들(이를테면 평양 시내 정경이나 당 대회나 현장지도 활동을 하는 김정일 국방위원장의 모습)이 계속 배경으로 사용되었다. 김 대통령의 평양 방문을 언급할 때는 김 대통령이 기존에 해외순방을 위해 청와대를 떠나는 모습이 화면에 나왔고, 합의 소식에 대한 전두환 전 대통령의 반응을 소개하는 장면에서는 심지어 그가 대통령 재직 시 대외 활동을 하는 모습을 보여주는 자료가 사용되기도 했다. 정상회담이 군축 및 냉전종식에 기여할 것이라는 뉴스를 전해 들으면서도 우리의 눈앞에 펼쳐지는 것은 행진하는 인민군/국군, 전진하는 탱크, (어느 편의 것인지 알 수 없는) 총구, 휴전선, 판문점 같은 익숙한 냉전의 상징들이었다. 아직 냉전종식을 의미할 수 있는 이미지가 존재하지 않았던 것이다.

---

18) 이후 「뉴스 9」의 인용은 별도의 출처 표기 없이 " "로 표시하고 보도일자만 밝혔다.

무대 설치의 막전막후: 실무절차합의서 타결

4월 10일의 극적인 제작발표회에 이어 합의문에 명시된 대로 4월 중에 절차 문제를 협의하기 위한 준비 접촉이 시작되었다. 이것은 곧 열리게 될 정상회담의 구체적인 공간(회담 장소)과 소품(태극기의 사용 여부) 및 내용(회담 형식과 횟수 등의 일정 및 의제), 그리고 조연을 비롯한 기타 캐스팅(즉 대표단 구성)을 결정하는 협상 과정이었다.

준비회담은 4월 22일부터 5월 18일 사이에 판문점 남측 평화의 집과 북측 통일각을 오가며 열렸으며 5차 접촉에서 양측이 절차합의서에 서명하는 것으로 마무리되었는데, 이 기간에 이전의 남북대화 국면과는 다른 이야기가 만들어지기 시작했다. 그전까지 남북 간 대화 국면의 실패는 북한의 귀책으로 그려지는 것이 일반적이었다. 북한은 대화의 장에 나와서도 원칙만 되풀이하거나 억지를 부리고 종종 일방적으로 대화를 중단해버리는 상대였다. 그런데 이제 새로운 어휘들이 등장하기 시작했다. 북한은 "전향적"이고 "성의 있는 태도"로 나왔다. 준비 접촉은 "우호적"인 분위기에서 진행되어갔으며, 제의는 "즉각 수용"되고, 논의는 "진척"되고, 의견은 "합의"되고, 차이는 "타결"되며 일정이 "순조롭게" 확정되어나갔다(4월 10일~5월 18일 사이의 여러 보도 참조).

이 기간 준비접촉 소식은 언제나 당일 뉴스 첫 꼭지를 차지했고, 이제 뉴스 화면은 시의성 있는 이미지들을 보여주기 시작했다. 이 기간 뉴스 영상의 중심 이미지는 준비접촉 실무진이었다. 텔레비전은 회담장에서 악수와 환담을 나누며 화기애애한 분위기를 연출하는 남북 대표나 통일부 사무실, 또는 남북정상회담 추진 사무국 공간에서 회의를 하는 남측 실무자들의 모습을 되풀이해 보여주었다. 준비접촉 장면의 미장센은 언제나 피사체들로 복닥거렸다. 남북 실무자들은 기자, 카메라, 마이크, 요란한 셔터 소리와 수시로 터지는 조명에 포위되어 있었고, 클로징 멘트는 종종 사무국 현관에 걸린 'D-55' 같은 카운트다운 표를 배경으로 이루어졌다. 이 소란하고 분주한 화면은 준비접촉이 중요한 사건이라는 의미를 생산하는 동시에 순조로운 진행을 경축하고, 더 나아가 준비접촉의 성공에 대한 압력을 가하는 역할을 했다.

준비접촉 단계에서 되풀이해 사용된 뉴스 크로마키는 양쪽에 의자가 놓인 긴 테이블과 태극기와 인공기를 나란히 다양한 방식으로 결합한 그래픽이었다. 남북화해 국면에서 '김정일'이 '김정일 국방위원장'으로 호칭이 바뀌긴 했지만, 오랜 기간 반국가단체의 상징이었던 인공기가 그래픽의 형태로나마 저녁 메인 뉴스에 등장한 것은 파격적인 것이었다. 4·8 합의문 발표 당시에도 "태극기와 인공기 등 이른바 표지부착은 현재의 남북한 특수 관계상 생략될 가능성이 높"다고 전망되었고(4월 10일),[19] 실제로 5·18 실무절차합의서에서도 회담장과 숙소를 포함한 행사장에 '표지'를 하지 않고 국기게양 등의 의전절차도 생략하기로 합의할 만큼 국기 문제는 미묘한 사안이었기 때문이다. '태극기/인공기' 그래픽과 더불어 실무절차합의서에서 비로소 명시된 남과 북의 국호 (대한민국과 조선민주주의인민공화국) 역시 남과 북이 '국가 간 관계가 아닌 (통일을 지향하는 민족끼리의) 특수 관계'이면서도 여전히 두 개의

---

19) 김대중 대통령이 평양을 방문한 6월 13일 대학가에서 남북정상회담을 축하하며 태극기와 인공기를 나란히 건 것을 두고 사법처리 논란이 일었다.

서로 다른 정치체계polity임을 보여주고 있었다.

실제로 화기애애한 준비접촉 과정 중에도 '휴전'이라는 조건이 곳곳에서 모습을 드러냈다. 미국이 미사일 기술 이전을 뒤늦게 문제 삼아 북한에 수출입 제재조치를 발표했으며(4월 14일),[20] 북한은 여전히 미국의 테러 지원국 명단에서 해제되지 못했다(5월 1일). 또한 첫 준비접촉을 시작하기 전에 남북은 '신변안전 보장각서'를 먼저 교환해야 했는데, 이는 남북의 대치 상황을 환기시켰고, 예상대로 북측은 1차 접촉에서 '근본적인 문제', 즉 정치적, 군사적 의제를 강조하고 나왔다(4월 22일). 일본 오사카에서 열린 아시아 역도선수권 대회에서 만난 남북 선수들은 화해 분위기를 반영하듯 서로 응원전을 펼치는 동료애를 나누기는 했지만 세계 신기록을 세운 리송희 선수가 "한마디로 말해서 우리 장군님께 큰 기쁨을 드렸다고 생각합니다"라고 말할 때(5월 3일) 시청자들은 이질감과 거리감을 느끼지 않을 수 없었다.

여러 신문에서 북한이 결국 '근본문제(국가보안법 철폐와 주한미군 철수 등)'를 들고 나올 것이라고 예상하며, '지뢰, 암초, 복병, 걸림돌' 같은 비유를 동원해서 '섣부른 낙관은 금물'이라는 경고를 되풀이했다. 그러나 신문과 달리 텔레비전은 '만남이 곧 성공'이라는 정부 측의 입장을 충실히 따르며 준비접촉 단계에서 정상회담과 관련된 부정적인 뉴스를 거의 다루지 않았다. 그러나 정상회담의 실패에 대한 우려와 긴장이 가시지 않은 상태에서 성공에 대한 기대는 역설적이게도 기존 대북보도의 관행인 성급한 추측보도 또는 과장보도의 형태로 나타났다.

---

20) 이 소식은 신문에서만 다뤄지고 KBS 저녁뉴스에서는 다루지 않았다.

2차 준비접촉이 끝나자 텔레비전은 "3차 접촉에서는 합의서가 채택될 것"이라는 예상을 내놓았고, 3차 접촉에서는 다시 "4차 접촉에서 합의서가 타결될 것으로 기대"한다고 전망했다. 그러나 4차 접촉에서 "합의서 타결은 끝내 다음 접촉으로 미뤄"졌다. 드디어 5차 접촉에서 실무절차는 타결되었으나 이 단계까지도 정상회담의 성공 여부는 물론 개최 자체도 여전히 불확실했다. 그러한 의심은 전문가, 실무진, 대중이 모두 공유한 것이기도 했다.[21]

정상회담이 성사되면 평화의 집과 통일각의 넓은 협상 테이블을 두고 마주 앉은 남북 실무대표단의 모습은 이제 백화원 초대소의 커다란 테이블을 두고 마주 앉은 남북 정상과 그 수행원들의 모습으로 바뀔 것이었다. 이 단계에서 김 대통령과 김 위원장을 언급하는 뉴스 화면은 굳은 표정의 두 정상의 사진을 콜라주하거나 간단한 애니메이션 방식으로 결합해서 보여주고 있었다. 정상회담이 성공한다면 그 콜라주 혹은 애니메이션은 실사 화면으로 바뀔 것이었다. 화면은 두 정상에 초점을 맞추며 훨씬 한산해질 것이고, 카메라의 셔터 소리가 두 정상의 육성을 압도하지도 못할 것이었다. 그러나 이 단계까지도 그렇게 될 수 있을지는 여전히 미지수였다. 주연과 무대는 확정되었으나, 그 내용 즉 대본은 아직 정해지지 않았기 때문이다. 이 단계에서 정상회담은 (다얀과 캐츠가 말한) '열린 결말의 서스펜스 형식'을 취하고 있었다.

---

21) 당시 통일연구원장은 2000년 4월 25일에 열린 좌담에서 "준비 단계에서도 북한이 얼마든지 판을 깰 수 있"다고 우려했다(리영희 외, 2000).

2) 홍보 단계: 놀이와 축제로서의 남북정상회담

6월이 되자 KBS는 자유의 다리가 내려다보이는 임진각 망배단 특설 스튜디오와 보도국 뉴스센터에서 특집으로 「뉴스 9」를 이원생방송으로 진행하기 시작했고, 화면에 디데이를 표시하면서 남북정상회담 '개봉' 카운트다운에 들어갔다. 6월 1일 KBS 저녁뉴스는 오프닝 시그널 직후 갑자기 음악(「누가 이 사람을 모르시나요」와 「우리의 소원」)을 배경으로 남북 교류의 여러 장면(이산가족상봉 장면에서 4·8 합의문 교환과 평양 소년예술단 공연 장면)을 몽타주하여 내보내는 감정과잉의 화면으로 "민족의 명운이 걸린 6월"의 도래를 경축했고, 앵커는 흥분된 목소리로 "분단 50년사의 새로운 획이 그어질 6월이 활짝 열렸"다고 선언하며 뉴스를 열었다. 정상회담이 임박하자 현안마다 충돌하고 있던 정국도 화해 무드를 연출했다. 야당은 정상회담에 대한 "초당적 협력"을 약속했고, 국회는 정상회담 지지결의안을 "만장일치"로 채택했다(6월 9일). 그리고 텔레비전은 정상회담을 둘러싼 부정적인 예측이나 우려는 뒤로 밀어두고, 정상회담에 대한 긍정적인 전망 쪽으로 대중의 관심을 유도해나갔다. 여기서 사용된 중심적 전략은 정상회담을 두고 '축제' 혹은 '잔치' 분위기를 조성하는 것이었다.

정상회담의 기획 단계인 준비회담이 실무절차합의서 타결이라는 미션을 완수해나가는 목적지향적인 과정이었다면, 이제 예술·문화·놀이의 요소가 정상회담 이야기 속으로 들어왔다. 특히 이 시기에 '경축' 담론을 구성하는 데 핵심적인 역할을 한 것은 5월 하순부터 6월 초순에 걸쳐 연속적으로 서울에서 열린 평양학생소년예술단의 공연(5월

26~28일)과 평양교예단의 공연(6월 3~10일)이었다.[22] 남북정상회담 축하 공연의 성격으로 성사된 민간 차원의 문화예술교류였던 이들 공연은 남북 간의 상당한 정도의 긴장 완화를 보여주는 상징적 공연이기도 했다. 범종교단체와 시민단체가 주관한 '겨레대합창 축제'와 이어진 청사초롱 행진 역시 "남북정상회담의 경축 분위기를 한껏 고조"시켰는데(6월 10일), 이러한 표현은 다분히 과장이 없지 않았으나 그것이 그 행사의 목적인 것은 분명했다. 이 시기에 정상회담은 또한 놀이의 대상이기도 했다. 민간에서는 김 대통령과 김 위원장의 인기를 주가로 환산해 알아맞히기나(6월 10일), 김 대통령과 김 위원장을 빼닮은 사람 찾기 행사(6월 11일) 같은 '이색 이벤트'가 개최되었고, 이러한 행사들은 정상회담의 잔치 분위기를 고조시키는 데 일조했다.

　이러한 축제 담론은 준비회담 기간과는 다른 공간을 텔레비전 화면으로 불러왔다. 준비접촉 단계에서 미디어가 실무진이 일하고 있는 실내의 공간(이를테면 남북회담사무국 정부상황실 등)을 주로 보여주었다면, 이제 화면은 '외부'로, 즉 거리 축제가 열리는 세종로로, 이색 이벤트가 열리는 현장으로, 예술단의 공연이 열리는 예술의전당 오페라 극장으로, 교예단의 공연이 펼쳐지는 잠실 실내체육관으로 확장되었다. 이들 공연에 대한 신문의 보도가 일회적이었고, 문화예술계 인사나 문화부 기자의 개인적인 감상의 술회에 그치거나, 공연 기량에 대해서는 높은 점수를 주면서도 "기계적인 연기"에 대한 불편함을 내비쳤던 반면(『문화일보』, 2000. 5. 30), 「뉴스 9」는 소년예술단과 평양교예단의

---

22) 평양교예단의 공연은 텔레비전에서 실황과 재방송으로 여러 차례 되풀이되었다.

서울 입국에서 출국까지의 전 기간 동안 매일 관련 뉴스를 내보냈고, 공연장을 "뜨거운 동포애"가 상영되는 곳으로 구성했다. 공연은 언제나 공연자와 관객이 함께 부르는 「우리의 소원」으로 끝나게 마련이었고, 공연에 대한 소감을 묻는 질문의 대상은 주로 어린이나 실향민 관객이 선택되었다. 준비접촉 단계에서 실무자들이 언제나 커다란 테이블을 사이에 두고 나뉘어 있었던 것과 달리 이러한 축제 공간에는 경계선이 존재하지 않았다.

이 시기 정상회담 관련 뉴스에서 가장 빈번하게 사용된 도상은 '한반도'였고 거기에는 군사경계선이나 국기가 표시되어 있지 않았다. '평화'를 기원하는 상징적인 도상들도 등장했다. 국회조찬 기도회 소속 의원들이 '촛불'을 이어서 만든 한반도 형상이나, 정상회담 성공 기원 메시지를 전하며 성 베드로 광장이 내려다보이는 집무실 발코니에 선 '교황'의 모습 같은 것이 그 예이다.

텔레비전이 정상회담의 개최를 경축하는 또 다른 방식은 정상회담의 개최로 인해 가능해진 '처음들'에 초점을 맞춤으로써 설렘을 불러일으키며 정상회담에 대한 기대를 고조시켜나가는 것이었다. 소년예술단과 교예단의 공연은 서울에서 열리는 '첫 공연'이었으며, 우리 앞에는 '첫' 남북정상회담, 남한 대통령의 '첫' 평양 방문, 남과 북의 '첫 비행길'이 놓여 있었다. 남북관계의 상례를 벗어난 이러한 새로움들은 북한이 이희호 여사 동행에 합의한 북한 외교상의 이례적인 결정에서부터(6월 5일), 실무차원에서는 남측 인사에 대한 안내를 과거의 일대일 방식이 아닌 집단 안내로 바꾼 것(6월 7일), 그리고 좀더 기술적인 문제에서는 남북한의 첫 기상정보 교환(6월 10일)에서도 볼 수 있었다. 평양교예단원들은 서울 체류기간 중 부상에 대비해 국내 상해보험에 가입했는데, "북한 주민이 우리 보험에 가입한 것은 이번이 처음"이었다(6월 1일).

준비회담 단계에서도 볼 수 있었던 것처럼 정상회담의 성공에 대한 기대에서 비롯된 추측보도는 여전했다. 대표적인 것이 정상회담 횟수에 대한 예측이었는데, 처음에는 2회로 합의되었다고 보도되었다가(6월 4일), 불과 사흘 만에 다시 3회 이상이 될 것이라는 예측이 나왔고(6월 7일), 이는 또 하루 만에 "남북 정상 최소 5차례 회동"이 될 것이며, "주요 방문객에 대해서는 최고지도자가 직접 배웅하는 관례"가 있어 여섯번째 만남도 가능하다고 보도하는 데까지 나갔다(6월 8일).

이렇듯 기대를 고조시키려는 미디어의 노력이 성공적인 것은 아니었다. 이 기간 동안 '축하'와 '경축'은 불안한 것이었고, 여러 신문에서 우려를 표했던 복병이 마지막 순간에 모습을 드러냈다. 정상회담 개최 예정일이었던 12일 하루 전날, 북한이 "기술적 준비 관계"를 이유로 정상회담 일정의 하루 순연을 요구해왔던 것이다. 이렇게 해서 간신히 조성되어가던 축하 분위기는 다시 불확실성에 자리를 내주었다. KBS 「뉴스 9」 첫머리를 장식하던 카운트다운은 하루 더 D-2라고 표시해야 했다. 신문에서는 여러 정보원을 동원해서 '기술적 준비'의 의미에 대해 분분한 해설을 내놓은 것과 달리, 텔레비전 뉴스는 연기 요청이 정상회담을 "차질 없이 준비"하기 위한 것이라는 청와대 대변인의 설명을 그대로 수용하며, 우리 측이 "차질 없이 대처"하고 있는 모습에 초점을 맞추었다(6월 11일). 그러나 회담이 순연된 이유에 대한 통일부 측의 해명은 명쾌하지 않았고,[23] 그 결과 정상회담에 대한 서스펜스가 고조되었다. 정상회담 결과는 여전히 불확실했고, 이에 대한 근심과 기대가 공존했다.

3) 남북정상회담의 개막

은둔의 왕국으로 길을 떠나다

6월 13일, 드디어 김 대통령이 서울을 출발했다. 방송사 카메라들은 이른 새벽부터 청와대와 서울공항에 나와 역사적인 남북정상회담의 막이 오르는 순간을 기다렸으며, 청와대 앞에 나가 있는 기자는 "이제 모든 준비는 끝났습니다"라는 감격 어린 일성으로 역사적 날의 도래를 선언했다. 사실 출발 당일인 13일 오전까지도 많은 것이 불확실한 상태였다. 통상 정상회담의 시나리오가 미리 협상되는 것과 달리, 정상회담의 횟수도 유동적이었고 단독정상회담과 확대정상회담이 어떻게 배치될 것인지도 정해지지 않았다. 확정된 일정은 '단독정상회담 2회, 확대정상회담 1회, 2회의 만찬'뿐이었고 기타 일정은 계속 협의 중이었고, 의전 절차도 정확하게 알려지지 않았다.

그러나 스튜디오의 앵커는 물론 오두산, 임진각, 고성의 통일전망대

---

23) 당시 신문들은 대체로 남측 언론의 과잉 보도로 인한 정상들의 안전 및 경호 문제 때문에 순연된 것이라고 설명했는데, 박재규 당시 통일부 장관은 "의제와 내용 때문에 연기한 것은 100퍼센트 아니"라고 단언하며, "남한이 김 대통령의 평양 체류 일정을 자세히 보도한 데 대한 북한 측 불만" 때문도 아니라고 일축했다(『조선일보』, 2000. 6. 12). 결국 순연의 이유가 무엇인지는 끝내 정확히 밝히지 않았다. 이 수수께끼는 김 대통령의 방북 이후에도 썩 명쾌히 풀리지 않았다. 김 위원장이 직접 "외신들은 미처 우리가 준비를 못해서 (김 대통령을 하루 동안) 못 오게 했다고 하는데 사실이 아닙니다. 인민들은 대단히 반가워하고 있습니다. 여러분들이 와서 보고 알겠지만 부족한 게 뭐가 있습니까"라고 말한 것이 해명의 전부였다.

에 나가 있는 기자들은 계속 쾌청한 날씨를 정상회담 성공의 은유로 과시적, 반복적으로 사용함으로써 정상회담의 성공 가능성에 대한 기대를 표현했다. 그날 아침 "임진각에 떠오른 태양은 그 어느 때보다 화사"했고, 동해에 떠오른 태양은 "역사적인 만남을 축하하듯 한반도를 환하게 비추"었으며, 오두산 전망대 뒤편으로는 "남북정상회담을 축하하듯 구름과 안개가 걷"혔다. 북녘에서 불어오는 "훈풍"은 "실향민들의 아픔을 위로"했고 "까치 소리는 성공을 기원"했다. 1990년대 초반 평양을 방문한 기자들의 눈에 "서울의 50년대 말, 중소도시의 60년대 중간쯤"을 연상시키던 평양은(박정순, 1990), "부드러운 바람과 맑은 날씨 속에…… 녹음에 싸인" 도시라고 서정적으로 묘사된다.

오전 8시 15분 김 대통령 일행이 청와대 본관을 나서는 순간부터 카메라는 김 대통령의 모든 여정을 따라가기 시작했다. 여기서 미디어는 다큐멘터리 사진가가 아니라 '결혼사진사'였다(Dayan & Katz, 1992). 카메라는 정상회담의 주최 측인 정부가 이 사건에 부여한 의미(공식담론에서 이 사건에 부여한 의미인 민족의 화해와 협력)를 가장 잘 보여줄 수 있는 적절한 '상징'을 동원해서 장면을 연출했다. 생방송의 첫 장면을 청와대 현관문이 열리는 것으로 시작한 것은 그동안 닫혀 있던 남북 간의 문이 열리는 것을 상징하기 위한 것이 분명했으며, 이륙 장면에서 북쪽을 향해(화면 왼쪽으로) 비행기가 멀어지는 장면에서 내레이션("휴전선을 넘나드는 새")과 배경음악(이륙 현장에서 연주되고 있던 「아리랑」 선율은 비행기가 마침내 이륙하는 순간 돌연 장엄한 행진곡으로 바뀌었다)은 그 비행기를 평화를 상징하는 비둘기처럼 보이게 만들었다.

은둔의 왕국이 열리다

김정일 국방위원장의 발견

김 대통령이 탄 대한민국 비행기가 서울공항을 이륙하고 불과 한 시간 남짓 후에 평양에서의 역사적인 생방송이 시작되었다. 순안공항 건물 외벽에 커다란 산수화와 나란히 걸려 있는 거대한 김일성 초상화가 텔레비전 화면 안으로 그대로 들어왔다. 이제부터 텔레비전은 그동안 남한은 물론 전 세계 어디에서도 볼 수 없었던 새로운 장면들을 내보내게 될 것이었다. 그리고 그동안 미디어에서 난무하던 수많은 추측과 불확실한 정보들이 이제 하나하나 눈앞에서 확인될 것이었다.

공항에서 김 대통령 비행기의 도착을 기다리고 있던 기자는 "국민 여러분 이곳에서 뵙고 싶었습니다. 여기는 평양입니다"라는 감격에 젖은 일성으로 생방송을 열었다. 이어서 김 대통령의 일정을 소개해나가던 기자의 목소리는 갑자기 "폭풍 같은 만세 환호성"[24]에 묻혔고, 그 함성을 시작으로 거대한 반전 드라마가 펼쳐졌다. 그 환호성의 진원은 김정일 국방위원장이었다. 그날 아침까지도 언론에서는 김 대통령의 영접은 일반 관례에 따라 김용순 당비서나 홍성남 내각총리가 나올 것이며, 김 대통령과 김 위원장의 중요한 상봉 장면은 녹화 방영될 것으로 예상하고 있었다. 그러나 김 대통령을 맞으러 출영한 사람은 바로 김 위원장 자신이었다(이것은 언론에 알려지지는 않았지만 남한 당국자들은 알고 있던 사항이었다). 그는 비행기 트랩 아래 서서 김 대통령을

---

24) 이것은 당일 조선 중앙 TV 뉴스에서 사용한 표현이다.

기다리고 있다가, 트랩 위에 김 대통령이 나타나자 먼저 박수를 치는 것으로 환영했는데, 이는 어떤 언론에서도 예측하지 못한 시나리오였다. 두 사람의 첫 인사가 악수로 끝날지 사회주의식 포옹까지 갈지도 궁금한 대상이었는데, 그들은 서양식의 악수나 포옹이 아닌 우리 식의 친근한 방식으로 손을 덥석 잡는 것으로 인사를 했다.[25] 김 대통령과 김 위원장의 첫 인사말에 대한 예상도 구구했으나 그것은 "반갑습니다"와 "보고 싶었습니다"라는, 외교의 언어가 아닌 일상의 언어였으며, 또한 통역이 필요없는 모국어이기도 했다. 이어서 북한인민군 의장대의 사열과 분열이 시작되었고(이것은 남한 당국자들조차 미리 알지 못한 것이었다), 그 뒤에는 김 대통령과 김 위원장의 차량동승이라는 파격이 이어졌다. 북한은 남한의 대통령을 한 나라의 '국가원수'로 대접하고 나왔던 것이다.

　이러한 파격적인 의전에서 관심의 초점은 그 의전을 주도하는 김 위원장이었다. 정상회담 이전에 김 위원장에 대한 정보는 부정적인 평가 일색이어서 정상회담 당사자인 김 대통령조차도 "이런 정보가 사실이라면 과연 이런 사람과 마주 앉아 회담할 수 있겠"느냐고 생각할 정도였다(김대중, 2011). 그를 두고 "두뇌회전이 빠르고 사물에 대한 반응도 민첩하며 목소리가 우렁차다"는 이야기가 흘러나오기도 했으나(『조선일보』, 2000. 6. 8), 서방 정보기관이나 언론에서 그는 테러리스트로 묘사되었으며, 참을성이 부족하고 신경질적인 인물로 인식되고 있었다(『한겨레』, 2000. 6. 13). 그는 북한을 생지옥으로 만든 비합리적이고

---

25) 문익환 목사와 김일성 주석이 만나는 모습의 사진에서도 같은 모양으로 손을 잡았다.

비정상적인 독재자였고, 서방 정보기관에서도 제대로 파악하기 어려운 "베일 속의 북 지도자"[26]이자 수수께끼 속의 인물이었다.

순안공항에서의 영접 장면과 그에 이어진 상견례, 그리고 정상회담과 만찬에서 김 위원장이 보여준 모습은 그에 대한 기존의 부정적 인식을 깨는 파격의 연속이었다. 공항에 나타난 그의 모습은 "건강하고 활기"찼으며, 그의 태도는 "솔직하면서도 자신감"에 넘쳤고(6월 13일), 소탈하고 유쾌하기까지 했다. 그는 김 대통령이 자신을 은둔에서 해방시켰다는 서방의 기사에 대해서도 호쾌한 태도를 보였으며, 남한 텔레비전에서 본 이산가족과 탈북자의 이야기를 먼저 꺼내며 그 문제 해결의 필요성에 적극 공감을 표했다. 그리고 이 모든 것이 기자의 목소리를 빌린 인용의 형태가 아니라 김 위원장 자신의 육성으로 남한의 안방에 전달되었다. 그렇게 텔레비전에 비친 김 위원장은 보통의 '정상적인' 지도자였다. 불과 넉 달 전인 2월 김 대통령이 도쿄방송 인터뷰에서 김 위원장이 "지도자로서의 판단력과 식견을 갖췄다"고 본다고 발언한 것이 정치적 시빗거리가 되며 사회적 파문을 일으켰던 것과 달리, 이제 텔레비전이 일본 전문가의 말을 빌려 그가 "실리적이고 외교적인 감각도 있는 인물"이라고 평가했을 때는 사회적 논란이 일지 않았다.

그는 '정상적인 지도자'였을 뿐 아니라 그 이전에 "유교적 소양을 갖춘 보통 한국인"이기도 했다.[27] 김 위원장을 묘사하는 데 자주 동원된

---

26) "베일 속의 북 지도자"는 『조선일보』(2000. 6. 14)에 실린 김 위원장 관련 기사 제목에서 사용된 표현이다.
27) 이 표현은 「취재단이 본 김 위원장」(『한겨레』, 2000. 6. 14)이라는 기사에서 사용한 표현이다.

단어는 '예의'였다. 그는 김 대통령을 만나면 늘 잠자리와 식사 안부를 묻고, 만찬장에서 불편함이 없도록 팔걸이의자를 몸소 챙기고, 원래 자신의 집무실로 예정되어 있던 정상회담 장소를 김 대통령의 숙소로 변경해서 직접 찾아왔다. 이 모든 것은 국가원수에 대한 예우 이전에 '연장자'에 대한 예우였다(장유유서!).[28] 그는 또한 "우리 민족 전래의 윤리에 따라 삼년상을 치른 지극한 효성"을 지닌 인물이기도 했다.[29] 김 위원장 스스로 발화한 '동방예의지국'이라는 정체성[30]은 남과 북의 공통의 역사를 새삼 환기시켰다. 북한 역사상 외빈에 대한 가장 성대한 환영을 해놓고도 "인사 차림이 제대로 됐는가 걱정"[31]하는 것도 우리의 정서에는 익숙한 것이었다.

그의 유교적 면모는 고루함과는 거리가 있었다. 그는 연장자에 대한 예우에 소홀함이 없으면서도, 회담에서는 (명분을 내세우기보다) '격의 없는' 또는 '격식 없는' 대화를 주장하는 실사구시적이고 유연한 면모를 보였으며, 두주불사의 술 실력에 재치와 유머를 갖춘 인물이기도 했다.[32] 기존 자료화면 속에서 늘 시무룩하고 굳은 표정이던 '김정일'이

---

28) 『중앙일보』는 김 위원장이 공항에서 "영접 내내 김 대통령의 두세 걸음 뒤쪽을 유지"했으며 다리가 불편한 김 대통령과 "보폭을 조절하는 배려"를 보였다는 사실 등을 언급하며 이것이 "동양적 인품"을 과시하기 위한 것이라고 해석했다(『중앙일보』, 2000. 6. 14).

29) 이것은 김 대통령의 만찬사에 나오는 표현으로, 전문가들은 이것이 정상회담 개최 이전부터 미묘한 문제였던 김 주석 조문을 대신한 것으로 볼 수 있다고 해석했다.

30) 그는 도착 첫날 오전 백화원 영빈관 접견실에서 나눈 20분 가량의 대화에서 김 대통령에게 "자랑을 앞세우지 않고, 섭섭하지 않게 해드리겠습니다. 〔……〕 동방예의지국이라는 도덕을 갖고 있습니다. 〔……〕 예절을 지킵니다. 〔……〕 동방예의지국을 자랑하고파서 인민들이 많이 나왔습니다"라고 말했다.

31) 이것은 6월 14일 2차 회담 자리에서 김 위원장이 김 대통령에게 건넨 인사말의 일부이다.

32) 합의서 서명을 마친 후 축하 건배 장면에서 김 대통령이 샴페인 한 잔을 다섯 번에 나눠 마신 것과 달리 김 위원장은 단숨에 술을 마신 것이 언론에서 기사화되었다. 또한 김 위원장은 만찬장에서 이희호 여사와 개성 깍쟁이와 서울 깍쟁이에 관한 농담을 하고, 합의

이제 웃음을 짓고 농담을 하고 있었다. 이것은 마치 악당이 다스리는 왕국으로 알려진 미지의 세계에 들어갔다가 그곳에서 선하고 친절한 왕을 만나게 된 모험 이야기를 보는 것과도 같았다.

미스터리가 풀리다

평양에서 열린 남북정상회담 과정에서 보인 김 위원장의 모습을 두고 언론은 '김정일 쇼크'라고 불렀다. 그의 행동거지 하나하나 그의 말 한마디 한마디가 모두 기사의 초점이었다. 김 위원장이 이 기간에 관심의 초점이 된 것은 무엇보다도 그가 정상회담 일정의 서스펜스를 주도했기 때문이었다. 서스펜스는 행위나 정보에 대한 통제를 통해서 생산되는데, 여기서 그 통제권을 쥔 행위자가 바로 김 위원장이었다. 순안공항에서의 김 위원장의 예기치 못한 등장 이후 미디어는 그가 언제 다시 등장할 것인가에 촉각을 세웠다. 백화원 초대소 도착 후 가진 상견례가 '상견례를 겸한 1차 정상회담'으로 격상되었고,[33] 이렇게 기대가 높아진 상황에서 이튿날 오전 예정된 확대정상회담에 김영남 최고인민회의 상임위원장이 나타나자, 당국과 미디어는 이것을 재빨리 확대정상회담이 아닌 '공식면담'으로 정리했다.[34] 이튿날 오전까지도 '2차'

서 서명 직후 두 정상이 손을 치켜드는 장면을 기자들이 찍지 못해 만찬장에서 다시 두 정상이 손을 잡아달라는 부탁에도 "배우 노릇을 한번 합시다" 하고 흔쾌히 응하며 출연료를 받아야 한다는 농담을 하기도 했다.

33) 심지어 차량동승 자체를 1차 정상회담으로 봐야 한다는 견해도 있었다.

34) 정상회담을 추진할 때부터 정상회담 당사자에 대해 논란이 있었다. 이것은 1998년 헌법 개정으로 최고인민회의 상임위원장이 명목상 국가원수로 되어 있었기 때문이다. 따라서 특사들 간의 합의에서 중요한 것은 정상회담의 당사자가 김정일이라는 것을 적시하는 것이었고, 실제 합의서에도 그렇게 표현되었다. 그러나 야당과 언론에서는 상봉은 김정일과 하고 회담은 김영남과 하게 되는 것 아니냐는 우려를 계속 제기했다.

단독정상회담의 시간과 장소는 물론 개최 여부도 불확실했다. 그나마 희망의 끈은 전날 김 위원장이 남긴 "내일 뵙겠습니다"라는 말이었다. 그러다가 그날 오후 김 대통령이 묵고 있는 백화원 초대소에 김 위원장이 전격적으로 모습을 나타내고 2차 정상회담이 시작되자 (당국자는 물론) 미디어는 안심했고, 이제 관심은 그날 만찬에도 김 위원장이 참석할 것인가 여부였다.

여기서 이 기간에 김 위원장의 메시지는 그의 언어보다는 주로 그의 몸짓, 특히 손짓을 통해서 전달되었다는 점을 유의할 필요가 있다. 순안공항에서의 덥석 잡은 손, 합의문 서명 후 기념촬영에서 김 대통령의 손을 꼭 쥔 손, 공동선언 합의를 축하하기 위해 번쩍 치켜든 손 등이 그것으로, 그와 김 대통령이 손잡은 장면들은 이후 1차 남북정상회담과 6·15 남북공동선언을 대표하는 이미지가 되었다. 그는 김 대통령과 달리 이 기간에 전혀 연설을 하지 않았는데, 그의 손짓들은 김영남 상임위원장의 환영사나 김 대통령의 두 차례의 연설에서 언급된 유토피아적 미래가 실행 가능한 것임을 보여주는 강력한 시각적 은유의 역할을 했다. 즉 그것은 "분열은 언제 끝장나겠는지, 통일은 또 언제 이룩되겠는지 7천만 겨레의 이 절박한 물음"(김영남 환영사)에 대한 하나의 응답이었고, "7천만 민족이 전쟁의 공포에서 해방"(김 대통령 답사)되는 것이 가능하며, "이제 지난 1백 년 동안 우리 민족이 흘린 눈물을 거둘 때가 왔"(김 대통령 만찬사)다고 조용히 웅변하는 이미지였다.

즉 이 한 편의 모험 드라마에서 중요한 것은 언어가 아니라 영상 자체였다. 물론 언어는 화면의 의미를 고정시키며 미디어 이벤트의 의미를 해설해나가는 본래의 역할에도 충실했다. 순안공항에서 펼쳐지는 환영은 "정중하지만 간소한 환영 인사"이고,[35] 김 위원장의 걸음은 "보무당당한 걸음"이라고 설명하는 것이 그 예이다(6월 13일). 그러나 눈앞에 펼쳐지는 장면이 파격적일수록 내레이션은 최소화되거나[36] 혹은 아예 침묵했다. 종종 환영 인파의 함성이 침묵을 대신해 내레이션의 역할을 하기도 했다. 순안공항에서 '화해'는 더 이상 추상적인 개념이나 미래에 달성해야 할 목표가 아니라 눈앞에 펼쳐지고 있는 '현실'이었다. 김 위원장이 북측의 당·정·군 최고위층을 이끌고 나오고, "동포애의 정과 통일의 열기를 안고 달려 나온 각 계층 수도 시민들이 운집"[37]한 비행장에서, 김대중 대통령은 군이 준비해갔던 "민족의 평화와 협력과 통일"을 위해 평양에 왔다는 도착 성명을 발표할 필요가 없었다.[38] 서울 출발을 다룬 오전 생방송이 텔레비전 상징을 만들어내기 위해 타워크레인까지 동원해서 화면 연출에 공을 들였다면,[39] 평양의 장면들은 순안공항에서는 유미주의적인 연출 없이도 피사체 자체가 두툼

---

35) 그러나 공항 환영 인파가 보여준 과장된 몸짓은 다소 광적인 것으로 느껴질 수도 있는 것이었다. 이를테면 한 시민은 환영객들이 '마치 잘 훈련된 군부대' 같았으며 '여자들이 하나같이 원색 한복을 입고 있는 것도 이해가 되지 않았다'고 말하기도 했다(『중앙일보』, 2000. 6. 14).

36) 이를테면 '김정일 국방위원장이 도착하고 있습니다' 또는 '김대중 대통령은 북녘 동포들의 따뜻한 환영을 받으며 트랩을 내렸습니다'와 같은 단순한 기술이 이어졌다.

37) 이것은 당일 북한 TV에 나온 표현이다.

38) 김 위원장의 공항 출영으로 도착 성명은 서면으로 발표되었는데, 그것은 자신의 평양 방문으로 온 겨레가 화해와 협력, 그리고 평화 통일의 희망을 갖게 되기를 진심으로 바란다는 내용이었다.

39) KBS는 김 대통령의 출발을 기다리면서 평소에는 '좀처럼 공개되지 않는 길'을 보여주고 '경복궁 위에서 타워크레인으로 찍은 화면'을 내보냈다. 전자가 정상회담의 '첫걸음'에 대한 은유였다면, 후자는 그 출발을 좀더 웅장한 스케일로, 하나의 스펙터클로 보여주려는 것이었다.

한 함축의미를 전달하는 기호 노릇을 했던 것이다.

김 대통령의 귀환

2000년 남북정상회담은 '6·15 남북공동선언' 채택으로 결실을 맺었다. 그것은 남북 정상의 맞잡은 손이 상징하는 것을 실제적 수준에서 실행 가능한 것으로 만들어줄 밑그림 같은 것이었다. 그러나 역설적이게도 순안공항에서의 역사적 장면 이후, 회담의 '기념비적 순간'이라고 할 수 있을 합의문 서명 장면은 사족처럼 느껴졌다. 합의문은 이를테면 '시즌 2'를 위해 던져놓은 단서들과도 같았다. 방북 마지막 날인 15일 오전 프레스센터에서 실황이 중계된 통일부 차관의 공동선언 부연 설명은 마이크가 꺼져 있어 브리핑 내용을 알아들을 수 없었으며, 거친 화면 구성과 편집은 생생한 현장성을 전달하는 것이 아니라 파장 무렵의 어수선한 느낌을 주었다.

순안공항에서의 환송식은 환영식과 마찬가지로 김 위원장이 직접 나와 예우를 갖추고 환송 인파도 열광적이었으나, 이틀 전과는 분위기가 사뭇 달랐다. 환송 인파의 환호에서 이제 '김정일' 연호는 사라지고 '만세'만이 남았다. 두번째로 인민군 의장대를 사열하는 김 대통령의 발걸음은 홀가분해 보였고, 환호성을 지르는 북한 주민들에게 손을 흔들어 화답하는 여유를 보였다. 그러나 이제 그 장면은 더 이상 이틀 전 환영식 장면 같은 흥분이나 감격을 자아내지는 않았다. 이번에 두 정상은 볼을 맞대고 포옹하는 것으로 공식적인 작별 인사를 했다. 그리고 환송식 생방송 장면은 김 대통령의 비행기가 이륙을 위해 계속 활주로를 돌고 있는 데서 끝났다. 이제 카메라는 서울공항에서 했듯이 다시 대통령기의 '비상'을 군이 기다려야 할 이유가 없었던 것이다. 평양에서 전송되어오던 감격적인 화면들은 이제 6·15 남북공동선언의 4개 합의 사항의 내용을 요약 설명하는 딱딱하고 지루한 도표들과 전문가(또는 수행장관이나 기자)가 내놓는 공식적인 설명과 해설에 자리를 내주었다. 그것은 마치 한 편의 영화가 끝나고 나서 화면 위로 지루하게 올라가는 엔딩 크레디트를 보는 것과 같았다.

5. 나가며

정상회담의 효과는 현실에서 즉각 느껴졌다. 정상회담 다음 날 대남 비방방송이 사라졌고, 북은 조난된 우리 어선을 수리한 후 즉각 귀환 조치했으며, 사흘 만인 18일, 미국은 대북제재 완화조치를 '발효'했다. 또한 그해는 한국전쟁 50주년이었는데, 북측에서는 6·25 관련 행사를 하지 않았으며, 남한에서도 기념행사를 간소하게 치르며 '전쟁을 떠올리기보다 평화와 화해를 다짐하는 자리'로 만들었다(「뉴스 9」, 2000. 6. 25). 정부의 햇볕정책에 대한 국민 지지도는 크게 상승했고,[40] 김 대통령은 그해 노벨 평화상 수상자가 되었다.

이 모든 과정에서 김 대통령은 대중영화나 드라마에서 흔히 볼 수 있는 '홀로 적진으로 들어가는 영웅'의 면모가 있었다. 그가 떠난 "두려

---

40) 통일부 및 국정홍보처에서 실시한 각종 여론조사 결과를 시기별로 비교하면 1998년 말 56퍼센트대였던 햇볕정책 지지율은 6월에는 86.7~93.7퍼센트로 나타났다(은기수, 2011).

운, 무서운 길"[41]이 기존의 대립과 반목을 화해와 협력으로 바꿔내는 데 성공하는 영웅담이 될지, 민족사적으로나 정치사적으로나 한반도 현대사의 또 하나의 비극이 될지 그 결말은 열려 있었고, 그 불확실성은 남북정상회담을 한 편의 서스펜스 드라마로 만들었다. 그의 여행이 마침내 남북 정상이 "온 겨레의 숭고한 뜻에 따라" 공동선언에 합의하는 기념비적 순간으로 가는 과정은 긴박감의 연속이었다. 김 대통령의 평양 걸음은 '인류를 위한 거대한 도약'까지는 아니더라도 분명 한반도 역사의 새 장을 여는 "첫 걸음"이자 "큰 걸음"이었다.

정상회담이 북한 및 남북관계에 대한 새로운 준거틀을 제시할 수 있었던 것은 그것이 북한에 대한 새로운 기호들을 제공해주었기 때문이었다. 남한 사회에서 '통일'은 민족적 당위이긴 했으나 그 통일의 상대방인 북한은 대화하기 어렵고 신뢰할 수 없는 공산주의 국가였고, 1990년대 들어 북한이 개혁개방 움직임을 보이고 있다고는 하나 북한에는 여전히 국제사회에서 '테러 지원국'이자 '불량국가'의 낙인이 찍혀 있었다. 북한에 대해 우호적인 사람들조차도 오랜 반공 교육을 통해 내면화되다시피 한 북한에 대한 두려움과 분단 의식에서 자유롭지 못했다. 이러한 상황에서 텔레비전은 거의 부재나 다름없었던 북한(그리고 북한의 환유로서의 김 위원장)에 대한 생생한 시각적 기호와 새로운 이야기를 제공해주었다. 그곳은 유토피아는 아니었지만, 생지옥이 아닌 것도 분명했다. 미디어 이벤트의 형식으로 재현된 남북정상회담은 남한 사람들이 갖고 있던 북한에 대한 기존의 관념과 경험을 상당히

---

41) 이것은 김 대통령의 방문을 환영하며 김 위원장이 사용한 표현이다.

바꾸어놓았고, 그 결과 (일시적으로나마) 대결과 반목이 중단되며 분단에 대한 성찰적 분위기가 만들어졌다. 이런 점에서 남북정상회담은 '변형적 이벤트transformative event'라고 할 수 있었다(Dayan & Katz, 1992).

그러나 미디어 이벤트로 방송된 정상회담으로 인해 조성된 성찰적인 분위기는 분단 55년, 이제 분단 67년에 이르는 긴 적대와 반목 기간에 잠시 가졌던 짧은 휴가였던 것처럼 보인다. 남북정상회담을 통해 봉합되었던 이질성과 갈등은 얼마 지나지 않아 곧 다시 모습을 드러냈다. '시즌 2'의 극적인 시작이 될 수 있었을 김 위원장이 서울을 방문하는 "적절한 시기"는 오지 않았고, 정상회담 개최 합의문을 끌어냈던 비밀 특사는 김대중 정부의 대북정책 승계를 공언했던 노무현 정부하에서 대북 불법송금과 관련해서 구속되고 결국 유죄 판결을 받았다(이것은 재현이 아니라 현실이었다). 그러나 정상회담 기간에 상영되었던 화해의 드라마는 한바탕의 꿈에 머물지 않고, 이후 분단을 소재로 한 극영화들(「공동경비구역 JSA」나 「웰컴투동막골」이 그 대표적인 예이다)에서 분단과 통일, 적대와 화해의 중간 지대에서 상연되는 판타지 장면으로 되풀이하여 돌아왔다. 이것은 남북정상회담이 북한과 분단에 대한 패러다임을 근본적으로 바꾸어놓은 덕분에 가능한 것이었다.

이 글에서는 사회기호학 분석 방법을 사용하여 남북정상회담이라는 미디어 이벤트의 의미작용을 분석해보고자 했다. 사회기호학은 그 명칭이 말해주듯이 구조주의 기호학에 반대해서 '사회적인 것'의 중요성을 강조한다(Hodge & Kress, 1988). 사회기호학에서 볼 때 '사회적인 것the social'이 의미의 '출처source이고 근원origin이고 생성자originator'이다. 구조주의 기호학의 관심이 구조와 체계에 있다면, 사회기호학은 '사람들이 기호자원을 사용하는 방식'에 초점을 맞춘다(Van Leeuwen, 2005). 기호의 '자의성'이라는 구조주의 기호학의 명제는 이제 '동기화된 기호'라는 명제로 바뀐다. 따라서 사회기호학의 주된 관심은 의미 만들기meaning-making 실천을 사회적 맥락 속에서 설명해내는 데 있다(Thibault, 1991).

사회기호학은 기호적 실천과 현실의 관계를 구성적인 것으로 보며 권력의 문제를 중시한다는 점에서 담론 분석과 비슷하다. 담론 분석과 사회기호학은 또한 마르크스에서 시작된 이데올로기에 대한 비판적 관점과 푸코의 담론과 권력의 관계에 대한 논의를 받아들인다. 그래서 논자에 따라서 비판적 담론 분석을 사회기호학의 한 가지로 보기도 하고, 사회기호학을 담론 분석의 한 접근법으로 보기도 한다. 사회기호학은 '담론 분석과 문화 연구가 교차하는 지점'(Hodge, 2003)에 있다.

사회기호학에서 텍스트 차원과 담론 차원의 분석은 '모방 차원mimetic plane과 기호작용 차원semiotic plane으로 분석된다. 모방 차원이 '무엇이 재현되느냐'에 관한 것이라면 기호작용 차원은 '의미가 구성되고 교환되는 사회적 과정'을 가리키는 것으로, 전자는 텍스트에, 후자는 담론에 해당한다. 텍스트가 구체적인 물질적 대상material object이라면 담론은 그 텍스트들이 들어 있는 사회적 과정이다. 텍스트는 담론 속에서 생산되며 담론은 텍스트를 통해서 실현된다. 푸코의 담론 개념을 받아들인 사회기호학에서 담론은 특정한 사회 맥락 속에서 특수한 이해관계를 가진 사회적 행위자들에 의해 생

산되는 것이고, 따라서 담론은 현실의 면면을 재현하고 구성할 뿐만 아니라 변형시킬
수도 있는 복합적인 '자원resource'이다.

　판 레이우헨은 담론이 커뮤니케이션의 내용what이라면 그 방법how은 장르라고 말
한다(Van Leeuwen, 2005). 사회기호학자들이 흥미를 느낀 장르는 '화행speech acts'이
라는 기호 장르semiotic genre였다. 그것은 언어가 현실을 '진실되게' 재현하는 것이 아
니라, 그 자체의 현실(이를테면 화해, 사과, 요청 등)을 만들어낸다는 점을 보여주었던
것이다. 이후 사회기호학은 언어만이 아닌 멀티모드적 장르로 그 관심 대상을 확대해
갔다. 즉 사회기호학은 그 출발점이 되었던 비판언어학이 '구술 언어vebal language'에
초점을 맞추었던 반면, 이미지와 사운드를 중요하게 다루었고 더 나아가 언어적, 청각
적, 시각적 모드들이 결합된 커뮤니케이션 현상을 분석하는 데로 나아갔다. 이미지는
물론 제스처, 응시, 자세, 목소리, 공간의 사용 등을 모두 그 분석의 대상으로 삼으며,
따라서 언어적 메시지만이 아니라 다양한 모드가 중첩되어 있는 텍스트를 분석하는 데
유용한 방법론적 도구가 된다.

　다얀과 캐츠는 텔레비전 장르 중에서 '미디어 이벤트'를 여타 텔레비전 장르와 구별
되는 통사론적, 의미론적, 화행론적 특징을 지닌 장르로 개념화했다(Dayan & Katz,
1992). 이 글에서는 다얀과 캐츠의 미디어 이벤트론과 사회기호학적 틀을 결합해서,
남북정상회담이라는 거대한 미디어 이벤트의 서사 구성narrative construction을 분석해보
고자 했다. 남북정상회담은 정치적으로 역사적인 사건이었을 뿐만 아니라 오랜 기간
이념을 둘러싼 남북 간의 대립과 반목으로부터 벗어나 극적인 화해를 상영한 거대한
담론적 사건이었다. 여기서는 그 담론적 사건의 의미와 효과를 밝혀보고자 했다.

민족의 역이주와 위계적 민족성의 담론
: 『조선일보』의 조선족 담론 분석

양 은 경

　세계화 시대에 새삼 민족을 거론하는 것은 시대에 뒤처지고 진부한 느낌마저 든다. 어느 사이엔가 보수나 진보 할 것 없이 다문화라는 단어가 중요한 화두가 되고 개방과 공존, 다양성과 관용이라는 말들이 유행하고 있다. 텔레비전에서는 외국인 노동자, 결혼 이민자, 외국 유학생들의 좌충우돌 한국 적응기를 재미나게 엮어서 보여주면서 한국 사회가 정말 다문화사회가 되었음을 실감하게 만든다.

　현실에서는 우리 다문화사회의 정경에서 가장 큰 비중을 차지하는 외국인들이지만 다문화 담론에서는 거의 언급되지 않는 이들이 바로 조선족이다. 이들은 법적으로 재한 외국인으로 분류되지만, 우리와 같은 혈통이며 우리말을 유창하게 구사하고 우리 문화에 익숙하며 민족으로 겨레로 동포로 불리는 사람들이다. 이 글은 우리의 일상적 삶 속에 깊숙이 들어와 있는 사람들, 다양성과 차이를 통해 말해지지 않는 사람들, 그러나 우리와 구별되고 주변적 존재로 살아가는 조선족에 대해서 이야기한다. 이들을 민족이라는 이름으로 자리매김하는 것이 어떻게 새로운 경계와 위계를 만들어내는가의 문제는 세계화 시대에도 여전히 중요한 화두가 된다. 세계화는 늘 넓어진 세계 무대를 자유롭게 이동하는 세계 시민들의 이미지를 통해 자신을 드러내고 싶어 하지만, 빈곤을 벗어나기 위해 본국을 떠날 수밖에 없는 사람들, 그러나 수용국에서도 여전히 한 곳에 머물 권리를 갖지 못하는, 세계화의 또 다른 얼굴들 중의 하나가 바로 한민족이라 불리는 조선족이기 때문이다.

1. 이주자 담론에서 민족을 이야기하기

전통적으로 이주자 담론의 구성에서 가장 자주 동원되는 이데올로기의 하나는 인종주의이다. 미국이나 유럽의 많은 나라들에서 토착민과 이주자 집단의 관계를 규정하는 담론들은 흔히 역사적으로 구성된 인종의 이미지를 의미의 자원으로 끌어온다. 인종화는 각 인종 집단들의 사회적, 문화적 특성들을 본질적인 생물학적 특성의 결과로서 이해하게 만드는 의미화 작업이다. 이론상으로는 인종화가 수평적 구분의 과정으로서 이해될 수 있지만, 그것은 늘 수직적으로 정렬되고 이미 인종적 위계질서로 구조화된 사회 속에서 발생한다.

인종주의에 초점을 두고 이주노동자들에 대한 차별과 위계화 문제를 살펴본 한건수의 연구에 따르면, 한국 사회에서 인종 개념은 생물학적 특징에 근거한 인종 분류뿐만 아니라, 해당 국가나 사회의 경제력이나 국력을 고려한 사회문화적 인종 서열의 도식이 다시 적용되어 형성되고 있다(한건수, 2003). 예컨대 나이지리아 노동자들이 자신들을 미국인이라고 소개하면 한국인들이 훨씬 우호적인 반응을 보인다고 진술하는 것에서 보듯이, 같은 흑인이라도 미국이라는 국력과 경제력이 인종적 위계에 중요한 변수가 되고 있다는 것이다.

최근 계급과 성별 위계화가 접합된 이주자 담론에 대한 관심도 커지고 있다. 사센에 따르면, 신자유주의 경제의 전 지구적 확산은 서비스 또는 '접대' 노동을 통해 생계를 영위하는 노동자 계급과 그들의 서비스와 '접대'를 받고 돈을 지불하는 소수의 부유층이라는 이분화를 만들고 있다(Sassen, 1998: 김현미, 2005, p. 74에서 재인용). 서비스와 접대 노동 영역을 중심으로 '이주의 여성화'가 활발해지면서, 제3세계 여성 이주자들은 '온순하고' '순종적이며' '성적으로 매력 있는' 여성으로서 의미화되어 계급적 차별과 성차별의 대상이 되고 있다는 것이다.

이주 집단에 대한 인종, 계급, 성별 범주 등을 활용한 위계화에 대한 연구들과 비교해, '민족'의 범주를 둘러싼 위계적 의미화의 과정에 대한 논의는 매우 부족하다. 그동안 민족 공동체의 형성에 대한 많은 이론적 논의들에서 '민족'이라는 개념은 그 내부 구성원 사이의 수평적 관계를 전제하는 것으로 인식되어왔다. 대표 논자로서 앤더슨은 민족을 '심오한 수평적 동료 의식으로 결합된 상상의 공동체'로서 그 구성원들에 의해 만들어지는 제한되고 자연스러운 실체라고 규정했다(Anderson, 1983/2002). 그러나 이러한 견해는 권력의 사회정치적 현실과 국가의 조직구조를 무시하고 있다고 비판받기도 한다(Edensor, 2002/2008, p. 32). 한편, 민족주의 연구에 큰 영향력을 발휘해온 겔너 역시 민족 형성을 동질화하고 표준화하는 과정의 일부로서 이해했다(Gellner, 1983/2009). 이러한 설명에서 전제되는 것은 구성원 사이의 수직적이거나 위계적인 관계가 아닌 수평적인 관계이다. 또한 민족이라는 의식은 '우리'라는 의식을 만들기 위해 필연적으로 '타자'를 구성한다는 논의에서도, 이 타자화는 '우리 민족'과 구별되는 '타민족'을 의미하는 것으로, 민족 집단 내에서의 차별화의 과정을 포함하지는 않는다.

그러나 한국의 현실에서는 같은 혈통과 역사적 뿌리를 가진 민족 내에서 차별화가 이루어지고 있다는 주장이 제시되어왔다. 이에 따르면 조선족은 작업장에서 차별이나 불합리한 처우를 받는다는 진술을 하고 있으며, 그들의 거주 지역에서 또는 가사 도우미나 식당 일 등을 통해 한국인과 접촉할 때 차별을 느낀다고 보고했다. '외국인으로서 의심이나 적대감에 노출되어보았는가' '음식점이나 가게에서 명백한 이유 없이 무시당하거나 모욕당한 경험이 있는가' 등의 질문에 대해 그렇다는 대답 역시 다른 외국인 노동자들에 비해 오히려 높았다(Seol & Skrentny, 2009; 박광성, 2003).

한국에서의 조선족과 비슷한 처지로 일본에 역이주한 니케이진 Brazilian nikkeijin들에 대한 연구에서도 이와 유사한 상황을 볼 수 있다. 일본의 니케이진, 즉 경제적 빈곤 탈출을 위해 1908년부터 1960년대까지 꾸준히 브라질로 이민했던 일본인들이 1980년대 이후 고도성장한 일본 사회로 이주하면서 양 집단 사이에 불거진 갈등과 차별의 양상이 그것이다. 니케이진은 타국 브라질에서 살면서도 발전하는 모국 일본에 대한 자부심을 가지고 일본어와 다양한 일본 전통문화를 유지하면서 일본인으로서의 정체성을 고수하고자 했다. 그러나 막상 역이주 이후 일본 생활에서 그들이 생각했던 것과 달리 오히려 양 집단의 차이를 훨씬 더 크게 느끼고 실망하게 되면서 결국은 자신의 정체성을 일본인이라기보다는 브라질인으로서 구성하게 되었다. 일본 대중들 역시 니케이진으로부터 공통의 종족성을 확인하기보다는 그들의 불완전한 언어능력과 자신들과 구별되는 문화적 습성들을 더욱 강조하면서 차별화했다(Tsuda, 2007).

설동훈 등은 한국 사회에서 한국 시민들은 위계 구조에서 상층에 자리 잡고, 재미교포처럼 서구 선진국 출신의 한국 종족은 위계상 두번째 자리에 놓여 한국인과 거의 같은 권리와 혜택을 주장하는 반면, 조선족은 위계 구조의 하층에 놓인다고 주장한다(Seol & Skrentny, 2009). 이와 같은 차별 체계는 한국이나 일본처럼 정부가 경제성장을 장려하고 계획하는 데 적극적 역할을 수행하는 '발전국가'들에서 특히 두드러진다고 한다. 이들 국가는 경제적 성장과 발전, 기업 이윤의 극대화 등을 위해서 한편으로는 혈연 기반의 민족적 소속감을 강조하면서 재외 노동인력을 적극 유치하면서도, 다른 한편으로 국내 경제의 필요에 따라, 그리고 지리정치적인 이해관계에 따라 조선족의 평등을 희생시킨다는 것이다.

이 글에서는 이러한 논의들을 토대로 하여 다음과 같은 문제들을 살펴보기로 한다.

첫째, '민족'이 조선족 담론에서 어떻게 구성되는가이다. 특히 '민족' 범주를 둘러싼 위계적 의미화 방식에 초점을 두고자 했다. 1992년 한중수교와 더불어 한국과 중국의 교류가 본격화되고 조선족의 역이주가 활발해지면서 한국의 언론들이 조선족을 기사로 자주 다루기 시작했다. 이 글에서는 중앙일간지 『조선일보』에 게재된 '조선족'에 대한 기획 시리즈물들을 담론 분석의 주요 텍스트로 삼았다(부록 1 참조).

다양한 기사 유형 중에서도 기획기사들로 분석 대상의 범위를 좁힌 것은 특히 기획기사에서 언론이 특정 주체나 사건을 적극적으로 의미화하는 방식이 잘 드러난다고 판단했기 때문이다. 대부분의 기획기사들은 르포르타주로서, 사전적 정의에 따르면 "어떤 사회현상이나 사건에 대한 단편적인 보도가 아니라 리포터가 자신의 식견을 배경으로 하여 심층취재하고, 대상의 사이드 뉴스나 에피소드를 포함시켜 종합적인 기사로 완성하는" 것이다(『두산백과사전』). 이러한 유형의 기사들은 사건 사고의 전달 성격이 강한 스트레이트 뉴스에 비해, 특정 언론사가 특정 시기에 어떤 주제를 특별히 중요한 의제로서 적극적으로 구성하는가를 잘 드러낸다. 또한 에피소드를 활용하는 기사들은 익숙한 내러티브 구조, 즉 시공간적 배경과 캐릭터, 플롯, 담론적 단서들을 갖추고 독자로 하여금 주체적이고 상상적으로 스토리의 내용을 해독하도록 초대한다. 이는 불확실성과 불확정성을 내포한 새로운 대상을 일반 대중들의 익숙한 의미와 경험의 체계 속에 연결시켜 구체화하여 전달함으로써, 독자의 흥미를 자아낼 뿐 아니라 독자로 하여금 해독의 주체로서 메시지의 의미 만들기에 참여하도록 하는 장치라고 할 수 있다.

둘째, 조선족 담론을 한국의 이주노동 정책의 변화 및 신자유주의적 세계화의 광범위한 맥락에서 해석하고자 했다. 1990년대 이후 한국 사회가 경험하고 있는 초국적 이주의 양상은 미국이나 캐나다처럼 건국 초기부터 다양한 인종과 종족으로 구성된 이민자의 나라들과 구별되는 것으로, 신자유주의적 세계화의 맥락을 떼어놓고 논의하기 어렵다. 한편으로는 글로벌 자본주의 체제에 깊숙이 편입되어 있는 한국 경제의 이민 인구에 대한 수요 및 이와 연관된 이민 정책과 제도의 수립, 다른 한편으로는 국가 경계를 넘나드는 초국적 이민자들이 국가 주권을 침식할 가능성에 맞서 국가의 통치력을 유지하기 위한 필요성과 같은 다양한 힘들이 상호작용하는 것으로 접근해야 할 것이다. 이러한 인식을 토대로 이 글은 담론 생산의 외적 변화로서 신자유주의적 재구조화의 맥락에 주목하면서, 이주의 특정한 형식들에 정당성을 부여하고 이를 유지, 재생산하는 데 개입하는 조선족 이주 담론의 이데올로기적 효과에 대해 해석하고자 한다.

2. 신자유주의 국제노동분업과 한국의 이주노동 정책

조선족의 한국 이주가 지속적 흐름으로 자리 잡게 된 데는 자본주의의 전 지구적 확대 발전이라는 포괄적이고도 직접적인 맥락이 작용했다고 하겠다. 1970년대 들어 신자유주의로 명명되는 자본축적의 현대적 기획은 개발도상국들과 후진국들까지 자본주의 세계 경제 내로 편입시키고, 기존의 생산, 소비, 분배의 관계들을 허물고 대체하면서 사회적 생산관계들을 재구성해왔다. 신자유주의적 재구조화는 주변부 국가들의 전통적 생산양식을 파괴하고 산업예비군을 창출하는 한편, 중심부 국가들에서는 노동력 부족을 발생시켜 주변부 국가의 값싼 노동력이 중심국으로 이동하는 노동의 국제분업 현상을 낳았다(Harvey, 2005/2007).

한국 역시 1980년대 이후 빠른 속도로 후기 자본주의 산업 구조로 재편되면서, 생산직 노동인력의 부족 및 서비스 산업 부문의 확대에 따른 시간제 저임금 노동력의 수요가 급격하게 증가했다. 이에 따라 한국 사람들이 기피하는 이른바 '3D' 직종들에 외국인 이주노동력의 투입이 불가피하게 되었다. 그중에서도 조선족은 한국 문화에 친숙하고 언어를 능숙하게 구사하는 한민족이라는 점에서 다른 이주노동자들에 비해 훨씬 손쉽게 활용할 수 있는 집단으로서 선호되었다.

조선족 노동자들의 국내 이주가 본격적으로 시작된 것은 1992년 한중수교 이후 양국 간의 정치적, 경제적 교류가 급물살을 타게 된 맥락과 밀접하게 연관된다. 1992년의 한중 무역협정, 1993년 서울-상하이 민간항로 개설, 1994년 한중 산업협력위 설치 및 교역액 100억 돌파, 김영삼 대통령의 방중과 리펑 총리의 방한을 통한 '협력동반자 관계'의 구축 등 일련의 국가적인 경제협력과 정상회담 등의 이벤트가 성사된 것이다.

조선족 이주와 관련한 주요한 이주노동 정책의 출발점은 '산업연수생' 제도에서 찾을 수 있다. 이 제도는 1991년에 시작되어 2007년에 폐지되기까지 저발전국가들에 기술교육과 이전을 해준다는 취지 아래, 단기 체류와 저임금 노동, 사업장을 변경할 권리 박탈 등과 같이 불합리하고 불평등한 처우를 합법화하는 장치로서 국내의 저임금 노동자 부족을 해소하는 역할을 수행했다. 다양한 이주 정책들에서 조선족은 한민족이라는 명목을 통해서 외국인 노동자 연수생들 중에서도 별도의 높은 쿼터를 할당받거나, 친척 초청 등의 방식을 통해 다른 외국인들에 비해 많은 수가 국내로 들어올 수 있었고, 임금 책정에서도 다른 외국인보다 높은 수준을 유지했다.

그러나 1999년 제정된 '재외동포의 출입국과 법적 지위에 관한 법률'(이하 재외동포법)은 조선족에 대한 한국 정부의 또 다른 입장을 극명하게 드러내는 사례였다. 재외동포법은 재외동포 자격으로 한국에 입국하여 2년간 장기 체류가 가능하며 다소의 제한이 있다 하더라도 취업도 부분적으로 가능하도록 하는 내용을 골자로 하고 있다. 그러나 법의 적용대상에서 재외동포의 범위를 '대한민국 국적을 가진 해외 영주권자' '대한민국 국적을 가졌다가 외국 국적을 취득하면서 국적을 포기한 사람과 그 직계 존비속'으로 제한함으로써, 1948년 정부 수립 이전에 해외로 나가 외국 국적을 취득해 대한민국 국적을 취득한 적이 없는 중국의 조선족과 구소련 지역의 동포 다수는 이 범위에 포함되지 않게 되었다. 재외동포법은 IMF 당시 한국의 경제적 회생을 위해 외국으로부터 투자를 촉진하기 위한 방편으로 재외동포, 특히 재미교포의 모국 투자를 유도하기 위한 정책이었다. 따라서 미등록 노동자로서 한국에 잔류했던 조선족들과 같이 한국에 정주할 가능성이 있는 '가난한' 재외동포들은 그 범주에서 배제되었던 것이다(김현미, 2009; 오타, 2004; 이민주, 2007).

조선족 이주와 관련하여 가장 최근의 정책으로는 2007년부터 시행된 '방문취업제'를 들 수 있다. 이 제도는 무연고 재외한인들의 한국 입국 기회를 확대한 것으로서, 원한다면 단순노무 분야에서 취업할 수 있게 되었다. 이 제도를 통해 1회 입국 시 최장 3년 체류 및 취업을 할 수 있는 5년 유효 방문취업사증(H-2 visa)을 발급받을 수 있게 된 것이다. 특히 한국에 입국하여 일정한 절차를 거치면 고용안정지원센터

〈표 1〉 조선족 이주 관련 한국의 주요 정책 및 제도

연도	주요 정책 및 제도	주요 특징
1991	산업기술연수생 제도	상공부가 외국투자기업을 대상으로 외국인 노동자들을 데려올 수 있게 함
1992	친척 초청	60세 이상 5촌 이내 혈족, 4촌 이내 인척
1993	산업연수생 제도	중소기업협동조합이 외국의 인력송출기관에서 산업연수생을 확보한 뒤 이들을 국내 기업 가운데 5인 이상 300인 이하의 섬유, 신발, 조립금속 등 22개 중소제조업체를 중심으로 배정
1994	친척 초청 확대	55세 이상 6촌 이내 혈족, 4촌 이내 인척을 초청할 수 있도록 함. 기존의 연령제한을 5세 낮춤
1995	외국인 노동자 보호 및 관리지침 제정	산업재해보상, 의료보험, 건강진단 혜택
1997	연수취업 제도	외국인 산업연수생이 2년간의 연수를 마치고 업체의 추천을 받아 자격시험에 합격할 경우 해당업체에서 1년간 취업할 수 있는 자격을 부여하는 제도
1999	재외동포의 출입국과 법적 지위에 관한 법률	재외동포의 범위를 '대한민국 국적을 가진 해외 영주권자' '대한민국 국적을 가졌다가 외국 국적을 취득하면서 국적을 포기한 사람과 그 직계 존비속'으로 제한하여 중국, 구소련 동포 제외
2000	연수취업 제도 재시행	1997년 IMF 금융위기 극복 이후 재시행, 친척 초청을 50세 이상으로 확대
2002	불법체류 자진신고시 출국유예 조치	자진신고 불법체류자 2003년 3월 31일까지 출국유예, 중국동포 10만여 명 자진신고
2003	고용허가제 입법, 산업연수제 병행 실시	30세 이상 8촌 이내 혈족까지 친척 초청 확대, 4촌 이내 인척/불법체류자 외국인력에 E-9 체류자격 부여
2004	재외동포법 개정 공포	중국과 구소련 포함, 중국동포의 친척 초청(허용연령은 30세에서 25세로 낮춤)
2005	동포귀국지원 프로그램 실시	불법체류 중국동포 약 5만 8천 명 자진귀국
2007	방문취업제 시행	무연고 동포 3만 명 입국, 친척 초청 무제한으로 초청 입국자 급증

의 취업 알선을 통해서나 자율적인 방식으로 취업할 수 있으며, 신고만으로 사업체 변경이 가능하고, 재입국 허가 없이 자유롭게 중국으로 일시 귀국할 수 있게 되어, 이전의 제도들과 비교해볼 때 '조선족 이주 20년의 역사에서 가장 획기적인 정책'이라고 평가된다.

그러나 한국 정부가 입국자의 수를 조정하기 때문에 실제적인 입국 이주자 수는 '한국의 경제 상황에 따라' 달라진다(김현미, 2009, p. 41). 2008년 국제 금융위기 발발 직후, 정부는 국내에 무연고 동포들의 입국 쿼터를 대폭 삭감했다. 2010년 들어서도 고용사정이 개선되지 않자, 정부는 무연고 동포에 대해서는 신규 쿼터를 아예 책정하지 않았다. 이처럼 방문취업제는 앞서의 제도들과 마찬가지로 이주노동력 수용국으로서 한국의 이해가 일방적으로 관철되는 성격을 띠고 있다.

3. 조선족을 문제화하기

1) 공간의 포섭과 배제를 통한 조선족 정체성의 구성

분석 대상 기획기사들의 특징 중의 하나는 공간에 대한 기술이 매우 세밀하게 이루어지고 있다는 것이다. 보도의 도입부에 상당한 양적 비중을 가지고 조선족 관련 공간들에 대한 묘사로 시작하는 기사들이 많았다. 이는 마치 영화가 시작될 때 카메라가 관찰자의 시점에서 공간의 이미지들을 하나하나 포착하는 것처럼, 기사를 읽기 시작하는 독자들도 기사 도입부의 세밀한 공간 묘사를 통해 자신들의 눈앞에서 펼쳐지는 정경을 관찰하는 자리로 불러들여진다.

〈표 2〉에 제시한 기사 리드와 사진캡션들의 대표적 예들은 조선족 기사에서 어떤 물리적 공간들이 선택되고 있는지, 그리고 이 공간에 어떤 상징적 의미가 부여되고 있는지를 명시적으로 또는 함축적으로 보여준다.

발췌된 기사들을 토대로 조선족 관련 공간을 분류해보면, '서울역 여인숙촌' '연변' '베이징 변두리' '가리봉동' '간도' '만주' 등이다. 전체 기사를 대상으로 각 공간들이 언급된 건수를 살펴보면, 연변 19건,[1] 간도와 만주 4건, 서울역 4건, 가리봉동 2건, 베이징 변두리 2건 등이 었으며, 그 외 휘경동 법무부 외국인 보호소를 배경으로 한 기사가 1건 있었다. 공간의 시간성 및 조선족의 이동을 고려하여 위의 공간들을 배열해보면, '만주/간도-연변-베이징 변두리-서울역-가리봉동'의 궤적이 만들어진다.

만주/간도: 역사적인 우리 민족의 땅

연변 또는 중국의 조선족 거주지들을 지칭하는 현재의 공식 지명 대신 만주와 간도라는 비공식 지명을 사용할 때, 해당 장소들은 역사성을 드러내는 공간, 즉 1800년대 말부터 일제 식민지 시기에 걸친 과거의 공간으로서 의미가 구성된다. 이 역사 속의 공간은 일제의 수탈과 억압에 의해 강제 이주된 한민족 수난과 항일무장투쟁을 상징하는 땅

---

1) '연변'은 특정 지역의 지명이기도 하지만, 상당수 기사에서 '중국의 조선족 마을'이라는 포괄적 의미로 사용되었다. 따라서 기사에서 지린성 창춘, 랴오닝성 선양 등의 마을이 배경으로 제시된 경우도 '연변' 건수에 포함시켰다.

<표 2> 조선족 관련 공간의 의미화

공간 (기사 수)	공간에 부여 된 시간성	주요 의미화	대표적 리드 및 사진 캡션의 예시
만주/ 간도 (4건)	한민족의 역사적 시간: 일제시대	일제 수탈과 항일 무장 투 쟁의 공간	"간도지역으로 이주하려는 한인들을 일본 국경수비 대가 검문하고 있는 모습"(간도는 조선땅, 상, 사진 캡션 1)/"'타작하는 간도주민', 1910년대 가을타작 을 하고 있는 한인이주민들 모습"(사진캡션 2)/"'18 세기에도 토문강', 두만강 너머 간도지역으로 우리 영토로 그린 18세기의 '도성팔도지도' 함경도편"(사 진캡션 3)
	현재: 분쟁 공간	대중국 영유 권 분쟁의 공 간	"'간도는 조선족 세상', 동간도 지역에 해당하는 중국 길림성 연변 조선족 자치구 연길시의 전경. 현재 연 변 조선족 자치구에는 중국 조선족 총인구의 43%에 해당하는 82만 명이 거주하고 있다."(간도는 조선땅, 하, 사진캡션)
연변 (19건)	한민족의 역사적 시간: 6~70년내 한국 농촌	자본주의 초 입에 들어선 민족 농촌 공 동체의 원형/ 도시화로 인 한 타락과 해 체 위기에 직 면한 민족 공 동체	"두만강 국경에 인접한 조선족 마을인 용정시龍井市 백금향. 한때는 목재와 사과, 송이버섯을 팔아 형편 이 좋았다. 그러나 코리안 드림이 몰아치면서 모두 마을을 떠날 궁리만 하고 있다."(무너지는 조선족사 회, 상, 리드) "한국음식점, 다방, 24시간 영업 스낵점, 택시행렬 등 웬만한 한국 중소도시를 뺨치는 연길시의 한 상점 가. 나날이 밝아지는 네온사인만큼, 범죄와 가치관 혼돈의 어두운 그림자도 함께 자라고 있다."(격변의 조선족사회, 2, 사진캡션) "심양시 서탑거리 뒷골목 노무시장을 가득 메운 구직 자 인파속에 앳된 소녀들이 눈에 띈다. 조선족 사회 에 거세게 몰아치고 있는 도시진출 열풍에는 노소가 따로 없다."(격변의 조선족사회, 1, 사진캡션)
서울역 (4건)	현재: 이방인의 공간	떠돌이 노동 자들의 임시 거주처	"서울의 대우빌딩—속칭 양동—남대문시장, 염천교 뒷골목. 자정이 가까워지자 여기저기서 지칠 대로 지 친 발걸음 소리가 터벅터벅 들려온다."(서울의 연변 동포, 1, 리드)

| 가리봉동
(2건) | 현재:
이방인의
공간 | 잠재적 범죄
의 공간 | "서울 구로구 가리봉동 일명 '조선족 거리'에는 '干豆
腐(간두부·말린 두부)' '酒(비주·맥주)' 등 중국어
간판이 줄지어 걸려 있다. 양고기 꼬치구이와 중국산
향신료 냄새…. 음식점 밖으로 옌벤延邊 사투리가 흘
러나온다. 겉으로는 평화로운 거리지만 지난해 이곳
에서 10여 건의 살인이 벌어졌다."(활개치는 외국인
조폭, 4) |
| 베이징
변두리
(2건) | 현재:
이방인의
공간 | 더럽고 비위
생적인 공간/
불법이 만연
한 공간 | "베이징 동북쪽 제3순환도로와 제4순환도로 사이의
이른바 '다퉁다샤 골목.' 베이징 중심부에서 20분이
채 안 걸리는 이곳은 중국동포들의 집단생활 터전이
자 그들이 평생 숙원으로 여기는 한국행 꿈이 어려
있는 곳이다."(한중수교 10주년, 중, 리드)
"북경시 조양구 광화로의 진발여관. 미로처럼 얽힌
지하통로를 따라 1백68개의 쪽방이 빽빽이 들어차
있다."(연변의 낮과 밤, 1, 리드) |

이다. 이러한 의미화 과정은 제국주의 일본이라는 강력한 민족의 타자
를 환기시키면서, 한국 사람과 조선족이 수난과 항쟁의 역사를 함께
한 영광스러운 후손으로서 민족 공동체라는 일체감과 소속감을 생산
한다.

한편, 만주나 간도는 대중국관계에서의 갈등과 긴장을 내포하는 공
간성을 부여받기도 한다. 유적지들과 다양한 역사적 기록물의 지표들
을 동원함으로써, 현재 중국 국적을 가진 조선족이 살고 있는 중국의
땅이 아닌 한민족의 땅이라는 함축적 의미를 부여하는 것이다. 이와
같은 공간성 규정은 정치적으로 한국과 중국의 영유권 논쟁과 밀접한
연관을 가지는 것으로, 특히 2002년 중국의 '동북공정' 발표 이후 '간
도' 담론은 고구려사 논쟁 등 대중국 정치 담론의 중요한 담론 자원이

되었다.

연변: 향수를 불러일으키는/낙후된 우리 민족의 땅

만주와 간도가 현재의 조선족이 배제된 과거의 공간이라면, 연변은 현재의 공간이다. 연변은 조선족 담론에서 가장 자주 등장하는 배경이다. 이 공간은 중국에서 조선족이 가장 많이 살고 있는 거주지의 대표성을 갖는 동시에, '이제 막 자본주의의 초입에 들어선 전근대 농촌 공동체 사회'로 규정된다. 후자로서 연변이 말해질 때는 지난 수십 년간 사회주의 중국의 한 지역으로서의 역사성은 언급되지 않고, 1960~70년대의 한국이라는 특정한 역사의 시공간 속에 배치되어 당시의 전형적인 시골로서 재현된다. 한국에서 1960~70년대의 산업화와 도시화는 한편으로는 급속한 경제성장을 가져왔지만, 다른 한편으로 전통적인 농촌 공동체 사회와 가족의 붕괴를 낳았고, 도시 주변부에서 하층계급으로 전락한 단순직 노동자와 유흥서비스업 종사자들을 낳았다. 지금 연변에서 한국으로의 이주는 1960년대 한국 근대화의 한 단면을 그대로 재현하는 것으로 비유된다.

도시로서의 서울과의 이항관계 속에서 연변이 시골로 정의될 때, 연변은 두 가지의 함축의미를 획득한다. 한편으로는 서울 사람들이 이미 오래전에 잃어버린 고유 전통과 풍습들, 즉 민족 공동체의 생활원형을 보존하고 있는 고향으로서의 의미이다. 이러한 공간적 정의는 도시화 과정에서 잃어버린 전근대적인 공동체의 삶과 순수함에 대한 한국인들의 향수를 드러내는 것이라고도 볼 수 있다. 다른 한편으로 연변은 빈곤과 매춘, 범죄의 온상이며 천박한 물질주의와 향락문화가 범람하며 민족 공동체가 급격하게 해체되고 있는 공간으로서 의미화된다.

서울역/가리봉동/베이징: 떠돌이 이방인 이주노동자들의 공간

연변이 1960~70년대 한국의 해체되고 있는 농촌 공동체에 비유된다면, 그 반대편에는 조선족의 이주공간으로서 서울역 여인숙촌과 가리봉동이 있다. 연변이 물리적으로는 중국에 속하지만 한국인들에게 낯익은 민족적 경관으로서 재현되는 반면, 오히려 서울역과 가리봉동은 한국에 있는 장소지만 우리의 일상적 삶의 경관과 동떨어진 낯선 공간으로서 재현된다. "중국어 간판이 즐비하고 중국 향신료 냄새가 그득한 조선족 거리에서 흘러나오는 '연변사투리'"는 조선족의 문화와 언어가 한국 사람들의 그것과 얼마나 다른 것인가를 증명하는 구별의 지표가 된다.

베이징의 변두리 공간들 역시 서울역 주변이나 가리봉동처럼 타자화된 공간들이다. 이 공간들은 물리적으로 더럽고 비위생적인 공간이며, 동시에 불법적 행위들이 일상적으로 감행되고 범죄에 상시적으로 노출되어 있는 타락과 위험의 공간들이다. "퀴퀴한 냄새가 가득한 닭장" "누더기 같은 이부자리" "습하고 역겨운 냄새로 가득한" 등의 표현들은 금방이라도 한국 사람들에게 전염병이라도 옮길 것 같은 오염의 근원으로서 조선족이 묘사되고 있음을 보여준다. 또한 "겉으로는 평화로운 거리지만 지난해 이곳에서 10여 건의 살인이 벌어졌다"는 표현이나 아래 발췌기사의 공간 묘사에서 볼 수 있듯이, 이 공간들은 불안과 공포를 불러일으키는 잠재적 범죄의 공간으로서 의미화된다.

약 200m 길이의 이 골목 중간쯤에 자리잡은 '익룡호텔翼龍賓館.' 이 호텔 1층 커피숍에는 4인용 탁자 6개가 있다. 하지만 이곳은 예사로운 곳이 아니다. 지난 9일 오후, 탁자 5개에 모두 손님이 앉아 있다. 대부분 작은 손가방을 손에 든 남녀들은 한국말을 잘하는 조선족들. 창가로 줄곧 고개를 돌린 채 누군가를 기다리는 사람, 탁자 위에 서류를 놓고 무언가 소곤소곤 설명을 하는 사람, 왜 안 됐느냐고 큰 소리를 냈다가 갑자기 목소리를 낮추는 사람…… (2002. 8. 20)[2]

지금까지의 분석을 종합해보면, 조선족 공간에 대한 담론은 만주와 간도, 연변을 민족적 경관으로서 포섭하는 반면, 서울역 여인숙촌과 가리봉동, 베이징의 거리들은 타자화한다. 이국의 영토로서의 연변의 공간성에 대한 인식은 배제되었으며, 물리적으로는 중국에 속해 있지만 한민족의 영토였으며 통일 이후 되찾아야 할 영토라는 영유권에 대한 주장을 내포하고 있다. 그러나 이러한 인식이 그 땅에 살고 있는 조선족이 한국 사람들과 동등한 공동체의 구성원이라는 인식과 연결되지는 않는다. 연변은 한국과 결코 동시대의 동등한 교류의 공간이 될 수 없는 뒤처지고 열등한 공간인 것이다.

2) 조선족의 타자화를 통한 위계적 정체성의 구성

기획기사들에서 재현되고 있는 주요 행위자들을 추려본 결과, 조선

2) 해당 인용문은 이 글이 연구 대상으로 삼은 『조선일보』 기획기사로 기사명과 주제 등은 이 글의 부록에서 확인할 수 있다(이하 동일).

족, 한국 정부 및 공공기관, 한국 대중/고용주, 한국학자/전문가, 중
국 및 중국 정부 등이 있었다. 각각의 범주들이 어떻게 재현되고 있는
가와 관련하여 주제어를 찾고 이를 빈도수에 따라 나열한 결과, 조선
족 관련 주제어로는 '불법체류자/범죄자' '코리안 드림을 쫓는' '퇴폐향
락적인/무능력한/부도덕한' '피해자' '가난한/낙후된' '동포/민족 공동
체' '한국에 적개심을 가진' '난민/떠돌이' '친북 성향의' '고소득 전문
가' 순이었다. 한국 정부와 공공기구들은 '무능력한/책임회피하는/소극
적인' '부패한' '차별하는' '일관성 없는' 행위자들로, 한국 대중들과 고
용주들은 '사기꾼/악덕업주' '어글리 코리안'으로, 한국학자들은 '확신을
가진/적극적인' 행위자들로 재현되었다. 마지막으로 중국 및 중국 정부
는 '민감한/경계하는' '낙후된' '의도를 숨긴' 행위자로 그려졌다 (〈표
3〉 참조).

　행위자들 가운데 조선족에 대한 묘사가 양적으로 가장 많았고 재현
의 방식 또한 다양했다. 공간 담론에서는 '연변' '만주' '간도' 등이 항
일 투쟁의 공간으로서, 민족 언어와 문화를 보존하고 있는 민족 공동
체의 땅으로서, 그리고 자본주의적 발전의 초입에 들어선 농촌 공동체
사회로서, 한민족의 역사적 궤적 위에 놓여져 의미 구성된 반면, 그 땅
에 살고 있는 조선족들에 대해서는 타자화가 이루어지고 있었다. 타자
화의 구체적 방식은 빈도수에 따라 '불법체류자/밀입국자/범죄자' '코
리안 드림을 쫓는 사람들' '퇴폐향락적인/무능력한/부도덕한 집단' 순
으로 나타났다.

　'불법체류자/밀입국자/범죄자'로서의 조선족과 관련하여, 조선족은
한국 입국을 위해 수단과 방법을 가리지 않고 위조서류 작성이나 불법

〈표 3〉 행위자 관련 주제어 및 주요 수식어

행위자	주제어	주요 비유와 수식어	기사 수*
조선족	불법체류자/밀입국자/범죄자	위조 '작업자들', 비자 장사, 비자손님	13
	코리안 드림	한국바람, 자본주의 바람, 일확천금 꿈, 한밑천 꿈	12
	퇴폐향락적인/무능력한/부도덕한	흥청망청 '유한족' '남편족' 생트집을 잡아 이혼하는, '놀자' 풍조의, 술과 마작노름에 빠진, 콩 팔아 가라오케 간다는,	9
	피해자	사기를 당하는, 노예처럼 일하는, 빚더미에 올라앉은, '봉', 자본주의 논리에 익숙하지 못한	5
	가난한/낙후된	'닭장', 누더기 같은 이부자리, 허름한, 어두컴컴한 방	5
	동포/민족 공동체	근면한, 민족언어와 문화를 완벽하게 보존한, 교육열이 높은, 벼농사를 잘 짓는, 광복운동의 뿌리, 항일운동의 후손	3
	한국에 적개심을 가진	'반한파', 이중적인 태도를 갖는, 감정의 골이 깊어진	3
	난민/떠돌이	몸 맡길 친척도 없는 '쭉정이', 고향에 돌아갈 엄두를 못내는, 북경 거리를 배회하는, 길거리에서 한 끼를 해결하는	3
	친북 성향의	반미적인, 탈북자를 신고한	2
	전문직 고소득자	한국 정착에 성공한, 생활이 자유로운, 최고급 승용차를 가진	1
한국 정부/공공기관	무능력한/책임회피의/소극적인	중국 눈치를 보는	3
	차별하는	(조선족을) 죄수 취급하는, 놀려먹는	3
	일관성 없는	규정이 왔다 갔다	1
한국 대중/고용주	사기꾼/악덕업주	노예처럼 부려먹는, (조선족을) 바보 취급하는, 임금을 떼먹는	4
	어글리코리안	무시하는, 예의에 어긋나는, 기고만장, 큰소리치는 졸부, 보신관광, 돈자랑, 잡음을 일으키는	1

한국학자/ 전문가	확신 있는/적극 적인	(간도 영유권 문제제기에) 활발한 활동을 벌이는	2
중국/ 중국 정부	민감한/경계하는	선구자 등 '민족감정' 노래 금지, 김정숙 비도 강제 철거, (만주라는 말을) 싫어하는	2
	낙후된	기업 마인드가 결여된, 출·퇴근 개념이 없는, 예절에 대한 인식이 없는	2
	의도를 숨긴	속내를 드러낸, 숨겨진 의도를 내비친, 실토한 셈	1

* 기사별 행위자 및 주제어는 복수로 계산.

비자 거래, 밀입국 등을 시도하는 사람들, "한국을 이용해 사기를 쳐서라도 쉽게 돈을 벌겠다"는 사람들, 돈을 벌기 위해 범죄를 저지르더라도 "신원이 밝혀지지 않아 잡힐 염려도 별로 없고 붙잡힌다 해도 초범으로 분류돼 법원에서 집행유예를 받고 강제 출국되면 그만이라 '큰것' 한탕하고 돌아가겠다"는 유혹에 쉽게 빠지는 사람들로 그려진다.

"코리안 드리머"로서 또는 "자본주의 바람"에 휩쓸리고 "일확천금의 꿈"에 빠진 조선족은 이제 더 이상 힘든 농사일을 하기 싫어하고 어떻게든 "고향으로부터 탈출하고 싶어 하는" 사람들, "웬만한 돈은 눈에 차지 않는 사람들"이다. 또한 조선족은 퇴폐향락문화에 빠져 있고, 무능력하며, 부도덕한 사람들이다. 여자들이 한국에서 부치는 돈으로 술과 마작을 즐기는 "남편족"들이고, 그것을 고마워하기보다는 "여편네가 서울에서 더럽게 번 돈인데 더럽게 쓰면 어떤가"라고 말한다. 또한 한국에 가고 싶어 생트집을 잡아서 남편과 이혼하거나 위장결혼도 서슴지 않는다. 큰돈을 모은다 해도 그것을 관리하고 유용하게 사용할 능력을 가지고 있지 못해 결국은 어렵게 모은 돈을 탕진하고 몸과 마음이 망가진 사례들도 빈번하게 소개된다. 아래의 발췌문은 조선족에 대한 이러한 재현 방식을 집약적으로 보여준다.

> 농사짓던 김모(43) 씨는 서울서 4년간 막노동을 했다. 작년에 5만 위안을 벌고 금의환향했다. 과거처럼 농사지을 기분이 아니었다. 술과 마작노름에 빠졌다. 아내와 이혼한 그는 노래방을 들락거리다 아가씨와 살림을 차렸다. 한국서 번 돈은 금방 바닥이 났다. 같이 살던 여자는 도망갔다. 그는 "다시 한국에 가기만 하면 해결된다"고 믿고 있다. (2001. 12. 17)

조선족은 "한국에 적개심을 가진" 사람들로도 그려진다. 한국에서 겪은 수모로 "못 믿을 건 이민족인 중국인이 아니라 한 핏줄인 한국인들"이라고 말한다. 아래 발췌된 기사는 조선족을 '반한족反韓族'으로 구성하는 전형적인 내용이다. 조선족의 '반한감정'에 대한 담론은 중국에서 한국인을 대상으로 발생하는 조선족 범죄의 원인을 추측하는 데 동원된다. 조선족의 범죄를 한국에 대한 적개심과 연결 짓는 담론 생산과 관련하여 강선영은 이와 같은 원인 규명이 첫째, 조선족 범죄의 부당성을 한층 더 강조하는 셈이 된다는 점, 즉 "한국에서 '차별'과 '멸시'를 받았다고 죄 없는 한국인을 이국땅에서 강도, 폭력, 납치, 심지어 살인까지 할 수 있는지"라고 생각하게 만들며, 둘째, 조선족 범죄를 조선족 전체와 연관시킨다는 점, 즉 마치 조선족 범죄가 조선족 집단과 한국인 집단 사이의 모순이나 충돌의 표출인 것으로 설명한다고 지적한 바 있다(강선영, 2005, p. 66).

코리안 드림의 성취로 연변이 하루가 다르게 발전하고 당사자도 부자
가 됐지만 이들은 한국에 대해 이중적인 태도를 갖고 있다. 한국에서 돈
을 벌게 된 데 대해서는 고마워하면서도 한국에서 있은 일부 한국인들의
모멸감, 불법취업으로 적발돼 한국에서 추방되는 과정에서 받은 인간 이
하의 대접을 중국에 돌아와서도 오랫동안 간직하고 있다. (1995. 3. 9)

한편, 기사들에서는 조선족의 인터뷰가 자주 활용되었는데, 이는 타
자화를 보다 객관적인 담론으로서 받아들일 수 있게 하는 중요한 담론
형식이다. 조선족 남성의 입을 통해 "여편네가 서울에서 더럽게 번 돈
인데 더럽게 쓰면 어떤가"라고 말할 때, 이는 조선족 여성들이 한국에
서 정당한 노동의 대가로서 돈을 버는 것이 아니라 매춘 또는 다른 부
정한 행위를 통해 돈벌이를 하고 있다는 암시를 주고, 남성들이 얼마
나 무능력하고 무책임한가를 스스로 드러내게 하는 기능을 한다. 또
"이 땅(한국)에서는 하루도 살기 싫어요. 돈 벌면 빨리 떠나야죠"라는
조선족의 말은 한국에 대한 소속감이나 애정이 결여된, 한국을 돈벌이
의 수단으로서만 인식하는, 한국에서 돈을 벌면서도 고마워하기는커녕
반감을 가진 조선족의 태도를 암시하는 것이다. 이처럼 조선족의 진술
들은 그들 스스로 부도덕한 존재임을 입증함으로써, 기사가 있는 그대
로의 현실을 반영한 것이라는 믿음을 강화한다.

'피해자'로서 조선족을 정의하는 기사들은 위에서 언급한 다른 정의
들에 비해 상대적으로 적다. 피해자로서의 조선족 담론에서는 한국의
고용주들에게 착취당하고 사기를 당해도 경찰의 도움조차 받을 수 없

는 사람들, 브로커를 통해 초청장 한 장 만드는 데 "집 한 채 값"을 날리고도 결국은 입국심사에서 적발되어 중국으로 되돌려 보내지는 사연들이 소개되었다. 피해자에 대한 가해자의 자리에는 한국의 소수 대중들이나 악덕업주들이 배치되고 있다. 한국 정부는 일관성 없는 이민 정책으로 이러한 피해를 가중시키는 존재로 묘사되었다. 이와 관련하여 기사에서 제시되는 대안은 도움을 필요로 하는 가난하고 불쌍한 동포들에게 온정주의적 태도를 가져야 한다는 것이다. 그러나 누가 조선족들을 피해자로 만들었는가와 관련하여 한국의 일부 악덕업주들의 탓으로 돌리거나 혹은 불법체류를 하고 있는 조선족 자신들이 초래한 결과로 돌리는 것은 보다 근본적이고 구조적인 문제들을 간과하게 만든다.

예컨대 한국의 산업구조 변화에 따라 한국인들이 기피하는 저임금의 시간제 노동력에 대한 수요를 충당하는 이주노동자의 역할이나, 열악한 노동환경을 감내해야 하고 그마저도 단기 체류할 수밖에 없는 상황에서 미등록의 신분으로 한국에 남는 길을 선택하는 조선족의 입장은 설명되지 않는다. 또한 '불법체류자'라는 표현은 조선족이 힘든 노동의 대가로 돈을 버는 사람들이라는 인식을 가로막으면서, 한국과 조선족을 시혜자와 수혜자의 관계로 구성한다.

4. 문제화를 위기 담론으로 구성하기

지금까지 살펴본 시공간적 배경과 행위자 담론 분석의 결과와 더불어, 텍스트 구조의 특성에 초점을 맞추면서 위기 담론 구성에 대해 논의하도록 하겠다. 기획기사들에서는 크게 세 가지의 위기 담론을 확인할 수 있었다. 첫째, 조선족 공동체 사회의 해체 위기, 둘째, 조선족 불법체류자와 밀입국자, 범죄자 들이 한국 사회에 불러일으키는 불안과 위험, 셋째, 간도 영유권을 둘러싼 한국과 중국의 분쟁 가능성 등이 그것이다.

1) 조선족 공동체의 해체 위기

조선족 사회가 겪고 있는 변화들을 묘사하는 대표적인 어휘들은 "부서진" "무너지는" "흔들리는" "날아갔다" "휩쓸려갔다" 등이다. 이러한 은유는 지금 일어나고 있는 변화들에 대해 매우 부정적이고 절박한 느낌을 만들어내며, "무너지는" 것을 막기 위해 시급한 대책이 필요하다는 인식을 구조화한다. 또한 조선족 사회의 변화를 한국의 1960~70년대 산업화와 도시화의 경험에 비유함으로써 한국이 익히 잘 알고 있는 문제로 치환시킨 다음, 대책에 대해 제안할 수 있는 권리를 가진 주체로서의 위치를 확보한다.

기사에서는 조선족 사회의 문제를 '인구 공동화'와 '가족 해체'의 두 가지로 규정한다.

먼저, '인구 공동화'는 인구 유실로 인한 조선족 공동체의 재생산 위기를 말한다. 앞서 언급했듯이, 기사들은 먼저 "흔들" "붕괴" "무너지는" 등의 단어를 사용한 제목을 통해 기사에 대한 인식의 방향을 부정적으로 틀 짓는다. 다음으로 이를 뒷받침하는 에피소드들이 소개된다. 예를 들어 학생 수가 급격히 줄어든 소학교에서 교실을 개조해서 카바레 영업을 한다든지, 여자가 모두 빠져나가 취처난을 겪는 마을의 이야기이다. 본문에서는 "카바레"라는 말 대신 "무도장"이라는 조선족의 현지 표현을 사용하지만, 제목에서는 "카바레 영업"이라고 표현하여 부정적인 느낌을 강화시킨다.

이주의 원인 규명에서는 조선족이 지역에서 일자리를 찾기 힘들어 시골에서 도시로 또는 다른 나라로 불가피하게 이주하게 된 맥락은 언급하지 않은 채, 공동체에 대한 애착심과 소속감을 상실하고 한탕주의에 빠진 탓이라고 말해진다. 여기서 문제의 결과와 원인이 도치되고 있음을 알 수 있다.

특히 여성의 이주는 조선족 남성들의 혼인을 어렵게 만들어 사회 재생산을 힘들게 하는 심각한 원인으로 지목된다. "노총각 40명에 처녀 단 한 명도 없는 마을도" "처녀들은 날아간 꾀꼴새, 총각들은 떨어진 송충이" "조선족 여인들이 휩쓸려갔다" 등의 비유가 대표적인 예들이다.

오늘날 여성의 국제 이주노동의 증가는 조선족 사회에 국한되지 않는 전 지구적 현상이다. 글로벌 자본주의 체제의 심화에 따른 서비스 산업의 성장으로 개발도상국이나 저개발국 여성들의 노동력에 대한 수요가 급격히 증가하고 있다(김은실·민가영, 2006; 김현미, 2005). 이러한 맥락에서 조선족 여성들은 경제위기에 처한 조선족 공동체의 부양을 위해 한국으로 이주하고 있음에도 불구하고, 기사들은 마치 이들의 이주가 원인이 되어 공동체 해체의 위기가 온 것처럼 제시한다. 아울러 여성의 이주는 무능한 조선족 남성의 이미지와 대비되면서, 남성의 가부장적 주체로서의 지위를 위협하는 행위로 의미화될 뿐만 아니라, 경제적으로 우월한 위치에 있는 한국의 남성들이 조선족 여자를 쓸어갔다는 점에서 조선족 남성들의 지위를 이중적 위기에 빠뜨린 행위가 되는 것이다. 아래의 발췌문에서는 이러한 함축의미들을 분명하게 찾을 수 있다.

> 아내를 한국에 보내놓고 송금 받은 돈으로 먹고 사는 남편족族도 생겨났다. 연길 시내에는 그런 남편 대여섯 명이 서로 모여 술 마시고 마작하는 모임을 만들었다. 하지만 이름은 정반대로 '집을 지키는 모임'이다. 이들은 "여편네가 서울에서 더럽게 번 돈인데 더럽게 쓰면 어떤가"라고 반문했다. (2001. 12. 17)

둘째, 가족 해체의 위기 담론은 '인구 공동화'의 담론과 밀접하게 연관되지만, 이주 기혼 남녀들의 부정한 행위와 자녀에 대한 무책임한 태도를 부각시킴으로써 더욱 도덕적인 인식의 틀을 구조화한다. 한국에 가기 위해 남편에게 "생트집"을 잡아서 이혼하는 여자들의 사례라든가, 배우자를 고향에 두고 한국에 온 조선족끼리 동거하는 사례, 그리고 "부모, 친척에 자녀 맡기고 해외 나들이"라는 제목처럼, 이주노동을 마치 자녀를 방치하고 놀러가는 것처럼 표현하거나 자녀 교육을 포기한 사람들로 그리는 경우들이다.

> 한달 전 서울에 다녀온 한 음식점 여주인은 "남남으로 갔던 조선족끼리 한국에서 서로 눈이 맞아 대부분 살림을 차렸더라"며 "부모는 돈 번다고들 하지만 정작 불쌍한 것은 자녀들"이라고 말했다. (2001. 12. 17)

한국 이주 조선족의 생활 실태에 대한 박광성의 연구에 따르면, 기혼의 한국 이주자들 상당수가 동거를 하는 것은 사실이라고 한다. 그러나 이는 한국에서의 불안정한 지위와 생활 조건 속에서 이루어지는 생존 전략의 일환이라는 점에서, 왜 이런 행위들이 이루어지고 있는가를 일방적인 도덕적 잣대로서 판단할 게 아니라 그들의 입장에서 헤아려볼 필요가 있다는 것이다(박광성, 2006).

현실적으로 단순노무직 이주자들에 대한 이주 정책은 가족 동반 입국을 허가하지 않고 있다. 이외에도 불법체류로 인한 불안정한 신분 등은 이들로 하여금 자유롭게 고향을 왕래할 수 없는 상황 속에서 가족과 장기적으로 이별하는 생활을 불가피하게 한다. 이처럼 국제노동분업의 구조 속에서 임시직 이주노동자들은 부모가 자녀로부터 떨어져 살고, 배우자들이 오래도록 서로 이별한 채 살아가며, 노인들은 자식들의 도움 없이 살도록 남겨지는 등 커다란 개인적 희생을 치르도록 요구받고 있다는 점은 기사의 담론에서 언급되지 않는다.

한편, 실제로는 다수의 조선족 이주자들이 열심히 돈을 벌어 고향에 송금하는 이유가 자식들에게 더 좋은 교육의 기회를 주기 위한 열망에서라는 민속지학적 연구 결과들이 많다. 또한 한국에서의 차별적 이주 환경 속에서 조선족은 한국인과 구별된 조선족만의 종족 정체성에 대해 인식하게 되면서 고참 이주자들은 신참이 한국에 쉽게 적응할 수 있도록 적극적으로 도와주는 등 조선족 공동체의 유대가 강화된다는 연구 결과들도 있다(박광성, 2006; 이민주, 2007; 이현정, 2001).

기획기사에서는 조선족 해체의 위기를 해결하기 위한 대안은 조선족이 허황된 '코리안 드림'을 접는 것, 고향으로 돌아가는 것, 인위적인 조선족 타운을 만들어서라도 공동체를 지켜내는 것이라고 말한다. 그러나 이러한 관점은 조선족 정체성에 대한 인식을 영토적 경계에 속박시켜 구성하려는 의도로도 볼 수 있다. 오늘날 고소득 전문직 종사자들에 대해서는 점점 더 특정한 영토성에 구속되지 않는 자유로운 이주자들로, 복수의 지역성과 관계 맺는 새로운 정체성의 주체들로서 담론화되는 반면, 다수의 하층 이민노동자들에 대해서는 오히려 특정한 영토적 경계에 가두어 정체성을 구성하려는 담론들, 영토적 경계를 넘어서는 일을 공동체의 위기를 자초하는 위험한 행위로 해석하는 담론들이 생산되고 있는 것이다.

2) 한국 사회의 안전을 위협하는 집단으로서의 조선족

조선족 공동체의 해체 위기에 대한 담론이 조선족이 스스로 안고 있는 문제에 대한 것이라면, 또 다른 위기 담론은 조선족이 어떻게 한국 사회를 위기에 빠뜨리는가와 관련된 것이다.

기사들 중에서 '활개치는 외국인조폭' 시리즈는 한국 내 조선족 거주지 가리봉동을 범죄의 공간으로, 그리고 조선족 집단을 잠재적인 범죄 집단으로 구성하는 담론 형식의 대표적 사례다. 공간 담론에 대한 분석에서 살펴보았듯이, "겉으로는 평화로운 거리지만 지난해 이곳에서 10여 건의 살인이 벌어졌다"는 기사의 리드를 통해서 독자들에게 불안과 공포의 느낌을 자아낸다. 가리봉동이 한국인들에게 얼마나 불안한 장소인가는 "밤에 피를 흘리며 솜과 소독약을 사러 오는 조선족을 보면 겁이 난다"는 약국 주인의 인터뷰를 통해서 뒷받침된다.

이러한 유형의 담론들에서 주목할 점 중의 하나는 조선족 '불법체류자들'과 잠재적 '범죄 집단'이 밀접하게 연결되어 제시된다는 것이다. 불법체류자들은 수단과 방법을 가리지 않고 돈을 벌겠다는 사람들, 언제든지 발각되어 강제 출국될 수 있는 떠돌이들, 신원이 밝혀지지 않아 잡힐 염려가 별로 없는 사람들, 한국에서 받은 차별과 멸시로 한국에 대한 적개심을 가진 사람들이라서 언제든지 범죄의 유혹에 노출되어 있다는 식으로 의미화된다.

현실적으로는 이주노동자들이 미등록 노동자라는 자신들의 신분 때문에 법의 보호를 받지 못하는 신세이며 임금체불이나 폭력 등 다양한 위험에 상시적으로 노출되어 있는 한국 사회에서 가장 힘없는 집단임에도 불구하고, 한국 사회의 질서를 교란하고 한국인들의 삶을 위협하는 존재로서 그려지는 것이다.

한편, 텍스트의 종결부는 독자들의 불안을 더욱 증폭시키는 기능을 하고 있다. 한국의 공권력이 부패하여 또는 무능력하여 조선족의 위협은 해결되지 않고 지속적으로 존재할 것이라는 암시를 주는 결말이 그것이다. 예를 들자면 아래의 발췌문에서처럼, "(비자 비리에) 연루됐다는 일부 영사관 직원이 조기 귀국했다는 소문이 파다하다" "단속이 심해졌지만 그래도 할 것은 한다"는 비자 브로커의 진술로 기사를 마무리하는 것이다. 또한 "아직은 이들이 수도권을 중심으로 활동 중이지만 선박을 통해 부산에 침투할 가능성도 있다"는 경찰 관계자의 말이나, "우리 수사당국은 이를 쫓아가지 못하고 있다"는 말은 한국 대중들이 공권력으로부터 보호받지 못하는 불안한 사회 환경 속에 속수무책으로 노출되어 있다는 위기감을 조장하는 것이다.

베이징 총영사관을 둘러싼 각종 의혹도 끊이지 않고 있다. 최근 들어 대사관에 수차례 비자 비리 관련 투서가 날아들었고 이에 연루됐다는 일부 영사관 직원이 조기 귀국했다는 소문이 파다하다. 한 비자 브로커는 "월드컵 기간이 끝난 뒤 단속이 다시 심해졌지만 그래도 할 것은 한다"고 털어놓았다. (2002. 8. 20)

이미 어두운 거리에서 총과 칼로 자신의 영역을 뿌리 내리고 국내 조폭과 결탁한 세력도 있다. 세상이 국제화되면서 범죄도 국경 없이 국제화되고 있는 추세다. 우리 수사당국은 이를 쫓아가지 못하고 있다. (2003. 5. 1)

아울러 이와 같은 결말은 독자들로 하여금 조선족 이주자들에 대한 통제와 감시 등 더욱 강력한 형태의 권력 개입이 필요하다는 것을 정당화해준다. 한편으로 조선족은 피해자로서도 정의되고 있지만, 불법 체류자나 범죄 집단으로서의 조선족에 대한 정의는 과연 그들이 우리의 도움을 받을 자격을 갖춘 사람들인가에 대해 끊임없이 문제제기하게 만든다.

3) 한중관계의 긴장과 분쟁의 유발자

조선족 위기 담론의 또 다른 하나는 조선족이 한국 민족이자 중국의 국민이라는 이중적 위치가 한국과 중국 사이에서 다양한 긴장과 분쟁의 씨앗을 만들고 있다는 것이다.

앞서 '간도' 담론에서 볼 수 있듯이, 조선족의 이주를 계기로 한국 신문들에서 가장 활발하게 생산한 담론 중의 하나가 한민족의 땅으로서 간도와 만주에 대한 담론이다. 2002년 중국의 동북공정이 시작되기 훨씬 전인 1990년대 초반, 조선족에 대한 한국 사회의 관심이 생겨나기 시작하면서부터 간도 담론은 한국의 조선족 담론에서 중요한 비중을 차지했다. 초반에는 주로 한민족의 경관으로서 간도의 의미를 구성하는 담론들이 지배적이었으나, 2002년 중국의 동북공정이 발표된 이후부터는 간도를 둘러싸고 중국과 겪게 될 다양한 분쟁을 추측하는 기사들이 주를 이룬다.

'간도는 조선 땅' 시리즈에서 볼 수 있듯이, 기사의 내용은 중국의 동북공정이 중국의 주장과 달리 단순히 동북지역의 생태에 대한 관심이 아니라 영토권에 대해 야기될 수 있는 분쟁의 소지를 미연에 대처하기 위한 정치적 술책이라는 것이다. 여기서 중국은 이러한 정치적 술책의 의도를 숨기고, 조선족과 한국의 동향에 민감하게 반응하고 견제하는 존재로 정의되고 있다(〈표 2〉 참조). 이러한 과정에서 조선족은 대립하는 양국의 정치적인 이해관계 속에서 어쩔 줄 모르는 낀 존재로서 재현된다.

중국은 왜 이렇게 동북지방, 간도지역 문제에 신경쓰고 있을까. 〔……〕 남북한 통일 이후 동북지방에 밀집해 있는 2백여만 명에 달하는 조선족의 동향을 우려하기 때문이라고 전문가들은 분석한다. 통일한국이 조선족에게 강력한 흡인력을 가진다면 실효성에 약점이 있는 간도지역 영토

분쟁이 현실화될 것을 우려하기 때문이라는 설명이다. (2004. 9. 11)

위의 발췌문에서 보듯이 기사는 사실보다는 다양한 전제와 추측으로 구성된다. 예컨대, "통일한국"을 추측하고 다시 "통일한국이 조선족에 강력한 흡인력을 가진다면"이라는 추측과 전제를 근거로, "실효성에 약점이 있는 간도지역 영토분쟁이 현실화될 수" 있음을 추측한다. 기사에서는 아직 일어나지 않은 일들을 전제로 하여 중국과 한국의 분쟁 가능성을 중요한 문제로 제기하고 있으며, 한민족이면서 중국의 국적을 가진 조선족의 이중적 정체성이 분쟁을 야기하는 원인이라고 지목한다.

사실상 조선족은 아직 일어나지 않은 한국과 중국 간의 영유권 분쟁에 어떤 형식의 개입도 하지 않고 있지만, 이들의 의지와 상관없이 텍스트 속에서 말할 권리를 부여받지 못한 채, 닥쳐올 위기의 핵심 대상으로 자리매김된다. 조선족의 이중성은 양국을 매개하는 '중재자' 혹은 양국의 이해관계로부터 독립적인 주체로서보다는 양국의 긴장과 분쟁 유발자로서의 성격과 훨씬 밀접하게 연결되고 있다.

5. 위계적 민족성 담론과 신자유주의 국제노동분업의 변증법

조선족 담론이 어떤 현실 구성적인 힘을 발휘하고 있는가는, 담론 생산의 외적 현실로서 신자유주의적 재구조화와 그에 따른 국제적 이

주의 맥락 속에서 명확해진다. 국제적 이주 인구의 확대는 표면적으로
는 개방적이고 자유로운 글로벌 경제와 문화의 흐름으로 비춰진다. 그
러나 현실적으로는 계층적으로 차별화된 회로 속에서 상층을 차지하는
고소득 전문직 종사자들의 자유로운 이동과 달리, 경제적 빈곤을 벗어
나기 위해 본국을 떠나는 사람들은 수용국에서 '주변적 존재'로서 '불법
체류자'이거나 어떤 방식의 노동권도 부여받지 못하는 임시직 이주노동
자들이다(Bauman, 1998/2003; Sassen, 1998). 이들은 난민이나 떠돌
이로서 또는 임시로 체류하는 사람들로서 정의되지만, 실제로는 수용
국의 저임금 하층 노동 부문을 메우는 장기 체류자들이다.

현실에서 조선족 이주노동자들은 한국 사회의 저임금 하층 노동을
담당하는 사람들이지만, 담론을 통해서는 조선족의 이주가 민족 공동
체를 해체 위기에 빠뜨리고, 한국 사회를 불안하게 하며, 국제적 분쟁
을 야기하는 것으로 재현됨으로써 이들의 삶을 둘러싸고 작동하는 불
평등한 힘의 관계는 감추어진다. 어떻게 이민 정책이 이들에게 단기
계약 노동자로서 제한된 권리와 이동성의 구속을 통해 가족과 장기저
으로 이별할 수밖에 없게 만드는가, 불법이라 할지라도 더 나은 권리
와 이동성을 보장받기 위한 이들의 선택이 오히려 이들의 권리와 이동
성을 더욱 제약하는 아이러니를 개인적 차원에서 감당해야 하는가에
대한 문제제기는 이루어지지 않는다.

조선족은 한국 이주의 시작부터 지금까지 동포로서 또는 민족 공동
체의 일원으로서 불려왔다. 물론 이러한 범주화는 산업연수생 제도에
서 다른 외국인 노동자 집단에 비해 조금 더 많은 수의 조선족이 배정
되었다든가, 재외동포법의 제정을 통해 동포 취업의 기회를 확대하는

등의 정책적 실천들과 연계되는 것이었다. 하지만 이마저도 실질적인 혜택과는 거리가 먼 것들이었고, 사실상 민족성의 강조는 한국적 관점에서의 이해관계를 관철시키기 위한 수단으로서의 성격이 강했다.

예컨대 조선족은 다른 외국인 노동자들과 마찬가지로 다양한 방식으로 타자화되었으며, 민족성 담론은 '연변'이나 '만주' '간도' 등의 공간에 대한 재현에서 지배적으로 나타났다. 이는 결국 민족정체성을 확장된 영토의 개념에 기반을 두고 구성하려는 전략이라 할 수 있다. 그러나 이 과정에서 사회주의 중국 속에 뿌리내린 이주자로서, 그리고 이제 자본주의 문화를 흡수하여 복합적인 문화적 정체성을 만들어나가고 있는 조선족에 대한 인식은 배제되었다. 과거 한민족의 땅으로서, 그리고 지금도 한국이 이미 지나온 자본주의 발전 축의 시작 단계에서 위기를 맞고 있는 한민족의 사회로서 연변에 대한 재현은 결코 수평적 관계에 기반을 둔 민족 공동체를 상상하게 하지 않는다. 우리가 이미 잃어버린 한민족의 전통을 그들이 지켜내기를 바라는 시선에 깔린 안타까움과 동정의 시선에는, 한국이 만들어낸 박제화된 전근대적 민족 공동체의 관념 속에 조선족을 가두어두면서 그들이 따라잡을 수 없을 만큼 앞서가는 한국의 우월성에 대한 인식이 깔려 있다. 또한 위계적으로 서열화된 민족성을 동원하여 국가의 이해관계에 따라 편의적으로 조선족을 포섭하고 배제하는 전략을 정당화할 수 있게 한다.

따라서 조선족에 대한 미디어 담론은 신자유주의적 재구조화의 맥락에서 새로운 이주노동 제도가 유지, 재생산될 수 있도록 하는 의미자원으로서 이데올로기를 생산하고 있다고 볼 수 있다. 또한 그것은 민영화와 공공 서비스 영역의 축소라는 신자유주의의 주요 의제들이 필요로 하는 정주권을 보장하지 않는 단기계약 이민노동 정책, 가족과 고향으로부터 노동자들을 분리시키는 이민 정책, 미등록 체류자들을 활용해 자신들의 노동조건에 도전하지 못하는 유순한 노동력의 확보 등을 지지함으로써, 자본이 이전보다 훨씬 더 효율적으로 이윤성 위기를 감당할 수 있게 하는 이데올로기적 역할을 한다고 볼 수 있다.

〈부록〉조선족 이주에 관한 『조선일보』 기획기사 시리즈의 제목 및 주제

시리즈	기사 제목/ 부제목	주제
서울의 연변동포 1~5 (1992. 9. 20~27)	1. 모국 첫 밤은 "서울역 여인숙촌"/누더기 이불에 취사용 버너뿐/한약행상-구직마을 이뤄	조선족 이주노동자의 생활 실태
	2. 한밑천 꿈 "돈벌이 뭐든지"/약좌판-막노동-가정부 고달픈 고국	조선족 이주노동자의 노동 실태
	3. "논밭 팔아 사증샀다"/"황금의 땅" 입국 공항서 좌절	조선족의 불법 비자 획득과 불법체류 실태
	4. 이젠 친척도 마중 안 나온다/불법체류 공포 속 전전긍긍	조선족에 대한 한국인들의 차별 및 노동 착취
	5. 의사, 화가 등은 "고소득자"/전문직 상당수 경제적 성공	한국정착에 성공한 전문직 조선족 사례
연변의 낮과 밤 1~14 (1995. 3. 5~23)	1. 천여명 북경서 난민생활/조선족들 쪽방서 칼잠 "방한비자고대"/집팔아 가짜초청장 사 알거지되기도	한국 비자 획득을 위한 조선족의 난민생활
	2. 팔가자 마을 8백가구 빚더미/초청장에 뜯기고 속고 방한 전에 파산	불법 비자 거래로 조선족 파산 속출
	3. 한국서 번 돈 코리안드림 흥청/인구는 길림성 10%, 달러 저축 60%	연변의 향락문화와 범죄율 증가
	4. 친북 '朝僑' 主思 등 정기학습/6천 명 거주, 북, 평양 초청 등 철저관리	북한 국적 조선족에 대한 북한의 관리
	5. 탈북자, 북 식당서 폭행 피살 "충격"/50대 의사, 탈출 7년만에 끌려가기도	위험에 처해 있는 연변 탈북자
	6. 북, 합자식당 진출 "개방실험"/경직된 운영, 정치성 치중 사실상 실패	북한 사업체의 연변 진출과 실패
	7. '선구자' 등 "민족감정" 노래 금지/중국당국 민감, 김정숙비도 강제철거	연변 조선족 자치주에 대한 중국 정부의 경계 심화
	8. 보신관광—돈자랑, "어글리 코리안"/연길에만 여행사 38개 추태 부추겨	무례하고 무책임한 한국인 관광객
	9. 섭외혼인 급증, 93년 5백99쌍/상담소 성업, 한국 가려고 이혼까지	한국 입국을 위한 위장결혼과 이혼 급증

	10. 한국기업 3백개, 물류비 큰 부담/교통오지에 세금도 중과, 채산성 낮아	한국 기업의 중국 활동의 어려움과 성과
	11. 한국의류 전문시장 "북적"/가게당 월 백만원 수입 가짜까지 등장	중국에서 인기 높은 한국 제 상품
	12. "돈이 최고", 연변판 장영자 사건도/"고리 주겠다" 부부가 3백60억끌어서	조선족 사회의 물질만능주의 가치 확산
	13. TV프로 한국가요 일색/주현미 인기, 북 유입 '연변가요' 둔갑	한국 대중문화가 확산되는 조선족 사회
	14. "北 굶주림, 文革때와 비슷"/조선족 동포들, "등 개방이후 살만하다"	연변 조선족들의 북한체제 비판
산산이 부서진 "한국 드림" 상·중·하 (1996. 11. 28~30)	상. "죽도록 일하고 월급 떼이고"/일부 악덕업주들이 '봉' 취급	불법체류 조선족들의 노동력 착취 및 사기 피해
	중. 푼푼이 모은 돈 날리고 "화병사망"/"물정 모른다" 각종 사기꾼들 몰려	불법체류 조선족 대상의 사기와 착취 실태
	하. "상당수 반한(反韓) 감정 갖고 돌아가"/외국인 보호소서 죄수취급 수모/사기당하고도 경찰도움 못 받아	불법체류 조선족의 피해에 따른 반한감정의 형성
격변의 조선족 사회 1~5 (1997. 1. 8~2. 10)	1. "도시로 도시로" 민족 공동체 흔들/5년새 20만명 고향 떠나/한국행 겹쳐 '민족대이동'	조선족 여성의 이주로 인한 민족 공동체 해체 위기
	2. '한국바람' 타고 빈부 양극화/"돈이 최고", 배금주의 농촌까지 확산/대도시선 조폭들끼리 총격 사망도	조선족 사회의 타락과 범죄 급증
	3. "이젠 손에 흙묻히기 싫어", 근면정신 대신 "놀자" 풍조/한국서 번 돈 흥청망청 '유한족'도/부모, 친척에 자녀 맡기고 해외나들이	조선족 사회의 향락문화와 과소비 문화 확산
	4. '최우수소수민족' 자존심 금간다/"공부보다 돈" 북경 가라오케 70% 조선족 소유	조선족 사회에 만연한 퇴폐향락문화
	5. 흔들리는 정체성, 민족교육 시급/한국어교육-직업학교 통한 '백년대계' 활발	조선족 민족정체성의 해체 위기

무너지는 조선족사회 상·중·하 (2001. 12. 17~19)	상. '코리안 드림' 10년, 이혼, 이농, 이산가정 속출/교사, 공무원, 주부, 농민, 너도나도 한국행/노총각 40명에 처녀 단 한명도 없는 마을도	조선족 사회 해체 위기
	중. "한국바람이 내 남편만 뺏어갔어요"	조선족 가정의 붕괴
	하. "지금 자본주의 신고식 치르는 중"	조선족 사회 해체 위기
한·중 수교 10주년, 중 (2002. 8. 20)	식지않는 코리안드림/한국행 꿈꾸며 베이징 월세방서 한없이 기다려	조선족의 한국행 불법 비자 거래 만연
활개치는 외국인조폭 4 (2003. 5. 1)	엔벤파, 하노이파, 한국 내 자생조직 확산	조선족 조직 폭력배의 국내 확산
간도는 조선 땅 상·중·하 (2004. 9. 10 ~13)	상. 일제의 '간도협약'은 무효다/훔친 옥새, 강압서 출발한 밀약, "국제법상 효력없어"	간도협약은 무효다
	중. 중국의 위기의식/동북공정 핵심은 간도, 영토분쟁 사전차단 포석	중국 동북공정의 저의는 간도 논쟁
	하. 간도문제 지금 제기 안 하면 영영 중국땅 된다	간도 영유권에 대한 문제 제기의 시급성

방법론

비판적 담론 분석(Critical Discourse Analysis, 이하 CDA)의 기본 관점은 다음과 같다. 첫째, 사회·문화적 과정과 구조의 성격은 부분적으로 언어적, 담론적이다. 둘째, 담론은 현실을 구성하는 동시에 다른 사회적 실천들에 의해 구성되는 것이다. 셋째, 언어 사용을 구체적 맥락에서 경험적으로 분석해야 한다. 넷째, CDA의 관심은 담론적 실천들이 현실에 대한 재현, 정체성, 사회적 관계를 구성하는 데 어떻게 작용하는가, 그리고 담론적 실천들이 특정 집단들의 권력과 이익을 강화하는 데 어떤 역할을 하는가에 있다. 다섯째, 불평등한 권력관계를 분석하고, 궁극적으로는 사회적 변화를 꾀하는 정치적·비판적 작업으로 스스로를 규정한다.

따라서 비판적 담론 분석의 목적은 특정한 역사적·사회적 맥락 속에서 사회적 사안이나 대상들이 언어적 매개를 통해서 사회적으로 인정되는 의미를 획득하여 현실로서 형성되는 과정을 드러내는 것이다. 또한, 사회적 실천의 비담론적 영역— 사회제도, 사회관계, 경제적 과정 등— 들과 담론의 영역이 맺는 관계망과 접합의 양상에 주목하여, 담론이 비담론적 영역들에 영향을 끼치고 역으로 이러한 영역들에 의해 영향을 받는 변증법적 관계를 파악하는 것이다.

이 글에서는 비판적 담론 분석 방법론을 토대로, 1990년대 이후 한국 이주노동의 주류 집단으로 자리매김하게 된 조선족이 한국 언론을 통해 어떻게 담론화되는가를 살펴봤다. 주류 언론들은 정치적 의제를 구성하고 설정하는 담론 공간으로서 작동한다. 언론은 독자들로 하여금 뉴스 텍스트의 의미구조 속에 해석자로서 참여할 수 있도록 하는 다양한 호명의 장치들을 활용하며, 이를 통해 독자들은 주체적으로 메시지의 의미를 이해하고 의미부여하도록 유도된다(Hall, 1980; Hall 외, 1978; Fairclough, 1992; 1995; Fowler, 1991).

오늘날 세계화의 맥락에서 국가의 경계를 넘어서는 인구의 이동이 가속화되면서 국가 안보와 국가 주권이 침해되는 것에 대한 사회적 불안감도 커지고 있다. 다양한 이주자들 가운데 누가 자국에 들어올 수 있고 없는가, 몇 명이나 들어올 수 있는가를 결정하는 국가 정책과 제도가 효과적으로 발휘되기 위해서는 사회구성원들 스스로 통치하는 주체로서 지배적인 의미체제에 능동적으로 참여해야 한다. 이러한 점에서 언론은 국가와 대중 사이의 관계를 구축하는 데 기여하는 것이다.

독자를 의미 해석자로서 텍스트 내로 불러들이는 가장 중요한 담론 전략으로서 '문제화problematization'가 이루어지는 방식에 초점을 맞추는 것은 매우 유용한 접근이다. '문제화'란 어떤 조건들이나 경험들이 사회 기구나 일반대중들에 의해 의문시되고 추측되도록 제공되는 과정으로서, 문제시되는 대상의 정체성에 매우 중요하다고 생각되는 무질서한 현상을 설정하고 특정 이해에 기반을 두고 질서를 부여하거나 정리하는 담론전략이다(Hier & Greenberg, 2002, p. 492). '문제화'는 매우 중요한 국가 통치 기술 중의 하나로서 위기 및 위기관리 담론의 틀 내에서 이루어진다. 이는 아직 알려지지 않았거나 알 수 없는 상황과 사건이 담지한 불확실성과 무질서에 대해서, 이들을 구체적인 방식으로 확인하고 정의함으로써 위기관리를 위한 권력 개입을 정당화하고 사회적으로 확실성의 느낌을 양산하는 데 봉사한다.

한국 언론이 조선족에 대해 의미화하는 담론 전략에서 공간에 대한 기술들은 큰 비중을 차지하고 있다. 공간성에 대한 담론은 그 속에 사는 사람들의 정체성에 대한 정의와 직결된다. 우리가 사는 장소는 단순히 우리 생활의 물리적 배경이라는 차원을 넘어서 우리의 정체성을 구성하는 것이다. 많은 서구 사회에서 '인종'은 공간적 함축의미를 가진다. 그러한 공간은 '타자성'의 의미로 포화되어 있다. 그것은 관련된 집단의 정체성에 내재해 있는 것으로 인지된다. 같은 맥락에서, 민족정체성의 구성과 관련하여 민족의 관념을 역사적 실체로서 증명하는 가장 보편적인 방식 중의 하나는 영토성에 기반한 경계짓기이다(Benwell & Stokoe, 2006; Edensor, 2002/2008). 따라서 조선족을 둘러싸고 어떤 공간들이 어떻게 의미를 부여받으면서 한편으로는 우리 민족으로서 포섭하고, 다른 한편으로는 타자로서 배제하는 실천들이 이루어지는지 살펴볼 수 있을 것이다.

한편, 이러한 담론 실천들은 세계화의 환경에 적응하기 위한 한국 사회의 변화들 속에서 해석될 수 있다. 1990년대를 전후하여 한국 사회에서 널리 확산된 '한민족 공동체'의 구상은 위기에 처한 낡은 개념으로서의 영토성에 기반한 민족 관념을 포기하고 세계 각국에 흩어져 살고 있는 동족들을 정치적, 경제적, 문화적으로 하나의 공동체로 결속시키기 위한 국가적 실천의 일환으로 이해될 수 있다. 한민족 공동체론은 아시아 지역 경제 통합의 흐름 속에서 국가 간 경제적 불균형에 따른 노동력의 이동 국면에서 민족의 관념을 해외동포로까지 확장하여 탈영토화된 민족국가의 개념을 동원한다. 그러나 국가가 한편으로는 무슨 일거리든 기꺼이 받아들이는, 값싸고 요구가 많지 않고 유순한 노동력을 쉽게 얻는 방편으로서 해외 인력을 활용하는 것과, 다른 한편으로 여전히 국가주권을 행사하고 시민권을 보호하기 위한 필요성 사이에서 균형을 잡기 위해서 새로운 사회적 위계의 형성이 요구되었으며, 이러한 맥락 속에서 조선족에 대한 위계화가 담론 실천을 통해서 이루어졌음을 이 글에서 밝히고자 했다.

방송 정책결정 과정에 대한 비판적 담론 분석 연구
: 위성방송의 지상파 재송신 정책담론을 중심으로

홍 종 윤

어떤 미디어를 접하는가가 내가 생각하는 세상의 그림을 달라지게 한다는 것이야 너무 흔한 말이 되었지만, 선거 기간이 되면 더욱 이 흔한 사실을 온몸으로 경험하게 되곤 한다. 정책을 두고 경쟁하는 것이 정치라 하지만 방송을 타고 혹은 인터넷 공간에서 떠도는 말씀들의 의미는 그 내용에 의해서만 결정되지는 않는다. 누가, 어떤 수사학을 동원해서, 어떤 형식으로 말하는지에 따라 사실상 같은 단어의 의미도 다르게 이해해야 할 때도 있다.

이 글이 선거에 대한 분석을 담고 있는 건 아니다. 이 글은 방송 정책, 그중에서도 특히 위성방송의 지상파 재송신 문제라는 지극히 전문적이며, 다른 말로는 재미없는 역사적 순간을 다루고 있다. 관련된 정책결정 과정은 다소 어렵고 지루하게 보일 수 있지만 이 글은 이 정책의 내용 자체에 초점을 두고 있는 것은 아니다. 이 역사적 순간에 떠도는 말씀들이 누구에게서 나왔는지, 어떤 스타일로 나오는지, 그리고 이 말씀이 어떤 순간에 힘을 갖고 어떻게 서로 경쟁하고 있는지가 이 글의 주요 관심사이다. 어떻게 보여지고 말해지는가, 즉 재현의 방식은 내용과 별개로 다루어질 수 없다. 지금 선거 토론 방송을 보고 있다면, 혹은 「나는 꼼수다」류의 방송을 듣기 위해 팟캐스트에 접속한 상태라면, 이 글에서 이야기해주는 방법을 한번 적용해보시라. 이들의 이야기들은 어디서 어떻게 경쟁하고 있는가?

1. 방송 정책결정 과정과 담론 투쟁 분석

방송 정책결정 과정의 본질은 상호 갈등적인 이해관계를 지닌 정책 참여자들이 공식적 정책결정 권한을 지닌 정책 당국으로부터 우호적 정책결정을 이끌어내기 위해 벌이는 복잡하고 역동적인 상호작용의 총체이다. 국내 방송 정책연구들은 이러한 정책결정 과정에 참여하는 주요 행위자들의 역할 및 이들 간의 상호작용이 정책결정에 미치는 영향을 분석함으로써 한국의 방송 정책결정 과정이 지니는 특성들을 규명해왔다(유대선, 2004; 윤석민, 1997; 이병길, 1992; 정인숙, 1996; 황근·최영묵, 2000).

기존 방송 정책결정 과정 연구들이 이룩한 성과들에도 불구하고 이들 연구들은 정책결정 과정에서 발생하는 정책행위자들 간의 상호작용을 다소 일면적인 관점에서 바라봄으로써 정책결정 과정을 정태적으로 파악하는 경향이 존재했다. 즉, 정책결정 과정을 서로 다른 정책 이해관계를 지닌 정책 참여자들 간의 권력적 충돌로 파악하면서 최종적인 정책결정 산물을 이러한 권력관계의 결과물로서 이해해왔던 것이다. 불균등한 권력을 지닌 정책 참여자들이 자신들의 이해관계 실현을 위해 정책결정 과정에 영향력을 행사한다는 점에서 정책 이해관계가 정책결정의 중요한 요인이라는 것은 의심의 여지가 없다. 그러나 정책행위자들의 정책 이해관계에만 초점을 맞추다 보면 자칫 최종적인 정책결정 산물들이 정책행위자들의 권력적 이해관계를 단순하게 반영하는 것으로 파악하는 환원론적 연구로 빠질 위험이 있다. 즉, 정책 참여자들의 정책 이해관계와 최종 정책 산물에 대한 확인만이 있을 뿐 실제로 어떠한 세부적 상호작용들을 거쳐서 그러한 정책 산물이 도출되었는지에 대한 상세한 분석이 생략되는 것이다.

최근 들어 정책 이해관계에 중점을 두는 기존 정책결정 연구들의 한계를 극복하려는 시도로서 정책담론에 주목하여 정책결정 과정을 이해하려는 연구들(Hajer, 1993; 2006; Schön & Rein, 1994; 양동복, 2006)이 등장하고 있다. 이러한 연구들은 특정 정책이 도출되고 입안되기까지 벌어지는 주요 행위자들의 상호작용이 주로 정책담론의 형태를 띠고 전개되며, 이러한 담론들이 실제로 정책결정에 상당한 영향력을 끼친다는 점에 주목한다. 따라서 정책담론 연구들은 정책결정 과정을 특정 정책행위자가 다양한 정책 이해관계들을 합리적으로 조정하는 과정으로 보기보다는 정책 참여자들의 담론적 상호작용을 통해 특정 정책 이해관계들이 정당화되는 과정으로 파악한다. 이 때문에 담론적 상호작용의 관점에서 정책결정 과정을 파악하는 연구들은 정책 참여자들 간의 구체적 상호작용 양상을 파악하는 데 강점을 지니고 있다.

향후 방송 정책결정 과정 연구 과제들 중 하나는 정책결정 과정에서 발생하는 정책 참여자들 간의 상호작용을 분석함에 있어서 정책 이해관계 측면과 정책담론적 측면을 동시에 고려하는 다면적 분석을 수행하는 것이다. 이 글은 정책결정의 핵심 동인들인 정책 이해관계와 정책담론을 총체적으로 분석하기 위한 방법 모색 차원에서 담론 연구 중 한 갈래인 비판적 담론 분석Critical Discourse Analysis의 적용 가능성을 검토하고자 한다. 구체적으로는 페어클로Norman Fairclough의 비판적 담론 분석을 위성방송의 지상파 재송신 정책결정 과정에 적용해봄으로써 비판적 담론 분석 연구가 방송 정책담론들의 역할 및 특성을 규명하는 데 있어 어떠한 유용성을 지니는지 살펴볼 것이다. 위성방송의 지상파 재송신 정책결정 과정에서 정책담론들 간의 헤게모니 투쟁이 어떻게 전개되었는가를 파악하기 위하여 각 정책 참여자(정책연합체)들의 정책담론은 담론·장르·스타일 차원에서 어떠한 특성을 지녔으며, 어떠한 담론 투쟁 과정을 거쳐 어떠한 정책담론들이 지배적 담론으로 구조화, 제도화되었는가를 살펴보고자 한다.

2. 지상파 재송신 정책담론 논쟁의 구축

위성방송의 지상파 재송신 정책 문제가 본격적으로 가시화되기 시작한 것은 위성방송사업자인 스카이라이프SkyLife가 2001년 4월 들어 위성방송 채널 구성 및 PP사업자 선정 계획을 공개하면서부터였다. 스카이라이프는 지상파 채널 구성과 관련하여 수도권 지역 5개 지상파 방송(KBS1, KBS2, MBC, SBS, EBS)을 전국으로 동시 재송신하겠다는 계획을 발표했다. 이러한 계획에 대해 지역 지상파 방송사들을 중심으로 위성방송의 수도권 지상파 재송신을 반대하는 목소리들이 속속 등장함으로써 지상파 재송신 문제가 방송위원회의 정책적 판단을 요하는 정책의제로 부상하게 되었다. 이후 방송위원회의 정책결정을 둘러싸고 스카이라이프를 중심으로 한 지상파 재송신 찬성연합체와 지역방송을 중심으로 한 지상파 재송신 반대연합체 간의 담론 대결이 전개되었다.

1) 찬반 담론의 구축: 논쟁의 터다지기

위성방송의 지상파 재송신 정책결정을 둘러싼 정책 참여자들 간 담론 투쟁의 핵심은 방송위원회가 새로운 지상파 재송신 정책결정을 내리는데 필요한 정책논리를 제시하는 것이었다. 스카이라이프는 위성방송의 지상파 재송신 정책담론을 '공익성 구현'의 관점에서 구성한 반면, 지역방송들은 '생존 위기'의 관점에서 틀 짓기를 시도했다.

찬성 논리: 공익성 구현의 계기

스카이라이프는 지상파 재송신이 '난시청 해소' '시청자 복지' 등과 같은 보편적 서비스 이념의 구현에 기여한다고 주장하면서 지상파 재송신 문제를 '공익성 구현'의 관점에서 정의했다(한국디지털위성방송, 2001i). 일반적으로 보편적 서비스 이념은 유료방송 매체보다는 무료 지상파 방송사들의 공익성 확보와 관련된 정책목표이다. 따라서 한정된 가입자들을 대상으로 한 상업 유료방송사업자인 스카이라이프가 보편적 서비스 이념의 구현을 지상파 재송신 허용의 제일 논거로 내세운 것은 다소 역설적인 일이었다. 스카이라이프가 '유료방송 매체의 보편적 서비스 구현'이라는 역설적 담론을 구성한 것은 담론 스타일 측면에서 중요한 의미를 지닌다. 즉 스카이라이프가 단순히 상업적 이윤을 추구하는 유료방송사업자가 아니라 공익적 역할을 수행하는 방송사업자라는 정체성을 구축하기 위한 시도라고 볼 수 있다.

담론의 장르는 사회적 실천들이 담론적으로 상호작용하는 방식으로서 참여자들 간의 사회적 관계를 나타내준다(Fairclough, 2003). 스카이라이프의 정책담론은 주로 규제기관(방송위원회)에 대한 신규 방송사업자의 정책건의서 형식으로 생산되었다. 즉, 정책세미나나 정책토론회 등에서 발표하는 발제문 형식의 정책건의서가 주된 담론 생성의 장르였다. 정책건의서는 신규 방송사업자의 대표적 장르로서 규제기관과 피규제사업자 간의 권력관계를 표상한다. 규제기관은 피규제사업자의 시장 행위를 제한하거나 장려할 수 있는 권한을 지니고 있으며, 피규제사업자는 자신들에게 우호적인 사업 환경을 조성하기 위한 각종 정책방안들을 규제기관에게 끊임없이 요구한다. 정책건의서라는 장르는 스카이라이프로 하여금 기존 방송사업자들과의 경쟁에서 후발 사업자가 지닌 약자적 위치를 강조할 수 있게 함으로써 규제기관(방송위원회)의 온정주의적 정책결정을 이끌어내는 데 적합한 수단이었다.

반대 논리: 지역방송 생존의 위기

스카이라이프가 난시청 해소, 시청자 복지와 같은 거시적 정책목표들을 지상파 재송신 허용의 정책 논거로 제시한 반면, 지역방송사들은

<표 1> 찬반 논리: 공익성 구현 vs 지역방송 생존 위기

담론 주체	위성방송(스카이라이프)	지역방송 개별 노조
담론 주제	수도권 지상파의 전국 동시 재송신 주장	수도권 지상파의 전국 동시 재송신 반대
담론 내용 (논리)	· 난시청 해소 · 시청자 복지 기여 · 후발 방송사업자의 약자적 위치 부각	· 지역방송의 생존 위기 호소
전제된 가치	· 방송의 공익성은 절대적	· 지역방송 생존의 절대적 필요성
언어적 특성 (장르/스타일)	· 정책건의서 형식(현황-문제점-개선방안)의 논리적 언어 · 상업적 방송사업자가 아닌 공익적 방송사업자로서의 정체성 구현	· 노보기사, 정책토론회의 토론 형식 　－현장 노동자들의 생활세계 언어로 감성적 주장 · 고사 위기에 처한 약소 방송사업자의 정체성 구현

수도권 지상파들과의 경쟁 상황이 몰고 올 지역방송의 사업적 '위기'의 문제를 들고나왔다. 지역방송사들은 고사枯死, 긴장, 생존, 살아남기와 같은 단어들로 위기를 묘사하면서 "위성방송의 지상파 재송신이 지역방송 생존의 위기를 초래한다"(『강릉MBC노보』, 2001. 6. 19; 『전주문화노보』, 2001. 6. 30)고 주장했다.

　지상파 재송신 논쟁 초기 지역방송사들의 목소리는 주로 지역방송 노조들의 노보를 통해 생산되었다. 스카이라이프의 정책담론이 정책건의서나 정책자료집과 같은 정형화되고 공식적인 형태를 띠었다면, 지역방송 노조들의 정책담론은 어휘적 측면에서 산업 현장의 종사자들이 구사하는 날것 그대로의 생활세계 언어들로 구성되었다. 스카이라이프의 담론 생산 장르였던 정책건의서가 추상적이고 논리적인 언어들로 위성방송의 지상파 재송신이 가져다줄 일반적·거시적·공적 차원의

'기회'를 표상했다면, 노보나 토론회 발언 등의 장르를 통해 생성된 지역방송 노조들의 담론은 산업 현장의 목소리를 전달하는 구체적이고 감성적인 언어를 사용함으로써 지역방송이 처하게 될 '위기'의 현장감, 사실감, 사적 차원을 전달하는 데 효과적이었다.

2) 학계와 국가기관의 담론적 개입: 논리의 정교화

위성방송의 지상파 재송신 논쟁 초기의 담론 투쟁은 주로 정책토론회를 통해 이루어졌다. 정책담론 생성 및 투쟁의 공간으로서 정책토론회는 학계의 교수들이 중요한 정책행위자로 참여한다. 위성방송의 지상파 재송신 정책을 둘러싼 정책토론회들에서는 재송신 허용을 지지하는 학자들과 재송신 유예 또는 금지를 주장하는 학자들로 양분되었다. 이들은 각각 스카이라이프의 '기회'의 담론과 지역방송의 '위기'의 담론을 학문적 용어로 재생산함으로써 담론 공방에 참여했다.

학계 A(재송신 찬성): 외국 사례에 근거한 정당화

위성방송의 수도권 지상파 재송신을 허용해야 한다는 스카이라이프의 정책주장은 일련의 학계 교수들을 통해 지지되었다(김대호, 2001a; 2001b; 이상식, 2001; 정용준, 2001). 이들은 방송 환경의 급속한 변화로 인한 방송권역 유지의 무의미, 외국 방송 재송신 채널들과의 형평성 등을 제시하면서 국내 시청자들의 방송 시청권을 제한해서는 안 된다고 주장했다. 이러한 주장들에서는 특히 미국의 지상파 재송신 정책 결정 사례들이 지상파 재송신 허용의 주요 논거로 제시되었다.

정책토론회는 주로 정책 이슈에 대한 학자들의 주제 발표, 정책기관 관계자 및 방송사업자들의 토론이라는 형식으로 전개된다. 일반적으로 정책토론회에서 학자들의 역할은 다양한 정책행위자들의 정책주장들에 대한 평가 및 판단 기준을 제시하는 것이다. 그렇기 때문에 학자들에게는 특정 사업자들의 이해관계로부터 자유로울 수 있는 전문성 및 중립성이 요구된다. 한국의 방송 정책 논쟁들이나 학계의 연구들 속에서 미국이나 유럽 등 외국의 유사한 정책결정 사례들이 특정 정책주장들을 지지하는 정당성 논거로 자주 인용되는 것은 이러한 전문적, 중립적 정체성을 확보하려는 담론 전략이라고 볼 수 있다. 위성방송의 지상파 재송신을 찬성하는 학자들은 외국의 정책결정 사례 인용을 통해 세계적 시대 흐름의 당위성을 강조함으로써 재송신 허용 정책을 정당화하고자 했다.

학계 B(재송신 반대): 생존권에 기반을 둔 지역주의 주장

지상파 재송신 논쟁 초기, 지역방송의 지상파 재송신 금지 담론은 지역방송의 위기에 대한 생활세계 담론의 형태를 띠고 있었다. 지역방송사들의 생활세계 담론은 정책토론회에서 주로 지역 언론학자들에 의해 학술적 언어로 번역됨으로써 공식적인 정책담론의 형태로 전환되었다. 이들은 위성방송의 지상파 재송신 정책 문제를 '지역방송 생존권 보호'라는 지역주의localism 관점에서 재정의함으로써 위성방송의 지상파 재송신 반대 담론을 구축했다. 즉, 지역방송 위기라는 현장의 목소리가 학술담론으로의 장르 전환을 통해 지역주의 정책이념으로 탈바꿈된 것이다.

'지역방송 생존권 보호' 담론은 당시 학계에서 통용되던 지역방송에 대한 지배적 정책담론을 장르 전환 및 필터링 과정을 통해 재구조화한 것이었다. 당시의 지배적 정책담론이란 1990년대 중반 이후 학계의 정책연구를 중심으로 생산됐던 '지역방송 광역화 담론'이다. 지역방송 광역화 담론은 방송 환경의 변화에 대처하고 한국의 방송 시장 속에서 지역방송사들이 처한 구조적 한계들을 근본적으로 해결할 수 있는 정책대안으로서 '지역방송의 광역화'를 추진해야 한다는 담론을 말한다.

위성방송 출범에 따른 지역방송의 대응방안으로 논의되던 '지역방송 광역화 담론'은 지역방송 체제의 구조적 문제점을 개선하기 위한 '지역방송 체제의 변화'를 주문하는 것이었고, 이러한 변화의 핵심은 사실상 지역방송사들을 권역별로 통폐합하는 것을 의미했다.[1] 그러나 위성방송의 지상파 재송신 정책 논쟁 과정에서 지역방송에 대한 지배적 담론은 거시적 차원의 '지역방송 체제의 변화'가 아니라 즉각적인 현실 문제 해결을 위한 '지역방송 체제의 보호' 담론으로 전환되어나갔다. 이러한 전환이 가능했던 것은 지역방송 활성화와 관련한 기존의 정책연구들을 인용하는 과정에서 핵심적 사항이라고 볼 수 있는 '지역방송 광역화'라는 정책방안은 필터링한 반면, 지역방송의 구조적 한계만을 부각시키는 전략을 통해 기존 담론의 변동을 추구했기 때문이었다.

위성방송의 지상파 재송신과 관련하여 지역방송사들이 '위기'로 표현했던 상황은 지역 학자들의 담론 속에서 '중앙 지상파와의 네트워크 관

---

1) 지역방송사들의 통폐합 문제는 지역방송사들의 기득권 유지 경쟁 및 이해관계 조정 문제로 인해 실행 여부가 불투명한 정책방안이었다. 지역방송사 간 합병에 따른 지분 조정이나 종사자들의 고용안정 문제 등이 실행의 최대 걸림돌로 작용했고, 이러한 문제점들은 지상파 재송신 논쟁 과정에서 지역방송의 광역화가 정책대안으로 부각되지 못한 원인이 되었다.

계 단절 가능성으로 인한 지역방송사들의 수익원의 감소'로 구체화되었다. 당시 지역방송(지역MBC, 지역민방)들은 사실상 수도권 지상파의 중계 기능을 통해 사업적 생존을 유지하고 있었다. 위성방송이 수도권 지상파를 전국으로 직접 재송신하게 되면 기존의 네트워크 관계가 붕괴될 것이라는 '네트워크 관계 단절론'(정상윤, 2001; 한진만, 2001)은 위성방송의 지상파 재송신이 지역방송의 사업적 생존을 위협한다는 주장의 논거이자 수사로서 큰 위력을 발휘했다.

한편 네트워크 관계 단절론은 방송사업자 차원에서 중앙 지상파 방송에 종속된 지역방송, 더 큰 지리적 공간 차원에서는 수도권 지역에 종속된 지방이라는 관계를 설정해줌으로써 지역방송사들로 하여금 사회적 약자 또는 피해자로서의 정체성을 구성하는 데 일조했다. 이러한 담론 스타일은 지역방송사들의 행동방식과 연계되었다. 즉 지역방송사들이 사회적·지리적 약자들의 생존권을 위한 투쟁이라는 관점에서 행

〈표 2〉 학계 논리: 외국 사례에 의한 정당화 vs 생존권 기반의 지역주의 주장

담론 주체	학계 A	학계 B
담론 주제	수도권 지상파의 전국 동시 재송신 찬성	수도권 지상파의 전국 동시 재송신 반대
담론 내용 (논리)	· 세계적 위성방송 시대 방송권역 유지의 무의미함 지적 · 미국 등 외국의 사례 참작 지상파 재송신의 당위성 주장	· 지역방송사, 수도권 지상파와의 네트워크 관계 단절로 경제적 곤란 증대 위험 · 지역방송사들의 생존권 보호 주장
전제된 가치	· 미래 지향, 세계화 시대 흐름 따르기의 당위성	· 지역주의의 절대성
언어적 특성 (장르/스타일)	· 정책토론회 발제문 · 전문적 용어 사용 및 논리적 주장	· 정책토론회 발제문 · 거시적 전망방식이 아닌 즉각적 문제에 관한 관찰자적 서술

동하도록 함으로써 전반적인 정책 행동의 특징이 협상보다는 투쟁을, 설득보다는 주장을 우선시하는 경향이 발생했다. 방송위원회나 국회, 정당 등을 상대로 벌이는 시위·농성과 같은 집단행동에 기반한 사회운동가적 지향이 나타났던 것이다.

방송위원회: 양시론적 논거와 중간적 해결책 제시

위성방송의 지상파 재송신 정책결정을 둘러싸고 스카이라이프, 지역방송, 학계를 중심으로 정책담론들이 생산되는 동안 방송위원회는 능동적인 논쟁 개입을 유보했다. 방송위원회의 정책입장이 간접적으로 드러나기 시작한 것은 2001년 7월 방송위원회 산하 방송정책기획위원회[2]의 연구 결과 발표였다. 방송정책기획위원회의 연구 결과는 위성방송의 지상파 재송신 정책과 관련하여 세 가지 내용의 정책적 판단을 담고 있었다.

첫째는 위성방송의 수도권 MBC와 SBS의 재송신이 지역방송사들의 경제적 손실을 가져올 것이며 위성방송 가입자가 확대될 경우 지역방송사들의 존립 위기가 도래할 가능성이 있다는 점을 명시함으로써 위성방송의 지상파 재송신 문제를 지역방송 생존의 관점과 공식적으로 연결지었다는 점이다. 둘째는 위성방송의 지상파 재송신이 위성방송의 가입자 확보 및 시청편의성 차원에서 바람직한 측면이 있다는 점을 인정함으로써 보편적 서비스 관점에서 재송신 문제를 파악했다는 점이다. 셋째는 위성방송의 수도권 지상파 재송신이 케이블SO와의 경쟁

---

2) 방송정책기획위원회는 학계, 시청자단체, 방송유관기관, 방송사업자 대표 등으로 구성된 정책자문 연구위원회 성격의 특별위원회였다.

<표 3> 방송위원회의 양시론적 논거와 해결책

담론 주체	방송위원회
담론 주제	수도권 지상파의 전국 동시 재송신의 양가성
담론 내용 (논리)	· 지상파 재송신으로 지역방송의 경제적 손실 가능성 인정 · 지상파 재송신의 시청자 복지 기능 인정 · 위성방송과 케이블SO와의 공정 경쟁 허용의 필요성 인정
전제된 가치	· 정책 관할 기관의 중립 필요성
언어적 특성 (장르/ 스타일)	· 정책보고서(현황–문제점–방안) · 양시 · 양비론적 거리두기 수사법 구사

차원에서 상충적인 이해관계를 지니고 있다는 점을 고려했다는 것이다. 이러한 세 가지 정책적 판단은 사실상 위성방송의 지상파 재송신을 둘러싼 찬반 양측의 입장을 모두 인용하는 양시론적 논거에 기반을 두고 있었다. 위성방송의 지상파 방송 재송신 정책방안 역시 '장기적으로는 허용'하는 정책 기조하에서 '일정기간 동안은 금지'하는 안을 다수안으로, '전면 허용'하는 안을 소수안으로 하는 중간적인 해결책을 제시했다.

3) 지상파 재송신 정책연합체 구성과 논리의 확장

2001년 8월 16일 19개 지역MBC 노조 및 7개 지역민방 노조로 구성된 지역방송협의회가 출범하면서 담론 생산의 주체, 담론 생산 방식(장르), 담론의 주제, 담론의 어휘적 특성 등 지상파 재송신 정책담론 투쟁의 지형이 변동했다. 지역방송협의회 출범 이전까지 지상파 재송신 반대 정책담론이 주로 정책토론회 공간에서 지역 학자들을 통해 생산되었다면, 지역방송협의회 출범 이후에는 지역방송사들이 본격적인 담론의 생산자로 나서게 되었다. 본격적인 담론 투쟁 국면에 돌입함으로써 정책토론회에 의지하던 담론 생산방식이 성명서, 입법 청원, 정책건의 등의 장르로 다양화되었다. 각 정책연합체들은 기존 담론들의 논리를 확장시킴으로써 연합체의 외연을 넓히고 정책관할지들에 우호적인 정책결정을 이끌어내고자 했다.

찬성 연합체: 보편적 서비스와 산업 발전 담론의 접목

논쟁 중반기에 접어들면서 스카이라이프를 중심으로 한 지상파 재송신 찬성 연합체 진영은 보편적 서비스 실현과 같은 초기의 공익 구현 담론들을 '신규매체 도입을 통한 방송산업 발전' 담론들과 접목시켜나갔다.[3] 이들은 "위성방송 도입 지연으로 공전하고 있던 무궁화 3호 위성의 활용, 컨텐츠 산업 육성, 수신기 등 방송 관련 장비업체의 경쟁력 확보를 통한 수출 증대, 고용 창출 등을 통해 수조 원대의 국민 경제적 파급효과를 기대할 수 있다"(김대호, 2001c; 한국디지털위성방송, 2001c)고 주장함으로써 방송산업 발전 담론을 수도권 지상파 재송신 허용의 주요 논거로 적극 활용했다. 이를 통해 지상파 재송신 정책 문제를 국가 전체의 방송산업 발전과 연관시킴으로써 담론 스타일 측면에서 국가발전에 기여하는 국책사업자라는 정체성을 설정하려 했다. 즉, 방송산업 발전 정책담론의 구축은 위성방송사업자의 개별 이익(경

---

3) 한국의 방송 정책 영역에서 방송산업 발전 담론은 1990년대 이후 지역민방, 케이블TV 등 신규 매체 도입을 추진하는 정책 당국이나 관련 사업자들이 도입의 필요성을 제시할 때 흔히 등장하던 담론이었다.

제적 이익)을 방송산업 전체의 보편적 이익(국가적 이익)과 연계시키는 전술을 통해 자신들의 정책담론을 정당화하려는 일종의 담론적 헤게모니 구축 전략이었다.

반대 연합체: 생존권과 문화 정체성을 접합한 지역주의 담론 구축

지역방송사들은 학계에 의해 생성된 지역주의 담론을 다시 생활세계의 언어들로 전유함으로써 재구조화했다. 다른 한편으로는 각 지역 거점의 시민단체, 지자체, 학계, 언론계 등의 연대를 이끌어냄으로써 지역 연고의 제반 시민단체들이 새로운 담론 생산자로 등장하기 시작했다. 담론적 차원에서 지역주의 담론의 재구조화 및 제반 시민단체들과의 연결을 이뤄낸 고리는 '지역문화 정체성 보호' 담론이었다.

지역방송사들의 핵심적 정책주장이었던 '지역방송 생존권 보호' 담론은 지역방송사들의 특수한 정책이익을 구체적으로 표현하는 담론이었다. 그러나 '생존'이라는 메타포는 보편적 서비스와 방송산업 발전과 같은 추상적이고 보편적 이익을 주장하는 스카이라이프의 정책담론에 비해 개별 사업자의 한정된 이익을 추구한다는 인상을 갖고 있었다. '지역방송 생존권 보호' 담론은 지역주의 이념의 또 다른 구성요소인 '지역문화 정체성 보호' 담론과 접합되어감으로써 그러한 인상을 탈각시켜나갔다. 지역방송 및 지역의 언론학자들은 위성방송의 수도권 지상파 재송신으로 인해 지역방송이 생존권을 확보하지 못하게 된다면, 지역 여론을 수렴하고 지역문화를 전파하는 지역방송 프로그램들이 제작될 수 없기 때문에 지역방송의 생존권 보장이 곧 지역문화의 계승 발전에 기여한다는 논리를 전개해나갔다(윤석년, 2001; 진주MBC,

〈표 4〉 찬반 논리의 확장: 산업발전 담론 접목 vs 생존권과 문화 정체성 접합의 지역주의 구축

	지상파 재송신 찬성 연합체 (스카이라이프/수도권 학계)	지상파 재송신 반대 연합체 (지역방송협의회/지역학계/지역시민단체)
담론 주체		
담론 주제	수도권 지상파의 전국 동시 재송신 찬성	수도권 지상파의 전국 동시 재송신 반대
담론 내용 (논리)	· 지상파 재송신은 방송산업 발전에 기여 · 콘텐츠산업 육성, 장비산업 육성, 고용 창출 등 국가 경제에 기여	· 지역문화 정체성 유지 주장 · 지역방송 생존권 보장 주장
전제된 가치	· 거시적 경제 논리의 우월성	· 지역주의의 절대성
언어적 특성 (장르/스타일)	· 정책건의서, 정책토론회 발제문 　－거시적 국가 정책 수행자의 추상적 언어 구사 · 특수자 이익을 국가적, 보편적 이익과 동일시하는 수사법 구사	· 정책토론회 발제문, 성명서 · 특수자 이익을 사회적, 보편적 이익과 동일시하는 수사법 구사

2001).

　지역문화 정체성 보호 담론과의 접합은 스카이라이프의 난시청 해소나 시청자 복지 담론의 기능과 유사하게 지역방송 구성원들의 특수한 경제적 이익(지역방송 보호)을 지역사회 전체의 사회문화적 이익(지역문화 정체성 보호)과 연계시키는 역할을 수행했다. 특히 이러한 지역문화 발전 담론은 지역사회에 기반을 둔 시청자단체, 시민단체, 지방자치 정부, 지역 언론학자들을 지상파 재송신 반대 연합체에 결합시키는 핵심적인 정책신념으로 작용했다. 2001년 10월부터 지역 거점의 제반 시민단체들의 연대 및 지지 성명들이 등장하기 시작했다. 이들 시민단체들은 지역방송을 '지역문화 정체성'의 담지자로 위치 짓고 지역방송

의 생존을 위해 위성방송의 지상파 재송신을 허용해서는 안 된다고 주장했다.

4) 정책연합체 간 담론 전투: 공격적 대항담론의 구축

위성방송의 지상파 재송신 정책결정을 둘러싼 담론 투쟁은 상대방의 정책담론에 내재하는 모순이나 약점, 문제점을 공격하거나 자신들의 관점에서 재구성하는 형태로 발전해나갔다. 상대방의 정책담론들을 공격하는 대항담론들이 항상 논리성과 합리성을 지닌 정책주장들로만 이뤄지는 것은 아니다. 때론 비논리적이고 비합리적인 주장들도 정책 논쟁에서 등장하게 되는데, 특히 자신들의 정책 논거가 마땅치 않거나 불리한 상황일 경우 합리적 논쟁을 방해하기 위한 의도로 자주 등장하기도 한다. 이처럼 정책 논의의 혼선을 가져오기 위한 비상식적 또는 무논리적인 정책주장들 역시 담론 투쟁의 일부분이라고 할 수 있다. 지역방송협의회가 출범하고 양대 정책연합체 간 담론 대결이 본격화되면서 담론의 내용 및 성격이 변하기 시작했다.

지역방송: 보편적 서비스 담론의 모순점 공격

스카이라이프가 구축한 지상파 재송신 정책담론의 핵심 주장 중 하나는 "지상파 방송의 난시청 해소라는 정책목표의 실현을 위해 위성방송의 수도권 지상파 재송신이 필수적"이라는 것이었다. 스카이라이프의 이러한 난시청 해소 필요성 주장에 대해 지역방송협의회는 "진정한 보편적 서비스 정신의 구현을 위해서는 유료방송인 스카이라이프에 의해서가 아니라 무료로 재송신되어야 하며" 이미 "케이블TV를 통해 지상파 난시청이 거의 모두 해소되었기 때문에 위성방송의 난시청 해소 효과는 미미하다"는 반론을 폈다. 한편 스카이라이프의 '보편적 시청권 보장' 주장에 대해서는 "상업방송인 스카이라이프가 무료인 지상파 방송을 끼워팔기 하려 한다"는 논리를 내세워 대응했다(지역방송협의회, 2001d).

방송 정책 이념으로서 보편적 서비스는 기술적으로 난시청을 제거하여 모든 사람들이 방송서비스에 접근할 수 있도록 하고(방송 신호 도달의 보편성), 누구나 적정한 비용에 서비스에 대한 접근이 가능하도록 하며(서비스 이용에서의 보편성), 서비스 내용 측면에서 방송 내용이 특정 계층의 취향만을 만족시키는 프로그램을 지양하고 방송에서 소외되는 계층이 없도록 다양한 프로그램을 전송해야 한다(서비스 내용 차원의 보편성)는 세 가지 차원의 의미를 담고 있다(윤석민, 2002; 2005). 서비스 이용 측면의 보편성이 적정한 비용의 지출을 배제하지 않는다는 측면에서 보면, '무료 지상파 방송을 상업적으로 이용한다'는 주장은 '보편적 서비스 제공의 전제는 무료이어야 한다'는 경쟁적 의견을 보편화된 일반 의미로 전제하고 있는 주장이었다.

위성방송: 지역방송 고사 위기론 공격

지역방송사들이 위성방송의 지상파 재송신을 금지시켜야 한다는 주장을 정당화시키기 위해 내세운 가장 핵심적인 논거는 "지역방송의 생존을 위한 최소한의 안전장치이던 방송권역을 파괴함으로써 지역방송을 고사시킬 것"이라는 것이었다. 당시 대부분의 정책 참여자들에게 있어 위성방송의 수도권 지상파 재송신이 지역방송의 경제적 측면에 타격을 줄 것이라는 생각이 지배적인 인식으로 자리 잡고 있었고, 스카이라이프는 이러한 인식을 뒤바꿀 담론이 필요했다. 스카이라이프는 위성방송의 재송신이 지역방송에 미치는 영향에 대한 경제학적 분석을 통해 그 영향력의 규모가 크지 않다고 주장함으로써 지역방송 고사 담론에 대한 대항담론을 구성해나갔다. 즉, 시청자들이 유료로 가입해야 하는 스카이라이프의 예상 가입자 수가 전체 시청가구에 비하면 매우 작은 규모이기 때문에 실제로 지역방송의 시청률과 광고에 미치는 영향력이 크지 않을 것이라는 논리였다(한국디지털위성방송, 2001c/ 2001h). 위성방송의 수도권 지상파 재송신이 지역방송의 경영에 미치는 영향력이 크지 않을 것이라는 주장은 일부 학자들에 의해서도 지지를 받았다(김대호, 2001c; 정용준, 2001).

이처럼 지역방송협의회의 지역방송 고사 담론에 대한 지상파 재송신 찬성연합체의 대항담론은 학문적 예측의 형태를 띠고 있었다. 스카이라이프의 대항담론이 학술담론의 형태를 띠게 된 것은 '지역방송 고사' 담론이 지역방송의 구조적 한계에 대한 학문적 분석을 모태로 하고 있던 것에 대한 대응이었다. 이러한 학문적 예측 성격의 대항담론은 그 예측의 타당성 여부와 상관없이 지상파 재송신 정책 논쟁 과정에서 두 가지 서로 다른 영향력을 가져왔다. 하나는 정책수사적 성격을 지닌 '지역방송 고사' 담론과 달리 정책 논쟁 과정에서 큰 주목이나 관심을 받지 못하는 결과를 가져왔다는 점이다. 이는 정책 참여자들 간 담론적 경합의 주 무대가 되는 정책토론회, 공청회 등의 토론 양상이 정책 논리적 대결보다는 정책수사적 공격을 우선시하는 경향이 있으며, 정

〈표 5〉 담론 전투: 보편적 서비스 담론의 모순점 공격 vs 지역방송 고사 위기론 공격

담론 주체	지상파 재송신 반대 연합체 (지역방송협의회/지역학계/지역시민단체)	지상파 재송신 찬성 연합체 (스카이라이프/수도권 학계)
담론 주제	수도권 지상파의 전국 동시 재송신 반대	수도권 지상파의 전국 동시 재송신 찬성
담론 내용 (논리)	· 케이블TV 통한 지상파 난시청 해소 주장 · 무료 지상파의 상업적 이용 반대	· 지역방송 경제적 피해 미미 주장
전제된 가치	· 무료 지상파 방송의 공익성	· 과학적 분석의 우월성
언어적 특성 (장르/스타일)	· 정책건의서, 성명서 · 공익적 방송사업자 정체성 구성	· 정책건의서, 정책토론회 발제문 · 전문적 용어 사용 및 학문적 예측

책 논쟁에 대한 언론 보도 역시 정책주장들에 대한 논리적 검증이나 합리적 판단보다는 정책수사적 대립 그 자체에 주목하는 경향이 강했기 때문이다. 그러나 다른 한편, 스카이라이프의 학문적 성격의 대항담론은 정책결정 과정에서 방송위원회의 정책결정 논리 제공 측면에서는 효력을 발휘했다. 2001년 11월, 방송위원회는 위성방송의 수도권 지상파 재송신을 유예기간을 두고 허용하는 정책결정을 내린 근거로 스카이라이프의 이러한 학문적 예측을 내세웠다.

방송위원회의 절충적 정책결정

방송위원회는 2001년 11월 19일, 방송채널정책 운용방안을 발표하고 "위성방송의 지상파 재송신을 수도권 지역에 한하여 우선적으로 허용하며, 2년 후에는 전국으로 확대한다"는 정책결정을 내렸다. 이처럼 위성방송의 지상파 재송신 정책에 관한 방송위원회의 최초 정책결정은

<표 6> 방송위원회의 절충적 정책결정

담론 주체	방송위원회
담론 주제	수도권 지상파의 전국 동시 재송신의 양가성
담론 내용 (논리)	· 위성방송사업의 조기 안착 필요성 인정 · 지역방송 보호의 필요성 인정
전제된 가치	· 정책 관할 기관의 중립 필요성
언어적 특성 (장르/스타일)	· 정책결정문 · 양시론적, 양비론적 거리두기 수사법 구사

형식상으로 수도권 지상파 재송신의 전면 허용을 주장하는 스카이라이프의 정책방안과 전면 금지를 주장하는 지역방송 측의 정책방안을 절충한 형태였다. 정책목표적 측면에서도 양 진영의 핵심적 주장들이던 보편적 서비스와 지역방송 보호 모두를 지상파 재송신 정책의 정책목표로 채택했다. 그러나 방송위원회의 정책결정은 비록 2년간의 유예기간이라는 단서조항을 달기는 했지만 수도권 지상파 방송의 전국 재송신을 허용한다는 점에서 사실상 스카이라이프의 정책방안과 논리를 채택한 것이었다. 따라서 방송위원회의 정책결정은 형식상으로는 보편적 서비스 담론과 지역주의 담론의 균형을, 내용상으로는 보편적 서비스 담론의 우위를 판정한 것이라고 볼 수 있었다.

3. 지상파 재송신 정책담론의 논리 실종과 정치적 변신

지역방송협의회는 방송위원회의 정책결정이 내려진 2001년 11월 19일, 비상대책위원회 체제로의 전환을 선언하고 방송위원회에서 무기한 전면 농성에 들어가는 한편, 11월 20일, 지역방송사별로 파업 찬반 투표를 시작하는 등 강력한 저항에 돌입했다. 지역방송협의회는 국회의 방송법 개정을 이끌어내고 방송위원회의 정책결정을 무효화할 수 있는 저항담론을 생성하기 시작했다. 지역방송협의회는 방송위원회의 정책결정을 지역에 대한 '차별' 정책이며 위성방송사업자에 대한 '특혜'의 제공이라고 규정하기 시작했다.

1) 비방, 인신공격적 언어, 추문 들추기 확산

방송위원회의 정책결정 이후 지역방송협의회의 담론은 지역방송의 생존권 보호나 지역문화 정체성 보호를 넘어 '지역 차별' 담론으로 확장되었다. 지역방송협의회의 지역 차별 담론은 기존 생존권 담론과 지역문화 정체성 담론이 전제하고 있던 '수도권과 지방'의 대립구도를 적대적 관계로 발전시켰다. '보호'가 사회적 약자에 대한 보살핌과 보존을 의미하는 반면, '차별'은 사회적 약자에 대한 부당한 대우나 배제를 나타낸다. 정책 영역에서 '보호'는 약소사업자에 대한 정책 당국의 정책적 배려를 필요로 하는 반면, '차별'은 정책 당국의 부당한 정책결정에 대한 철폐를 요구한다. 배려를 요구하는 담론은 합리적 논쟁의 틀에서 거주할 수 있지만, 철폐를 요구하는 담론은 합리적 논쟁의 규칙들을 벗어날 수밖에 없다. 논쟁의 규칙을 벗어나는 첫번째 방식은 감정적이고 공격적인 언어의 사용이다. 차별에 대한 주장들은 "세계에도 유례가 없는 지역말살 방송 정책"이나 "지역차별을 노골화하는 수도권 편향 정책"(지역방송협의회 비대위특보 제1호, 2001. 11. 19) 같은 감정적 언어들로 제시된다. 누군가에 대한 차별 대우는 다른 누군가에 대한 특혜를 의미한다. 지역방송협의회는 방송위원회의 정책결정이 독점 위성방송사업자에 대한 특혜이며, 그러한 특혜의 배후에는 지역방송 말살의 음모가 있다고 주장했다.

방송위원회의 정책결정에 대한 지역방송협의회 공격은 위성방송의 지상파 재송신 정책결정 과정이 정책논리 대결 국면에서 정치논리 대결 국면으로 전환되는 계기가 되었다. 이는 곧 재송신 정책담론 내용 및 형식의 변화를 의미하는 것이기도 했다. 방송위원회의 정책결정이 내려지기 전까지 정책담론 생성 및 투쟁은 주로 정책토론회나 정책건의서를 중심으로 한 공식적인 정책 논쟁 공간에서 발생했다. 반면 방송위원회의 정책결정 이후 지역방송협의회의 행동전략이 방송위원장 교체 투쟁, 국회의 방송법 개정 압력 등 강도 높은 물리적 투쟁으로 전환되자 정책담론 생산의 주된 공간은 성명서, 특보, 기자회견문 등과 같이 비공식적인 영역으로 이동했다. 공식적 정책 논쟁 공간이 정책행위자들에 대한 설득을 목표로 한다면, 이른바 여론전으로 표현되는 비공식적 정책 논쟁의 공간은 설득보다는 선명한 주장 그 자체에 초점이 맞춰진다. 따라서 정책담론의 언어적 특성 역시 논리적이고 설득적이기보다는 감성적이고 수사적인 성격으로 변하게 된다. 이러한 담론적

〈표 7〉 담론 타락: 비방, 인신공격적 언어, 추문 들추기

담론 주체	지상파 재송신 반대 연합체 (지역방송협의회/지역학계/지역시민단체)
담론 주제	수도권 지상파의 전국 동시 재송신 반대
담론 내용 (논리)	· 정책결정 기관에 대한 비방 및 인신공격
전제된 가치	· 지역주의 위반자의 부도덕성
언어적 특성 (장르/스타일)	· 성명서, 특보 등 감정적, 수사적 언어 사용 · 약자/피해자/운동가의 정체성 구성

내용 및 성격 변화는 지역시민단체들의 연대 및 지지 성명서 등에 의해서 강화되었다.

성명서는 정치적 투쟁의 대표적 장르이다. 공식적 토론 공간의 장르가 아니라 길거리의 장르이며 시위의 장르이다. 장르로서 성명서가 나타내는 사회적 관계는 강자와 약자, 가해자와 피해자의 관계이다. 성명서는 담론 생산의 주체를 약자/피해자/운동가로 위치 짓고, 청자를 가해자 또는 중립적 관찰자/해결자로 위치 짓는다. 위성방송의 지상파 재송신 정책 논쟁 과정에서 지역방송들은 자신들의 집합적 정체성을 가해자(위성방송, 방송위원회)에 의해 권리를 침해받는 약자/피해자로서 구성했다. 이러한 담론 전략은 다른 정책관할지의 온정주의적 정책 개입을 정당화시켰다. 즉 국회가 지역방송사들을 보호해야 할 대상으로 규정하는 데 정당성을 부여해준 것이다. 국회는 자기 지역구에서의 재선을 의식하여, 지역사회에서 가장 영향력 있는 매체인 지역방송사들의 주장을 전적으로 수용했다. 지역방송사들의 약자/피해자 정책담론은 국회가 자신들의 이해관계를 숨길 수 있는 담론적 피난처를 제공

해준 것이다.

2) 국회의 개입과 정책담론의 정치화

2001년 11월 19일 방송위원회의 정책결정 이후 지역방송협의회와 지역시민단체들을 중심으로 방송위원회에 대한 담론적 공격이 진행되는 동안, 국회 내에서는 지상파 재송신과 관련한 방송법 제76조의 개정 작업이 진행되고 있었다. 국회가 방송법 개정에 착수한 것은 2002년 6월의 지방자치선거와 12월의 대통령선거를 앞두고 지역사회 여론에 영향력을 행사하고 있는 지역방송사들의 방송법 개정 요구를 적극적으로 수용했기 때문이었다.

방송위원회와 더불어 방송 정책의 핵심 정책관할지라고 할 수 있는 국회의 경우, 위성방송의 지상파 재송신 논쟁 초기부터 방송법 개정을 전후한 시기에 이르기까지 '지역방송 보호 담론'이 가장 상식적으로 통용되던 제도적 공간이었다. 국회 문광위 의원들은 지상파 재송신 관련 방송법 개정 시기뿐만 아니라 방송위원회의 국정감사 및 예산심의 과정에서도 '지역방송 고사'를 주장하는 지역방송협의회의 담론을 상시적으로 인용함으로써 지역방송 생존 담론을 특권화하는 데 가장 큰 역할을 수행했다. 국회라는 제도적 공간 속에서 지역방송사들의 생존권 보호 담론이 특권적 지위를 확보할 수 있었던 것은 국회의원들의 지역구에 위치한 지역방송사들이 문광위 소속 국회의원들에게 큰 영향력을 행사했기 때문이었다.

2002년 1월 24일 개최된 국회 문광위 법안심사소위 제2차 회의는

<표 8> '지역방송 생존권 보호' 담론의 헤게모니 획득

담론 주체	국회
담론 주제	위성방송의 지상파 재송신 금지
담론 내용 (논리)	· 지상파 재송신으로 지역방송의 고사 인정 · 지역방송 보호 필요성 인정
전제된 가치	· 지역주의의 절대성
언어적 특성 (장르/스타일)	· 방송법 · 지역구민의 민원해결사, 이익 옹호자로서의 정체성 구성

'KBS 2TV 의무재송신을 제외'하고, 위성방송의 수도권 지상파 권역내 재송신 역시 방송위원회 승인을 받도록 함으로써 사실상 지상파 재송신을 금지시키는 방송법 개정안에 합의했다. 이로써 지상파 재송신 정책과 관련하여 '지역방송 생존권 보호'를 기반으로 하는 지역주의 담론이 헤게모니를 획득하게 되었다.

지역방송 생존권 보호 담론은 정책토론회, 방송위원회의 정책결정, 국회의 상임위 회의 등의 담론 공간들을 거치면서 위성방송의 지상파 재송신 정책 논쟁의 지배적 담론 질서로 구조화되어나갔다. 이러한 구조화의 결과 지역방송사들을 생존권 박탈자·피해자·약자로 파악하는 담론 스타일이 특권화되었고, 지역방송사들의 시위·점거농성 등의 물리적 집단행동들이 생존권 투쟁의 일환으로 정당화되었다. 또한 방송위원회, 국회 등의 정책관할지들이 지역방송에 대한 온정주의적 정책을 생산하는 데 기여했다.

4. 지상파 재송신 정책담론의 타협

위성방송의 지상파 재송신 정책을 두고 2001년 봄부터 시작됐던 양대 정책연합체들 간의 담론 투쟁은 한국의 방송 정책 영역에서 '지역방송 생존권 보호'라는 지역주의 담론의 구조화를 진행시킴으로써 지상파 재송신 정책의 지배적 담론 질서를 구축해나갔다. 이 과정에서 스카이라이프는 MBC, SBS의 지상파 재송신을 하지 못한 채 2002년 3월 개국을 맞이했다. MBC, SBS의 재송신 불가는 스카이라이프로 하여금 초기 가입자 모집에 어려움을 겪게 했고 기존 가입자들의 민원 및 해지율 상승으로 사업적 난관에 봉착하게 만들었다. 이런 가운데 방송위원장 교체라는 파동을 겪은 방송위원회는 위성방송의 지상파 재송신 문제에 대한 능동적인 정책 대응을 회피했고, 방송법 개정을 통해 위성방송의 지상파 재송신을 사실상 금지했던 국회 문광위 역시 2004년 4월로 예정된 국회의원 총선거를 앞두고 지상파 재송신 정책 문제에 관여하지 않으려는 의지가 뚜렷했다. 이로 인해 위성방송의 지상파 재송신 문제 해결을 위한 노력은 교착상태에 빠지게 되었다.

1) 위성방송과 지역방송의 협상 : '상생' 담론의 생성

위성방송의 지상파 재송신과 관련한 일련의 상황 전개는 지역방송협의회와의 타협 없이는 지상파 재송신 문제의 해결이 요원하다는 사실을 확인시켜주었다. 스카이라이프는 이전의 정책주장이었던 '수도권 지상파 방송의 전국 재송신'이나 '수도권 지상파 권역내 재송신'을 포기하고 지역방송을 포함한 전국의 모든 지상파 방송들을 동시에 권역내로 재송신하는 '권역별 지상파 동시 재송신' 방안을 제안함으로써 지역방송과의 타협을 이끌어내려고 시도했다.

스카이라이프가 지역방송협의회와 타협에 나서기 위해서는 기존의 적대적 관계를 청산할 필요성이 있었다. 스카이라이프는 '상생'의 담론을 생성하기 시작했다. 스카이라이프 노동조합은 2003년 1월 16일, 성명서를 통해 "지역 시청자들이 지역의 지상파 방송을 볼 수 있도록 하는 것이 진정한 시청자 주권의 보장"이며, 모든 지상파 방송들을 각각의 권역으로 재송신하는 방식이 "위성방송의 고사를 막고 지역방송의 생존과 발전을 도모하는 윈윈 방안"이라고 주장했다. 스카이라이프 사측 역시 2003년 4월, 지역방송협의회에 보낸 공문에서 "지방분권 시대에 지역방송의 역할 기대" "방송권역 준수 필요성 공감" "지역방송과 공생의 길 도모" "상호발전을 위한 협력 모델" 등을 주장하며 권역별 지상파 동시 재송신 정책방안을 제안하고 나섰다.

스카이라이프의 권역별 동시 재송신 정책방안이 방송위원회, 지상파

〈표 9〉 위성방송과 지역방송의 협상: '상생' 담론의 생성

담론 주체	위성방송(스카이라이프)/지역방송협의회
담론 주제	권역별 지상파 동시 재송신 찬성
담론 내용 (논리)	· 위성방송과 지역방송의 상생 방안
전제된 가치	· 이해관계 절충의 우월성
언어적 특성 (장르/스타일)	· 협정서, 보도자료 · 상생자/동반자/협력자의 정체성 구현

방송사, 학계 등의 우호적 반응을 이끌어내기 시작하자 지역방송협의회의 입장도 협상을 통해 실리를 확보하는 방향으로 선회하게 되었다. 스카이라이프와 지역방송협의회는 협상을 통해 지역방송 보호와 보편적 시청권 보호라는 정책목표를 결합시킨 새로운 정책담론으로서 권역별 재송신 정책담론을 구축해나갔다. 위성방송의 지상파 권역별 동시 재송신은 '시청자의 볼 권리 보장' '지역방송 보호 및 지역문화 발전' '위성방송의 안정적 성장'을 위한 지역방송과 스카이라이프의 상생이자 동반자적 협력 방안이라는 의미가 부여되었다.

2) 방송위원회의 정책 추인: 권역별 지상파 재송신 담론의 제도화

스카이라이프와 지역방송협의회 양대 이해관계자들이 협상을 통해 생성한 권역별 재송신 정책담론은 방송 정책 영역의 제반 정책 참여자들에게 빠른 속도로 수용됨으로써 지상파 재송신 정책담론으로서의 헤게모니적 위치를 구축해나갔다. 방송위원회는 2004년 7월 26일, 위성방송의 지상파 권역별 동시 재송신 정책방안을 담은 '방송 채널정책 운용방안'을 공식적으로 의결함으로써 권역별 동시 재송신 담론을 제도화했다.

위성방송의 지상파 권역별 동시 재송신 담론은 스카이라이프와 지역방송 간의 이해관계 절충을 통해 이루어진 것이었다. 지역방송협의회는 자신들의 방송권역 보호는 유지하면서 위성방송 시청자들의 지상파 시청권을 확보해주는 절충 방식으로 기존 지역방송 보호 담론의 재구조화를 달성했다. 2001년 11월 방송위원회의 최초 정책결정이 형식상

<표 10> 권역별 지상파 재송신 담론의 제도화

담론 주체	방송위원회
담론 주제	권역별 지상파 동시 재송신 방안 승인
담론 내용 (논리)	· 위성방송사업의 안정성 확보 필요 · 지역방송 방송권역 보호 필요
전제된 가치	· 정책 관할 기관의 중립 필요성
언어적 특성 (장르/스타일)	· 정책결정문 · 중립적 정책 관할 기관으로서의 정체성 구현

으로는 보편적 서비스(난시청 해소, 시청편의성) 담론과 지역주의(지역방송 보호) 담론의 균형을, 내용상으로는 보편적 서비스 담론의 우위를 판정한 것이었다면, 스카이라이프와 지역방송협의회 간의 권역별 지상파 동시 재송신 정책담론은 형식적으로는 보편적 서비스(보편적 시청권 보장) 담론과 지역주의(지역방송 보호) 담론의 균형을, 내용적으로는 지역주의 담론의 헤게모니적 지위를 유지한 것이었다.

5. 방송 정책결정 과정에서 정책담론의 역할

이 연구는 방송 정책결정 과정에서 발생하는 정책행위자들 간 상호작용을 분석함에 있어 정책행위자들의 정책 이해관계와 정책담론을 다면적이고 총체적으로 분석할 필요성이 있다는 문제의식에서 출발하여 페어클로의 비판적 담론 분석 모델이 그러한 분석에 기여할 수 있는 지점들을 찾고자 했다. 분석 결과 페어클로의 텍스트(담론/장르/스타

일) 및 담론적 실천 분석틀은 그동안 정책결정 과정 이론들에서 큰 주
목을 받지 못하던 정책담론적 상호작용의 구체적이고 역동적인 과정을
드러낼 수 있는 강점을 지니고 있음을 확인했다. 위성방송의 지상파
재송신 정책 사례 분석을 통해 드러난 한국 방송 정책결정 과정에서의
정책담론의 역할 및 특성은 크게 세 가지로 요약될 수 있다.

첫째, 위성방송의 지상파 재송신 정책결정 과정에서 각 정책행위자
들의 정책담론은 정책연합체의 형성 시기에 있어 특정한 이해관계의
결합을 정당화하는 역할을 수행했다. 위성방송 재송신을 통해 수도권
지상파의 영향력을 확대하려는 MBC와 SBS의 이해관계와 수도권 지상
파 재송신을 통해 초기 시장 진입의 수월성을 확보하려는 스카이라이
프의 이해관계 결합은 지상파 재송신 찬성 연합체의 태동을 낳았다.
스카이라이프는 이러한 연대체의 형성을 난시청 해소, 시청자 복지,
위성방송 조기 정착 등과 같은 '공익성 구현'의 담론을 통해 정당화시키
려 했다. 한편 수도권 지상파의 재송신으로 지역방송 시장에서의 독점
적 지위를 유지하기 어렵게 된 지역방송사들은 지역방송협의회라는 연
대체를 구성하고 '지역방송 생존권 위기' 담론을 통해 이를 정당화하고
자 했다.

둘째, 위성방송의 지상파 재송신 정책담론은 각 정책연합체의 확장
및 변동에도 중요한 역할을 수행했다. 위성방송의 지상파 재송신을 지
지하는 학자들은 세계화 시대 방송권역의 무의미성, 외국의 정책결정
사례를 근거로 재송신 찬성 담론을 확장시키면서 재송신 찬성 연합체
에 합류했다. 재송신 반대 연합체에 결합한 지역학계의 경우, 위기를
주장하는 지역방송사들의 담론을 '지역방송 생존권 보호'라는 학문적

담론으로 정교화시켰다. 한편 지상파 재송신 반대 연합체의 '지역방송 생존권 보호' 담론과 '지역문화 정체성 보호' 담론의 접합은 지역사회에 기반을 둔 제반 시민단체들이 재송신 반대 연합체에 결합하는 데 중요한 요인이 되었다. 정책행위자들의 정책담론 변화는 정책연합체 구성원의 변동도 유발했다. 스카이라이프는 '시청자들의 보편적 시청권'과 '지역방송 생존권 보호'를 결합시킨 상생의 담론을 생성함으로써 적대관계에 있던 지역방송협의회 측을 지상파 재송신 정책연합체로 끌어들였다.

셋째, 위성방송의 지상파 재송신 정책결정 과정에서 각각의 정책연합체들은 정책관할지들을 상대로 다양한 행동전략을 구사했는데 이 과정에서 정책담론이 핵심적 역할을 수행했다. 이러한 담론 투쟁의 양상은 논쟁의 시기에 따라 다르게 나타났다. 방송위원회의 정책결정을 둘러싼 논쟁 초기의 구도에서는 정책연합체 간 담론 경쟁이 방송위원회의 정책결정 논거를 제시하는 합리적 정책토론의 외양을 띠고 전개되었다. 그러나 방송위원회의 정책결정이 내려진 이후 지상파 재송신 정책 논쟁 및 갈등이 사회 전 영역으로 확산되면서부터는 각 정책연합체들의 담론 투쟁이 상대방에 대한 비방과 공격으로 전환되었고 논리적 근거 대결보다는 감정적 주장을 우선시하는 상징 투쟁의 양상으로 변모했다. 이는 방송 정책결정 과정에서 정책담론 대결을 통한 합리적 논쟁이 정책 영역의 안정기에는 어느 정도 유지될 수 있지만, 갈등과 대립이 첨예화되는 시기에는 담론 내용의 타락이 발생함으로써 정책담론이 다분히 형식적인 기능에 머무른다는 점을 보여준다.

방송 정책결정 과정을 단일한 특정 분석 모델만을 가지고 총체적이고 완결적으로 드러내기는 불가능한 일일 것이다. 비판적 담론 분석 모델을 차용한 이 연구 역시 그러한 점에서 한계를 지니고 있으며, 향후 정책결정 과정과 관련한 다양한 이론적 모델들과의 연관성 속에서 수정·보완되어야 할 것이다.

　'비판적 담론 분석' 연구는 담론을 사회적 실천의 한 형태로 파악하는 담론 연구의 한 갈래로서, 불평등한 권력관계들을 구성하고 유지하는 역할을 수행하는 담론적 활동들에 초점을 두는 연구이다. 대표적 연구자인 페어클로는 '비판적 담론 분석'을 사회적 사건들이나 텍스트들, 담론적 실천들, 더 광범위한 사회적 구조·관계·과정 간의 인과관계를 체계적으로 분석하는 담론 분석 방법으로 정의한다.

　페어클로의 담론 분석 모델은 사회적 실천들과 텍스트들의 속성을 연결하는 통합적 분석을 시도한다는 특징을 지니고 있다. 그는 담론 분석을 세 가지의 층위로 나눠 설명한다. '텍스트' 자체의 분석, 텍스트를 생산·분배·소비하는 '담론적 실천discourse practice'에 대한 분석, 담론적 실천들과 텍스트들을 틀 짓는 '사회적 실천sociocultural practice'의 분석이 그것이다. 특히 여기서 가장 중요시되는 것이 '텍스트'와 '사회적 실천'을 매개하는 '담론적 실천'들로서 이러한 담론적 실천을 사회적 실천의 한 요소, 다시 말하면 사회적 실천의 언어적 측면으로 파악하고 있는 것이 그의 모델의 특징이다(Fairclough, 1995).

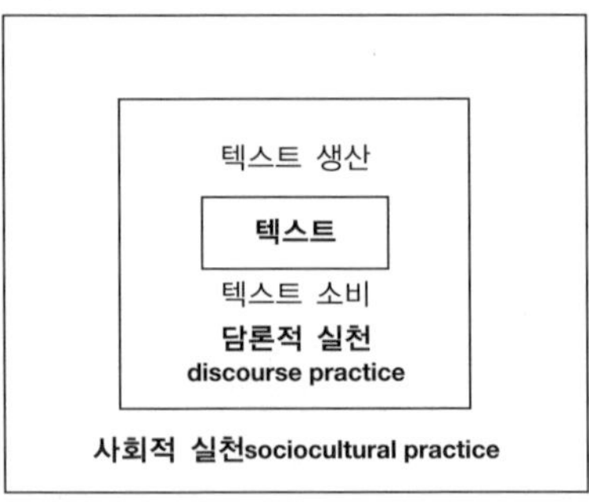

텍스트 분석: 담론, 장르, 스타일

페어클로는 '텍스트'가 기본적으로 재현representations, 관계relations, 정체성identities 등 세 가지 기능을 수행한다고 설명한다(Fairclough, 1995). 언어 사용으로서의 텍스트는 지식 및 신념의 체계, 사회적 관계, 사회적 정체성을 구성한다는 것이다. 이러한 세 가지 기능은 담론Discourse 차원에서 각각 담론들discourses, 장르들genres, 스타일들styles의 형태로 나타난다.

'담론들'은 세상의 동일한 영역을 서로 다른 시각이나 입장에서 재현한 것을 말한다. 예를 들어 신자유주의 정치 담론, 대처리즘 정치 담론과 같이 특정 담론들을 명명할 때 사용된다(Fairclough, 2003).

'장르들'은 '상대적으로 안정화된 관습의 집합'으로서 사회적으로 인준된 행동의 유형들(인터뷰, 비형식적 잡담, 가게에서 상품 구입하기, 면접 등)을 말한다(Fairclough, 1992). 이러한 장르들은 사회적 실천들이 담론적으로 상호작용하는 방식들이다. 페어클로는 '장르 연쇄genres chains'와 '필터링 효과'의 개념을 통해 담론적 변동 과정을 살펴볼 수 있다고 주장한다. 장르 연쇄란 규칙적으로 연결되는 서로 다른 장르들을 말하는데, 페어클로는 한 장르에서 다른 장르로 이동하는 과정에서 담론의 체계적인 변형이 발생한다고 설명한다. 예를 들어 특정 정책문제와 관련한 정부의 공식문서는 관련 보도자료, 기자회견, 신문이나 TV에서의 보도 등의 장르들로 연결되면서 확산되어나간다. 이러한 장르 연쇄의 과정에서 최초 장르인 정부 공식문서에 담겨 있던 특정 담론의 의미들이 재생산됨으로써 그 의미를 공고히 하는 효과를 발생시키거나, 또는 다른 새로운 의미들이 부여되면서 변화가 발생할 수도 있게 된다. 이러한 변화는 '필터링 효과'를 통해 이뤄지는데 필터링 효과란 한 장르에서 유래된 담론들이 다른 장르들로 이동하면서 특정 담론들을 선택하고 특권화하고 배제하는 것을 말한다. 이러한 필터링 효과를 통해 장르 연쇄가 일종의 규제 장치로서 작동할 수 있게 된다. 따라서 정책결정 과정에서 특정 담론들의 변화 과정을 살펴보기 위해서는 이러한 장르들의 연쇄를 파악하는 것이 필요하다.

'스타일들'은 인간 정체성의 담론적 측면을 말한다(Fairclough, 2003). 달리 말하면 스타일들은 행위자들의 특정 존재 방식, 즉 특정한 사회적, 개인적 정체성들을 구성하는 육체적 행동을 일컫는다. 특정 유형의 스타일은 자신을 규정하는 자원으로서의 언어 사용방식에도 영향을 끼친다고 볼 수 있다. 따라서 스타일을 분석하는 것은 어떻게 사람들이 자신들을 정체성을 구성하고, 다른 사람들에 의해 그러한 정체성이 확인되는가를 파악하는 것이다.

담론적 실천 분석: 담론 질서orders of discourse

페어클로의 두번째 담론 분석 층위인 담론적 실천discourse practice 분석은 사람들이 어떻게 텍스트를 생산하고 소비(해석)하는가에 대한 분석이다. 페어클로는 사람들이 텍스트를 생산하고 소비(해석)하는 과정에서, 그들에게 문화적으로 활용 가능한 다른 텍스트들과 다른 텍스트 유형들을 끌어들이는 방식에 초점을 둔다. 그는 이러한 담론적 실천 과정을 설명하기 위해 중요한 두 가지 개념을 제시한다. 하나는 텍스트 생산 및 소비를 위한 문화적 자원들을 지칭하는 용어로 푸코로부터 차용하여 변용시킨 '담론 질서'라는 개념이며 다른 하나는 크리스테바로부터 차용한 '상호텍스트성(상호담론성)'이라는 개념이다.

담론 질서란 특정 장field 내에서 통용되는 담론의 규칙과 관행을 의미한다. 페어클로는 특히 '특정 시기에 담론을 구성하는 담론들·장르들·스타일들의 구조적 배치', 즉 담론을 규정하고 범위를 설정하는 체계라는 관점에서 이를 파악한다. 페어클로는 '담론 질서'를 언어적 변용이나 차이를 사회적으로 구조화social structuring하는 것으로 본다. 언어에는 항상 수많은 서로 다른 가능성들이 존재하지만, 그것들 속에서 특정 형태를 선택하는 방식이 사회적으로 구조화된다고 보는 것이다. 하나의 담론 질서는 특정 사회 영역과 관련된 장르들과 담론들의 구조화된 배치이다. 예를 들면, 학교라는 공간에서 구축되는 담론 질서는 그것을 구성하는 다양한 담론적 실천들(교실에서의 대화 및 글쓰기, 놀이터에서의 대화, 교무실에서의 대화, 교무실에서 생산된 문서 등) 속에서 확인할 수 있는 것이다(Fairclough, 1998).

한편, 페어클로는 상호텍스트성 개념을 통해 특정 시기 담론 질서가 구축되거나 또는 변동이 이루어지는 방식을 설명하고자 한다(Fairclough, 2003). 상호텍스트성은 원래 '텍스트가 다른 텍스트에 준거하는 경향과 다른 텍스트에 대한 준거에 의해 구성되는 경향을 지칭한다. 페어클로는 상호텍스트성을 '명시적manifest 상호텍스트성'과 '구성적constitutive 상호텍스트성'이라는 두 가지 유형으로 분류한다. '명시적 상호텍스트성'이란 다른 텍스트들이 현재 텍스트 내에 명시적으로 존재하는 것이다. 가장 대표적인 방식은 다른 텍스트들을 인용하는 것이다. '구성적 상호텍스트성'은 텍스트를 생산하는 담론 관습들(장르들, 담론들, 스타일들, 행위 유형)의 배치이다. 페어클로는 이를 상호담론성interdiscursivity으로 명명한다.

상호담론성은 하나의 담론이 그 생산 과정에서 어떤 다른 담론들을 끌어왔는가를 분석하기 위한 개념이다. 예를 들어 전통적인 학교 교육 담론은 선생과 학생 간의 관계를 스승과 제자 간의 유대로 설정하고, 가르치고 배우는 인격적 관계와 공익적 교육 개념에 기반하고 있는 반면에, 최근 들어서는 교육의 공급자와 수요자라는 용어를 사용하면서 시장 담론을 차용해왔고 그로 인해 공익적 측면보다는 상업적 측면에서 교육을 바라보는 관점이 태동했다고 볼 수 있다. 이는 공익적인 교육 담론이 시장 담론을 접합함으로써 새로운 담론 질서가 구축된 것으로서 이때 교육 담론과 시장 담론은 상호담론적 관계에 있는 것이다. 이처럼 상호담론성 분석은 특정 담론들이 상호텍스트적으로 생성되고 확산되고 접합되는 과정을 밝혀줌으로써, 역사적으로 어떤 담론 질서가 수립되고 어떻게 변화했는지를 파악할 수 있게 해준다.

한편, 페어클로는 담론적 실천을 담론 질서를 둘러싼 헤게모니 투쟁의 관점에서 파악함으로써 특정 시기 담론 질서의 접합 및 재접합을 헤게모니 투쟁의 한 부분으로 간주한다. 헤게모니 이론에 근거하게 되면, 특정 헤게모니 상태 및 헤게모니 투쟁 상황에서 상호텍스트적 과정의 가능성 및 한계를 가늠하는 것이 가능해진다. 또한 기존 담론 질서에 대한 대항 및 재구조화의 과정들을 담론 차원에서의 헤게모니 투쟁 과정으로 개념화할 수 있게 됨으로써 역사적 변화를 조망할 수 있다.

얇은 언어의 세계

디지털 시대의 담론 변동

케이팝 아이돌의 성인 팬덤과 정체성 문제
: 담론심리학 접근 방법

김 수 아

한국문화사회학회 정기학술대회에 한 20대 여학생이 쓴 논문의 토론자로 참여하게 된 적이 있다. 그 여학생의 논문 주제는 다음과 같았다. 왜, 20대(사회주의) 페미니스트인 내가 '소녀시대'를 좋아하고 있을까?

토론을 준비하면서 여러 가지 생각을 했다. 나의 경우, 내가 박재범의 팬이라고 밝히고 다니지도 않았고 사실 조금은 부끄러워하기도 했다. 그러니까 이건 연구실 책장 맨 아래, 서울대학교 마크가 찍힌 각대봉투 안에 마치 남이 보기에는 연구 자료처럼 들어 있는 『보그걸 *Vogue Girl*』 잡지 사진과도 같은 것이다. 나는 질문을 그 학생처럼 던졌어야 하는 것일까. 그러니까 왜 30대 후반 페미니스트인 내가 박재범을 좋아하고 있을까 하고.

나는 아직 잘 모르겠다. 왜 내가 박재범 팬덤에 자발적으로 소속감을 갖게 되었는지. 다만 이 글은 팬덤이 이렇게 개인의 다양한 사회적 정체성에 대해 질문을 제기하게 만든다는, 그리고 그 정체성을 안전하게 구축하기 위해서 개인들은 다양한 담론적 자원을 동원해야 한다는 것을 보여주는 사례 연구일 뿐이다. 소녀시대를 좋아하는 남성, 2PM과 샤이니를 좋아하는 여성이라는 다소 이성애적 전제를 갖는 이분법적인 구성이긴 하지만, 팬덤이라 불리는 사람들의 딜레마와 전략을 몰래 훔쳐보는 것은, 이 글을 읽는 이에게도 충분히 흥미로울 것이다.

1. 팬덤은 문화 정체성과 어떻게 관련되는가

팬덤에 대한 기존 인식은 그것을 문화산업에 의해 동원되는 가련한 존재들로 간주하는 등 부정적인 성격이 강하다(김창남, 1998). 팬덤 연구의 대표자라고 할 수 있는 젠킨스에 따르면, 수용자로서 팬을 간주한 초기 문화 연구자들의 경우에도 팬덤에서 능동적 수용자로서의 가능성을 발견하면서도 동시에 정치성의 부족에 대해서 지적하는 모습을 보여왔다. 하지만 젠킨스로부터 출발한 2세대 팬덤 연구자들은 저항/동조, 능동/수동의 축에서 팬덤을 구조화했고 '형편없는 팬'이 아닌 저항과 정치적 가능성을 지닌 집단으로서의 팬덤을 묘사하고자 했다 (Jenkins, 2006/2008).

이러한 노력들은 한국의 문화 연구에서도 마찬가지여서, 주체적 하위문화의 실천적 행위로서 팬덤을 묘사하면서 문화적 저항의 가능성을 발견하려는 연구들이 주를 이루었다(김현정·원용진, 2002; 이동연,

2001). 또한 여성 하위문화로서 팬픽과 여성 팬덤을 연구한 연구자들은 이를 통해 가부장적 지배 문화하에서 여성의 쾌락과 정치성을 발견할 수 있다고 주장했다(김훈순·김민정, 2004).

그런데 팬덤 연구의 경향에서 중요한 두 가지 전제를 발견할 수 있다. 먼저 첫째는 팬-여성과 스타-남성이라는 이분화된 구도 아래에서 대중문화산업이 움직여왔기에, 팬덤은 젠더화의 문제였다는 점이다(Macrobbie & Garber, 1997). 즉 팬덤은 주로 소녀들이 구성하는 것으로서, 수동적인 여성들은 남성들이 만들어낸 텍스트에 대해서 열광하면서 조용히 팬으로 남는다. 남성들이 팬의 영역에서 논의되는 것은 오로지 스포츠 팬덤의 경우에 제한되었다. 하지만 이러한 스포츠 팬덤의 연구에 대해서도 특정한 남성 정체성과 팬덤의 관계를 다루었다기보다는, 젠더 문제와는 관련 없이 스포츠 팬덤의 문화적 함의나 정치적 가능성에 대한 일반 팬덤 연구의 틀을 따라 진행되었다고 볼 수 있다(예를 들어 김숙자·이보나, 2003; 이강우, 2008). 통상 젠더 문제는 남성과 관련지어 등장하지 않는다는 특성이 그대로 반영된 것이다.

한편, 영화, 드라마, 이종격투기 등 장르적 하위문화와 달리 아이돌 스타 팬덤의 경우는 젠더와 더불어 연령대의 문제가 다루어진다는 점을 주목해야 한다. 아이돌 스타 팬덤에 대한 기존 연구는 주로 이들이 10대라는 점과, 10대의 일상과 10대의 정체성을 팬덤과 연결지어 설명하는 시도를 해왔다(예를 들어 김훈순·김민정, 2004; 정재민, 2009). 10대 혹은 청소년이라는 키워드는 사실상 팬덤을 학술적으로 구성하는 가장 주요한 단어였으며, 불안과 미성숙이 이들 팬덤을 특징짓는 단어처럼 여겨지기도 했다.

이러한 점에서 최근 저널리즘의 주목을 받고 있는 성인 팬덤에 대한 학술적 관심이 필요한 상황이다. 성인 남성 팬덤은 팬덤이라는 하위 문화의 특성상 굉장히 특수한 현상이다(이소현, 2009). 젠더화되어 있는 아이돌 팬덤 문화 내에서 통상 남성 아이돌 스타를 위한 소녀 팬덤이 전형적인 팬덤으로 인식되어왔던 편이기 때문이다. 또한 성인 여성 팬덤 역시 특수한 현상이다. 소녀들의 오빠에 대한 숭배라는 연령과 젠더가 교차되는 공식이 해체되는 순간이기 때문이다. 연령대에 따른 상하 관계가 무너지면서 팬덤과 스타 간 관계가 변화하는 특성은 팬덤 연구자들에 의해 지적되어온, 2000년대 후반의 한국 아이돌 팬덤 문화의 주요한 분석 지점이다(예를 들어, 정민우·이나영, 2009).

따라서 이 글에서는 이처럼 새롭게 한국 대중문화 영역에 등장한 아이돌 스타의 성인 팬덤들이 스스로의 정체성을 어떻게 구성하면서 사회적으로 자신들의 위치를 협상하고 있는지에 대해서 담론심리학의 개념들을 빌려 제시해보고자 한다.

2. 성인 남성 팬덤은 어떻게 팬 활동을 하는가

성인 남성 팬덤의 담론적 실천을 분석하기 위한 방법으로, 비공개 성인 남성 온라인 카페가 아닌 공개 게시판을 선택한 것은 부분적으로는 자료 접근의 용이성 때문이다. M사이트는 야구라는 남성적 스포츠를 중심으로 하는 대표적 남성 사이트로, 다양한 사회문화적 이슈들이 논의되는 게시판이다. 성인 남성 팬덤 관련 논쟁이 가장 활발했던

2007~2008년을 기준으로 본다면 회원 접속횟수 하루 평균 2만 건, 자유게시판 하루 평균 게시물 4백여 개에 달하는, 비교적 규모가 큰 사이트이다. 이 글에서는 해당 사이트에서 소녀시대, 원더걸스, 카라 등 주요 소녀 아이돌 그룹을 키워드로 검색한 글들이 주요 분석 대상이 되었다.[1]

1) 성인 남성 팬덤이란 무엇인가

2007년 이후 등장한 소녀 아이돌 그룹들은 '성인 남성'이라는 새로운 팬층을 형성시켰다. 남성 팬 자체가 흔하지 않았던 아이돌 팬 그룹 시장에 성인 남성 팬은 더더욱 신기한 현상으로 여겨졌을 것이다. 더군다나 이들은 기존 10대 여성 중심의 아이돌 팬 그룹의 문법에 익숙하지 않은 새로운 팬층이기도 했다. 따라서 기존 팬덤도 저널리즘도 이들 새로운 팬층을 어떻게 명명하고 설명할 것인지에 대한 개념이 필요했으며, 새롭게 팬이 된 이들도 자신들을 어떻게 정당화하고 '팬 됨'의 즐거움을 누릴 것인지에 대한 정체성 구성 과정을 경험하게 되었다.

이때 젠더와 섹슈얼리티, 그리고 미성년자의 성에 대한 사회적 금기 담론들이 흥미롭게 결합하기 시작한다. 인터넷을 사용하는 남성들 간의 취미 공유와 잡다한 신변잡기 나눔의 역할을 하는 소위 남성 커뮤니티들에서 이들 소녀 아이돌 그룹은 중요한 이야깃거리가 되었는데,

---

[1] 해당 사이트에 성인 남성이 정말로 지배적인 구성원인가에 대해서는 명백한 자료가 존재하지 않는다. 회원 데이터베이스에서는 남성이 90퍼센트 이상이라고 운영진이 공개적으로 밝힌 적이 있으나 온라인상에서의 성별 가장은 어렵지 않다. 대체로 분석에 동원된 자료들은 성인 남성이라고 본인을 확인한 경우로 제한했다.

초기 소녀 아이돌 그룹에 대한 반응에서 흥미로운 점은 이들이 미성년 자라는 점에서 오는 남성 팬들의 내적인 갈등이었다. 다음의 글은 공개된 남성 커뮤니티 게시판의 글로, 초기 소녀 그룹에 대한 반응 중 주요한 한 경향을 잘 드러내준다.

원더걸스 여자애가 중3이라는게 사실인가요?[2]

글번호 : 465 | 작성일 : 2007-05-23 | 작성자 : **

원더걸스에서 맨날 핫팬츠 입고 오는데 보고 오~~죽이는데...이런 생각했었 는데
그 애가 중3이라는 얘기를 들으니 마치 죄를 지은거 같네요..

[reply]
— 미친사회죠. 중3을...
— 저두 원더걸즈나이를 보고....더이상 좋아할수가없었습니다.....ㅡ,.ㅡ
— 전 좋은데요.. 너무 성적으로 바라보지 말고 귀여운 여중고딩들이 즐겁게 노 래 부른다고 생각하세요... ㅋㅋ
— - 그렇게 생각하는 사람이 과연 몇명이나 될까여....-.-;
— 중3 짜리....가 3명이랍니다...나머지 2명은 19살인가 그렇고....
— 진짜....대학축제때....남자 대학생들이 중학생에게 열광하는 거 보고....이 건 좀 아니다 싶기도 하고.....참...-.-;

위 게시글의 핵심적 논의 대상은 미성년자인 소녀 그룹의 성적 소구 이미지였다. 따라서 '남자 대학생 대 중학생'이라는 일종의 대립항, 즉 성인(팬) 대 미성년자(스타)라는 구도가 일종의 불편함을 야기한 것이

---

2) 게시글은 원문 상태에서 가감하지 않았다. M사이트는 공개된 비실명 게시판이지만 익명성 존중을 위해 게시자와 답글 작성자의 이름은 명기하지 않았다.

다. 이처럼 요정 같은 소녀들이 아닌, 성적인 매력을 암시하는 소녀들을 소비하는 데 있어서 사회적 담론은 직접적으로 롤리타 콤플렉스에 대한 논쟁으로 이어지게 된다.

조카뻘인 여자애들을 좋아하는 감정이 과연 정당한 것인가에 대한 논쟁이 본격적으로 사회적 담론의 영역으로 들어오게 된 계기는 문화 블로거로 알려진 이규영과 대중문화평론가 강명석 간의 설전에 의한 것이라고 할 수 있다.[3] 먼저 강명석은 그의 문화평론 커뮤니티 '트리플 크라운'에 "다시 만난 소녀들의 Wonder Years―원더걸스 & 소녀시대"라는 제목의 문화평론을 게재했다. 이 평론이 논쟁의 대상이 된 것은 직접적으로 원더걸스나 소녀시대의 "소녀들"을 보고 성애적인 무언가를 느낀다면 "변태"라고 말했기 때문이다. 이와 같은 주장은 당시 인터넷 게시판들을 중심으로 제기되던 '소녀들'을 좋아하는 새로운 팬층, 즉 성인 남성들에 대해 비판적이거나 혹은 쓸데없는 일을 하는 사람들이라고 무시하는 시선에 대한 반론이었다.

앞서 논의된 바와 같이 전통적으로 팬덤에 대한 담론은 그것이 저급한 취향이라는 것이었는데, 특히 여성의 취향 혹은 하층계급의 취향이라는 이유에서 비난을 받아왔다. 새로운 성인 남성 팬들은 이들의 연령대가 20대 후반에서 30대, 혹은 40대에까지 이르는 나이라는 점에서 더욱 비판 혹은 멸시의 대상이 되었다. 그렇기 때문에 이 글에서 강명석은 굉장히 강한 어조로 귀여운 소녀들을 강조하고, 이들의 이미지

---

3) 강명석의 글(2007. 10. 31)이 공개되고 나서 원더걸스 및 소녀시대 등 소녀 그룹의 팬들은 이 글을 각종 공개 게시판으로 옮겼다('펌' 행위). 이에 대한 반론으로 이규영이 같은 날 반론글을 자신의 블로그에 게시하자 이 역시 '펌'을 통해 공개 게시판으로 퍼져나갔다(http://home.freechal.com/triplecrown).

는 성애적 대상이 아니라 국민 여동생이라는 점을 부각시킨다. 소녀 그룹이라는 담론의 대상은 성애적 대상이 아닌 "여동생" 혹은 "후배들"이라는 명칭으로 호명되어, 추상적 대상이 아닌 이들 그룹의 팬들과의 가족 혹은 선후배 등의 관계 속에서 정의되었다. 팬덤은 "성인 남성"이었고, 미디어에 등장하는 스타 그룹은 "소녀들"이었으나, 이 관계는 성인 대 미성년자라는 이분법적 구도 속에서 가능한 성애적 혹은 불순한 코드로 해석되어서는 안 된다는 주장이, 일종의 문화평론가라는 전문가의 권위적 발화로서 담론을 구성하게 된 것은 현재의 소녀 그룹 팬 담론을 시작하는 데 굉장히 중요한 지점이었다고 하겠다.

하지만 이에 대한 반론 역시 강력하게 제기되었다. 문화 블로거 이규영은 강명석의 주장에 반박하면서 "원더걸스와 소녀시대를 좋아하는 남성은 롤리타 콤플렉스에 따른 것일 뿐이다"라고 정리한다. 이규영의 글은 공격적으로 강명석에 대해 비판하고 있으며 소녀 그룹의 성인 남성 팬덤을 옹호하는 문화평론가들의 권력에 대해서도 비판하고 있다. 이 두 사람 간의 인터넷 논쟁은 곧 공개된 각종 게시판으로 퍼져 소위 네티즌 간의 다양한 논쟁을 불러일으키게 되었다. 이 글의 분석 대상인 M사이트는 물론, 대부분의 공개 커뮤니티는 강명석과 이규영 간의 논쟁이 시작된 2007년 10월 31일을 전후로 격렬한 플레이밍[4]에 휘말리게 되었다.

이와 같은 논쟁 과정들은 성인 남성 팬덤이라는 정체성의 구성 과정

---

4) 통상 인터넷상에서의 논쟁 격화 현상을 의미한다. 적대적 공격 행위, 언어적 공격, 반사회적 상호작용, 모욕, 사회적 공격, 감정의 분출, 적대적으로 감정과 기분을 표출하는 것 등으로 다양하게 정의되고 있다(O'Sullivan & Flanagin, 2003).

에서 이데올로기적 딜레마 상황이 발생한 것으로 설명할 수 있다. 한
국 사회에서 성인 남성이라는 위치와, 미성년자에 대한 성애의 금지라
는 강력한 금기 사이에서, 미성년자의 팬이라는 것은 무엇을 의미하는
가에 대한 고민이 성인 남성 팬덤에게는 제기될 수밖에 없었고, 전통
적 성 담론과 개인의 욕망 사이에서 이를 조화롭게 혹은 사회적으로
문제 없이 해결할 수 있는 방법이 무엇인지를 찾아야 하는 과제가 성
인 남성 팬덤에게 부여된 상황이었던 것이다. 이 논쟁은 이 과제를 가
시적으로 온라인 상황에 드러낸 계기가 되었다.

2) 성인 남성 팬덤이 처한 이데올로기적 딜레마

이 논쟁의 핵심은 결국 이 성인 팬덤이 정상인가, 정상이 아닌가였
다. 이 과정에서, 이미 다양한 방식으로 소녀 그룹의 팬임을 자처하던
성인 남성 팬들은 모욕감을 느끼거나 정체성의 위기를 느꼈고, 자신들
을 옹호하기 위해 적극적으로 논쟁에 뛰어들었다. 공개된 게시판 내에
서 이미 자신을 드러내고 활발하게 활동하던 사람들을 비정상으로 모
는 공격적 발언들은 전문가들에 의해 이것이 정상적이라는 옹호 담론
이 이미 존재하는 상황이었기에 쉽게 반격의 대상이 될 수 있다.

위위 글처럼 너희들이 우리를 비정상이라고 규정하지만 사실은 그렇
지 않다는 격렬한 항변의 글은 이에 따르는 다양한 논쟁과 댓글을 이
끌어내어 온라인 커뮤니티 담론을 구성하는 데 중요한 역할을 했다.
성인 남성 팬들은 대체로 이규영이 정의하는 바의 "변태 혹은 롤리타
콤플렉스"라는 정의에 극렬하게 저항했다. 따라서 이 논쟁은 자신들을
부정적으로 보는 외부적 시선에 대해서 소녀 그룹을 좋아하게 된 성인
남성 팬덤의 정체성을 찾는 투쟁으로 규정할 수 있을 것이며, 성인 팬
덤이 봉착한 이데올로기적 딜레마를 해결하려고 하는 노력으로 해석할
수 있을 것이다.

플레이밍 양상에 따라 결국 성인 남성 팬덤을 비난하는 담론 참여자
들은 공개 게시판에서 더 이상 관련된 논쟁을 진행하는 것을 포기하는
모습도 보였다. 단적인 예로 이규영은 해당 블로그 게시글에 대해서
플레이밍이 격화되자 해당 게시글을 삭제했으며, 상기 예시된 커뮤니
티 게시판 글 역시 글의 저자가 본문을 삭제하여 현재 그 게시글의 본
문은 답글 등에서 부분적으로 인용되는 형태로만 남아 있다.[5] 소녀 그

---

5) 이는 대부분의 관련된 논쟁이 있었던 게시판들에서 공통적으로 나타나는 현상이기도 했다.

룹의 팬덤을 비정상으로 보는 너희가 비정상이라는 주장에서, 그 '너희'는 사실상 추상적인 것에 불과했기 때문에, 온라인 상에서 더 이상 소녀 그룹의 팬덤을 비난하지 않으면 비정상적 '너희'는 존재하지 않는 셈이 된다. 이는 팬을 자처한 성인 남성들이 스스로를 비정상으로 규정하는 담론에 적극적으로 저항하면서 참여한 것과 동시에, 이규영이 지적한 대로 강명석과 같은 평론가 및 기자 들이 이들 성인 남성 팬덤을 옹호한 결과라고도 할 수 있다.

3) 삼촌팬 되기와 혐의 벗기

당시 담론의 핵심이 팬덤의 정상성 문제에 설정되었기에, 정상적이지 않은 음흉한 팬이 아니라는 점을 증명하기 위해 성인 남성 팬덤은 스스로를 명명하는 새로운 개념을 필요로 했다. 이를 대표하는 말은 '삼촌팬'으로, 삼촌이라는 가족적 용어를 중심으로 구성된 해석적 레퍼토리의 하나라고 볼 수 있다. 삼촌팬은 적어도 20대 후반이거나 30대, 다시 말해 숭배의 대상이 되는 아이돌과 열 살 이상의 나이 차이가 있다는 점을 함의하는 단순한 연령대의 의미라고 간주될 수도 있지만, 아저씨가 아닌 삼촌이라는 명명은 가족주의적인 함의를 갖는다는 점을 주목해야 한다.

물론 숭배의 대상보다 나이 많은 팬이라는 현상은 소녀 아이돌 그룹 이전에, 주로 배우들을 중심으로 한 팬덤에서 광범위하게 발생한 바 있다. 하지만 소녀 그룹의 남성 팬덤을 가리키는 말로 아저씨팬이라는 말은 사용되지 않았으며 오빠라는 말 역시 자주 사용되지 않고 있다.[6]

즉, 소녀 그룹의 팬이라는 정체성을 구성함에 있어 오빠라는 개념은 신중하게 제거된 것으로 볼 수 있다. 분명 실재하는 팬들은 사회적 통념상 소녀시대 멤버의 오빠 나이대인 사람이 더 많겠지만, 가시적으로는 소녀시대의 남성 팬들은 삼촌으로 명명되었다.

삼촌은 완전한 가족주의 내의 개념이다. 이들은 스스로를 삼촌이라는 이름으로 구성함으로써 소녀 아이돌 그룹을 좋아하는 이유에서 섹슈얼리티의 요소를 효과적으로 제거할 수 있다. 스스로를 삼촌으로 정의하는 팬들은 소녀시대 멤버들에게 건강을 생각하여 홍삼과 꿀을 보내는 식의 배려와 지지의 모습을 보인다. 이로 인해 롤리타 콤플렉스 논쟁으로 촉발되었던 초기의 미성년자에 대한 성인 남성의 위험한 성적 욕망이라는 비판은 가시적으로 차단되었다. 삼촌팬들은 스스로의 활동을 "좋아하는 가수를 성적 대상이 아니라 가수로서, 한 인간으로 보고 교류하려는 긍정적 노력"[7]이라고 정의하면서 단순히 이성애적 욕망, 특히 미성년자에 대한 음험한 욕망을 감추기 위해 삼촌이 되는 것이 아니라고 주장한다. 그리고 기존의 10대 팬덤이 갖는 무모함, 오도된 열정의 함의와는 여러 가지로 다른 활동 등을 통해 팬덤을 재의미화하려는 노력도 전개했다. '소원봉사단'처럼 소녀시대의 팬클럽에서 결성된 정기적인 봉사활동 소모임 등은 그 단적인 예라고 할 수 있다.

---

6) 삼촌팬을 키워드로 한 카인즈(http://www.kinds.or.kr) 및 네이버 기사 검색 결과에 따르면, 삼촌, 아저씨라는 표현이 저널리즘에 등장한 것은 소녀 그룹 붐이 인 2007년 9월 이후이며, 초기에는 아저씨라는 표현이 종종 쓰이다가 이후 이 개념은 사라진 것으로 파악된다.
7) 이장원, 「'삼촌팬'이 어른스럽지 못하다는 생각은 편견」, 『경향신문』(2010. 7. 22)의 내용을 요약했다.

3. 성인 여성 팬덤은 어떻게 팬 활동을 하는가

성인 여성 팬덤을 분석하기 위해서는 베스티즈[8]의 샤이니와 2PM 게시판을 주요 분석 대상으로 삼았다. 샤이니와 2PM은 모두 2008년 데뷔한 남성 아이돌 그룹으로, 초식남 대 짐승남이라는 대중문화 영역에서의 남성성 이미지 담론 구축에 영향을 끼친 바 있다. 샤이니의 경우는 무성성에 가까운 소년성 이미지를 주로 구축했고 아이다움, 신비함 같은 이미지를 주요 소구 전략으로 삼았다. 반면 2PM은 상의 탈의나 성적 함의가 분명한 댄스 등을 통해 성적 대상화되는 남성 이미지를 주로 소구 전략으로 삼았으며, 복근과 같은 신체 이미지를 주로 노출하는 전략을 사용했다.

1) 성인 여성 팬덤이 처한 이데올로기적 딜레마

샤이니 팬덤의 주요 연령층에 대해서는 정확한 지표가 없다. 그러나 저널리즘은 '누나들'을 20대로 호명했다.[9] 데뷔한 후 1년에 가까운 시간 동안 샤이니는 인터뷰마다 누나팬들에 대해서 언급할 것을 요청받았다. 그리고 이 인터뷰들에서 누나팬들은 대체로 성인으로 묘사된다.

---

8) http://bestiz.net. 종합 연예정보 게시판이지만 각 유명 아이돌 그룹별 게시판이 있다. 연예잡담 카테고리 내에 2PM과 샤이니의 팬 게시판이 있으며 회원가입 없이 열람할 수 있다. 해당 게시판의 주요 회원이 성인 여성인지에 대한 정확한 정보는 제시되지 않았기에, 역시 해당 두 그룹보다 누나라고 주장하는, 즉 성인 여성임을 확인한 게시글에 한하여 분석 대상으로 삼았다.

9) 「'누나들의 로망' 샤이니 "서로 교복도 다려줘요"」, 『스타뉴스』, 2008. 6. 11.

"건강 식품을 챙겨주시고, 다정하고 따뜻하게 봐주시고 걱정해주시고" 등등으로 멤버들은 팬덤의 성향을 설명한다. 이로 인해 사실상 10대 팬들보다는 20대 초반의 누나들이 샤이니의 팬덤으로 인정받았다.

20대 누나팬들은 샤이니의 팬이라고 부름을 받는 것에 대해서 어떻게 반응했을까? 미성년 연상 팬이 가능함에도 성년임을 정체성의 표지로 삼은 샤이니의 팬덤에서 공통적인 것은 샤이니와의 관계를 결정하는 언술들에서 샤이니 멤버들을 필요 이상으로 탈성애화한 것이었다. 샤이니를 "아가들" "애기들"이라고 부르고 그 호명에 의해 누나와 '아가들' 간의 관계를 설정하는 것은 샤이니 팬덤 활동을 규정하는 가장 중요한 해석적 레퍼토리 중 하나이며, 동시에 미성년자 스타와 성년 팬 간에 발생하는 이데올로기적 딜레마를 해결하는 적극적 방식 중의 하나이다.

성년 팬들은 '아가들'의 팬이라는 점에 대해서는 "아가들이 해맑은 얼굴로 자신을 쳐다보며 누나는 너무 예쁘다고 하는데 어떻게 넘어가지 않을 수 있는가"라는 언술들로 정당화한다. 샤이니 멤버들의 별명 역시 탈성애화가 가장 중요한 특징이다. 멤버 온유의 별명은 '순두부'이며 종현의 별명은 '블링블링'으로 빛난다는 뜻이다. 그리고 샤이니의 이미지나 영상을 게시하는 글과 댓글의 제목으로 채택되는 표현들에는 요정, 인형, 강아지 등 무성적 표현들이 많이 등장하고 있다. 멤버들의 공연 영상에 가장 많이 달리는 댓글은 "우쭈쭈" "궁디팡팡" 등 잘했다는 의미의 의태어들인데 대체로 멤버들을 아기 취급하는 의미를 갖고 있다.

아기와 동물, 그리고 요정은 좋아하지 않을 수 없는 대상이다. 그리고 이렇게 이미지가 대상화되는 것의 효과는 죄책감을 줄여준다는 것이다. 샤이니의 데뷔 초기, 아직 팬덤이 형성되기 전 연예잡담 게시판에는 "샤이니 어떠냐, 팬이 될 것 같다"는 내용의 잡담성 게시글들이 많이 올라왔다. 이 게시글에서 종종 보이는 언술은 "너무 애들이 어려서 좋아하면 안 될 것 같은 죄책감이 든다"는 것이었다. 물론 이 죄책감은 미성년을 대상으로 성애화된 대상화를 한다는 죄책감은 아니었다. 오히려 그 스타와 나와의 관계에 있어 그 스타에게 폐가 될 것 같다는 죄책감이었다. 이는 남성 삼촌팬과 명백하게 다른 점이다.[10] 나이가 많은데 팬 사인회에 가도 되느냐는 질문, 나 같은 사람이 팬이라고 하면 놀라지 않을까 하는 두려움이 중요한 요소이다. 하지만 샤이니라는 그룹을 아기와 동물 혹은 인형과 같은, 누구나 좋아해도 되는 존재로 표현하게 되면 이 죄책감은 줄어든다. 나의 선택이 아니라 대상의 속성이 호감을 유도하는 것이기 때문이다.

이러한 방식으로 성인 팬덤이 미성년 소년들인 샤이니를 소비하는 방식을 구축했기 때문에 이 팬덤 내에서는 성애에 대한 언급과 즐김이 자제되거나 바람직하지 않은 것으로 묘사된다. 샤이니의 공연 중 팔을 추켜올리는 안무 때문에 허리띠 부분이 살짝 노출된 사진을 올리는 경우, 이를 미성년자 열람 금지 사진으로 간주하기까지 한다. 베스티즈 내에서는 미약한 노출 사진도 팬들의 큰 환호의 대상이 되지만 ("누나 숨이 막힌다"는 표현 등이 사용된다) 이러한 이미지들은 언제 어디서나 소비될 수는 없으며 나름의 룰이 있다. 즉 해당 게시물은 팬덤이 주로

---

10) 삼촌팬들은 미성년자인 소녀 그룹 아이돌이 지나치게 성애적 요소를 강조하는 것에 대해서 죄책감을 느낀다고 표현하기도 했다(김수아, 2010).

사용하는 연예잡담 게시판 내에 새벽 시간대에만 해당 게시물이 올라올 수 있다.

이처럼, 이들의 이미지가 무성성에 근간을 두기 때문에 팬덤 역시 이들의 소비 방식을 무성적인 것으로 구성해내었다. 흔히 샤이니를 누나들의 '로망'이라고 표현하는데 로망이라는 표현에는 이상ideal, 즉 현실에는 존재하지 않는 것에 대한 함의가 담겨 있다. 이상으로서의 샤이니는 따라서 어떠한 의미에서는 인형과 같이 물신화된 숭배의 대상이며 말 그대로의 아이돌이다.

[베스티즈 내 샤이니 팬이 쓴 게시글]

샤이니.... 범죄라는 표현 싫어요.ㅠㅠ

많은 팬분들도 그러시겠찌만

주위에서 절 범죄자라며............ㅋㅋㅋㅋㅋㅋ
물론 장난이기에
처음에는 뭐 어때~
넘겼지만.
이젠 싫어요 ㅠㅠㅠㅠㅠㅠㅠㅠㅠㅠㅠㅠ

사람좋아하는데 그게 뭐 범죕니까.ㅠㅠㅠㅠㅠ

저보다 여섯살이나 어린 탬미닛좋아한다구
그게 범죈가요ㅠㅠㅠㅠㅠㅠㅠㅠㅠㅠㅠㅠ

아니 그럼 그렇게 사랑스러운
생물체가 있는데 안사랑하고 배기나요ㅠㅠㅠㅠㅠㅠㅠㅠㅠ

2) 숭배하는 누나들 되기

다음으로 중요한 해석적 레퍼토리는 이 숭배의 대상에 대한 누나들의 역할 구성이다. 삼촌팬과 마찬가지로 누나들은 경제력을 갖는 것으로 상정된다. 샤이니의 팬덤이 20대라는 점이 자동적으로 경제력을 보장하는 것이 아님에도 성년 누나팬들은 샤이니를 경제력으로 후원할 수 있는 것처럼 묘사된다. 샤이니 팬덤의 주제가라면서 패러디된 "앨범 내줄게 말만 해요" "누나가 지켜줄게 잘 크기만 해라"는 내용들이 샤이니 팬덤의 정체성을 구성하는 주요 해석적 레퍼토리이다. 샤이니가 무대나 방송에서 실수한 경우 누나들이 지켜줄 테니[11] 울지 말라고 달래는 게시물을 올리는 것은 실제로 샤이니가 그 게시글을 읽는 것이 아니기 때문에 상징적으로 팬덤 내에서 시행되는 숭배의 대상을 위한 제의적 성격을 갖는다. 경제력 혹은 게시판지기로서 후원하거나 지켜준다는 누나들은 미성년자를 성적으로 소비하지 않고 숭배하는 가장 적절한 방식으로 이와 같은 팬덤의 해석적 레퍼토리를 구성해냈다.

윤조원은 현재 한국의 남성 아이돌 스타들을 꽃미남과 식스팩으로 양분하면서 이들을 모두 메트로 섹슈얼 이미지의 연장선상에 있는 것으로 보았다(윤조원, 2010). 실제로 그 이미지가 표상하는 바는 메트로 섹슈얼에 가까울지 모르나 적어도 샤이니를 소비하는 팬덤의 방식은 메트로 섹슈얼 이미지를 대하는 방식이 아니다. 이성애적 관계를

---

11) 각종 게시판에서 소위 쉴드를 쳐주겠다(잘못한 것이 없다고 옹호하는 것)는 표현이다.

상상하는 것이 근간이 되지 않기 때문이다. 메트로 섹슈얼을 묘사하는 단어는 '잘생겼다handsome'이지 '아름답다beautiful'가 아니라고 한 코드 (Coad, 2008)의 말을 참고한다면 더더욱 이들은 메트로 섹슈얼로 소비되지 않았다. 이들은 아름답다고 찬양받았으며 아름답다는 말이 가능한 것은 이들이 남성도(그 이미지 상에서) 여성도(실제적 성별에서) 아니었기 때문이다.

주목해야 하는 지점은 성애를 부인하는 이 방식은 이들이 미성년이라는 점에 가장 크게 기인한다는 것이다. 전통적으로 팬덤과 스타 간의 관계가 상상된 이성애 관계 혹은 성적 욕망에 있다고 분석되었던 점을 감안한다면, 샤이니에 대한 누나팬들의 이와 같은 실천은 한국에서 성애를 말할 수 있도록 혹은 말할 수 없도록 하는 가장 큰 힘은 결국 성년과 미성년의 경계에 있는 것이라는 점을 분명하게 보여준다.

3) 욕망하는 누나들 되기

반면 2PM 멤버들이 명백히 성년이라는 점은 팬덤의 정체성 구성을 다르게 만든다. 이들은 실제로 그들의 몸 이미지를 강조했고 성애를 자신들의 이미지의 핵심으로 삼았다. 농구하고 뛰고 공중을 도는 이들의 몸은 가장 전통적인 남성의 에로틱 이미지를 체현한 것이었다. 또한 이들의 이미지 구축 방식은 사실상 아도니스 콤플렉스의 결정체이기도 했다(Pope, Phillips & Olivardia, 2000). 잘생긴 남성으로서 여성을 유혹하는 능력을 인정받고 싶어 하고, 남성의 육체와 성적 매력이 중요하고 이를 위해서 자신을 규율하고 자신의 신체를 스스로 대상화하여 조정하고자 하는 남성의 욕망을 가리키는 아도니스 콤플렉스는 이들의 리얼리티 프로그램 출연과 자기고백적 서사들을 통해서 자주 노출되었다. (당시) 리더 박재범은 술과 담배를 하지 않고 헬스를 통해서 자기 금욕적 생활을 유지하고 있다는 점을 내세웠고 실제로 운동하는 모습이 화면을 통해 자주 방영되었다. 이들은 「떴다 그녀」[12] 시리즈를 통해서 유혹의 기술을 실천했으며 선택의 대상이 되기 위해서 경쟁하는 모습을 매회 노출했다.

2PM은 사실 샤이니와 달리 누나들을 직접적으로 호명하지 않았다. 오히려 자신들의 팬이 20대가 많다는 것에 당황하기도 했다.[13] 하지만 베스티즈와 공식 팬 카페에서 게시된 "찬성아, 누나에요"라는 말로 시작했던 한 게시글은 이들의 팬덤을 누나라는 정체성으로 규정하는 데 큰 역할을 했다. 호명되지 않았지만 스스로를 누나라고 밝히는 여성들이 베스티즈를 비롯한 각종 여성 게시판을 통해 2PM에 대한 관심을 표현하기 시작했고 이들 누나팬들이 2PM 팬덤을 이루는 데 기여했다.[14]

이들 누나팬들은 실제로 성년이었다. 당시 리더 박재범이 23세였고 이들보다 누나라는 것은 사실상 사회에 진출한 나이라는 것을 의미했다. 그리고 이 성년이라는 사실이 팬덤의 정체성을 규정하는 데 매우 큰 역할을 한다. 2PM의 노래 가사에 등장하는, "나쁜 마음을 갖게 한

---

12) 「떴다 그녀」는 엠넷에서 방영한 리얼리티 쇼 프로그램으로 시즌제로 제작되었는데 2PM은 그중 시즌 3(2008~2009년)에 출연했다.

13) 「2PM, "누나팬 사랑에 행복해요"」, 『OSEN』, 2008. 10. 19.

14) 초기 2PM에 대한 일반의 관심을 주도했던 쌍코카페, 소드카페 등 다음(http://www.daum.net)의 유명한 여성 카페들은 모두 20대 이상의 여성들만 가입 가능한 공간이었다. 그리고 2PM 팬사이트 중 큰 규모를 자랑한 '세렝게티' '동물의 왕국'과 같은 팬사이트 역시 20대 이상 성인들만 가입 가능한 사이트로 운영되었다.

다"는 표현이 이들 팬덤으로 자연스럽게 전이되었다. 팬덤은 명확하게 2PM을 성적 대상화하는 실천을 보였다.

그리고 이 성적 대상화는 이전의 다른 남성 스타에 대한 것과 달랐다. 예를 들어 2PM과 비는 몸을 전시하는 이미지는 유사하지만 대상화되는 방식이 다르다. 비는 신성을 모방하는 이미지로 자신을 구축하려 했으며 전형적인 거리감을 주는 스타 이미지 구축을 지향했다. 따라서 비의 근육과 남성적 신체 이미지 전시는 박물관의 그리스 로마 시대 조각 전시와 같은 성격을 갖는다. 하지만 당시 2PM의 리더 재범은 자신의 근육을 전시함에 있어 "만져봐도 된다"면서 일대일의 친밀감의 영역으로 팬들을 끌어들였다. 그리고 이는 팬덤의 직접적인 반응으로 이어졌다.

이러한 팬덤의 대응을 특징짓는 해석적 레퍼토리가 바로 새벽짤로 표현되는 '나쁜 마음'이다. 자정 시간대부터 허용되는 새벽짤은 전형적인 파편화된 신체 이미지로 구성되어 있다. 플짤[15]의 형태로 소비되기 때문에 더욱 물신화되는 이들 이미지들은 주로 노출된 2PM 멤버들의 신체 이미지를 담는다. 그리고 이에 대한 댓글 반응은 "만져보고 싶다" "나쁜 마음" "갖고 싶다" "모니터에 손을 댔다"는 등의 구체적이고 즉물적인 성애적 욕망의 표현으로 표출된다.[16] "심장에 브이텍이 온다"는 것은 흔히 다른 팬덤에서도 자신들의 스타가 특별히 멋있다고 생각할 때 사용하는 표현이지만 성애적 함의를 담고 사용되는 것이 공

---

15) 플래시 이미지. 짧은 순간의 움직임을 이미지 파일 형태로 만들어낸 것을 가리킨다.

16) '하악하악'과 같은 표현은 사실상 저속함과 성적 함의를 짙게 갖고 있다는 점에서 여성 아이돌 스타들에게 공개적으로 쓰이면 비난을 받았을 표현이지만, 베스티즈 게시판에서는 새벽 시간대에 한하여 허용되고 있다.

[베스티즈 게시판 내 새벽짤 게시물 댓글]

또 이런 레어는 어디서....ㅠㅠㅠㅠㅠㅠㅠㅠㅠㅠㅠㅠㅠㅠ준호
야!!!!!!!!!!!!!!!!
!!!!!!!!!!!!!!!너 그런 무방비한 모습 좋지않아!!! 그런 모습은 누나한테
만!!!!!!!!!!
!!!!!!!
아..그냥 확..
나쁜맘 한번 제대로 먹게하네요........ㅋㅋ
아 덥다.. 옷을 좀 벗어볼까
시간대도 밤이구나.. 자꾸 나쁜맘먹게해... ㅋㅋㅋㅋ
확....!!
겁도없는자슥......내가나쁜맘먹으면........ 넌..... ㅋㅋㅋㅋㅋㅋㅋㅋㅋ
ㅋㅋㅋㅋ
ㅋㅋㅋㅋㅋㅋㅋㅋㅋㅋㅋㅋㅋㅋㅋㅋㅋㅋㅋㅋㅋㅋ참을게요
아 안깨울래 나만보고싶어 영원히 여러분 조용히해주세요 우리 누너 자요

공연하게 허용되는 것도 2PM 팬덤의 독특한 점이기도 했다.

2PM을 짐승돌로 표현하게 된 시초는 정확하지는 않다. 스스로 짐승
돌로 지칭하기도 했고 저널리즘도 그렇게 불렀는데 주로 육체적인 힘
이나 근육과 관련이 되어 붙은 명칭이다. 여기에 팬들은 이들이 짐승
돌이라고 불리는 이유를, 보는 사람을 짐승으로 만들기 때문이라는 해
석을 추가했다. 이처럼 샤이니의 경우와 마찬가지로 대상의 속성으로
귀인하여 팬들의 반응을 정당화하려는 움직임이 동일하게 나타난다.

짐승이 된다는 것은 여성이 당당한 성애적 욕망을 표현하게 된다는
함의를 갖는가? 일견 그러하다. 2PM은 이성애자 남성의 대상화라는

[베스티즈 내 2PM 팬 게시물]

원데이는 날 항상 짐생으로 만드네요
저 원래 이런 여자 아닌데
참 정줄놓고 덤비고 있어요

저 원래 셔츠 자락 나와서 후줄근한 거 완전 싫어하는데
우동…………그런 것마저 섹시할 줄이야….
네발로 기어다니게 만들더군요

다른 멤버들도 그래 진짜 개그버라이어티에선 그렇게 웃기고
옆집 오빠들 같고 옆반 학우들 같고 그러더니
무대에선 아주 그냥 간지다 간지
눈물을 뚝뚝흘리면서 아이고 아이고 텔레비전을 손으로 쓸게 되고

팬을 넘어서 오덕오덕 수준……

이런 내가 싫어요
이건 팬질이 아니라 때질이잖아ㅠㅠㅠㅠㅠㅠㅠㅠㅠㅠ

점에서 기존의 남성 이미지 대상화 방식과는 조금 다른 차원을 갖는다. 남성 이미지 대상화 관습에 대해서 서구에서 지적되었던 바는 이성애적 정체성보다는 성적 정체성을 모호하게 하거나 양성애적인 느낌이 성적 대상화되는 남성의 몸에서 드러나는 바이며 이는 서구 사회에서 상당 수준 진행된 성적 소수자 운동의 결과물의 하나이기도 하다. 하지만 한국 사회는 서구 사회와 유사한 수준의 성적 소수자 운동이 진행된 적이 없다. 따라서 한국 사회에서의 남성 이미지 대상화는 외모

관리 산업이라는 산업적 요인과 서구의 모방이라는 추동력이 주 원인이었을 것이 분명하다. 이러한 점에서 이들이 소구하는 성적 정체성은 분명 남성 이성애자의 것이었다. 그리고 이 소구는 정확하게 성년인 여성들을 불러들였다. 이들의 이미지를 성적으로 소비하는 데 있어 성년인 여성들은 방송에서와 유사하게 청소년 보호 시간대로부터 벗어난 새벽 시간에는 자유로움을 표출할 수 있는 것으로 스스로 규정했다. 새벽이 되면 "네발로 기어 다닌다"는 등의 표현이 사용되었다.

하지만 이와 같은 성적 대상화는 전형적 남성성에 대한 찬양과도 맞물린다. 땀 냄새, 경쟁과 권력에 대한 열망, 그리고 여성을 유혹하는 전략들을 통해 이들의 남성성이 정의되었다. 즉, 대상화했으나 이들을 오락거리가 아닌 연인으로서 열망하게 되는 로맨틱화의 과정이 2PM의 성년 팬덤을 규정하는 또 다른 해석적 레퍼토리로 등장하게 되는 것이다. 여성과의 연애 시뮬레이션 프로그램에 나올 때 명백하게 제시되는 질투의 표현("쿨하지 못한 누나라 미안해"), 나를 보고 말하거나 행동한다는 환상을 위한 각종 장치들로서의 시선 일치 이미지 활용 및 특정한 대사의 벨소리 활용("자기야, 너 나 싫어해?" 등) 등은 이러한 과정을 뒷받침하는 양식들 중 하나이다.

그리고 여전히 중요한 것은 성년이라는 기준이다. 누나들의 욕망의 표현은 스스로가 성년이고 대상이 성년이기 때문에 가능한 것이었다. 샤이니와 2PM의 이미지 전략은 그것을 받아들이는 동일한 연령대의 여성들이 이 이미지를 해석하는 서로 다른 방식을 구성하게 했다. 그리고 이는 이 이미지의 대상의 나이와 밀접한 연관을 맺고 있었다. 성애는 한국 사회에서 성년이라는 기준에 연결되어서만이 표현될 수 있는 것이다.

4. 지금 성인 아이돌 팬덤은 무엇을 하고 있는가

위의 두 가지 성인 팬덤의 사례들은 팬덤 정체성 구성을 위해 동원하는 담론적 자원과 전략들의 다양함을 보여준다. 성인 팬덤은 전통적인 10대 팬덤에 대한 시선에 대해서 잘 알고 있기 때문에, 성인이면서 아이돌의 팬덤이라는 점은 젠더와 상관없이 연령 차원에서 부담을 느끼게 될 수밖에 없는 상황에 처해 있다. 그렇지만 젠더라는 주요한 정체성 자원과 관련하여, 한국 사회의 성 담론의 복잡한 그물 안에서 성인 여성 팬덤과 성인 남성 팬덤은 서로 다른 정체성 구성 방식을 보여주고 있고, 그들이 선택한 스스로의 정체성을 표현하는 단어들, 즉 삼촌팬과 누나팬은 가족주의적이지만 다소 다른 함의를 갖고 있음을 알수 있다.

대체로 스타와 팬의 관계는 준사회적para-social 상호작용 관계가 성립된다(김정기, 2005). 이러한 준사회적 상호작용의 양상들에서, 현재 스타와 팬의 관계가 가족 개념하에서 계속 호명되는 것은 분명 한국적인 현상 중 하나일 것이다. 소녀 그룹의 성인 남성 팬들은 삼촌으로, 그리고 소년 그룹의 성인 여성 팬들은 누나로 호명된다. 다만 남성 팬들이 삼촌으로 스스로를 규정하면서 성애적 요소를 제거하고 후원하는 가족의 정체성을 표지로 삼았다면, 성인 여성 팬들은 후원하는 누나이지만 동시에 성애적 요소에 대해서는 보다 자유로운 표현을 하는 편이었다. 물론 이러한 표현은 성년이라는 기준을 충족할 때만 가능했다.

소녀 아이돌 그룹들에 대한 성인 남성 팬덤은 스스로의 성애적 욕망을 지우고 경제력을 강조하면서 삼촌이라는 가족주의적 개념으로 팬덤을 정의했다. 그리고 이 과정에서 소녀 아이돌 그룹의 성애적 이미지 전략에 대한 페미니스트 비평은 어렵게 되었다(김수아, 2010). 이러한 담론 구성을 구축한 것은 미성년이라는 기표이다. 이는 샤이니와 2PM이라는 남성 아이돌을 소비하는 방식에서도 중요하게 작동한다. 두 그룹 모두 청소년 남성성을 주요 모티브로 남성성 이미지를 구축했으나 이들이 실제 미성년이냐 아니냐의 여부가 이들의 청소년 성 이미지 자체와 그 이미지를 소비하는 방식의 차이를 가져왔다. 팬덤 스스로 이를 관리하는 규율을 세운 것 역시 흥미로운 부분이다. 기존의 어린이·청소년 보호 시간대 개념은(사실상 방송이 아니기에 아무 의미도 없지만) 새벽이라는 의미로 대체되었으며, 나중에 검색하여 볼 수 있다는 항의가 발생하자 이를 나중에 이미지를 삭제하는 방식으로 새벽 시간대의 룰을 만들어 실천했다. 이는 한국 사회에서 성애라는 이슈를 관리하는 가장 핵심적인 지점은 미성년·어린이·청소년이라는 개념이라는 점이 다시 한 번 드러난 것이라 하겠다.

동시에 대상화된 남성의 신체에 대한 여성들의 직접적인 성애적 표현이 가능해진 현상에 대한 해석은 더 심층적인 논의를 필요로 한다. 한센의 고전적인 논의에서 남성 이미지의 성애적 재현은 소비 산업과 밀접한 관련이 있었다(Hansen, 1986). 한국의 소년 아이돌 스타의 경우에도 마찬가지이다. 샤이니와 2PM의 경우 초기부터 팬층을 누나로 호명했다. 아직 데뷔하기 전부터 각종 보도 자료와 신문 기사들은 누나팬들이 기다린다는 식의 표현을 사용하여 팬층을 불러들였다. 이는 기획사의 전략이었다고 볼 수도 있는데 음원 시장으로의 변화 이후, 음반 구매력이 있고 콘서트와 각종 다양한 팬 상품들을 구입할 수 있는 경제력이 있는 팬덤의 형성이 기획사 입장에서는 중요한 이슈였고, 이 점에서 누나팬들이 10대 팬덤에 비해서 기획사에서는 더 적절한 소비자임이 분명했기 때문이다.

소비자로서 호명된 여성이 적극적으로 욕망을 표출하는 모습을 보인 것은 물론 흥미로운 현상이며, 이와 같은 광범위한 여성들의 욕망 표출이 가능하게 된 것은 굉장히 큰 변화이다. 그러나 "누나에요, 해치지 않아요"라는 팬덤 스스로의 슬로건들이 보여주는 것은 이러한 성애적 욕망이 표출되더라도 실제적인 사회적 권력관계와는 무관하기 때문에 안전한 것으로 간주될 수 있다는 점이다.

성인인 여성 팬들은 성인인 남성 아이돌 스타에 대해서 짐승이 되어 그 몸을 만지려는 욕망을 표출할 수 있다. 왜냐하면 그들이 허용했기 때문이다. 2PM은 한 초콜릿 과자 광고에서 광고 이미지에 등장한 2PM의 복근이 초콜릿 같아서 한번 만져보고 싶다는 여성들 앞에 마법처럼 갑자기 나타나 '만져봐도 된다'고 허락해준다. '허함'을 받은 성인 여성 팬덤은 이를 자신들의 즐김의 영역에 포함시켰다. 반면 소녀시대가 자신의 허벅지를 혹은 허리를 만져보라고 허할 수 없는 것, 그리고 성인 남성 팬덤이 이를 통제하는 것은 결국 내재되어 있는 성애라는 이슈를 둘러싸고 여전히 존재하는 남성 대 여성의 질서와 권력관계를 보여주는 것이다. 그러므로 정체성의 구성이라는 담론심리학의 주제는 사회적 권력과 정체성 간의 관계에 대한 푸코적 관심과 다시 연결된다는 점 역시 확인할 수 있다. 이처럼 성인 팬덤의 정체성 구성 이슈는 담론심리학의 접근 방법 및 담론과 사회적 정체성, 그리고 사회적 권력 간의 관계에 대해서 살필 수 있는 현대 한국 대중문화의 중요한 사례이다.

담론 이론/방법론은 다양한 분야에 적용되고 있는데, 특히 정체성과 관련하여 적용할 수 있는 것으로 담론심리학discursive psychology을 들 수 있다. 담론심리학적 방법론의 주요 전제 중 하나는 개개인의 정체성은 다층적이고 유동적이며 개인 혹은 집단 간 상호작용을 통해 형성된다는 것이다(Merino & Tileaga, 2011). 정체성은 한 개인이 위치한 여러 가지 사회적인 구조와 제한에 대한 주체적인 협상의 결과로 만들어진다(Potter & Wetherell, 1987; Stapleton & Wilson, 2004). 담론심리학적 분석을 통해 이와 같은 정체성이 구성되는 과정을 드러낼 수 있으며, 의미가 상호작용을 통해 형성되고 협상되는 순간을 포착할 수 있다. 이처럼 담론심리학적 접근의 핵심은 언어를 통해 정체성의 구성 문제를 드러내는 것이다. 포터와 웨더렐이 주장한 담론심리학은 사회적 구성주의를 이론적 배경으로 삼아 담론 분석을 통해 자아와 정체성, 주체성의 구성을 알아보는 것을 목적으로 하고 있다(Potter & Wetherell, 1987). 담론심리학적 접근은 미시적인 주체들의 대화와 발화들을 분석하는 것을 통해 어떻게 특정한 정체성이 형성되고 변화하는지, 그리고 이러한 구성들의 사회적인 결과는 무엇인지를 볼 수 있는 개념과 분석틀을 제안한다(Potter, 2003).

담론심리학의 갈래는 그 입장에 따라 세 가지로 나뉠 수 있다. 첫번째 갈래는 푸코의 담론, 권력, 주체 개념을 근간으로 해서 특정 담론 안에서 세계에 대한 이해 방식과 정체성이 어떻게 구성되는지를 살피는 것이다. 두번째는 대화 분석 경향의 한 갈래로 대화 분석의 주요 관심사를 따라가는 동시에 사회적 상호작용을 강조한다. 마지막 갈래는 특정한 담론이 주체와 대상을 어떻게 구성하는가에 대한 관심과 동시에 상호작용의 맥락을 관찰하여 담론이 어떻게 행위를 지향하게 되는가, 즉 어떻게 인지에서 행동으로 움직이게 되는가를 살피려는 것이다.

이들 세 갈래 모두가 중시하는 것은 언어를 통한 정체성 구성의 문제이다. 주체가 이야기하기를 통해서 정체성을 구성하면서 그것을 자신을 정당화하거나 어떤 행위를 끌어내는 자원으로 활용하는 방식에 주목하는 것이다. 따라서 서사narrative 연구는 담론심리학 분야의 주요 분석론이 된다. 서사 연구에서는 일상생활과 관련된 자기 이야기를 통한 정체성의 구성 방식에 관심을 갖는다(Stapleton & Wilson, 2004; Wetherell, 1998; Wetherell & Edley, 1999). 사회적 상호작용에서 서사는 경험을 재현하고 전달하는 방법이다. 어떤 특정한 형식이 있는 것은 아니며 다양한 형식을 통해 경험을 서술하는 것이 서사이다. 이러한 서사를 통해서 사람들은 자신의 삶과 관계들에 의미를 부여하게 된다.

다른 주요한 담론심리학의 개념 중 하나는 이데올로기적 딜레마ideological dilemmas이다. 화자가 지배 담론과 자기 위치 간 관계를 어떻게 설정하고 그 안에서 어떤 담론적 실천을 하는가를 살피는 것이 담론심리학의 핵심적인 접근 방식이기 때문에, 이 개념은 중요한 분석 도구가 된다. 일상생활 담론에서, 화자들은 특정한 자기 사고와 경험들을 특정한 "이데올로기적인 딜레마" 내에서 조정하고 정리하고 있다(Billig 외, 1988). 일상생활 속에서 한 개인은 지배 담론 내에서 정상적인 주체의 위치를 차지하기 위해 노력하게 된다. 이러한 과정에서 자신이 처한 위치와 지배 담론에서 지정하는 위치 간에 긴장과 모순이 발생한다. 이러한 모순들을 해결하고 균형을 잡기 위해 여러 가지 담론적 실천들이 행해지는데, 이러한 양상을 이데올로기적 딜레마라고 부를 수 있다. 이 개념을 도구로 사용한 분석 예로서 이들리와 웨더렐의 연구를 들 수 있다. 이 연구에서는 현대 남성들이 전통적인 남성성과 여성주의 운동의 발흥과 더불어 발생한 새로운 남성 이미지 사이에서 스스로를 어떻게 위치 지으며, 또한 그 안에서 발생하는 이데올로기적인 긴장과 딜레마들을 어떻게 관리하고 있는가를 분석한 바 있다(Edley & Wetherell, 1999).

한편 담론심리학에서는 담론 대신 해석적 레퍼토리interpretative repertoire라는 말을 자주 사용하는 편이다. 해석적 레퍼토리는 상호작용 상황에서 구체적인 담론 상황마다 제시되는 것이지만, 추상적으로 정의해본다면 특정한 설명과 해석 패턴에 사용되는 설명 자원의 단위라고 할 수 있다. 화자가 어떤 행위나 현상을 설명하고 구성하기 위해서 사용하는 일종의 "벽돌"과도 같은 것이 해석적 레퍼토리이다. 이는 특정한 형태와 스타일, 용어 들을 통해 구성된다(Wetherell & Potter, 1988). 예컨대 웨더렐과 포터는 뉴질랜드 인종 문제에 대한 담론 분석 연구에서 세 가지 해석적 레퍼토리를 구분해낸 적이 있다. "문화적인 숲 만들기" "실용적인 현실주의" "우리주의"라고 이름 붙인 세 가지는, 각각 고유한 문장이나 맥락적 특성을 가지고 있었다. 이러한 레퍼토리들은 전체적으로 인종주의라는 거대 담론을 지지하고 그 안에서 개인들이 어떤 정체성 혼동이나 어려움 없이 안전하게 자기 삶을 유지하도록 도움을 주는 것들이었다. 해석적 레퍼토리를 분석한다는 것은 결국 정체성 형성과 협상 과정에서 어떠한 담론들이 형성되는지를 살피는 것이다. 이러한 해석적 레퍼토리를 구분하고 이름 붙이는 것을 통해 화자들이 자기 정체성을 확인하거나, 협상을 통해 다른 혹은 대안적인 정체성을 형성하려고 할 때 어떠한 담론들을 만들어내고 유통시키려 하는가를 분석할 수 있다.

담론심리학적 접근 방식을 활용할 수 있는 텍스트에 제한이 있는 것은 아니지만, 정체성과 관련된 이슈를 다루기 때문에, 이는 민속지학적 방법론으로 얻은 대화 텍스트 혹은 자기 기술지와 같은 텍스트들의 분석에 많이 활용되어왔다. 그 외에도 래머리치와 멀더는 이와 같은 담론심리학의 접근이 특히 컴퓨터를 이용하는 커뮤니케이션 상에서 정체성의 구성과 유지 방식을 살펴보는 데 유용하다고 주장하기도 했다(Lamerichs & Molder, 2003). 익명 상황에서 대화 혹은 자기 스스로 기술한 게시글 등을 중심으로 구성되는 컴퓨터 커뮤니케이션 상황은 화자가 지속적으로 자신을 어떻게 노출할 것이며 자신에 대해서 무엇이라고 말할 것인가를 선택하도록 요구하기 때문이다.

이 글은 팬덤의 온라인 활동과 그에 따른 팬 담론 구성 과정을 연구 대상으로 삼고 있다. 팬덤은 전통적으로 정체성의 이슈로 다뤄져왔다. 팬덤은 하위문화의 대표 영역으로서 문화적 정체성이라는 측면이 주로 주목되어온 것이다. 동시에 특정 세대의 문화적 감수성을 반영하는 특성이 있으므로 특정 집단의 정체성을 구성한다는 차원에서 팬덤은 주요한 정체성 연구의 한 분야이다. 또한 아이돌 문화가 보편화되고 한국 대중문화에 주요 콘텐츠로 등장하면서 과거와 달리 10대뿐만 아니라 성인들도 팬덤 문화에 편입되는 양상을 보이고 있다. 이러한 관점에서 성인 팬덤의 정체성 구성 과정을 살피는 작업이 필요할 것이다. 이 글에서는 해당 아이돌 스타들에 관련된 사진 및 영상 자료들이 인터넷 사이트에 올라왔을 때 팬들이 올리는 게시글과 댓글에 주로 사용되는

용어와 스타일을 분리해내어 공통적으로 자주 등장하는 해석적 레퍼토리를 살펴보고자
했다.

세계화와 디지털 문화 시대 여성 팬덤과 성 담론
: 프랑스의 한국 아이돌 문화 수용에 대한 연구

홍 석 경

　　그동안 할리우드가 전 세계에 전파한 동양 남성의 대중적 이미지는 영화사 초기의 백인 배우가 동양인 분장을 하고 연기하던 '옐로우 페이스' 시대를 벗어난 이후에도 커다란 변화 없이 리샤오룽(이소룡)에서 청룽(성룡) 사이 어디쯤에 머물러 있었다. 리샤오룽은 백인 남성이 지배하는 할리우드에서 동양 남성으로서 섹스어필한 동시에 실력 있는 진정한 스타였지만 신화적 존재가 되었을 뿐이고, 그 반대편에는 구경거리가 될 만한 액션을 보여주지만 절대로 섹스어필을 하지는 못하는 불완전한 영웅인 청룽과 같은 배우들이 있다. 그 사이에 이젠 악당 역으로 고정되어버린 리렌제(이연걸), 스님, 스승, 해적 등, 섹스심벌이 아닌 남성의 역으로 정리된 저우룬파(주윤발), 그리고 텔레비전 드라마에서 크고 작은 역을 소화하는 신세대 배우들이 위치한다. 워쇼스키 형제가 제작한 「닌자 어쌔신Ninja Assassin」의 주인공을 맡은 한류 스타 비(정지훈) 역시 스펙터클 제공자에 머물 뿐, 유니버설한 로맨스의 주인공이 되지는 못했다.

그렇다면 내가 관찰하고 있는 동아시아 드라마의 프랑스 팬사이트에서 벌어지는 현상들은 어떻게 가능한 것일까? 한국 남자배우의 사진을 사무실 컴퓨터의 바탕화면으로 깔고, 아이돌 그룹의 노래를 전화 벨소리로 사용하고 서울과 동경의 거리를 꿈꾸는 서유럽의 여성 팬들. 동아시아 꽃미남 스타들과 아이돌에 대한 열망은 과연 어떤 의미생산 담론 속에서 형성되었고, 동아시아 스타들의 이미지 소비를 통해 서구의 여성 팬들은 과연 무엇을 추구하는 것일까? 이것은 진정 기존의 스테레오타입의 힘을 극복하거나 회유, 전복하는 에너지일까? 이 논문은 프랑스 팬들과의 대화와 그들의 팬 포럼에 대한 참여관찰 결과이다.

1. 문제제기: 대중매체의 불온한 성 담론

1990년대 후반 이후 대중문화가 양적, 질적 측면에서 급속히 발전한 한국의 텔레비전 문화 속에는 그 이전엔 보기 드물었던 유형의 인간군인 아이돌과 꽃미남에 대한 담론이 일상화되어 있다. 어린 연예인들을 지나치게 성적 대상화하는 아이돌 문화와 전통적인 남성 정체성을 뒤흔드는 아름다운 얼굴을 지닌 꽃미남flower boy, 나아가 아름다운 몸에 초점을 맞추는 몸짱에 이르기까지 다양한 성 담론이 여과 없이 드라마, 연예/오락, 버라이어티 프로그램을 장악하고 있다. 아이돌은 한국 문화산업이 생산한 새로운 문화 산물이지만, 하나의 기호로서 수많은 실천과 담론을 견인한다. 이 글에서는 아이돌 현상에 관련된 팬 문화, 아이돌 주변에 형성된 성, 나이, 개인과 집단 정체성에 관련된 담론들과 문화실천들을 통틀어 아이돌 문화라고 부른다.

한국의 경우, 성 담론의 급격한 확대가 대중문화에 의해 견인되고 있다는 점에서 메릴린 먼로Marilyn Monroe와 엘비스 프레슬리Elvis Presley가 달궈놓은 1950년대 미국의 성 담론 상황을 상기시키지만, 담론의 작동방식은 판이한 것으로 보인다. 1950년대 미국에서 먼로와 프레슬리의 지나친 섹스어필은 신교 가족주의자들의 눈엔 지나치게 불온하고 비교육적인 것으로 보였다. 그러나 2000년대 이후 한국의 아이돌 문화는 이러한 명백한 성도덕상의 비판 대상이라기보다는, 좀더 모순적이고 복잡한 담론들을 생산하고 있다. 텔레비전 드라마에서 아이돌과 꽃미남이 연기하는 연인은 여전히 신체접촉을 아끼고 첫 입맞춤을 하는데 적지 않은 시간을 보내며 많이 수줍어하지만, 텔레비전 연예 프로그램에서는 미성년 아이돌들에게 '도덕적으로 옳지 않은' 신체노출과 행위를 요구하고, '반전드라마'라고 부르는 극적 상황 뒤집기를 통해 공공연하게 동성애 관계를 연출해낸다. 이것은 방송이냐 공연이냐, 공연의 사전등급 문제, 팬 서비스를 중시하는 한국의 팬덤 문화와 연결된 복잡한 문화적 코드와 실천의 결과이지만, 이러한 사례들이 환기하는 성 담론들은 모순적이고 복잡하게 뒤엉켜 있다.

이러한 한국 대중매체의 성 담론 확장과 모순성은 어린 아이돌에 대한 성인들의 팬덤 속에서 극대화된다. 어린 남성 아이돌에 대한 성인 여성들의 팬덤과 어린 여성 아이돌에 대한 성인 남성들의 팬덤은, 유교적 체면과 윤리상 올바른 가족 담론에 기댄 여러 가지 '과시적' 담론들인 이모팬 또는 언니팬, 삼촌팬 담론을 생산해내고 있다(김수아, 2011; 정민우·이나영, 2009; 한유림, 2008). 뿐만 아니라 30세를 넘어서면, 미성년에서 20대에 걸쳐 아이돌 정체성을 지녔던 연예인들이 더 이상 아이돌이 아닌 그냥 연예인으로 되돌아간다는 관찰, 그리고 아이돌이 스타로 발전하는 것이 아니라 나이가 들면서 전 세대로 물러앉아 이전 아이돌 세대(1세대, 2세대, 3세대)를 형성하는 현실은, 아이돌이 연령 한계에 의해 정의되는 범주임을 명확히 드러내준다. 이 점에서 아이돌 팬덤이 직접적이든 간접적이든, 그것이 이모팬과 누나팬이라는 강력한 자기정당화의 담론으로 무장되었더라도, 여성 수용자의 소년애적 욕망에 관련된 것이라고 전제할 수 있다.

한국 대중문화에서 아이돌은 기획사의 투자에 의해 전략적으로 생산되는 연예인 집단으로서의 젊은 가수집단과 그들이 생산하는 팝문화와 긴밀히 연결되어 있다(이동연, 2011). 이에 비교할 때, 꽃미남은 보다 넓은 연예계 영역을 아우르는 담론이고, 클로즈업 매체인 텔레비전 드라마에 출연하는 탤런트들에 긴밀히 연결된 담론이다. 이 개념은 일상생활 속에서도 널리 사용되어 단순히 잘생긴 젊은 남자를 가리키는 용어로 유통되는데, 이 용어를 사용할 수 있는 연령의 한계는 아이돌보다 불명확한 것으로 보인다. '예쁜' 얼굴을 지닌 남성을 지칭하는 '꽃미남'은 전통적 의미의 '잘생긴handsome' 남자와는 차별적인 남성성의 영역을 지칭한다고 생각된다.

이러한 맥락에서 드라마 「꽃보다 남자」(KBS2, 2009)는 한국 대중문화 속에서 꽃미남 담론을 연출했던 유의미한 사건으로 이해할 수 있을 것이다. 이 드라마는 1992~2003년 사이에 총 37권으로 출판된 일본 쇼조 망가 「하나요리 단고花より男子」를 원작으로 해 대만판, 일본판에 이어 세번째로 한국에서 드라마로 각색된 것이다. 이 제목 속에서 '꽃'과 '남자'라는 상반된 두 단어를 어떤 관계에서 해석해야 할지가 상당히 미묘하기 때문에 영어로는 'Boys over flowers(KBS에서 선택한 영어

제목)'또는 'Boys before flowers(드라마위키 등 인터넷에서 유통될 때의 영어 제목)'로 번역되는데, 한국어 제목은 일본어 제목의 원뜻을 충실히 번안한 것으로 보인다. 그러나 「꽃보다 남자」라는, '외모보다는 인간적 남성에 가치를 둔다'고 읽을 수도 있는 제목의 상징적 표현은, 실제 드라마 속에서는 꽃미남 카테고리의 잘생긴 신인배우들과 아이돌들이 전격 기용됨으로써 극의 내러티브 전개보다 꽃미남 담론을 두드러지게 하는 이벤트 효과를 가져왔다. 남성성에서 '꽃에 비유되는 아름다움'을 강조하겠다는 드라마의 미학적 선언과도 같은 이런 캐스팅은, 2009년 당시 인터넷을 통해 「하나요리 단고」의 여러 버전을 따라 시청했던 서구의 팬들에게도 큰 화제를 불러일으켰다. 그 결과, 이 드라마는 수많은 유럽의 동아시아 드라마 인터넷 시청자들이 한국 드라마의 세계로 들어오는 계기가 되었다.[1]

이 드라마가 내러티브 수준에서 재현하는 '예쁜 남자'의 모습은 사실 한국 드라마가 전통적으로 발전시켜온 '잘생긴 외모에 차가운 성격이지만 사랑에 의해 따뜻한 내면이 드러나는 남자'와 크게 다르지 않다. 새로운 점은 남성 주인공들을 적극적으로 미적 피사체로 대상화했다는 점인데, 주인공을 맡은 네 배우가 스타덤에 오르고 수많은 그들의 디지털 영상이 인터넷에서 유통된 현실이 이러한 수용을 증거한다. 주인공들이 고등학교 2, 3학년으로 성인이 되기 직전의 나이에서 극의 전개 도중 성인의 세계로 진입한다는 점에서, 이 드라마의 꽃미남 담론

---

1) 필자의 팬 인터뷰와 인터넷 참여관찰을 통해 살펴본 바로는, 한국 드라마의 초기 팬들은 2000년대 중반의 「풀 하우스」(KBS2, 2004)나 「궁」(MBC, 2006)을 처음 보면서 팬이 되었고, 두번째 팬 그룹은 「꽃보다 남자」를 첫 작품으로 한국 드라마의 세계에 진입했다.

은 아이돌에 대한 팬덤처럼 소년애에까지 닿아 있지는 않지만, 청소년과 성인의 경계에 선 네 명의 잘생긴 남성 인물의 친구 공동체를 그리고 있다는 점, 그들 사이의 우정에 파문을 던지는 소년 같은 소녀가 등장한다는 점에서 일본 만화를 통해 동아시아에 널리 퍼져 있는 남장 여성의 주제와도 닿아 있다.[2]

한국 드라마에서 이처럼 꽃미남 담론에 의지하는 동시에 아이돌 그룹 출신을 기용해 팝음악 산업과 크로스미디어 전략을 맺고, 또한 꽃미남 공동체 속에 남장 여성 또는 남성적 여성을 등장시키는 내러티브는 여러 차례 반복되었다. 「미남이시네요」(SBS, 2009)와 「성균관 스캔들」(KBS2, 2010)이 대표적 사례이다. 두 드라마 모두 시대와 상황은 서로 다르지만 남장 여성이 꽃미남들과 동거하는 이야기를 통해 시청자들의 '엿보기' 욕망을 충족시켰으며, 남장 여성을 남성으로 착각한 상태에서 남성들 사이의 로맨스를 그린 '보이즈 러브' 테마를 공유하는 동시에 아이돌이 주인공으로 연기하고 주제가 작업에 참가하는 등 교차산업적인 제작에 의지했다. 이 두 작품은 국내 시청률보다 해외에서의 인기, 지상파 방송 시청률보다 인터넷을 통한 팬들의 열광도가 더 컸다고 평가할 수 있을 정도로 인터넷 공간에서 바람을 일으켰다. 그 이유는 물론 인터넷을 통한 영상물 소비에 익숙한 젊은 세대를 겨냥한 프로그램이라는 점이 중요하게 작용했지만, 성 정체성을 다룬다는 주

---

2) 이 계열의 대표적인 망가-드라마 각색 사례로는 원작이 1996~2004년 사이에 출판되고 대만, 일본판 드라마가 제작된 '하나키미(花ざかりの君たちへ)'를 들 수 있다. 최근작 「성균관 스캔들」(KBS2, 2010)은 여학생이 남자고등학교에 남장을 하고 들어간다는 '하나키미'식 설정의 조선시대판이라고 볼 수 있는데, 현재 일본 비디오 대여 부문에서 큰 인기를 얻고 있다. 「日서 '성균관 스캔들' DVD 선풍적 인기.. '눈길'」, 『머니투데이』, 2011. 4. 21(http:// news.nate.com/view/20110421n15251).

제와 제작진이 의도적으로 선택한 미학적 특성이 중요한 역할을 했다. 다시 말해서 남장 여성과 그녀의 남장 사실을 모르는 남자 주인공 사이의 연애감정을 다룸으로써 동성애의 감정을 도덕적 검열의 위험 없이 다룰 수 있는 시나리오였기도 하지만, 드라마 속에서 남자 인물들 사이에 존재하는 미묘한 애정관계를 다루는 동시에 연출도 꽃미남/아이돌을 돋보이게 하는 카메라워크로 눈을 즐겁게 했다. 이 두 드라마는 따라서 한국 텔레비전에서 남자들의 세계에 남장을 하고 들어온 남성적 여성을 다룬 테마의 시조라고 볼 수 있는 「커피프린스 1호점」(MBC, 2007)과 구분된다. 후자가 카메라워크보다는 내러티브를 통해 사랑의 심리적 측면을 강조했던 반면, 「미남이시네요」와 「성균관 스캔들」은 드라마에서 꽃미남과 아이돌 문화를 좀더 적극적으로 활용하여 아름다운 의상이라든가 감각적 연출에 심혈을 기울였다.

이 글에서는 아이돌 문화를 응결점으로 하여 드러나고 있는 한국의 현재적 성 담론을 프랑스의 여성 수용자들이 수용할 때 어떤 담론적 기제가 작동하는지 관찰하는 것을 목표로 한다. 한국에서는 이러한 나이 어린 연예인들을 성적 대상으로 갈망하는 팬덤 현상을 도덕적으로 가능하게 만드는 이모 팬덤, 누나 팬덤, 삼촌 팬덤이라는 문화적 필터가 작동한다.[3] 그렇다면 이 담론이 한국과는 상이한 서구의 성 담론 속에 수용될 때 어떤 문화적 논리에 따라 어떤 담론이 작동되는 것일까?

---

3) 이 부분은 이 책에 실린 김수아의 글 「케이팝 아이돌의 성인 팬덤과 정체성 문제」를 참조했다.

2. 한국의 아이돌 문화가 프랑스 여성 팬을 만날 때: 방법론과 연구 문제

1) 인터넷과 디지털 문화가 형성하는 새로운 매체정경

디지털 문화의 발전을 통해 2000년대 후반에 이르러, 서구 선진국들의 대부분 그리고 전 지구상의 도시지역에서 시청각 콘텐츠 소통을 수월히 하는 고속 인터넷에 접속할 수 있게 되었다. 이것은 전 지구적인 문화 콘텐츠 유통이 기존 제도권의 매개를 통하지 않고도, 다시 말해서 기존의 텔레비전 채널이나 DVD, 음반 산업에 의지하지 않고서도 대량으로 유통될 수 있게 되었음을 의미한다. 특히 동아시아 대중문화의 선두주자인 일본과 한국은 미국, 북유럽과 더불어 전 세계에서 디지털화가 가장 빠르게 이루어진 지역이라는 점에서 동아시아 콘텐츠가 전 세계적으로 유통될 수 있는 물질적 환경은 이미 형성된 상태였다.

이러한 디지털 기술은 현재 세계화의 움직임과 맞물려 새로운 문화의 논리를 만들어가고 있다. 1990년 중반 세계화의 문화적 영향에 대한 아파두라이Arjun Appadurai의 중요한 저작을 전후하여 이민 인구diaspora 집단이 위성방송, 카세트, VCR 등을 통해 본국 문화와 접촉하는 현상과 그것이 이민 지역에서의 삶 속에서 어떤 의미를 지니는가에 대한 많은 현장연구가 이루어졌다(Appadurai, 1996; Mattelart, 2007). 이와 더불어 디지털 환경이 박차를 가한 능동적 수용자에 대한 연구가 팬덤 연구로 가시화되어, 다양한 팬 활동과 인터넷의 공동작업 환경 속에서 발전하는 사용자 창작 콘텐츠에 대한 연구가 활성화되었다. 그러나 이민현상을 넘어서서 디지털화가 가져온 새로운 가능성이 세계화 과정과 만나 생겨나는 새로운 문화소통, 새로운 매체정경Mediascape에 대한 연구는 이제 첫걸음을 시작한 단계라고 볼 수 있다. 이 글이 연구 대상으로 하는 한국 아이돌 문화의 프랑스 여성 팬덤 현상은 이민 인구가 형성하는 '민속정경Ethnoscape'(Appadurai, 1996)과 탈구되어 있는 매체정경의 하나로 흥미로운 사례 연구의 현장을 제공한다.

2) 인터넷 민속지학 방법

이 글의 문제의식은 한국 드라마와 대중음악이 동아시아를 넘어서 초지역적으로 유통되는 현상을 관찰하는 과정에서 정립되었다. 동아시아에서의 한류는 방송 프로그램과 음반, 아이돌들의 현지 콘서트 등 '공식적' 유통경로를 통해서 이루어졌고 이에 대한 수용 연구 또한 그러한 공식적 유통현상에 병행하여 수행된 것이 대부분이다. 그러나 2011년 10월 현재, 서유럽에서는 한국의 드라마가 방송된 적이 없고, 2011년 6월, 한국 아이돌들의 첫번째 파리 콘서트가 열렸을 뿐이다. 결국, 서유럽에서의 한류 콘텐츠 유통은 절대적으로 인터넷의 팬 포럼이나 드라마 P2P 사이트, 각종 방송 콘텐츠에 대한 자막 달기가 이루어내는 비공식적 소통수단에 의존한 것이라고 볼 수 있다.

따라서 본 연구실행을 위해서 필자는 동아시아 대중문화의 전 지구적 유통 및 향유와 관련된 인터넷 사이트들(P2P를 제공하는 플랫폼, 정보제공 사이트, 블로그, 팬진fanzine, 포럼 등)을 광범위하게 관찰했고,

질적 연구를 위해 관찰범위를 축소하여 프랑스 드라마 팬들의 전문포럼 '도라마 월드Dorama-World'에서 2009년 1월부터 2011년 초까지 2년 동안 온라인으로 참여관찰하는 인터넷 민속지학을 시행했다.[4] 그리고 이 기간에 보르도 대학 언론정보학과 학생들 3백여 명에게 초보적 설문을 실시하는 동시에 한국문화 관련 동아리의 성원인 한국 드라마 팬 십여 명과 일대일 심층 인터뷰도 했다. 이 과정에서 동아시아 드라마의 수용인구가 다수 대중이 아니라 소수팬 집단이라는 사실을 확인했고, 이들은 한국 드라마를 볼 뿐만 아니라 일본과 대만 등 동아시아 드라마 전체를 수용하고 있다는 사실을 알 수 있었다. 또한 팬들과의 인터뷰를 통해서는 팬 활동의 조직과 분업, 동아시아 드라마들 사이의 차별성, 한국 드라마의 매력 등에 대한 광범위한 정보수집이 이루어졌다. 드라마 팬 포럼에 대한 인터넷 민속지학은 인류학적 현장 참여관찰 과정과 동일하게 이루어졌다. 연구 대상인 커뮤니티 속에 성원으로 수용될 수 있도록 공동의 팬 활동에 참가했고, 관찰기간 동안 현장일기를 통해 팬 포럼의 대화 중 유의미하다고 생각되는 것들을 테마별로 분석하고 새로운 지식을 정리했으며, 포럼에 상주하는 핵심 성원들의 정체성을 파악했다.

참여관찰 대상으로 '도라마 월드'를 선택한 이유는 여러 가지이다. 첫째, 이 포럼은 2011년 10월 현재, 등록된 멤버가 2,400명 정도, 댓글 수가 6만 7천 건이 넘어 중간 규모를 지녔는데, 수명이 2~3년인 다른 포럼과 달리 프랑스 한국 드라마 팬덤 초기인 2005년에 창설되어

---

4) '도라마 월드' 포럼 인덱스 페이지(http://www.dorama-world.com/forums/index.
   php) 참조(검색일: 2011. 10. 15).

2011년 말 현재까지 운영되고 있어서, 그동안의 모든 게시물과 댓글을 볼 수 있는 프랑스 동아시아 드라마 수용 자료의 보고이다. 이 포럼은 동아시아의 드라마뿐만 아니라 영화, 배우, 대중음악 그룹과 아이돌, 기타 문화, 정치 뉴스에 이르기까지 아시아에 관련된 각종 정보를 공유하고 토론하는 공간이어서, 드라마 팬들이 아이돌 문화를 넘어서 어떤 관심을 보이는지를 관찰할 수 있게 해준다.

둘째, '도라마 월드'의 열성 팬들은 2005~2006년, 팬 포럼 초기부터 성원이었던 30대 이상 팬들과 2009년 이후 가세한 20대 팬들이 주축인데, 중심 멤버들은 오프라인에서의 만남을 통해 많은 경우 서로 아는 사이였다. 뿐만 아니라 포럼에 새로 등록하는 사람의 자기소개와 사진 게시란이 있어서, 멤버들에 대한 장기간의 관찰과 각종 개인정보들(직장, 가족관계, 사는 지역, 나이, 성별, 각종 취향, 한국 방문 여행사진 등)을 상호 교차시켜서, 대다수의 경우 개인의 이름과 전화번호 등 사생활 정보를 제외한 개인 정체성을 알 수 있었다. 이처럼 관찰된 개인정보들은 자연스럽게 메시지로 주고받은 질의응답을 통해 필자가 확인할 수 있었고, 지난 6월 케이팝 파리 공연을 계기로 있었던 오프라인 모임을 통해서도 일부 멤버의 정체성을 확인할 수 있었다. 이 연구 방법은 단기간의 온라인 관찰을 통해 화자가 누구인지 알 수 없는 상태에서 담론만을 연구 대상corpus으로 삼는 일반적인 인터넷 포럼의 담론 분석과 달리, 그룹 역학, 개인 정체성, 수용 과정의 젠더 문제를 다룰 수 있게 한다는 큰 장점을 지닌다.

'도라마 월드'의 구성원들은 드라마와 관련된 모든 것, 즉 배우, 작가, 삽입곡, 영화, 그리고 대중음악과 아이돌에 대해 다양한 토론방을 운영하고 있다. 이러한 팬들의 다양한 활동을 참여관찰하는 과정에서, 1절에서 기술한, 한국 사회의 아이돌 문화를 둘러싼 성 담론이 프랑스의 드라마 팬덤에서 매우 중요한 역할을 하고 있다는 것이 드러나게되었다. 관찰내용을 유의미하게 해석하기 위해서 매체문화에 관련된프랑스의 성 담론구성체에 대한 사적 연구가 필요했고, 이를 위해서동아시아 대중문화의 유통에 대한 기존 연구에 의지해야 했다(Maigret, 1999). 특히 2006년에 만들어진 파리 정치학교 국제문제연구소Science Po, CERI 소장 장-마리 부이수Jean-Marie Bouissou 교수가 주도한 망가 네트워크의 작업과 프랑스 내부 망가 팬에 대한 현장연구가 큰 도움이되었다. [5]

3. 아이돌 문화의 프랑스 수용 배경

'도라마 월드'에서 관찰되는 동아시아 대중문화 팬들의 절대 다수는여성이다. 사이트의 창설자와 관리자는 창설 당시 20대 초반의 망가와일본 아니메 남성 팬이었지만, 지금은 대학생, 직장인이 대부분인25~45세 사이의 여성 팬들이 적극적인 멤버들이다. 동아시아 드라마전체를 토론하는 팬 포럼이지만 한국 드라마에 상대적으로 많이 달린댓글의 수와 배우들에 대한 열정, 그리고 적극적으로 활동하는 멤버들의 대부분이 한국 드라마를 선호한다는 점에서 한국 아이돌 문화와 꽃

---

5) http://www.ceri-sciencespo.com/themes/manga/index.php. 망가 네트워크의 다양한 작업은 이 사이트에서 참조 가능하다(검색일: 2011. 10. 15).

미남 담론의 수용이 어떤 문화적 중재에 의해 이루어지고 있는지를 관찰하기에 적합한 장소였다. 이들은 대부분 프랑스에서 1990년대를 통해 일본 망가/아니메를 보고 성장했고, 망가를 원작으로 하는 일본 드라마들을 인터넷을 통해 시청하다 일본 드라마 속에 섞여 있는 한국 드라마를 보게 되었고, 결국 한국 드라마를 일본 드라마보다 더 좋아하게 된 1세대 팬들이다(Hong-Mercier, 2012). 이들의 팬으로서의 경험이나 아이돌 팬덤을 접하게 된 경로 또한, 2000년대 중반 이후 케이팝 아이돌들의 드라마 출연을 계기로 한국 드라마를 보기 시작한 청소년 및 20대 초반의 2세대 팬들과 구분된다. '도라마 월드'의 멤버 중에는 아시아 이민 2세대들도 있지만 이들은 소수에 그친다. 적극적 활동을 하는 팬들은 대부분 붙박이 프랑스인이거나, 유럽 내부에서 이민을 왔거나, 결혼, 입양 등 프랑스인과의 친족관계를 통해 프랑스인이 된 사람들이다. 이들은 거의가 대학 재학, 졸업 또는 그 이상의 학위를 지녔고, 독서와 공연 관람 등 문화 활동을 열심히 하는 동시에 사회관계에서도 주변인에 속하지 않는다. 따라서 인터넷 문화 속 긱Geek, 너즈Nerds, 또는 오타쿠Otaku의 스테레오타입에 걸맞은 주변적 집단은 아니다. 이들은 현재 지배적 텔레비전 문화인 미국의 드라마 시리즈와 프랑스 텔레비전 픽션물에 식상한 경우가 많고, 소수는 미국 드라마의 팬인 동시에 동아시아의 드라마도 열심히 시청하는 드라마의 다식가들이다(Hong-Mercier, 2012 ; Hong-Mercier & Bourdaa, 2012). 이들은 동아시아의 드라마만 시청하는 것이 아니라 동아시아 문화산업에 특징적인 아이돌 경제에서 드러나는 것과 같은, 동아시아의 특수한 연예인 문화, 초국가적으로 각색·제작되는 각종 문화 산물, 드라마뿐만 아니라 대중음악, 영화, 텔레비전의 연예 프로그램까지 광범위하게 즐기는, 동아시아의 대중문화 소비자이다.[6] 다시 말해서 프랑스의 팬들은 매체 속에 유통되는 아이돌의 영상만 소비하는 것이 아니라 한국의 아이돌 팬덤에도 매우 민감하다. 이들은 아이돌이 출연하는 드라마, 연예 프로그램, 뮤직비디오, 그들의 다양한 팬클럽 활동, 생산되는 팬픽션, 팬을 위해 연예 산업이 조율하는 각종 팬 서비스까지 모두 섭렵하고 있으며, 이 과정에서 아이돌 문화 속에 응결되어 관찰되는 한국 사회의 성 담론을 정면으로 만나게 된다.

1) 아이돌, 꽃미남, '보고스'

이들이 선호하는 한국 드라마 수용 과정에서 드러나는 성 담론은 '잘생긴 정도bogossité'라는 신조어 주변에서 관찰된다. '잘생긴' '아름다운' 이란 의미의 'Beau'와 '아이/놈'이란 의미의 'gosse'를 결합하여 '보고스bogosse'라는 단어가 만들어졌는데, 이 용어 자체에는 한국 대중문화 속 '꽃미남'이라는 용어 또는 일본문화의 '미소년bishonen'이 성 담론 속에서 생산한 소년애적이고 동성애적인 의미가 내포되어 있지 않다. '보고

---

6) 동아시아 대중문화의 중요한 요소인 연예인 문화는 팬들에게 서구에는 존재하지 않는 동아시아 고유의 문화산업적 특성으로 인지되고 있다. 동아시아의 연예인들은 문화산업 전체에서 토털 엔터테이너로서 일해야 한다. 대형 방송사에서 탤런트 모집을 통해 '취직'하거나 대형 엔터테인먼트 회사에 의해 '선발/발탁'된 연예인들은 드라마뿐만 아니라 각종 오락 프로그램에서 개그맨 역할, 가수 역할, 그냥 자리를 메우는 관객과 초대된 스타 사이 중간지대의 역할, 때로는 사회자 역할까지 포함하는 토털 쇼 비즈니스에 종사해야 한다. 대중매체를 통해 대중이 인지하고 호감을 갖게 된, 다시 말해서 연예인으로서 사용가치 외에 일정한 부가가치를 지닌 이들은 스타와 미디어 유명인celebrity 사이에 놓인, 서구의 연예 산업에는 존재하지 않는 직업 정체성을 지닌다.

스'가 성 담론을 만나는 부분은 '한국 배우들의 잘생긴 정도'라는 토론 방에서 관찰되듯이, 한국의 꽃미남 배우들과 나이 어린 아이돌에 대한 토론 과정에서이다. 이 토론방은 2008년에 처음 생겨서 댓글이 2011년 현재 20페이지를 넘어섰는데, 프랑스에서 먼저 팬덤이 발전한 일본 배우들에 대한 페이지는 한국 배우 토론방의 역동성에 자극받은 일본 드라마 팬들이 2010년에야 만들었고, 댓글의 양도 6페이지에 불과하다.

프랑스의 한국 드라마 여성 팬들은 한국 드라마와 팝문화 속에서 만나게 되는 대부분의 아이돌들, 꽃미남들보다 연상이다. 성적으로 무척 개방되어 있는 듯이 보이는 서유럽에서도 성 담론은 무수한 경계 담론과 정상성 담론 속에 놓여 있다. 소년애l'amour des garçons는 푸코가 『성의 역사』 속에서 분석했듯이 그리스 시대부터 이중적 의미를 띤 연애였다(Foucault, 1984, pp. 219~34). 자연이 부여한 아름다움을 지닌 소년은 연상의 남성과 연상의 여인이 동시에 원할 수 있는 천상의 에로스의 대상으로 여겨졌다. 프랑스의 여성 드라마 팬들에게는 지나치게 어린, 때로는 미성년인 아이돌 스타들을 좋아하고 팬이 되는 것은 한국에서처럼 누나 담론이나 이모 담론에 의해 보호되지 않기 때문에, 연하의 남성과의 연애를 터부시하는 프랑스 사회에서는 일종의 문제적인 문화행위로 간주될 수 있다. 프랑스의 한국 드라마 팬들과의 면대면 또는 포럼을 통한 인터뷰 속에서, 한국 드라마의 반복되는 주제 중 하나인 30대의 연상 여인과 20대 연하남의 연애에 대해 많은 관심이 표출되었다. 그것이 한국 사회 속에서 증가하는 경향인지, 한국 사회의 유교적 성격과 어떻게 공생할 수 있는지, 연하남과의 연애와 결혼이 사회적으로 널리 인정되는지에 대한 질문이 쇄도했다. 이것은 아이돌 문화를 통해 그 형상이 드러나는 한국의 성 담론에 비추어 프랑스 내 억압적 성 담론을 문제시하려는 욕구가 감지되는 반응이다. 프랑스 팬들이「내 이름은 김삼순」(MBC, 2005),「달자의 봄」(KBS2, 2007), 「아직도 결혼하고 싶은 여자」(MBC, 2010) 같이 연상 여인과 연하 남성의 연애를 다룬 드라마들에 대해 유별난 관심을 보이는 것이 바로 이 때문이다.

연하 남성과의 연애감정과 직결되는, 동아시아 드라마에 등장하는 꽃미남과 아이돌에 대한 열광은 프랑스 사회의 잣대로 볼 때 '불온한' 것일 수 있지만, 그것은 절대로 현실 속 관계로 실현될 수 없다는 이국성 때문에 프랑스의 여성 팬들에겐 일단 심리적으로 안심하고 즐길 수 있는 열정이 된다. 이것은 마치 일본의 초기 소년애 만화들이 19세기 말 독일이나 남프랑스의 고등학교라는 시공간적으로 먼 장소를 이야기가 전개되는 배경으로 삼음으로써, 1970년대 당시 일본 사회에서 소통되기 어려웠던 동성애라는 주제를 이국성으로 포장하여 유통 가능하게 만들었던 것과 비교되는 반응으로 보인다(Pagliassotti, 2008a).

2) '보이즈 러브' 장르와 '야오이' 담론 속에 수용되는 아이돌 문화

프랑스에서는 위에서 언급했듯이 1990년대를 거쳐 광범위한 망가 팬이 형성되었고, 2008년 현재, 프랑스는 일본에 이어 세계 2위 망가 시장으로 당당히 성장했다(Bouissou, 2010). 2000년대 중반 이후 서유럽과 북미 전체에서 '야오이Yaoi'물의 수입이 확대되면서 야오이 문화에 직간접적으로 연결된 팬 활동이 증가했다(Levi, McHarry &

Pagliassotti, 2008). 프랑스의 1세대 여성 드라마 팬들 대부분이 망가와 아니메 팬 활동을 하면서 드라마를 발견했다는 점을 감안하면, 아이돌 문화의 동성애적 측면은 즉각적으로 '보이즈 러브Boys' love' 장르에 속하는 해석을 유발하고, 굳이 동성애적 테마가 가시적이지 않더라도 아이돌이나 아이돌이 연기하는 인물들 사이에서 '보이즈 러브'를 읽어내는 '야오이' 담론 속에서 수용된다. '보이즈 러브'는 미디어에 상관없이 남자 주인공들 사이의 연애감정을 다룬 만화, 소설, 아니메, 영화, 드라마 전체를 일컫는데, 이것은 이성애 취향의 여성 작가에 의해 젊은 이성애 여성 수용자를 위해 창작된, 창작자-콘텐츠-수용자의 서클이 확실한 폐쇄적 장르다. 이것은 일본에서 '야오이'라고 불리는 팬픽션 운동, 다시 말해 남성용 망가의 주인공들을 선택해 이들 사이에 애정관계를 부여하는 여성 독자용 팬진 활동 '도진시doujinshi(동인지)'의 영향을 받아 망가 산업 속에서 적극적으로 하나의 독립 장르로 정착되었다. 야오이는 이에 상응하는 서구 팬 문화의 슬래시slash 팬픽션과 거의 동시적으로 1970년대에 가시화되었는데, 해리 포터에 대한 광범위한 슬래시-도진시/팬진 현상에서 관찰되듯이, 슬래시 문화와 야오이/보이즈 러브라는 두 문화권의 팬 하위문화가 현재 서로 영향을 미치고 있다는 주장이다(p. 4). 서구 환경에서 이것이 꽃미남 담론이 배제된 내러티브 중심의 여성 팬 하위문화라면, 수입된 '보이즈 러브' 망가는 많은 남성 동성애자 팬들도 수용자 층으로 유인하고 있다고 보인다(pp. 2~3). 그 결과, 일본과 한국 등 동아시아 야오이 문화 향유자들이 동성애 속에서 극단적인 로맨스 지상주의를 구현한다면,[7] 서구의 야오이물 향유자들의 팬 활동(수입되어 출판된 '보이즈 러브' 망가 읽기, 온라인 커뮤니티 만들기, 야오이 출판업자들에 대한 압력, 야오이물 창작)과 성적 취향은 훨씬 다양하고, 동성애 문화를 지지하고 있다는 연구 결과도 있다(Pagliassotti, 2008a). 우리의 관찰 대상 포럼인 '도라마 월드'의 경우도 절대다수 멤버들이 이성애 취향이지만 '보이즈 러브' 소설을 써서 배포하는 동성애 성향의 남성 드라마 팬도 있다.

서구에서 '보이즈 러브' 장르의 수용효과에 대해서는 이견이 많다. 기존의 이성애적 로맨틱 판타지에 기댄 산물들과 그 내용과 기능에 큰 차이가 없다는 주장(Pagliassotti, 2008b)과, 여성의 성 정체성에 대한 지배적 담론으로부터 해방 가능성을 제공한다는 주장(Kee, 2008; Stanley, 2008), 그리고 '보이즈 러브' 장르와 '야오이 문화'가 동성애 내러티브의 생산과 수용을 복잡하게 만들고 있다는 서로 다른 연구 결과들이 있다(Isola, 2008). 결국 '보이즈 러브' 코드가 팽만한 한국의 아이돌 문화 수용 또한 그 효과를 가늠하기 힘든, 이처럼 다층적인 서구의 성 담론 속으로 편입된다고 가정할 수 있다. 혈기왕성한 청소년들이 합숙하면서 생활한다는 아이돌 문화는 동성애 내러티브로 가득하며, 방송사와 기획사가 의도적으로 연출한 직간접적 동성애적 표현들로 가득 차 있다. 이것은 굳이 '보이즈 러브' 장르의 팬들이 아니더라도 '쇼조(소녀) 망가'를 통해 널리 퍼진 미소년/꽃미남과 남장 여성을 통

---

7) 야오이 문화의 탄생지인 일본과 그것이 수입된 한국에서 야오이 담론은 동등한 남녀관계를 상정하는 로맨틱 판타지의 극단적 표현으로서 생산·소비된다. 한국의 경우 이러한 여성 팬들의 로맨틱 판타지 성향은 드라마 제작에도 영향을 미쳐, 한국의 트렌디 드라마가 사실주의적 자의식을 포기하여 순정만화와 유사해지고(양성희, 2007: 임희수, 2011에서 재인용, p. 71), 남장 여성을 등장시켜 동성애 문제를 다룬 최초의 드라마 「커피프린스 1호점」의 경우 드라마 속에 야오이와 팬픽의 낭만적 동성애 정서가 재현되고 있지만 결국 보수적인 사랑지상주의의 한계를 벗어나지 못하고 있다는 연구(홍지아, 2005)도 있다.

한 가벼운 '보이즈 러브' 테마에 익숙한 프랑스 여성 팬들을 열광시키는 중요한 요소이다. 프랑스 여성 팬들은 드라마 속에 삽입되는 꽃미남과 몸짱의 노출장면이나 아름다운 자태를 돋보이게 하는 연출에 매우 민감하며, 이 장면들만을 편집하거나 반복해서 감상한다. 일부 팬들은 드라마나 뮤직비디오를 넘어서 팬들이 찍은 사진이나 유튜브에서 발견되는 아이돌들의 범상한 일상 속에서도 동성애적 표현을 적극적으로 읽어내기도 한다.[8]

3) '소녀팬질'

위와 같이 꽃미남 아이돌들에 대한 열광은, 여성 팬들이 스스로 '소녀팬질fangirlisme'이라고 부르는, 나이에 걸맞지 않다고 생각하면서도 즐겁게 받아들이는 일종의 퇴행성 팬 활동이다. 망가 문화에서 의례화된 각종 팬 활동들(각종 망가 코믹콘에 참가하기, 코스튬 플레이 하기, 팬픽션 쓰기 등)은 참여적이고 능동적인 특성으로 인해 망가 팬 하위문화 속에서 긍정적인 팬 행위로 자체평가를 받는다. 이와 대조적으로, 소녀팬질은 어린 소녀들이 우상 앞에서 이성을 잃고 소리 지르거나 혼절하는, 전통적인 대중문화 향유의 저급성을 대변하는 행위로 구분된다. 비록 그것이 동아시아 드라마 팬들만이 왕래하는 팬 포럼에서이지만 스스로를 연하 아이돌의 열광적 팬임을 드러내는 것, 그들의 뮤직

---

8) 예를 들어 빅뱅의 노래 「집에 가지 마」의 텔레비전 프로그램 퍼포먼스 비디오에 대해서, 그것이 노래의 내용인 여자친구와의 연애와는 별도로 지드래곤과 T.O.P 사이의 사랑싸움으로 보인다는 코멘트, 2011년 6월 SM 소속 가수들의 파리 공연 기자회견 사진 중 샤이니의 막내 태민을 둘러싼 다정한 손길들에 대한 동성애적 해석 등 많은 사례가 있다.

비디오를 반복시청하고, 아이돌과 꽃미남 들의 드라마 속 노출장면이나 섹시한 장면의 영상을 캡처하여 포럼에 게시하고 다른 멤버들과 함께 댓글을 달며 즐기는 것은, 혼자 은밀한 시각적, 정서적 즐거움을 얻는 것과는 다른 행위이다. 이것은 공동의 취미를 지닌 드라마 포럼일지라도 때로는 서로에게 정당화를 부여해야 하는 '유별난' 행위로 간주된다. 따라서 새로 팬으로 등록하는 멤버들이 자기를 소개할 때면, 반드시 "여기서는 걱정 말고 자신의 열정을 털어놓아도 된다. 여기는 '보고스' 사진 앞에서 단체로 열광하는 것이 당연한 분위기다"라고 팬 포럼의 분위기를 밝히고 새로운 멤버가 쉽게 적응하도록 도와준다.

'도라마 월드'의 아이돌에 관한 토론방에서는 노골적으로 감정을 드러내는, 다음과 같은 격의 없는 직설적 대화가 항상적으로 오간다.

아아아이이이이이이! 드디어 그 드라마의 주인공이 누가 될지 발표됐어![9]

팬들은 한국 대중문화 속에서 작동하는 팬 관리방법 또한 식별할 줄 알고, 그것은 드라마 시청의 즐거움의 일부이다.

너는 여태까지 일본 드라마만 본 모양인데, 한국 드라마 초반 에피소드에서 볼 수 있는 경이로운 팬 서비스의 세계를 발견하게 해주고 싶어 (반드시 그런 건 아니지만 일반적으로 샤워장면을 볼 수 있는데 침 흘

---

9) 이와 같이 본문에서 인용한 '도라마 월드'의 게시글은 모두 필자가 원문의 느낌을 그대로 살려 번역한 것이다.

리다 닦으려면 근처에 클리넥스 통을 준비해두고 봐야 할 거야……)

(ID: Capucine1950, 30대 초중반 여성, 프랑스 북부 벨기에 국경 근처 거주, 건축가)

이들은 끊임없이 새로 등장하는 '보고스'를 찾아 비디오를 전전하고, 이러한 정보를 팬 커뮤니티에서 공유한다.

그와 비슷한 스타일로는 비가 프로듀싱한 엠블랙의 비디오를 꼭 봐야 돼(오예!). 거기에 터질 듯한 애들이 많은데(특히 앞에서 티셔츠 올리는 아이)…… 그리고 SS501도 볼만하지. 이 애들은 모두 엄청 잘생겼어(제일 못생긴 애도 진짜 잘생겼다니깐)……

(ID: Faye, 30대 초반 여성, 파리 거주, 예술사 석사)

이와 같은 집단적인 '소녀팬질'은 어린 아이돌에 대해서뿐만 아니라 잘생긴 한국 배우들 전체를 대상으로, 때로는 그들의 연기력과 퍼포먼스에 대한 찬양과 함께 오간다. 이러한 아이돌들과 미남배우들을 포함한 동아시아 남성 이미지는 한국의 드라마와 연예 산업이 생산하는 이성애적이고 얌전한 로맨스 이야기 속에서 제공된다. 그러나 프랑스의 여성 팬들은 위에 인용된 대화에서 볼 수 있듯이, 내러티브가 주는 로맨틱 환상에 동의하거나 로맨스를 통한 현실회피로 나아가는 것이 아니라, 남성 이미지를 내러티브에서 분리해내어 적극적인 시각적 즐거움의 대상으로 삼는다. 이러한 '소녀팬질'에 대해 비판적 코멘트를 하는 '도라마 월드'의 남성 멤버들과의 대화 속에서 여성 팬들은 동아시

아 남성의 아름다운 육체에 대한 찬미가 여성성을 해방시키는 데 기여
한다고 주장한다.

4) 디지털 시대의 시각적 쾌락

위에서 언급했듯이 한국 드라마를 포함한 동아시아 드라마의 유통은
기존의 망가 문화에 기초한 것이고, 이 글에서 다루는 아이돌 문화의
수용은 망가와 드라마가 속한 매체담론의 차별성이 핵심적 맥락으로
이해되어야 한다. 망가 텍스트가 수년 동안 시리즈로 출판되면서 스타
가 된 등장인물 캐릭터를 이용한 캐릭터 산업과 게임 산업에 밀접하게
연관된다면, 드라마는 문화산업 속에서 초텍스트적으로 존재하는 스타
들을 드라마가 재현하는 일상생활 공간 속에서 만날 수 있게 하여 매
우 친밀한 욕망의 대상으로 만든다. 또한 망가를 원작으로 한 드라마
제작의 증가로 인해, 두 세계의 크로스미디어적 관계를 내화하는 다음
과 같은 관객의 수용자세가 계발된다.

좋은 만화(특히 『풀 하우스』와 같은 쇼조 망가)를 읽는 것은 즐거운
일이지만, (좀 우습게 들려도 별 수 없어) 페이지를 넘길 때마다 망가
의 네모칸이 움직이며 종이에 고정된 인물들이 실제 몸을 지닌 배우들
로 변하는 걸 상상하게 되는군…… 그럼 당장 모든 것의 차원이 달라지
지…… 마치 그 둘 사이에 정서적 끈이 연결되어 있는 것처럼 둘 사이
를 갈라놓을 수가 없어.
(ID: Sweety, 40대 중반 여성, 파리 거주, 출판업 종사자)

망가가 손으로 그린 그림이라는 점에서 망가 페이지를 스캔하여 디지털 파일로 바꾼 다음 번역을 싣는 스캔레이션 등 유통 차원에서 디지털 문화의 영향을 받았다면, 드라마는 제작, 유통, 수용 과정 전체에 걸쳐 디지털 문화로 인한 커다란 변화를 겪고 있다. 드라마는 디지털로 제작, 송신됨으로써, 인터넷을 통해 전 세계에 손쉽게 유통될 수 있을 뿐만 아니라 화면 캡처 등을 통해 가공되고 마음대로 편집될 수 있는 일차 자료가 되었다. 특히 인터넷 용량과 속도가 증가하면서 드라마는 고화질로 제작·유통되고, 고화질을 100퍼센트 즐길 수 있는 대형 텔레비전 수상기에 다운로드하여 볼 수 있게 되었다. 이것은 아이돌과 꽃미남 담론이 전 세계에 유포되고 향유될 수 있게 한 필수적인 매체환경으로, 아이돌 문화를 구성하는 핵심적 요소이다. 디지털 기술은 원하는 장면의 집중적이고 반복적인 시청, 아이돌 영상의 한없는 증가, 확대, 공유, 유통, 편집을 가능케 했고, 원하는 시간에 원하는 장소에서의 향유를 가능케 했다. 인터넷 강국인 한국의 발달한 디지털 기술과 팬 문화 또한 아이돌의 영상이 유튜브와 페이스북 등 온라인으로 획득되고 재가공됨으로써 한없이 확대될 수 있도록 했다. 일본의 망가 문화가 출판대국답게 팬진인 도진시를 중심으로 발달했다면, 정보기술과 인터넷 강국인 한국이 인터넷을 통해 드라마와 케이팝, 아이돌 문화를 세계로 전파하는 것은 흥미로운 관찰 대상이다. 이 둘 사이를 연결하여 망가 팬들을 드라마 팬으로 유도한 것이 망가를 원작으로 한 드라마라는 점 또한 매체와 대중문화 형식 사이의 밀접한 관계를 예시하는 사례이다.

아이돌 문화의 전 세계적 수용은 디지털 시대의 시각적 쾌락digital scopophilia에 의존한다. 영화이론이 설명하는 시각적 쾌락은, 암실이라는 변별적인 특수 공간에서 고정좌석에 묶인 관객이 꿈을 꾸듯이 거대한 스크린에 투사된 영상에 지배되면서, 영상 속 욕망의 대상에 대해 유아기적 퇴행을 겪는 과정에서 경험하게 된다(Metz, 2002). 그런데 위에서 예시한 아이돌 여성 팬들이 '소녀팬질'을 통해 즐기는 시각적 쾌락은 영화가 제공하는 것과는 본질적으로 다르다. 멀비Laura Mulvey의 논쟁적인 논문이 전제하고 있듯이 영화의 시각적 쾌락이 내러티브에서 벗어나기 힘들다면(Mulvey, 1975), 고해상도 디지털 파일로 유통되는 드라마와 뮤직비디오 영상은 수용자가 마음대로 내러티브로부터 분리해내어 가공하므로, 특수 공간이 아닌 일상생활 속에서 다양한 형태로 시각적 쾌락을 제공할 수 있다. 영화장치appreil cinématographiqe는 카메라 뒤에 있는 감독으로서의 남성적 시선을 투사하여 영화 스크린 속 여성 신체를 페티시로 만들어 주술적으로 무효화시킨다거나 치명적인 매력을 지닌 그녀에 대해 내러티브적 복수를 가한다. 그러나 디지털 기술을 통한 영상 수용의 기제는 로맨틱 판타지를 강조하는 내러티브로부터 욕망의 대상인 피사체만을 자유로이 떼어내어 드라마의 내러티브와 상관없이 다양한 상태로 가공하면서 전유할 수 있게 해준다.

이러한 디지털 시대 팬들의 영상 수용 양식을 반영하기 위해, 드라마는 의도적으로 내러티브상 반드시 필요하지는 않지만 시각적 즐거움을 목표로 하는 팬 서비스 시퀀스를 포함한다. 주인공의 신체를 노출하는 샤워 장면이나 운동 장면, 잦은 클로즈업과 슬로모션 등이 그 예이다. 드라마는 내러티브상으로도 수용자 개인이 일상생활에서 경험할 수 있거나 적어도 동감할 수 있는 시퀀스들을 통해 눈물, 웃음, 창피함, 멋쩍음 등 신체적 효과를 동반하고 감동을 주는 서비스 의존적 장르이다.[10] 아래에 예시된 프랑스 여성 팬의 댓글은 아이돌 가수들의 뮤직비디오 또한 최대한 시각적 즐거움의 향유를 목표로 하는 서비스 코드로 수용되고 있음을 말해준다.

에구, 방금 기억났는데 동방신기와 SS501의 뮤직비디오를 대형화면에 돌비 5.1시스템으로 아직 다 보질 못했네…… 내 남친을 내보내야겠어. 지후와 재중을 보고 즐기는 것은 여자들끼리 아님 혼자 할 일이지…… 「미로틱」(내가 이 비디오를 좀 끈질기게 물고 늘어지는 거 알아)을 대형화면에 틀고서 준수가 몸을 물결처럼 흔들고 윤호가 태연히 엉덩이를 움직이는 걸 보면, 감히 말하건대 화면에 너무 가까이 있으면 화면이 축축이 젖는다니까……

(ID: Ooka, 30대 초중반 여성, 프랑스 남부 거주, 정보기술 부문 엔지니어)

아이돌 이미지 소비에 대한 위와 같은 해석은, 앞에서 설명한 영화 이론에서 발전한 시각적 쾌락 이론들과 획기적으로 다른 것이다. 아이돌과 꽃미남에 대해 소녀팬질이 추구하는 시각적 쾌락은 여성을 시각의 주체로 하는 일상생활 속의 백일몽이다. 이것은 금지된 훔쳐보기와 검열이 작동하는 꿈의 경험이라기보다는, 감추지 않고 개방적으로 제

---

10) 모든 신체적인 즉각 효과를 발생시키는 텍스트를 일부 학자들은 '신체 장르body genre'라고 부르고 포르노적이라고 규정한다(Williams, 2004).

공되는 팬 서비스의 적극적 활용에 가까우며, 마치 스타를 만나 사진을 찍어대듯 스크린 캡처를 통해 원하는 아이돌의 이미지를 생산하고 그것을 내러티브와 분리해 소비한다는 점에서 내러티브적 복수로부터 자유롭다. 뿐만 아니라 매력적 아이돌의 이미지는 문화적 거리와 이국성으로 인해, 수용자 개인이 빠져서 헤어나오지 못할 '위협적' 욕망의 원천이 아니라 실컷 보고 즐길 수 있는 미적 향유의 대상인 것이다. 드라마의 서비스 의존성과 아이돌 문화의 팬 서비스 전통은, 그 논리를 더 밀고 나가면, 최근의 여성 포르노그래피 연구Porn Studies에까지 연결된다고 생각하는데(Williams, 2004), 이 부분은 이 글의 범위를 벗어나는 것이므로 더 논의하지는 않는다. 디지털 시각적 쾌락 문제 또한 앞으로 영화이론을 더욱 발전시켜 심층적으로 논의해야 할, 디지털 시대의 대표적인 문화경험 중 하나라고 생각된다.

4. 문화 간 커뮤니케이션 차원에서 제기되는 문제들

그렇다면 이러한 아이돌 문화의 향유는 문화 간 커뮤니케이션 차원에서 어떤 의미를 지니는가? 크로스미디어 전략을 구사하는 대중문화산업이 생산하고 제공하는 동아시아 아이돌 스타들의 이미지는, 서구 미디어가 만들어 유통시킨 기존의 아시아 남성들의 스테레오타입을 뒤엎는 것이다. 할리우드가 전 세계에 유통시킨 기존의 아시아 남성상이 무술엔 능하나 여성을 매혹시킬 수 없는 유아적인 존재로 그려졌다면(홍석경, 2005),[11] 프랑스의 여성 팬이 열광하는 한국의 아이돌과 미남 스타들은 잘 만들어진 근육을 과시하고 훌륭한 패션 감각과 로맨틱한 이미지를 잃지 않고 춤추고 노래할 줄 아는, 과거 할리우드 스타에 버금가는 매력을 지닌 존재들이다. 게다가 할리우드 스타들처럼 멀고도 '잘난' 존재들이 아니라,[12] 주간 연속극에서 먹고 자는 것을 볼 수 있고 텔레비전 오락 프로그램에서 실수하고 웃음거리도 되며, 일상생활의 일거수일투족이 노출되어 있는, 스타와 미디어 유명인의 중간쯤 되는 친근한 존재들이다.

1) 동아시아의 매력적 근대와 성

개별 드라마의 내러티브와 분리되어 행해지는 아이돌 이미지에 대한 팬들의 시각적 쾌락 추구에 병행하여, 드라마가 제공하는 재현의 세계는 아시아의 근대성을 이해하고 싶은 욕망을 자극하는 초텍스트로 수용된다. 팬들은 드라마 속에서 반복되는 연애의 코드, 또는 인간관계의 코드, 장르의 코드를 잘 파악하고 있으며, 스타들의 초텍스트적 경로 즉, 드라마와 음악, 연예 산업 전체를 가로지르는 궤적을 훤히 꿰고 있다. 그러나 이러한 매력으로 가득한 스타들이 살아가는 동아시아의

---

11) 이것은 리샤오룽을 제외하고, 청룽, 리렌제, 할리우드 진출 이후의 저우룬파, 2009년작 「닌자 어쌔신」의 비에 이르기까지 예외가 없다. 「닌자 어쌔신」은 동아시아의 초국가적 스타인 비를 기용하고 그의 신체를 아이콘으로 만드는 힘든 준비작업을 거쳐 그의 아름다운 신체를 강조하는 대형 스펙터클 영화로 완성되었으나, 비는 할리우드 액션영화에서 유색인 주인공에게 주어지는 전통적 역할을 결국 벗어나지 못했다. 다시 말해서 액션 영웅으로서 공주를 구하는 역을 할당받지 못하고 흑인 여성과 로맨스 없는 파트너십에 만족해야 했다. '도라마 월드'의 멤버들은 이러한 내러티브의 단점을 의식하면서도 여러 번 영화관에 가서 대형화면 위에 펼쳐지는 비의 아름다운 신체를 감상했다고 토로한다.
12) 지적이고 우월한 측면이 부각되는 리어나도 디캐프리오나 조지 클루니 등을 보라.

근대성은 이해할 수 없는 일들로 가득 찬 것으로 느껴진다. 왜 교육수준이 높고 스타일이 좋은 주인공들이 선을 봐서 결혼하는가? 왜 서른이 넘은, 잘생기고 성공한 청년이 여자관계에서는 청소년처럼 수줍어하는가? 초현대식 아파트촌과 욕실도 없이 수돗물을 받아서 세수하는 다세대 공동주거 주택이 어떻게 공존하는가 등등. 이러한 동아시아 근대성에 대한 의문은 특히 한국 드라마에서 극대화되어 있다고 보인다.

한국의 스타들이 매력적일수록, 그들이 살아가는 동아시아의 이해할 수 없는 근대성은 서구의 물질주의적 근대성을 넘어서는 더욱 매력적인 무엇이 되는 것이다. 포럼에서 팬들은 드라마에 보이는 새로운 휴대폰, 멋진 디자인의 냉장고, 인테리어, 먹거리, 패션, 휴대폰 벨소리에 이르기까지 모든 갖고 싶은 것들에 대해 토론을 한다. 포럼을 통해 관찰할 수 있는 한국의 대중문화산업에 대한 서구 수용자들의 열망은 타문화의 생활방식에 대한 꿈을 생산하던 전성기의 할리우드와 유사하다. 따라서 한국 대중문화 팬들이 한국과 일본을 방문하는 것을 꿈꾸고, 한국음식을 먹고 싶어 하며, 일본어나 한국어 학습에 투자하고, 동아시아 스타들을 닮은 동아시아의 청년들을 연인으로 꿈꾸는 것은 무척 당연한 것으로 보인다.

위에서 연하의 아이돌에 대한 '소녀팬질'이 현실 속에서 실현 불가능한 이국성 때문에 팬들이 자책 없이 즐길 수 있는 안전한 열정이라고 설명한 바 있다. 그러므로 디지털 문화가 제공하는 모든 기술적 가능성을 동원하여 꽃미남 아이돌의 이미지 속에서 적극적으로 시각적 쾌락을 추구한다고 설명했다. 그런데 프랑스의 성인 여성 팬이 동아시아 아이돌과 미남 스타들에게 성적으로 이끌린다는 사실에는 나이 차이가 가져오는 힘의 불균형과 더불어, 백인 여성과 유색인종 남성 사이의 성적 어필에 대한 오래된 식민주의적 담론이 끼어들기 때문에 조심스러운 해석이 요구된다.[13] 식민주의의 잔재로서, 그리고 글로벌 매체가 부추기는 백인 남성의 성적 우월성 담론 속에서, 대부분의 백인 남성들의 눈에 아시아 남성은 여성적이거나 무성적, 또는 유아적, 때로는 게이다운 존재로 보인다. 따라서 아시아의 남성 스타들은 전혀 그들의 여성 파트너들을 앗아갈지도 모르는 경쟁의 대상, 위협적 상대가 아니다. 그렇다면 아이돌 팬덤에서 관찰되는, 백인 여성들이 지닌 아시아 남성들에 대한 열망은 이러한 서구 사회에 지배적인 남성성masculinity 담론에 역행하는 어떤 저항성이 담긴 행위일까? 아니면 적어도 열망하는 남성성의 미학적 변화를 의미하는 기표일까?

한국 아이돌과 꽃미남 들에 열광하는 '도라마 월드'의 여성 멤버들에 따르면 서구에는 소녀팬질을 할 만한 '일차적 대상'이 희귀하다고 한다. 즉 여성에게 시각적 쾌락을 줄 수 있을 만큼 잘생기고 아름다울 뿐 아니라 성적 욕망의 대상이 되는 남성상이 서구 대중문화에 희귀하다는 것이다. 다시 말해서 아시아 남성만을 '선호'하는 취향이라기보다 동아시아의 대중문화가 생산하는 현재적 아시아 남성상 속에서 서구 대중문화에는 희귀한 어떤 대안적 남성상을 발견하고 있는 것은 아닌가라는 가설이 가능하다. '보이즈 러브'와 야오이 팬픽션에 대한 연구들은, 이것이 동성애에 대한 가시성을 높이기는 하지만 동성애의 현실과는

---

13) 흑인 남성을 과도한 남성성을 지닌 동물적 존재로 이해하는 서구의 집단적 상상력은 현실에서 백인 여성들이 아프리카로 떠나는 섹스관광 사례 등을 통해 강화된다. 이것은 한국에서 힘센 마당쇠에 대한 성 담론과 비교될 수 있는 것인데, 여기에 인종주의적 힘의 불균형이 부가된 것이다.

무관한, 평등하고 연애 지상주의적 남녀관계에 대한 여성적 판타지를 적극적으로 충족시키는 것일 뿐이라고 평가한다(Levi, McHarry & Pagliassotti, 2008). 위에서 인용했던 것처럼 서구의 백인 여성 팬들에게 쇼조 망가의 인물이 살아 움직이는 것과 같이 느껴지는 드라마의 세계에서는, '보이즈 러브' 망가에서 걸어 나온 듯한 꽃미남들이, 부러움의 대상인 동아시아의 근대적 소비환경 속에서 로맨틱 코미디의 주인공으로 살아간다. 이 동양 남자들은 '보이즈 러브' 망가가 아이콘으로 생산한 국적도 성별도 희미한 '텅 빈' 아름다움을, 정체성이 확실한 살아 있는 아이돌 이미지로 채워주는 것이다.

동아시아에서의 한류와 한류 스타들의 놀라운 인기에 대한 연구에 따르면, 동아시아 내에서 대스타가 된 한류 배우들은 팬들과 종종 무성적인 관계를 맺거나, 아름다운 외모뿐만 아니라 로맨틱 내러티브 속에서 드러나는 여러 동아시아적 인간적 가치들을 구현하고 있다(Hong-Mercier, 2007; 양은경, 2006). 이에 비해 유럽 여성 팬의 동아시아 아이돌에 대한 열망은 어떤 가치부여도 없이 일차적인 시각적 쾌락만을 추구하는 외모 지상주의적이고 표피적인 것으로 보일 수도 있다. 그러나 어떤 인간유형이 욕구의 대상이 되는 것은 결코 가벼운 일도, 정치적으로 무의미한 것도 아니다. 할리우드 영화 스타들이 백인 지상적 미학의 헤게모니 관철을 통해 세계 속 백인 우월주의에 어떻게 기여했는가를 고려한다면(Dyer, 1997), 한국의 아이돌과 미남 스타들에 대한 서구 여성 팬들의 열망이 동아시아의 현실 속 권력 상승을 동반하면서 동서 간 성 정체성 헤게모니 지형에 실질적인 변화를 가져오는지에 질문을 제기해야 할 것이다. 할리우드라는 제도화된 상상력

속에서 동양의 남성들은 우월한 무술로 수십 명을 대적할 수는 있어도 절대로 성적 매력이 있는 로맨스의 주인공은 될 수 없었다. 그런 동양 남성들이 인터넷 공간에서는 이제 서구 여인의 욕망을 사로잡고 있는 것이다.

2) 혼종성을 가치화하기

아이돌 문화 즉 동아시아 남성이 성적 욕구의 대상이라는 현실이 가져올 동서 간 성 정체성 헤게모니의 문제는, 아이돌이 구현하는 미의 실천까지 논의가 확장되어야 할 문제이다. 아이돌 문화는 결국 백인의 미적 기준을 동양인의 몸과 얼굴에 적용한 것이니 동서양의 성 정체성 싸움에서 백인 헤게모니에의 도전이 아니라 승복이라는 해석도 가능하고, 그것이 동아시아 내 독재적 미의 기준으로서 성형수술을 통해서라도 무조건 따라야 하는 굴레라는 비판도 가능할 것이다. 프랑스의 한국 드라마 팬과 아이돌의 팬들도 이러한 동아시아의 현실을 너무도 잘 알고 있다. '도라마 월드'의 심층관찰을 통해 발견되는 것은 이 팬들이 속한 서구 청장년 세대의 혼종성métissage에 대한 갈망이다. 서구 여성 팬들의 동아시아 남성 스타들에 대한 판타지를 자극한 최초의 작품으로, 스스로 아시아 통임을 자처하는 프랑스 감독 크리스토프 강스 Christophe Gans가 망가를 영화화한 「크라잉 프리맨Crying Freeman」(1995) 이 자주 지적된다. 이 영화로 아시아와 유럽의 피가 섞인 독특한 외모의 배우 마크 다카스코스Marc Dacascos가 스타덤에 올랐다. 여성 팬들은 동아시아의 드라마와 연예 산업이 팬 서비스를 포함하여 대량으로 유통시키는 잘생긴 남자배우들을 소비할 뿐만 아니라 좀더 많은 문화적 '혼혈/혼종',[14] 더 넓은 문화적 지평을 기원한다. 참여관찰한 '도라마 월드' 멤버들의 국적신고 섹션에는 "4분의 1 프랑스, 4분의 1 러시아, 4분의 1 알제리, 4분의 1 브라질" 또는 "2분의 1 베트남, 4분의 1 프랑스, 4분의 1 튀니지" 등등 수많은 다문화 정체성이 신고되어 있다. 흥미로운 것은 이 포럼의 현재 열성 여성 멤버들과 2005년에 포럼을 만들 당시 20대 초반이었던 초기 남성 멤버들은 100퍼센트 프랑스인이고, 이들은 이것을 마치 '창피한' 무엇으로 표현한다는 점이다. 이 섹션에 "난 신고할 게 아무것도 없는 100퍼센트 브르타뉴인" 또는 "난 창피하게 하얀 프랑스 태생" 등의 표현이 수없이 눈에 띈다. 군소 국적의 멤버가 신고할 때, 팬 공동체의 일원들은 여러 가지 질문을 통해 이민족의 역사와 유럽 이민의 궤적을 질문하면서, 다문화와 혼종문화에 대한 원초적인 열망을 표현한다. 이러한 혼종성과 다문화에 대한 열망은 케이팝 팬덤 속에서도 드러나는 것으로 보인다. 이 부분은 앞으로 심층조사를 통해 확인해야 하지만, 프랑스 다문화, 혼종문화의 창구로서 주변부 청소년들에게 특별한 의미가 있는 도시 마르세유에서 최초로 일본 팝과 케이팝 웹 라디오가 방송되고 있는 것은 우연이 아니라고 생각된다.

---

14) 그렇다고 한국 드라마에 출연하는 동서 혼혈배우들이 더 인기를 끄는 것은 절대 아니다. 여기서 혼종은 문화적 상상력이지 외모로 드러나는 미적 취향이 아니다. 다니엘 헤니가 눈길을 끌지언정 서구의 여성 팬들이 매혹되는 스타는 100퍼센트 한국 남자배우들이다.

5. 나가며: 대안적 성 정체성 담론의 자료로 기능하는 동아시아 문화 콘텐츠

위에서 동아시아라는 특수한 환경에서 발전한 아이돌 문화가, 그것도 한국적 연예 문화의 특수성을 지닌 한국 대중문화 속의 아이돌을 둘러싼 성 담론이 어떻게 서유럽에 수용되고 있는지 프랑스의 팬 포럼에 대한 참여관찰을 통해 연구했다. 그 결과 아이돌 문화는 망가 문화를 통해 서구에 수용된 '보이즈 러브' 장르와 '야오이' 문화, 그리고 서구에 자생적인 슬래시 팬픽션 문화를 기본으로 하는 담론구성체 속에 수용되고 있다는 사실과, 프랑스의 여성 팬들이 구체적인 수용 과정에서 아이돌을 로맨틱 판타지에서 분리해내어 디지털 시각적 쾌락을 생산하는 방식으로 향유하고 있음이 드러났다. 이것은 기존 할리우드 영화가 퍼뜨린 지배적인 동아시아 남성의 스테레오타입을 벗어난 동아시아의 근대성과 관련된 새로운 남성상으로 수용되고 있으며, 다문화와 혼종성에 대한 열망의 일환이라고 해석했다. 이 글에서 관찰된 프랑스의 한국 드라마 여성 팬의 아이돌에 대한 '소녀팬질'은, 제도권 미디어들이 제공하는 지배적인 미디어 콘텐츠(이 경우에는 미국과 프랑스산 텔레비전 픽션 시리즈)와 지배적 재현(인종과 성 스테레오타입에 의존한 성 정체성)을 거부하고 '밑으로부터 행해지는' 세계화이고, 유럽의 우월성이나 인종주의적 보수경향에 반기를 드는 문화실천의 일환이라고 평가된다.

2011년 7월 노르웨이에서 벌어진 참살극의 주인공인 극우 행동주의

자 브레이비크가 서구 남성 정체성에서 메트로 섹슈얼의 경향이 득세하는 데 대한 반감에서 근육 기르기 등 스스로의 몸을 '남성화'하려고 노력했다는 것은 성과 정치가 어떻게 한배를 타고 있는지를 말해주는 사례이다. 군사문화적이고 '사나이답다'고 생각한 한국을 이상적으로 여겼다는 그는 실상 한국 대중문화의 헤게모니를 쥔 꽃미남과 아이돌 문화에 대해서는 몰랐던 것이 틀림없다. 디지털 문화가 가능케 한 이러한 밑으로부터의 세계화는 이 글에서 볼 수 있었듯이 성 수행성에 있어서 사용 가능한 자원registre의 범위를 유의미하게 확장하는 결과를 가져왔다. 이것은 당장에 성 정체성 헤게모니에 위협이 되는 저항세력으로 응집되지 않더라도, 서구 문화의 성 정체성 담론구성체에 질문을 던지는 퀴어queer의 논리에 중요한 자원을 제공하는 현상이라고 생각된다. 동아시아 문화산업 컨버전스가 가져온 새로운 아시아 스타들에 대한 서구 및 전 지구적인 팬들의 열광이 미국과 서구 문화산업의 젠더와 인종 정치학에 향후 어떤 영향을 미칠 수 있을 것인지가 주목된다.

방법론

이 글은 하나의 정해진 방법론이 아니라 이론/방법론의 복합체인 미셸 푸코의 담론 이론을 문화 간 커뮤니케이션 분야에 적용했다. 문화 간 커뮤니케이션이라는 중성적 단어로 표현되었지만, 이 글은 한국 아이돌 문화의 서구 수용이 연구 대상이므로 서양과 동양 사이의 권력의 문제, 즉 사이드가 연구했던 것과 유사한 오리엔탈리즘의 문제와 연결된다(Said, 1978). 또한 서구 여성 수용자가 동양의 남성성과 만나는 문화실천을 다룬다는 점에서 동서양 성 담론의 문제에 밀접하게 닿아 있으며, 이것이 구체적 분석 단계에서 결국 인터넷 포럼 속에 표출되는 언어실천의 문제라는 점에서, 언어실천을 통한 젠더 수행을 이론화한 버틀러Judith Butler의 젠더 수행론(Butler, 2006)과 주체형성의 논리로서 제기되는 표현적 개인주의expressive individualism 논의와도 밀접하다(Allard, 2005). 이 연구자들은 모두 푸코의 영향력 속에서 그의 이론/방법론을 동시대적 문제들에 적용한 담론 분석을 하고 있다.

『젠더 트러블Gerder Trouble』에서 버틀러는 오스틴John Langshaw Austin의 언어행위 이론을 발전시켜, 개인의 성 정체성은 사회가 정상적이라고 구분한 여성성과 남성성의 내용을 수행함으로써(이 내용은 물론 담론의 형태로 존재한다), 신체 외부로 보이는 성sex과 거기에 상응하는 내부의 젠더가 존재한다는 픽션이 유지되도록 한다고 주장한다. 다시 말해서, 언어행위에서 하나의 선언을 이루는 문장이 선언의 효과를 내는 것처럼, '남성·여성'으로서의 일상적인 언어 사용, 행동양식, 스타일 등의 반복된 수행이 젠더 소속감을 생산하고, 마치 개개인은 안정된 젠더 정체성을 가진 것과 같은 환상을 갖게 된다는 것이다. 이렇듯 젠더가 언어와 행위 수행을 통해 이루어지는 것이고, 그것이 억압적인 정상성 담론을 생산하는 것이라면, 여기에서 벗어나기 위한 해결책은 정상성 담론이 힘을 발휘하는 여러 곳에서 그것을 질문하고 비판하고 변화시키는 수행, 다시 말해 "젠더를 해체undoing gender"하는 것이다(Butler, 2006). 버틀러의 이러한 젠더 수행론은 이 글이 관찰하는 아이돌의 여성 팬덤 현상을 하나의 새로운, 또는 경계적 성 담론 수행양식 중 하나로 간주할 수 있는 기반이 된다.

푸코의 『성의 역사』 3부작의 마지막 저서 『자기에의 배려 *Le souci de soi*』에서 언급된 서구 개인주의 속의 '자아 배양 culture de soi'의 논리를 발전시킨 알라르의 '표현적 개인주의' 개념 또한 이 글의 담론 분석에 직접적인 참고가 되었다. 『자기에의 배려』에서 푸코는 개인주의를 "소속 집단과 비교할 때 개인에게 절대적 가치를 부여하는 개인주의적 태도, 사생활에 대한 가치 부여, 그리고 자아와 강렬한 관계를 갖는 것"이라고 정의한다. 우리는 특히 세번째 정의에 주목하는데, 이것은 개인 스스로를 알고 스스로를 변화시키고 바로잡고 정화하는 행동의 장으로 삼는 것을 의미하고, 이것이 곧 '자아 배양'이다. 자아의 배양은 사회변화 또는 압력의 결과가 아니라 '존재의 새로운 스타일' 형태로 사회변화와 압력에 '답하는' 것이다(Foucault, 1984, p. 97). 알라르는 이러한 존재의 스타일이 수행되고 관찰되는 공간이 동시대 맥락에서는 바로 인터넷이라고 이해한다.

대부분의 인문사회과학 이론에서 사실 이론과 방법은 구분되어 사용되기가 힘들다. 대부분의 비판적 방법론들은 위의 버틀러의 경우에서도 볼 수 있듯이 이론으로부터 '연역 추출되어' 현실 대상 속에 적용되기 때문에, 방법론 기술을 위해서는 이론에 대한 이해가 불가피하다. 『지식의 고고학 *L'archéologie du savoir*』에서 『성의 역사』에 이르기까지 푸코는 과거의 흔적인 텍스트들을 담론 수준으로 환원하여 연구했다. 푸코는 『지식의 고고학』(1969)에서 지식은 언술형태 énoncé로 존재하는데, 이것은 고고학자가 하나의 발견을 '사건 événement'으로 다루듯이, 즉 그것이 존재할 수 있는 정황성을 재구성해내는 작업을 해야 하듯이, 모든 광범위한 앎에 대한 언술을 그것의 언술상황 énonciation과의 관계에서 고려해야 한다고 가르친다. 로마 시대에 그리스 시대와 똑같은 언술이 발견되더라도 그것은 그 언술내용의 문제제기 방식이 다르다는 것, 그 언술이 위치한 담론구성체의 변화를 염두에 두고 이해되어야 한다는 것이다.

따라서 스타화된 아이돌에 대한 열광이라는 현실이 한국의 온라인 포럼과 프랑스의 온라인 포럼 속에서 동일하게 물질적 텍스트로 드러나지만, 그것은 서로 다른 담론구성체 내에서의 서로 다른 언술사건으로 이해되어야 한다. 이 문화 간 커뮤니케이션

'사건'은 양국에서 모두 현대사회의 성 담론과 관련된 것이지만 이 성 담론구성체의 내용이 서로 다르기 때문이다. 세계화와 디지털 문화의 발전으로 양국의 담론구성체를 형성하는 요소들의 수평적 리스트는 유사할지라도, 그들의 배치와 활용되는 방식, 이를 통해 성 정체성 기제가 작동하는 방식이 다를 것을 가정해야 한다는 것이다. 예를 들어 한국의 텔레비전 드라마 중 일부는 이 글의 분석 대상인 꽃미남 담론과 아이돌 문화가 만나 형성된 하나의 사건으로 다루어진다. 서로 다른 문화권 사이에서 일어나는 수용현상에 대한 기존의 연구들은 개별 텍스트의 수용 당시 수용자의 적극적 의미 창출에 초점을 맞추어 연구하는 경향이 있는데, 푸코식 담론의 이해는 이러한 수용현상의 사례를 개별적 사건이 아니라 담론구성체들 사이의 접합이 가져오는 새로운 정체성 형성subjectivation의 공간의 증거, 즉 하나의 언술사건으로 간주한다. 이러한 수용사건의 의미는, 한국과 프랑스의 성 담론구성체가 이 상황에 연결되는 방식을 분석함으로써 비로소 추출될 수 있다고 본다.

이 글에서는 이러한 푸코식 담론 분석을 문화 영역에 적용하여, 서로 다른 문화 담론체 속에서 생산된 문화실천이 전 지구화된 소통 공간, 즉 인터넷을 통해서 수용될 때, 어떻게 기존의 담론구성체 안에 삽입되는가, 어떤 표현적 개인성의 논리가 작동하는가를 프랑스의 한국 대중문화 팬사이트 댓글 분석을 통해 관찰했다. 온라인상의 글을 통한 팬들의 의견 표현은 사실 팬 커뮤니티 내부에서의 의견교환을 목표로 할 뿐만 아니라 개인의 정체성 형성에 가담하는 수행성을 지닌다. 이 글과 직접적으로 관련된 개인 정체성의 차원은 젠더이고, 버틀러의 이론/방법론에 기대어 이러한 언어행위를 통해 과연 실질적으로 행사되는 것 또는 해체되는 것이 무엇인지, 언어의 수행성을 질문했다.

위에서 강조했듯이 이 방법론을 문화 간 수용현상에 적용할 때, 양국의 담론 생산 현장과 역사에 대한 정황을 이해하는 것이 필수적이다. 다시 말해서 한국 아이돌에 대한 프랑스 온라인 팬덤에 표출된 언술들을 이해하기 위해서는 프랑스의 기존 성 담론 속에 어떻게 아이돌 문화가 수용되어 배치되는가를 관찰해야 한다. 이 글에서 이 부분은 1절과 3절 부분에서 다루었다. 2절은 이 글의 관찰 방법인 인터넷 민속지학에 대해 기술했고, 관찰내용이 어떻게 푸코의 담론 분석 방법과 연계되는지 설명했다.

미네르바 신드롬과 '시민지성'의 조건
: 세계화와 정보화의 교차로에서

최 선 정

인터넷은 바다와 유사하다. 맑은 날 사람들은 자신만의 보물을 찾아 웹서핑과 전자적 다이빙을 즐기고, 사이버 공동체의 섬들을 오가며 한담을 나눈다. 인정과 주목을 원하는 자들은 어시장의 상인들이 그러하듯, 저마다 갓 건져 올린 날것의 정보와 잘 요리된 견해들을 토론 게시판에 펼쳐놓고 다른 이들의 평가를 기다린다.

하지만 인터넷은 때때로 한바탕 폭풍우가 휘몰아치는 광포한 공간으로 돌변하기도 한다. 날 선 말들과 동요하는 감정들이 오프라인으로 넘쳐흘러 현실세계의 해안가를 할퀴고 뒤흔들 때 네티즌의 광기, '그들'의 어리석음과 얄팍함에 대해 걱정하고 비난하기는 너무도 쉽다.

그러나 우리가 '그들'의 이야기에 조금만 더 유심히 귀를 기울인다면, 우리는 그 가볍고 얇은 언어들에 깃들어 있는 지극히 현실적인 생각들과 감정들, 고단한 삶의 두께들을 감지할 수 있을지도 모른다. '미네르바 신드롬'을 분석하면서 내가 맞닥뜨린 것은 바로 이 종잇장보다 얇은 언어들 속에 압축된 두터운 의미들이었다. 한 온라인 논객의 불온한 목소리와 그를 '시민지성'으로 키워낸 그들의 담론들은 세계화의 그늘을 살아가는 평범한 '우리들'의 고민과 불안을 드러내준다.

1. 미네르바, 우리는 왜 그에게 환호했는가

사회적 담론의 공간으로서 인터넷과 관련해서 많은 이론적, 현실적 논점들이 존재해왔지만, 미네르바 신드롬만큼 대중적, 학술적 관심과 논쟁을 불러일으켰던 사건을 찾기 어려울 것이다. '미네르바'는 2008년 6월 중순부터 다음 아고라 경제토론방에 세계 금융위기를 예견하는 글을 올리기 시작했다. 그는 쉬운 경제이론과 통계 등을 적절하게 버무려서 정부의 경제 예측과 처방, 언론의 보도 등을 신랄하게 비판해나갔다. 특히 2008년 8월 말, 산업은행이 인수하려 했던 미국 리먼브러더스의 부도를 정확히 예고하면서 9월 중순경 일부 오프라인 언론의 주목을 받게 되었다. 이렇게 해서 그는 '시민논객'(『한겨레』, 2008. 9. 17), '시민지성'(『경향신문』, 2008. 9. 19), '온라인 경제대통령'(『머니투데이』, 2008. 10. 26) 등으로 불리며 사회적 명성과 영향력을 획득했다.

2009년 1월 8일, 그가 '인터넷을 통한 허위사실 유포' 혐의로 긴급체포되면서 상황은 급변했다. 인터넷상에서 시민들의 표현의 자유를 둘러싼 정치적, 법적 논쟁과 더불어(우지숙, 2009), 해박한 경제지식과 고급 정보로 무장한 '미네르바'와 30대 전문대졸 무직자로 알려진 '박대성'의 동일성을 둘러싼 논란이 오랜 기간 지속되었다. 다른 한편에서는 그를 '시민지성' '경제대통령' 등으로 추켜세웠던 일부 언론과 학자들의 경솔함과, 다음 아고라 같은 익명적 토론 공간의 진정성에 대한 비난이 제기되기도 했다.

이 글은 미네르바가 일으켰던 '신드롬', 즉 경제위기라는 특정한 국면을 배경으로 인터넷 익명 게시판에서 그가 받은 주목과 찬사, 혹은 '애정'에 대한 의문으로부터 시작되었다. 당시 다음 아고라 경방(경제토론방)에는 다수의 필자들이 존재했고, 그들 중 많은 사람들이 뛰어난 분석력을 보여주었지만 미네르바만큼 이슈거리를 제공한 경우는 없었다. 그렇다면 네티즌들이 왜 한 평범한 인터넷 논객의 글에 환호하게 되었는가? 그는 그 자신의 이미지를 어떻게 구축했으며 사람들은 그에게 어떤 정체성을 부여했는가? 사람들은 왜 그의 글을 신뢰했는가? 무명의 네티즌이 경제전문가로, 또 '시민지성'으로 변화해간 이 특수한 여정은 IMF 체제 이후 한국 사회와 인터넷 문화에서의 '지식'과 '지식인'의 조건에 대해 어떠한 시사점을 가지는가?

이 글은 미네르바가 오프라인 언론에 등장하기 이전, 다음 아고라에 게시했던 초기 글들과 이에 대한 아고라 이용자들의 댓글을 분석함으로써 이러한 질문들을 탐색하고자 한다. 초점은 '온라인 스타 논객'으로서 미네르바의 형성 과정에 맞춰질 것이다. '미네르바'가 제공한 정보와 분석이 정확한가, 구속된 그가 '진짜' 미네르바인가 등의 질문은 이 글의 범위를 넘어선다. 이 글은 그가 자신의 정체성을 어떻게 구축해나가는가, 그리고 그가 게시한 정보와 지식, 견해에 대해 '아고리언'들이 어떻게 반응하고, 평가하고, 토론하고, 비판하는가에 주목할 것이다.

2. 경제위기, 불안, 그리고 인터넷

미네르바 신드롬은 1) 2008년 말 세계 금융위기의 발발이라는 특정 국면에, 2) 다음 아고라 경제 토론방이라는 특수한 담론 공간에서 발생한 사회적 사건이다. 이 가운데 세계 금융위기, 혹은 보다 일반적으로 경제 상황에 대한 관심은 1990년대 말 IMF 체제 이후 공고화된 (경제적) 세계화의 부정적 결과들과 밀접히 맞물려 있다. 다른 한편으로 다음 아고라 경제 토론방에서 특정한 토론자가 인정과 명망을 획득하는 과정은 한국 인터넷에서 지식(인)이 생산되어온 독특한 궤적을 고려할 때만 이해 가능하다. 따라서 미네르바의 글과 네티즌들의 반응을 분석하기에 앞서 이 두 가지 배경이 이 사건에 대해 갖는 함의를 기존의 논의들을 통해 검토하고자 한다.

1) IMF 체제 이후의 삶: 부정적 세계화와 불안의 역학

경제적 생존은 항상 중요한 문제였지만 한국 사회에서 일반 시민이

이 문제에 특히 민감한 반응을 보이게 만든 최근의 계기는 1997년 외환위기와 이에 따른 IMF 구제 금융의 도입일 것이다. 이 두 사건은 '한강의 기적'으로 일컬어졌던 한국 경제에 대한 신뢰를 뿌리째 뒤흔들어 놓았다(이현훈, 2000). 위기를 극복하기 위해 김대중 정부는 급속한 안정화와 근본적인 구조 개혁, 금융·자본 시장 개방 등 IMF 측의 요구를 받아들일 수밖에 없었다(윤상우, 2009; 정진영, 2000).

'구조조정'의 사회적 비용은 참담했다. 경기침체에 따른 인력 감축과 기업 도산은 1998년 한 해 동안 1백만 명이 넘는 새로운 실업자들을 양산했다. 또한 이후 정부와 기업에 의해 추동된 노동시장의 유연성 제고는 비정규직 노동자의 급격한 증가를 야기했다(정진영, 2000, pp. 85~86). 따라서 1999년 11월, 김대중 정부가 공식적으로 '극복'을 선언했음에도 불구하고 IMF와 외환위기에 부착된 고통과 공포는 그로부터 십여 년이 지난 오늘날에도 우리들 마음속 깊이 남아 있다.

그러나 우리 사회에 일반화되어 있는 경제 부문에 대한 관심을 단순히 기어 탓으로 돌리기는 어려울 것이다. 첫째, 1997년 외환위기는 2008년 금융위기와 마찬가지로 (부정적) 세계화의 소산이었다. 우리의 외환위기는 사실 동아시아 외환위기의 일부였으며 개별 국가의 정책 실패와 경제구조의 취약성만큼이나 국경을 넘나드는 투기자본과 다른 국가들의 정치·경제적 변화에 연동된 것이었다(이현훈, 2000). 여기에서 세계화가 강요하는 개방성은 "자신의 여정을 확고하게 결정할 능력이 없고 일단 선택해도 그 여정을 지킬 능력이 없는 무기력한 사회"(Bauman, 2007/2010, p. 18), "'운명'의 횡포에 무방비로 노출된 사회"(p. 19)를 양산한다는 바우만Zygmunt Bauman의 지적은 매우 시사적이다. 이러한 '열린사회'에서 불확실성과 공포는 어느 누구도 피할 수 없는 삶의 일면이 된다.

둘째, IMF 체제 이후 한국 사회에 견실하게 뿌리내린 신자유주의적 질서와 세계화의 이데올로기가 그것에 걸맞지 않은 대다수의 사람들의 삶에 어떤 그늘을 드리웠는지 고려할 필요가 있다. 외환위기 이후 국내총생산, 외환보유고, 명목경제성장률 등 외형적 경제성장과 관련된 지표들은 비교적 빠르게 개선되었지만 경제 불평등 지표들은 악화되었고 계급, 지역, 세대 등의 주요 범주들을 중심으로 부와 소득의 양극화가 확대되었다(김문조, 2008; 신광영, 2009; 이상붕, 2011). 이 과정에서 많은 이들이 실질적인 경제적 고통과 불안정을 경험했으며 이러한 상황은 지금도 계속되고 있다. 이러한 맥락에서 경제 상황에 대한 정보와 지식에 대한 일반 시민들의 갈증은 이해할 만한 것이 된다.

셋째, 1997년 당시 정부와 언론, 경제전문가들은 외환위기가 발발하기 불과 며칠 전까지도 위기의 가능성을 언급하지 않았다. 몇몇 진보적 지식인들이 원론적인 수준에서 재벌 체제와 경제적 낙관론을 비판했고 일부 정부연구소와 연구자들이 위험을 사전에 감지했지만 학계와 무관한 보통 사람들이 이를 알기는 어려웠다. 주요 언론 역시 1990년대 중반 이후 김영삼 정부가 추진했던 '세계화' 정책이나 한국 경제의 문제점을 비판하고 알리는 데 소홀했다(김동춘, 1998). 따라서 일반 시민이 이러한 파국에 대비할 길은 애당초 봉쇄되었다. 이러한 면에서 정보 질서에서 권력은 착취의 원칙보다는 배제의 원칙으로부터 작동한다는 래쉬(Lash, 2002)의 지적은 상당히 시사적이다. 그는 정보 문화가 '측근 집단loop'으로부터, 정보의 수단들로부터, 정보 및 커뮤니케이

선의 세계적 흐름들로부터의 배제에 의존해서 작동한다고 보았다.

넷째, 아이러니하게도 외환위기 당시 침묵했던 언론과 정부, 경제전문가들은 이후 환란의 고통스러운 기억과 불안을 확대재생산하는 데 일조했다. 1998년 초 처음 언론에 선을 보인 이후 '제2의 외환위기'는 임박한 경제적 재앙을 가리키는 일종의 상투어구가 되었다. 노동쟁의, 환율 하락, 가계부채, 대기업 분식회계, 북핵 문제, 이라크전쟁, 유가 급등, 신용카드 대란, 한미무역협정 등 얼핏 공통점을 찾기 어려워 보이는 다양한 이슈들이 이 불길한 단어와 결합됨으로써 명징하고도 치명적인 의미를 부여받았다. 재앙의 위험은 상존하고(혹은 상존하는 듯 보이고), 불확실성과 공포는 반복적으로 환기된다.

이렇게 해서 현재의 불안은 고통스러운 과거에서 그 존립 근거를 발견한다. 외환위기로 상징되는 생존의 위협은 항상 우리 곁에 존재하는데, 그것은 언론과 정부, 전문가들의 담론 속에서 간헐적으로 환기되고 우리 자신의 기억 속에서 확인되는 떨치기 어려운 과거일 뿐 아니라, IMF 이후 점점 더 '열린사회'가 되어가는 한국에 붙박인 채 살아가야 하는 대다수의 지역화된 사람들을 옥죄는, 극히 현실적인 삶의 조건이기도 하다.[1] 그리고 이러한 곤경은 불확실성으로 인해, 세계적인 경제의 흐름과 위기의 가능성을 읽어낼 수 없는, 정보로부터 배제된 우리의 무지로 인해 더욱 가중된다.

---

1) 세계화는 그 반대급부로서 전 지구적 차원에서 '지역화'를, 공간 고착화의 과정을 출현시킨다. 어떤 이들은 완전하고도 진정하게 '세계적'이 되지만, 보다 많은 사람들은 세계화가 게임의 규칙으로 강요되는 세상에서 지역화된 존재로 남아 사회적 박탈과 쇠락을 겪게 되는 것이다(Bauman, 1998/2003).

2) 인터넷과 대안적 지식체계의 등장: 논객, 집단지성, 시민지성

공교롭게도 외환위기가 발발했던 1997년부터 약 5년간 한국의 초고속 인터넷 보급률은 급격히 증가했다. 이러한 변화의 주요한 결과 중 하나는 온라인에서 다양한 정치적, 경제적, 사회적 이슈에 대해 정보와 의견을 교환하고 논쟁을 벌이며 여론을 형성해나가는 일반 시민의 등장이었다. 이들은 활동 시기와 영역에 따라 여러 가지 이름으로 불리고 조명되었으나 대체로 인터넷 게시판에서 글을 읽고 쓰는 사람들로서 정치인, 언론인, 지식인 등의 권위에 이의를 제기하고 대안적 해석을 제공하며 주류 매체에 대항하는 '대안적 공론장(들)'을 형성한다고 간주되었다.

지식생산 시스템의 측면에서 이들은 기존의 폐쇄적 지식생산 과정에서 소외되었다가 인터넷을 통해 활로를 찾은 잠재적 지식생산자들로서 자리매김되어왔다. 그중 가장 주목받았던 것은 '논객'과 '집단지성'이다.

1990년대 말에서 2000년대 초에 활동했던 '논객'은 제도적으로 승인된 학위나 자격증 없이 논리와 글솜씨만으로 네티즌들의 인정과 사회적 권위를 획득하는 데 성공한 사이버 공간의 새로운 지식 엘리트층이었다(민경배, 2004; 장우영, 2005). 이들은 PC통신 시절 정치토론 게시판에서 출발해서 다양한 정치 웹진들과 논객 사이트들로 퍼져나가면서 당파적이고 대중적인 글쓰기 방식을 선보였다. 또한 이들의 독자인 '폐인'과 '눈팅족'은 정치적, 사회적 현안에 대한 대안적 정보와 분석을 제공받는 지식의 소비자이자 댓글을 통해 그 진위와 타당성을 검증하는 평가자로서 기능했다.

반면, 2000년대 후반 이래 인터넷 문화에서 지식생산과 관련된 문제들은 주로 '집단지성' 개념을 통해서 논의되고 있다. 이러한 경향은 네이버 '지식iN'이나 트위터 같은 소셜 미디어의 급속한 성장과도 관계가 있지만, 2008년 미국산 쇠고기 수입 반대를 위한 촛불집회가 상당한 영향을 미쳤다. 당시 집회 참여자들은 "평범한 시민들 개개인의 지식과 지혜가 협력하고 경쟁하는 과정에서 뛰어나고 합리적인 집단적 지혜가 형성된다는 의미"(김창남, 2010)에서 '집단지성'의 한 사례로 주목받았으며, 인터넷에서 정보와 지식을 공유하고 소통하면서 주류 언론과 전문가들이 배타적으로 향유하던 사회적 권위와 담론권력에 도전한다고 평가되었다(김종영, 2011; 이항우, 2009).

하지만 '집단지성' 개념을 한국 인터넷 문화에 그대로 적용하는 데는 몇 가지 문제가 제기될 수 있다.

첫째, 이러한 논의들은 대체로 '집단지성'을 대중들의 지혜와 등치시키면서 집단지성과 '전문가' 사이에 허구적인 대립을 상정하는 경향이 있다(Tredinnick, 2008). 그러나 온라인 지식생산은 일반 시민들 간의 수평적인 정보 공유와 의견 교환뿐 아니라, 사회적 권위를 지닌 기존의 전문가들, 혹은 자격증을 소지하지는 못했으나 여러 가지 경로로 해당 분야에 대한 정보와 전문지식을 소유하고 있는 잠재적 전문가들의 기여로 이루어진다. '집단지성'의 현시로 간주되었던 미국 쇠고기 반대 촛불집회에서도 과학, 법률, 언론 등 다양한 분야의 대항적 전문가들이 정부와 관료집단에 대해 대항 논리를 생산해냄으로써 촛불집회에 정당성을 부여하는 역할을 담당했었다(김종영, 2011).

둘째, 한국의 온라인 지식생산 시스템은 협업적 집단지성 모델보다는 지식 공동체 모델에 더 가깝다(김상배, 2010). 레비의 집단지성은 "아무도 모든 것을 알지는 못하고, 누구나 뭔가를 알고 있으며, 모든 지식은 인류에 속한다"(Lévy, 1997, p. 20)는 가정에서 출발하는, "끊임없이 향상되고, 실시간으로 조정되며, 기량을 효과적으로 동원할 수 있게 만드는, 보편적으로 분포되어 있는 지성의 한 형태"이다(Lévy, 1997, xxviii). 이를 가장 잘 보여주는 사례는 위키피디아이다. 이 온라인 백과사전은 '누구든 편집할 수 있다'는 정책을 채택함으로써 연구자와 일반인의 구분을 모호하게 만들고 전문지식에 대한 근본적인 전제들을 재고하도록 만든다. 그것은 진실이 대화로부터 등장하며, 전문가의 권위보다는 신뢰와 검증에 기반을 둔 보통 사람들의 합의가 더 나은 결과를 도출한다는 '대화적 전문지식'(Hartelius, 2010)의 모델에 기반을 둔다.

하지만 우리에게 친숙한 네이버 지식인이나 다음 아고라 같은 지식 공동체들은 이와 다른 논리로 움직인다. 위키피디아가 개별적인 기여자들의 흔적을 지움으로써 정보와 지식 자체에 집중하도록 만드는 반면, 지식 공동체들은 게시물과 댓글 들을 고스란히 보존함으로써 참여자 개개인의 기여가 전면에 드러나게 만든다(김상배, 2010; 황주성·최서영, 2010). 전자가 참여자들 상호 간의 대화와 토론, 교정을 통해 지식의 완결성을 높여나가는 데 주력하는 반면, 후자는 이미 완결된 글을 놓고 다른 성원들이 그 타당성과 유효성을 평가하고 검증하는 형태를 취한다. 결과적으로 지식 공동체의 참여자들은 PC통신 시절의 '논객'과 마찬가지로 비록 필명일망정 자신의 '이름'을 걸고 글을 쓰고 다른 이들의 평가에 종속되는 경험을 반복하게 되며, 이 과정에서 평판을, 때로는 명성을 획득하게 된다.

미네르바 신드롬은 이러한 한국 인터넷 문화의 특수성을 고려할 때만 이해될 수 있다. 이러한 의미에서 미네르바를 지칭하는 용어로 등장했던 '시민지성'은 '공식적인 교육제도에 의해 자격을 부여받은 것이 아니라, 일반 시민들의 인정을 통해 특정 분야의 지식인으로서 사회적 권위와 영향력을 획득한 시민논객'을 의미하는 신조어로서 재조명될 필요가 있다.[2]

집단지성 모델이 기여자들을 익명적인 존재로 환원시킴으로써 지식생산에서 위계구조를 말소시키는 것과 달리, 평가체계에 기초를 둔 지식 공동체 모델은 기여자들 간에 새로운 위계를 만들어냄으로써 '시민지성'의 가능성을 제공한다. 여기서 지식은 여전히, 그러나 다른 유형의 여과장치와 방식을 통해 인터넷상에서 권력으로 전환된다. 이 경우 문제의 초점은 위계의 소멸이 아니라, 지식생산과 관련된 기존 위계들 중 어떤 것이 살아남고 어떠한 것이 재구성되는가이다. 요컨대 인터넷상에서 '시민지성'으로 인정받는 것을 가능케 하는 조건들이 무엇인지 탐색할 필요가 있다.

---

2) '시민지성'은 2008년 9월 18일자 『경향신문』의 기사 「아고라 경제논객 '미네르바' 누구냐? 화제」에서 서울대 김상종 교수에 의해 미네르바를 지칭하는 용어로 처음 등장했다. 당시 이 단어는 시민논객의 의미로 사용된 듯 보이나 이후 대중지성, 시민들의 집단지성, 다음 아고리언(아고라 이용자 집단), 네티즌 일반을 지시하는 폭넓은 의미를 취하게 되었다. 이 글에서는 집단지성에 대비되는 새로운 유형의 지식인을 지칭하는 용어로 이를 전유하고자 한다.

3. 연구의 주제와 비판적 담론 분석

이 글은 미네르바 신드롬을 세계화의 부정적 결과들과 대안적 지식 체계로서 인터넷의 등장이라는 두 가지 커다란 한국 사회의 변화가 맞물리면서 발생한 전범적인 사건으로서 다루고자 한다. 외환위기 이후 세계화와 신자유주의화의 흐름 속에서 정보에서 배제되고 지역화된 사람들은 막대한 불확실성과 불안, 생존에 대한 공포 속에서 살아가게 된다. 이들이 경제적 상황에 대한 정보와 해석을 다음 아고라와 같은 인터넷 지식 공동체에서 찾고자 할 때 어떤 일이 일어나는가? 미네르바는 이들을 대상으로 어떻게 자신을 경제전문가로서 구성해나갔으며, 이들은 그것을 어떻게 받아들였는가? 이러한 현상은 오늘날 한국 사회에 대해, 그리고 인터넷 문화에서 지식인의 조건에 대해 어떤 시사점을 갖는가?

이러한 문제의식하에 이 절에서는 2008년 6월 18일부터 8월 16일까지 미네르바가 다음 아고라 경제토론방에 올린 토론글 60건과 그에 대한 네티즌 댓글 4,551건을 분석하고자 한다.[3] 미네르바는 2008년 6월 18일부터 2009년 1월 5일까지 다음 아고라에 글을 썼는데, 대체로 2008년 6월 18일에서 9월 18일까지를 '시즌 1'로, 2008년 10월 2일부터 구속되기 전까지를 '시즌 2'로 분류하는 경향이 있다. 이 절에서는

---

3) 자료수집의 한계로 인해 별개의 토론물 형식을 취하는 '답글'은 이 분석에 포함되지 않았다. 미네르바의 토론글에 곧바로 달리는 '네티즌 댓글' 역시 이용자들의 의지에 따라 수시로 등록되고 말소되므로 특정한 시기에 포착된 것일 뿐 전수 분석은 아니다.

'시즌 1'의 두번째 휴지기 시작 직전인 2008년 8월 16일까지 그가 쓴 게시물들과 그것에 달린 댓글들을 분석 대상으로 삼았다. 이 글의 취지에 비추어, 그가 이미 유명인사가 된 이후보다는 초기의 텍스트들과 반응들을 분석하는 것이 더 적합하다고 판단되었기 때문이다.

연구 방법론으로는 페어클로의 비판적 담론 분석을 사용했다. 비판적 담론 분석은 기존 사회들의 작동방식과 문제점을 이해하고 대안을 모색하는 비판적 사회 연구의 일부로서 동시대의 사회적 삶에서 발생하고 있는 근본적인 변화에 특히 관심을 기울이며, 이러한 변화 과정들에서 담론이 등장하는 방식, 그리고 실천들의 네트워크 속에서 담론 및 기호현상과 여타 사회적 요소들의 관계 변화에 주목한다(Chiapello & Fairclough, 2002, p. 185). 이러한 목적하에 그는 텍스트에 대한 엄밀한 분석과 비판적인 사회 이론을 결합시키고자 시도하면서 특정한 텍스트(사회적 사건)와 언어(사회구조), 그리고 이 둘 사이를 매개하는 '담론의 질서'(사회적 실천)[4]를 분석할 수 있는 다양한 개념적 도구들을 개발해왔다.

미네르바 신드롬은 우리 사회의 전반적 지식생산 구조가 인터넷에서 지식인들을 생성해내는 특수한 사회적 실천을 통해 매개되면서 발생한 하나의 사회적 사건으로 간주될 수 있다. 하지만 이와 동시에 그것은 세계 금융위기에 대한 담론적 실천이라는 점에서 경제적 세계화 이후 한국 사회가 겪고 있는 다면적인 변화와도 관련된다. 이 글의 기본적인 관심사는 미네르바 신드롬을 구성하는 텍스트들을 분석함으로써 새

---

4) 여기서 담론의 질서는 다양한 장르들(행위의 방식들), 담론들(재현의 방식들), 스타일들(존재의 방식들)이 서로 연계되는 방식을 의미한다.

로운 유형의 지식인을 특징짓는 담론의 질서를 추려내고 이를 통해 오늘날 한국 사회에서 '시민지성'의 조건을 밝혀내는 데 있다.

이를 위해 비판적 담론 분석의 개념적 도구들을 활용한 텍스트 분석을 수행하고, 다시 이를 보다 폭넓은 사회적 맥락과 연계해서 재해석하는 이중적인 작업을 수행했다.

첫째, 텍스트 분석의 초점은 미네르바가 자신에 대한 재현과 특수한 글쓰기 스타일을 통해 경제전문가로서 스스로의 정체성을 구축해나간 방식과, 다른 토론 참여자들이 그의 정보와 분석을 평가하고 그의 정체성을 귀속시키는 방식에 맞춰졌다. 이를 위해 페어클로(Fairclough, 1995; 2003)의 개념적 도구들 가운데 '스타일'[5]과 '양태modality',[6] '가치평가evaluation' 등을 주로 활용했으나 담론들(재현 방식)이나 장르들(행위 방식)에 대한 분석도 병행했다.

둘째, 텍스트 이외의 사회적 요소들과 텍스트 분석의 결과를 연계시키는 이차적 작업은 미네르바가 구축했던 정체성이 어떻게 그의 독자들에게 호소력을 가질 수 있었는가에 초점을 맞춰서 사회적, 역사적 맥락을 고려하여 재해석하는 방식으로 진행되었다. 이를 통해 미네르바가 충족시킬 수 있었던 시민지성의 특정한 조건들을 탐색하고자 했다.

---

5) 스타일은 정체성의 담론적 측면으로 사람들이 자신과 타인의 정체성을 귀속시키는 방식과 관련되며, 음운론적 특성들(발음, 억양, 강세, 리듬), 어휘 및 은유(가령 강조어구, 악담), 몸짓 언어 등을 통해서 실현된다. 이 장에서는 인터넷 토론 게시판을 분석하므로, 이 중에서 어휘 및 은유가 주요한 분석 대상이 된다.
6) 양태와 가치평가는 각각 무엇이 진실이고 무엇이 필요한가(양태)와 무엇이 바람직한가(가치평가)에 대한 글쓴이의 의사 표명을 보여준다. 양태는 저자와 재현 사이에 설정되는 관계로서, 인식론적 양태(확률)와 의무론적 양태(불가피성과 의무)로 구분된다. 텍스트에서 무엇에 대해 어떤 강도로 의사를 표명하는가는 글쓴이가 자신의 정체성을 귀속시키는 중요한 방식으로 간주될 수 있다.

4. 미네르바 신드롬의 형성

1) 미네르바의 스타일과 정체성 귀속

사회적 정체성을 구축하는 것은 사회적 역할들을 체현하고 그것에 자신의 퍼스널리티를 입힘으로써 그것들을 자신의 것으로 취할 수 있는가에 관한 문제이다(Fairclough, 2003, p. 160). 한 사람의 사회적 정체성은 종종 다양한 사회적 역할들을 포함하며, 그/그녀의 퍼스널리티가 지닌 독특함은 적어도 부분적으로는 그 사람이 이 역할들을 엮어나가는 특유한 방식의 산물이다.

'미네르바'는 자신에 대한 직간접적인 언급과 '우리'라는 인칭대명사의 사용, 현실과 미래에 대한 단언, 행동의 필요성에 대한 단호한 요구, 진보적 가치와 토론의 합리성에 대한 강조, 욕설을 포함한 대중적 어휘의 사용 등을 통해 다양한 사회적 역할들을 부착해나갔다. 이를 통해서 그는 경제전문가, 보통 사람, 시민, 진보적 지식인, 합리적 지식인, 교육자 등이 결합된 독특한 정체성을 만들어냈다.

재현을 통한 정체성 구성

미네르바(30대 증권업계 종사자)

인터넷상에서 글쓴이의 정체성은 주로 글을 통해 서술되고 추론되기 때문에 오프라인에 비해 글쓴이의 의지에 따라 통제되기 쉽다. 미네르바는 시간과 공간, 다른 사람에 대한 단서들을 통해 암묵적인 수준에서 스스로를 금융권 종사자로 구성하는 한편, 명시적인 수준에서는 그 것을 부정하는 이중 전략을 구사했다.

30대 후반의 증권업계 종사자이자 이타적인 네티즌으로서 미네르바의 정체성은 주로 '여의도' '1998년' '고객' '우리 회사' 등 특정한 어휘의 배치를 통해 구성되었다. 미네르바는 1998년 여의도의 상황을 언급함으로써 자신이 적어도 30대 후반임을 시사했다. 또한 '여의도'는 증권거래소와 대형 증권사, 방송사, 국회의사당 등이 있는 장소지만, 경제토론방의 특성상 그가 증권과 관련된 일을 한다는 의미로 해석된다. 다른 한편으로 '우리 사무실' '우리 회사', 밑에서 일하는 '애들' '고객' 등에 대한 미네르바의 언질은 그가 직장인이고 회사 내에서 부하 직원을 거느리는 위치에 있다고 추론하게 만들었다. 그는 이 정체성을 자신이 저지른 사소한 오류들을 방어하는 데에도 종종 활용했는데, 이것은 역으로 시간을 쪼개서 다른 사람을 돕는 선량한 지식인으로서 그의 이미지가 구축되는 데 일조했다. "직업 특성상 날밤을 몇 일까기가 일 쑤라 무례를 범했습니다"(2008. 7. 23)[7]라든가, "일하다가 쓰는거라 따로 교정을 못한 것 같아 그게 불편한 폐를 끼쳐 드린 것 같습니다"(2008. 7. 23) 같은 진술이 그것이다.

그가 제공했던 이러한 단서들은 독자들이 그의 정체성을 귀속시키는 주요한 근거로 활용되었으며, 때로는 그가 하지 않은 말이 한 것처럼 와전되기도 했다. "기업컨설팅 하신다고 예전 글에서 밝히셨어요.. 여

---

7) 다음 아고라 경제토론방에 게재된 미네르바의 글을 인용한 경우 괄호 안에 게시일자를 써 넣었다. 댓글의 경우 인용된 순서대로 r1, r2……식으로 구분하고 게시일자를 밝혔다. 맞춤법, 띄어쓰기 등은 고치지 않고 원문 그대로 두었다.

의도 어디에 계신다고 하시던데.. 그냥 그렇게만 말씀하심.."(r1, 2008. 8. 11). 이외에도 금융감독원 직원, 증권계 종사자 등이 물망에 올랐다. 이러한 반응은 미네르바가 암묵적으로 구성해나갔던 그의 정체성이 독자들에게 상당 부분 수용되고 있었음을 보여준다.

그러나 미네르바는 정작 그의 직업이 무엇인지 묻는 댓글에 대해서는 "엿장수요"라고 퉁명스럽게 답했다. 이러한 자기규정은—시즌 2에 그가 자신을 "고구마 파는 할배"라고 지칭한 것과 유사하게—오히려 그의 실재 정체성에 대한 독자의 호기심과 상상을 부추기는 결과를 낳았다.

우리, 국민/서민/천민

미네르바는 종종 '우리'라는 대명사를 사용해서 자신과 독자 사이에 동질성을 설정했는데, 이 경우 '우리'는 대개 정부의 경제정책 실패로 고통을 받는 존재로 묘사된다. 가령, 그는 대통령의 인터뷰 내용에 대해 "이제 와서는 2년 희생은 각오해야 한다는 개소리를 지껄인다.…… 그럼 우린 도대체 뭐라고 해야 하나?.."(2008. 7. 7)라고 비판하거나, 현 경제 상황에 대해 "한 번 시스템이라는 체계가 붕괴 되거나 타격을 받으면 원상 복귀 하는 데는 그 몇 배의 뼈저린 대가를 반드시 치러야 한다는 사실이고 그 대가를 치루는 그 주체는 바로...우리들"(2008. 7. 7)이라고 한탄한다. 이 지점에서 '우리'는 '그들'과의 분리와 대립을 전제하며, 이러한 적대적 위치를 차지하는 것은 대통령, 여당, 정책 당국, 기득권층이다.

그의 독자들 역시 대부분 이러한 대립구도를 공유한다. 이들에게 정부는 "국민에게 고통분담하라는 말이 아니고 고통을 좀 짊어져 달라 호소하는"(r2, 2008. 7. 18) 존재이고, 경제정책은 "서민을 위해서 하는 짓이 아닌"(r3, 2008. 7. 18) 것으로 간주된다. 나아가 이들은 중소기업과 대기업, 서민과 기득권층, 국민과 정부, 심지어 극빈층과 서민 사이에 이해관계가 상충된다고 가정하면서 정부와 사회가 자신들을 돌보지 않는다고 한탄한다. "역시 미네르바님 예상대로 서민들, 중소기업들 쥐어짜서 대기업 먹여주는군요"(r4. 2008. 8. 6). 이러한 댓글은 미네르바와 이들이 가지고 있는 정치적 관점을 보여준다.

한편 미네르바의 글에서 '우리'는 종종 '국민' '개인' '서민' 심지어 '천민'으로도 표상되는데 이는 댓글에서 드러나는 아고라 이용자들의 자기규정과도 대체로 일치한다. "더 이상의 희생은 국민으로서용납하지않겠습니다…"(r 5, 2008. 7. 7), 혹은 "서민의 주머니에서 나온 연금하고 10년동안 모아놓은돈 다 갖다 바치게 생겼구만..원금이라도 돌려받고싶은심정이네..쓰글.."(r 6, 2008. 7. 12) 같은 사례에서 볼 수 있듯이 이들은 스스로를 국민이나 서민으로 지칭한다.

미국 모기지 은행의 파산이 확정된 7월 14일, 미네르바가 '9월 경제위기에 대비하는 우리들의 자세'라는 글을 게시한 데서도 이와 유사한 재현이 드러난다. 그는 인플레이션에 대비해서 6개월분의 생필품을 사둘 것, 악성 채무를 미리 정리할 것, 은행 이자를 점검할 것, 공공요금 및 난방비 인상에 대비해서 집의 단열에 주의할 것, 생활비 6개월분을 현찰로 소지할 것, 유로화에 투자할 것 등을 주문했다. 이러한 조언의 대상은 결국 소시민이고, 미네르바의 말을 빌리자면 "이 나라에 사는 평범한 소비자"(2008. 7. 14)이다.

이렇게 '우리'라는 인칭대명사를 통해 '증권업계 종사자'로서 미네르바가 갖는 '평범하지 않음'은 희석된다. 이것은 '전문가'와 '비전문가'의 구분이 함축하는 위계를 녹여내면서 입장과 관점, 이해관계의 차이를 부정하도록 만든다. 따라서 그의 진실 진술문과 윤리적 진술문이 지닌 권위적 뉘앙스에도 불구하고 미네르바가 '대응 조치'를 지시하거나 책을 읽으라는 요구를 할 때조차도 그의 주장은 쉽사리 받아들여진다.

하지만 다른 한편으로 '우리-진술문'은 다른 사람들을 위해, 혹은 우리 모두를 위해 진술할 수 있는 권력을 함축한다(Fairclough, 2003). 이러한 권력은 사회적으로 불균등하게 분포되어 있으며, 정체성 귀속에 중요한 요소로 작용한다. 이러한 권력을 자임함으로써 그는 은연중에 단순한 전문가의 위치를 넘어서 독자들의 대변인으로서 스스로를 자리매김한다.

미네르바가 아고라 이용자들을 '우리'로 호명한 것과 달리, 댓글에서 그의 독자들이 그를 '우리'가 아닌 '님'이나 '분'으로 칭하는 것은 이러한 맥락에서 이해될 수 있다. 미네르바와 독자들의 관계는 사실상 가르침을 주는 자와 가르침을 받는 자, 즉 교사-학생의 관계에 가까웠고, 그는 자신의 전문지식과 고급 정보를 공유해주는 고마운 존재, 우리를 보살펴주는 사람으로 간주되었을 확률이 높다. 이는 전문가-비전문가의 비인격적인 위계보다 느슨한 형태이기는 하지만, 여전히 관계의 비대칭성이 존재함을 함축한다.

글쓰기 스타일을 통한 정체성 구성

연구보고서와 비평 장르의 결합

미네르바의 전형적인 글쓰기 스타일은 2008년 7월 10일부터 등장하는데, 연구보고서 장르와 비평 장르가 접합된 형태를 취한다. 보고서 형식을 띠는 전반부는 대개 그래프와 객관적인 수치에 근거한 분석으로 대개 현황-파급효과-결과분석-결론의 순서로 이어진다. 여기서 미네르바는 3인칭의 비인격적인 목소리를 취함으로써 자신의 진술에 객관성을 입힌다. 반면 게시물의 후반부는 대개 경제정책에 대한 감정적인 비판과 독자들에 대한 열정적인 조언이 제시된다.

한편 자료의 출처가 명시된 '보고된 발언'의 경우 그것은 대부분 'FT'(『파이낸셜 타임스*Financial Times*』), 블룸버그 통신, AFP 같은 외국 경제전문지이거나 통신사였고, 그래프나 통계 수치는 대개 통계청이나 금융기관의 것이었다. 이렇게 공신력이 있는 출처들은 그의 주장에 신빙성을 더해주는 한편, 그의 전문성을 보증하는 장치로 작용한다.

반면 일부 정보는 "월스트리트 애널리스트의 비공개 발언" 같은 모호한 표현이나, "출처 대면 난 경찰 구속 되야 한다............. 믿고 안 믿고는 개인 자유다"(2008. 7. 16)라는 명시적 거부를 통해 출처가 은폐되었다. 이는 종종 일부 독자들과 충돌을 야기했지만, 외국 경제지를 읽고 일반인들은 상상하기 어려운 '고급 정보'에 접근할 수 있는 고위 실물경제 종사자로서 미네르바의 정체성을 구성하는 데 일조했다.

단정적인 현실진단과 행동에 대한 요구

'양태'의 측면에서 미네르바의 글은 대부분 과거와 현재의 사실을 기술하는 현실realis 진술문이며 매우 강력한 '단언'의 형태로 부정적인 가치평가와 함께 제시되었다. 이러한 경향은 특히 정부의 경제정책에 대한 진술에서 두드러지게 나타났다. 가령, 미네르바는 2008년 7월 7일, "9월 28일 IMF 시즌 2 위기 도래 파문 확산"이라는 제목하에 게시물을 작성하면서 "시장이 요 근래 패닉 분위기다…"(2008. 7. 7)라고 현재 상황을 보고한다.

단언과 강력한 의사 표명은 미래에 대한 예측을 보여주는 비현실irrealis 진술문에서도 드러난다. 예컨대 그가 "그때는 한국은 일본식 장기 불황도 사치야……저기 과테말라나 중남미식 L자형 초장기 불황에 돌입해야 한다"(2008. 7. 8)라고 쓸 때 그는 미래의 예측에 일종의 필연성을 부여한다. 또한 양태의 표지자 면에 있어서도 그는 "~한 게 사실이다" "한 가지 분명한 사실은" "200퍼센트 변명의 여지가 없는" 등의 매우 강력한 수준의 의사 표명을 보여준다.

행위 교환(의무론적 양태)의 측면에서도 제안보다는 명령조의 요구가 많이 등장했다. 그는 정부에 대해서는 정책을 재고할 것을 강력히 요구했다. 하지만 독자들에게 경제 상황에 대비할 것을 촉구할 때는 높임말을 써서 어조를 누그러뜨리곤 했다. "각자 시장 충격에 대비 하십시오..난 투자 안 했으니까 관계 없다고 생각하시는 분들……그건 개 착각입니다..요즘은 미국발 악재가 한국에서 물가 상승으로 이어지는 상황이니까요……"(2008. 7. 8).

시간이 지나면서 그는 점차 구체적이고 일상적인 분야로 조언의 범

위를 넓혀갔고, 7월 24일에 이르러서는 책을 읽으라고 권유하기 시작
했다. "일반인이 일단 돈을 벌겠다고 달려 들기 이전에 도대체 자본주
의가 뭔가 하는 자본주의 역사에 관한 책 한 권 정도는 읽어보고 이해
를 한 다음에 뛰어들어야 한다는 소리지.."(2008. 7. 24).

　정리하면, 지식 교환의 측면에서 미네르바는 경제적 상황과 정부의
경제정책에 대한 자신의 정보와 분석에 매우 강력한 헌신을 보여주는
데, 이는 '전문가'로서 자신의 지식과 판단에 대한 확신과 권리 주장을
함축한다. 이와 마찬가지로 의무론적 진술에서도 그의 처방은 매우 확
고한 형태로 제시되지만, 그것이 갖는 권위적인 측면은 공손전략을 통
해 감추어졌다.

은유와 독설

　미네르바가 사용한 어휘의 가장 큰 특징은 복잡한 경제적 지식을 일
상적인 언어와 은유를 통해서 해학적으로 번역한다는 점이다. 가령 그
는 환율정책이 물가에 미치는 영향에 대해 논하면서 "지금 한국의 물
가는 신라면 한 봉지에 2천원이 넘어야 정상이다.........다른 나라는
모조리 달러 약세 속에 인플레 방어를 할 동안. 한국은 따블로 피박을
쓴 것이었다.."(2008. 6. 28)라고 설명한다. 또 미국 모기지 은행들의
상황에 대해서는 "사형 날짜 잡아 놓고 단두대에 목 올려 놓은 상태에
서 추기경 (FRB) 의 특별 사면장이 오기를 눈 빠지게 기다리는 중..."
(2008. 7. 12)이라고 묘사한다. "초보의 경우엔 다른분들보다 미네르
바님의 글이 확 와닿고 이해가 더 빨리 되는것 같습니다"(r7, 2008. 8.
11)라는 한 이용자의 평가가 보여주듯, 대중적인 어휘와 은유를 사용

함으로써 미네르바는 경제 분야에 대한 이해력이 떨어지는 다수의 독자에게 편의를 제공함과 동시에 영향력을 확보할 수 있었다.

다른 주요한 특징은 상당히 거칠고 강렬한 언어를 사용함으로써 독자들의 감정을 동원해낸다는 것이다. 거의 모든 게시물에 욕이 등장하는데, 이러한 표현은 공격적이고 유희적인 글쓰기라는 면에서는 정치토론을 일삼는 논객들과 유사하지만, 조롱과 비아냥 대신 직설적이고 감정적인 토로에 의존한다는 점에서 그들과 차별화된다. 이는 일종의 감정적 가치평가로도 이해될 수 있다. 미네르바가 사용하는 욕은 그 자신이 고백하듯, 해당 대상에 대한 격렬한 부정과 분노의 표현을 함축한다. "요즘 들어서는 욕만 늘어서…………가끔 나 자신한테 놀랄 때가 있다……이렇게 변할 수 밖에 없는 이 나라 경제 현실이 너무 치가 떨릴 뿐이다……."(2008. 7. 7). 이러한 감정적 표현은 독자들과 자신을 '우리'로 한데 묶는 재현 방식과 더불어 불안한 현실에 절망하고 분노하는 독자들과 공감대를 형성하는 데 기여한다. 또한 경제전문기로서 그의 정체성에 통속적인 어휘를 구사하며 사람들을 계몽하고 사회의 모순에 거침없이 욕설을 뱉어내는 지식인으로서 독특한 퍼스널리티를 부여한다.

2) 미네르바에 대한 독자들의 평가

앞서 살펴보았듯이, 미네르바는 경제전문가 중에서도 학자가 아닌 실물경제 종사자로서의 자신의 위치를 설정했고 최소한의 객관성을 담보한 보고서 장르의 혼용과 각종 자료의 직간접적 인용을 통해 이러한 전문가 정체성을 뒷받침했다. 다른 한편으로 그는 정부, 보수언론, 기득권층에 대한 비판과 욕설을 통해 분노와 불신을 표출하면서 '서민'의 입장에서 대안적인 경제전망과 생존방법을 제시했는데 이는 대중매체에 등장하는 경제전문가의 모습과도 차별화된다.

그의 활동에 대한 독자들의 평가는 대부분 분석과 비판에 대한 동조와 정보 공유에 대한 감사의 형태로 이루어졌다. 댓글들 중 상당수는 미네르바에게 공감을 표현하는 데 할애되었는데, 이것은 주로 정부의 경제정책에 대한 비판과 '조중동'으로 표현되는 보수언론에 대한 불신에 집중되었다. "저두그래요..아오! 울 국민들 주름살 펴질 날이 없을 듯...."(r8, 2008. 7. 7)이라든가, "한 국가의 사회안전망이 깨진 것 같아요. 공감합니다. 2년이라!"(r9, 2008. 7. 7) 같은 표현들이 이에 해당된다.

이와 함께 환율, 증시 같은 실질적인 경제지표에 대한 미네르바의 분석과 전망 역시 타당성과 유용성 면에서 긍정적인 평가를 받았다. 이러한 유형의 댓글은 주로 그의 '통찰력'과 "정적인 수치와 동적인 역사흐름까지 어울러서 고찰하는 능력"(r10, 2008. 8. 14)을 높이 사는 형태로 제시되었다. 한편 도움이 된다는 댓글도 많았다. "경제에 관심 있으신 분들은 이분글을 보면서도 자신이 아는 지식, 경제적 상황에 대입하여 각자의 해법을 찾고 있을겁니다"(r11, 2008. 7. 18). 특히 경제 분야에 취약한 토론 참여자들은 그의 글로부터 많은 것을 배웠다고 고마워했다. "어려운 경제용어를 풀어서 이해하기 쉽게 펼쳐주시는 미네르바님 오늘도 좋은글 감사합니다..건필하세요^^"(r12, 2008. 8. 1).

이와 달리 미네르바의 글에 대한 부정적인 평가는 정치적 측면에 집중되었다. 이러한 원색적인 댓글들은 미네르바의 정보나 분석을 논리적으로 반박하기보다는 그를 '쥐새끼' '꼴통 좀비' '정신병자' 등으로 칭하면서 욕설과 인신공격에 주력했다. 일부 참여자들은 미네르바에 동조하는 사람들까지 싸잡아 비난하기도 했다. "니네들이 저런 빨간 글씨에 흥분하는 것들은 좌파 주사파 바퀴벌레라 그런거야… 거기에 무뇌 좀비들이 가세해서 아주 딱 어울려 바퀴벌레 가득찬 좀비들.. 다 집에서 빈대떡이나 구워라…"(r13, 2008. 7. 7). 이러한 극소수의 댓글은 주로 '악플'로 치부되어 역으로 다른 참여자들의 비판과 공격을 불러일으켰다.

한편 미네르바의 분석과 해법의 오류를 지적하는 체계적인 비판도 존재했다. 분석 기간 중 가장 많이 제기되었던 문제는 생필품 사재기의 부정적인 효과와 관련된 것이었다. 미네르바는 2008년 7월 14일, '9월 경제쇼크에 대비하는 우리들의 자세'라는 게시물에서 쌀, 비누 같은 생필품을 6개월분 정도 확보해두라고 조언했다. 이에 대해 상당수의 토론자들은 지나치게 불안을 조성할 뿐 아니라 생필품 사재기가 궁극적으로 스태그플레이션을 앞당기는 결과를 낳을 것이라는 이유로 반대 의견을 제시했다. "너무 사회를 불안하게 조장하지는 마십시오"(r14, 2008. 7. 14)라는 부탁이나, "작님 말대로 한다고 칩시다… 지금 물가 인상율이 몇배는 빨라질 겁니다"(r15, 2008. 7. 14)라는 문제제기가 이에 해당된다. 이와 더불어 이란에 대한 이스라엘군의 공격 가능성에 대한 분석이나 리먼브러더스 보고서의 자료를 잘못 인용한 부분에 대한 문제제기도 이루어졌다.

이러한 비판은 미네르바의 분석과 대안이 독자들에게 전적으로 수용된 것이 아님을 보여준다. 객관적 수치와 자료를 중시했던 미네르바 못지않게, 일부 이용자들 역시 관련 정보를 검색하고 해석함으로써 분석의 진위와 타당성을 평가하고자 시도했다. 이는 인터넷 토론장의 합리성을 의심하는 일반적인 견해와는 배치된다.

5. 텍스트를 넘어서: 미네르바 신드롬의 사회적, 역사적 맥락

앞 절에서는 텍스트 분석을 통해 미네르바가 구축해나갔던 실물경제 종사자로서의 정체성과 독자와의 관계, 거칠고 열정적인 특유의 글쓰기 스타일과 대중적인 어휘의 사용, 단언적인 사실 진술과 공손한 조언의 배치 같은 다양한 요인들을 살펴보았다. 이러한 특성들은 그 자체로도 흥미롭지만 보다 큰 사회적, 역사적 맥락들—추론에 대한 신뢰와 이타적 동기에 대한 믿음, IMF로 인한 정부와 언론, 제도권 경제 전문가에 대한 불신, 그리고 총체적 시각을 지닌 전문가의 부재—에 관련해서도 해석될 수 있다.

첫째, 그의 글은 공격적이고 거친 어휘에도 불구하고, 타당한 근거와 이성적인 추론에 기반을 두고 있었으며 전통적인 지식생산 체계에서 요구하는 최소한의 타당성과 객관성을 유지하고 있는 듯 보였다. 경제적 예측이 필요한 순간에 그는 항상 도표와 그래프, 통계 수치를 근거로 들면서 분석을 수행했고 다른 네티즌들의 원색적인 비난이 제기될 경우 그는 상대방에게 통계 수치에 근거를 둔 논리적인 비판을 요구하면서 이에 맞서나갔다.

둘째, 미네르바는 아래의 발췌문에서 볼 수 있듯이, 자신이 경제 현황에 대한 보고서를 작성하는 이유가 일반인들에 대한 안타까움과 연민 때문이라고 주장했다.

> 매일매일 수십 건씩 자료들을 보다 보면 이제는 진짜 한심하다는 말밖에는 이제 안 나온다..... 그런데 일반인들은 지금 돌아가는 판이 어떤 고스톱판인지 몰라도 너무 모르는 상황이다..... 더구나 실물경제라는건 대학 경제학 교과서대로 흘러가는 게 아니란 말이다.. 그래서 최대한 현실에 가까운 현재 상황을 말해주는 것이다.
>
> 당해도 알고 당해야지...너무 안타까워서 비는 시간에 몇 자 적었다.........(2008. 8. 5)

이러한 그의 의도와 동기는 그가 사용하는 대중화된 어휘와 은유를 통한 설명 방식과 부합되었을 뿐 아니라, 그가 종종 작성했던 '9월 경제 쇼크에 대비하는 우리의 자세' 같은 글에서 나타나는 그의 관심사와도 일치했다. 그는 "일반인들이 실생활에서 피부로 느끼는 지금 이 상황에서 가능한 한 현실적으로 살아남는 길"을 모색하고자 했고, "경제학 원론 얘기가 아닌 〔……〕 구체적인 수단"에 관심을 기울였다. 그가 특히 걱정한 것은 10여 년 전 IMF 체제하에서 일반인들이 경험했던 일들이 다시 반복되는 것이었다. "또 일반인들만 다 희생 하라고요?...... 다 닥치고?..........그건 아니죠...이제"(2008. 7. 14). 미네르바에 대해 아고라 이용자들이 표현했던 '감사'는 이러한 맥락에서 이해될 수 있을 것이다.

셋째, 보다 큰 사회적 맥락에서 그가 획득했던 애정과 호의는 IMF의 경험에, 그것이 야기한 제도권 경제전문가와 언론, 정부에 대한 뿌리깊은 불신에 토대를 둔 것이기도 하다.

제 경험상 경제박사들이 서민 중산층 살리는 대책 내놓는거 본적이 없어서,,앓는소리하고 소리 벅벅 질러대야 그제서야 '아 야들 힘드네' 하고 선심성 대책내놓는거 밖에는,,IMF 안겪어 보셨나 봐요? 경제전문가들 3일전까지도 IMF는 없고 경제는 건실하다고 국민 속였는데,, (r16, 2008. 7. 14)

선동적인 게 잘못인가? 우리나라 언론들이 똑바로 해봐 이런글 올릴 시간에 다른 좋은 의견을 작성한다 이거야…. 위기를 위기라고 하지 않고 위기가 아닌데도 위기라고 지라 ㄹ 을 떨고 무엇이 맞는거여? 선동적이건 과장이건 최소한 지난번 imf때처럼 넋놓고 정리해고 당하고 아무것도 모르고 있다가 실업자 되지는 않을수 있다 이거야 최소한 마음의 준비라도 할수 있지~~ (r17, 2008. 7. 14)

미네르바가 환기시키고 이들이 스스로 떠올리는 IMF의 트라우마는 경제적 고통만큼이나 정부와 언론으로부터 '기만당했다'는 충격에서 비롯된다. 1997년 외환위기 직후 언론매체들에 대해 제기되었던 비판은 이들의 희생자 의식이 나름대로 이성적인 근거를 지니고 있음을 보여준다. 김덕모는 IMF 긴급자금을 받기로 결정된 1997년 11월 22일 며칠 전까지만 해도 경제위기를 예고하는 언론 보도는 찾기 어려웠다고 지적한다(김덕모, 1998). 일부 언론사는 해외 언론매체들이 11월 초 한국의 외환위기와 IMF 개입 가능성을 앞다투어 보도하자 '한국경제 흔들기'(『동아일보』, 11월 10일), '한국경제 왜곡보도'(『서울신문』, 11월 10일)라고 이들을 성토하면서(김덕모, 1998), '걱정할 것 없다'는 정부의 발표만 '앵무새'처럼 되풀이했다(윤용호, 1998).[8]

언론도 정부도 믿을 수 없다는 미네르바와 아고라 이용자들 사이의 공감대는 이러한 경험에서 비롯된다. 더불어 다음 아고라와 같은 인터넷 지식 공동체에 대한 이들의 의존 역시 이와 동일한 맥락에서 이해될 수 있다.

마지막으로 미네르바 신드롬은 세계화를 통해 지나치게 복잡해지고 유동적이 되어버린 세계 경제의 흐름을 종합적인 안목을 가지고 설명해줄 '전문가'의 부재를 배경으로 삼는다(안민호, 2009). 미네르바는 외환위기의 불안과 공포의 기억을 안고 끊임없이 반복되는 '위기설'에 시달리고 있는 사람들 앞에서 바로 이러한 유형의 '전문가'로서 등장했다. 그는 학술적인 전문지식을 요하는 환율·주식시장 분석은 물론, 자본주의의 역사, 그리고 미국, 중국, 일본, 중동 등 세계의 다른 지역에서 진행되고 있는 주요한 정치적, 경제적, 군사적 사건들이 한국 경제에 미칠 영향에 대해 단순하고 알기 쉬운 용어로 전체적인 지도를 그려주었다. 또한 그는 소시민들이 다가오는 경제위기에서 살아남을 수

---

8) 2008년 금융위기 때도 한국의 신문과 방송은 경제위기를 미리 예측하지도, 제대로 해석하지도 못했다. 이러한 상황이 재연된 것은 일차적으로는 급격하고 전면적이며 장기지속적인 경제위기 앞에서 쏟아져 나오는 생소하고 난해한 정보들을 제대로 다룰 만한 방송 시간과 신문 지면이 부족했기 때문이다. 안민호(2009)를 참고할 것.

있는 구체적인 지침들을 제공했다. 그리고 이 모든 정보와 지식은 동료 네티즌들의 감사와 인정 외에 어떤 보상도 없이 무료로 배포되었다.

6. 나가며: 온라인 시민지성의 조건

단순하게 생각하면 미네르바 신드롬은 2008년 세계 금융위기의 전야에 한 인터넷 스타 논객이 어떻게 탄생했는가에 관한 이야기이다. 다음 아고라 경제토론방에서 임박한 금융위기를 경고하고 정부의 경제정책에 대해 분노를 쏟아내며 소시민들이 살아남을 방법을 조언하던 한 무명의 네티즌은 불과 넉 달 만에 '시민지성'으로 불리며 언론에 오르내리는 유명인사가 되었다. 이 글은 미네르바가 명성을 얻는 과정에서 작성했던 게시물과 네티즌의 반응을 통해서 IMF 체제 이후 경제적 불확실성이 삶의 조건이 되어버린 한국 사회에서 온라인 '시민지성'의 조건을 탐색하고자 했다.

미네르바가 취했던 '경제전문가'로서의 정체성은 주류 언론에 등장하는 신자유주의 시대의 '권위자guru'나 나날이 전문직화되어가는 대학제도에 포섭된 '학자'와는 사뭇 다른 유형의 것이었다. 자본주의의 역사적 흐름, 한국 경제체제와 IMF 이후 기업의 변화, 경제 불평등의 심화 같은 비판적, 사회과학적 지식을 토대로 자신의 분석을 뒷받침한다는 면에서 그는 진보적 학자와 유사했으나, 경제 주무부처나 증권가에 종사하는 내부자만 접근 가능한 '고급' 정보들을 수시로 제공했다는 점에서는 현실의 경제 상황에 정통한 권력집단의 일원처럼 보였다.

반면, 그의 글쓰기 스타일은 권력집단 내부의 현업 출신 경제전문가가 지닐 법한 권위와는 걸맞지 않았다. 그의 어휘 사용방식은 학술적 전문용어를 쉽게 풀어쓰거나 은유를 통해 설명해준다는 점에서 비전문가 독자들과 시청자들을 고려해야 하는 '권위자'와 유사성을 지닌다. 하지만 미네르바가 경제 현황을 분석하는 가운데 욕설까지 동원해가며 대통령을 비롯한 정부의 고위 경제 관료들, 정부 정책, 주류 언론 등에 대한 격렬한 분노를 표출하고 독자들에 대한 연민과 애정을 고백하는 것은 그의 독특한 정체성을 구성해낸다. 강렬한 감정적 관여를 노골적으로 드러내는 것은 학술적 논문이나 전문가 칼럼에서는 치명적인 결함이 될 수 있기 때문이다. 그럼에도 불구하고 그는 감정적인 비난보다는 '숫자'와 '계산'에 근거를 둔 비판과 토론을 추구함으로써 최소한의 합리성을 유지하고자 했다.

미네르바의 정체성 귀속이 드러내는 이러한 이율배반적인 성격은 '시민지성'의 조건과 관련해서 어떠한 시사점을 지닐까.

첫째, 근대적 지식생산 체계가 요구하는 분석의 객관성과 타당성은 인터넷 지식생산 체계에서도 여전히 유효하다. 미네르바는 다양한 통계와 그래프에 의존함으로써 자신의 진술의 타당성을 입증하고자 노력했고 독자들의 신뢰는 적어도 부분적으로는 여기에 토대를 두고 있었다. 그의 글은 어휘목록이나 논리적 일관성에 있어서 학술논문과 상당히 다른 형태를 취하지만, 현실에 대한 상황 판단과 미래에 대한 예측은 확실한 근거를 가진 것처럼 보였다. 인터넷에서 생산되고 유통되는 정보와 지식에 대한 일반적인 우려와 달리, 이러한 현상은 교육제도에 의해 자격과 권위를 위임받지 않은 아마추어들이 지식생산에 참여하는 인터넷 담론 공간에서도 이성적 추론이 중요한 위치를 차지함을 보여준다.

둘째, 그럼에도 불구하고 온라인 지식인의 조건에는 독자와의 정서적 교감이 상당히 중요한 변수로 작용한다. 미네르바의 글은 경제적, 사회적 약자로서 일반 국민들에 대한 공감과 연민에 기반을 두고 있었다. 그가 구성했던 실물경제에 종사하는 경제전문가로서의 정체성은 그가 배포하는 '고급' 정보나 경제학적 지식과 더불어 그의 독자들과 그 사이의 위계를 만들어냈지만 이러한 차이는 그가 경제적 불확실성과 사회적 불만을 논하고 자신을 그들 속에 위치시킴으로써 해소될 수 있었고, 덕분에 그는 인터넷에 만연한 반지성주의의 덫으로부터 자유로울 수 있었다. 이러한 특성은 정서적 요소의 개입을 경계하는 학계의 관행과 정서적 공감에 기반을 두는 인터넷 지식생산 체계의 차별성을 보여준다.

셋째, 인터넷에서는 실용적인 지식이 선호된다. 이것은 한편으로는 정보와 지식을 제시하는 어휘와 서술방식과 관련된 문제이지만, 다른 한편으로는 '지식'과 '지식인'의 개념에 나타난 변화를 시사한다. 미네르바는 정보의 흐름으로부터 주변화된 사람들, 혹은 자신이 주변화되었다고 믿는 사람들에게 실생활에 도움이 되는 정보와 지식을 제공했다. 환율, 주가, 정부 정책, 금융기관의 내부 사정 등 미네르바가 '속보'라든가 장문의 분석을 통해 제시했던 지식은 일반인들이 주류 언론을 통해서는 접하기 어렵지만, 경제위기에 대비하는 데 상당히 유용한 것들이었다. 미네르바가 성취한 지식인으로서의 권위에는 이렇게 직접적으로 돈으로 환전되는 정보를 시민들에게 무상으로 제공했다는 점이 크게 작용했다. 경제학자가 아닌 실물경제 종사자라는 그의 가상적 정체성은 이러한 맥락에서 매우 탁월한 선택이었던 것처럼 보인다.

넷째, 미네르바는 경제학적 지식과 최신 정보들을 적절히 조합하여 현실 상황에 대한 큰 그림을 그려내는 데 성공했다(혹은 적어도 그렇게 비쳐졌다). 그가 인용한 자료들 중 상당 부분은 국내외 경제전문지나 통계청, 금융기관 등의 통계 수치였고 그런 이유로 마음만 먹는다면 누구든 쉽사리 구할 수 있는 정보였다. 그러나 이러한 단편적 정보들을 입수할 수 있다는 것과 전반적인 흐름의 일부로서 그 정보의 의미를 해석할 수 있다는 것은 다른 이야기이다. 경제적 불확실성과 불안의 시기에 절실한 것은 일종의 '인지적 지도 그리기'이고 미네르바는 그것을 제공해줄 수 있었다. 이러한 의미에서 인터넷 논객들이 지식을 생산하는 것이 아니라 기존의 지식들을 '짜깁기'할 뿐이라는 비판은 재고될 필요가 있다.

흥미롭게도 미네르바의 이러한 특성은 전통적인 '지식인' 혹은 '공공지식인public intellectual'의 이미지를 환기시킨다. 다양한 논의들에도 불구하고 전통적인 의미에서 지식인에게는 보편성을 추구하고 대중을 선도하는 계몽적 엘리트로서의 의무가 부여되어왔다(강수택, 2000). 예컨대 사이드는 지식인을 "일반대중을 위해서, 일반대중을 향해서, 메시지, 관점, 태도, 철학, 여론을 재현하고 구체화하고 표명하는 재능을 지닌 개인"으로 규정하면서 정부나 기업에 포섭되지 않고, 보편적 원칙의 토대 위에서 자유와 정의를 위해 용기 있게 검증하고 투쟁할 것을 이들에게 요구한다(Said, 1994). 그러나 푸레디의 "그 많던 지식인은 어디로 갔는가"라는 탄식(Furedi, 2004)에서 볼 수 있듯이 오늘날 이러한 계몽운동의 후예들을 찾기는 점점 더 어려워지고 있다.

그렇다면 인터넷의 번성은 지식인의 사회적 책무를 다하는 '공공 지식인'의 운명에 어떤 영향을 미칠 것인가. 드레즈너와 같은 이는 전문 직화를 통해 상아탑에 갇혀버린 학자들이 블로그, 소셜 미디어 등을 통해 공공 지식인으로 거듭날 가능성에 주목한다(Drezner, 2009). 그는 특히 이러한 인터넷 매체들이 학문 간 경계와 위계를 넘어서는 지식 네트워크들을 형성할 수 있도록 허용하며 일반 시민들과의 소통을 촉진시켜줄 것으로 기대한다. 이와 반대로, 인터넷 지식생산 체계를 설명하는 지배적 개념이 되어가고 있는 협업적 '집단지성' 모델은 모든 이들이 지식생산에 참여할 잠재력을 지니고 있다고 가정함으로써 전문가-비전문가의 차이와 위계에 기반을 두는 '지식인'의 공적인 역할에 대한 기대 자체를 약화시킨다.

미네르바 신드롬은 이러한 시나리오들과는 전혀 다른 가능성을 제시한다. 그것은 인터넷 지식 공동체에 참여하는 사람들의 인정을 통해 지식생산의 권한과 권위를 부여받을 새로운 '지식인', 즉 '시민지성'이 등장할 가능성이다. 지식체계는 항상 지식 공동체의 '합의'(마동훈, 2011)를 요구하며, 우리가 '진실'이나 '객관적 지식'으로 여기는 것들은 사실상 진실들이 논쟁되고 의견들이 만들어지는 사회적 소통 과정의 산물이다(Tredinnick, 2008). 인쇄술과 함께 성장한 근대적 지식체계 내에서 지식생산 과정에 대한 참여는 교육제도의 공인을 받은 소수의 전문가와 지식인, 엘리트 집단에 한정되었다. 인터넷은 이러한 과정을 보통 사람들에게 개방하며 그들의 가치, 열망, 세계관, 사회적 맥락이 지식생산에, 무엇이 진실이고 어떤 것이 바람직한가에 대한 논쟁에 개입하도록 허용한다.

전통적인 지식체계의 합리성과 총체적 지도 그리기, 동료 시민들에 대한 연민과 애정, 현실적인 생존에 도움이 되는 정보와 지식으로 무장한 미네르바의 성공은 상존하는 경제적 불확실성의 시기에 이러한 '인정'의 체계가 지식과 지식인에 관해 어떠한 조건들을 함축하는가를 단편적으로나마 예시해준다. 아울러 그가 구사했던 글쓰기 스타일과 비판적 지식인으로서의 정체성은 인터넷 지식생산 체계에서 새롭게 생성되고 있는 담론의 질서에 대한 실마리를 제공해준다.

3년이 흘렀지만 경제위기의 그림자는 여전히 우리 사회 곳곳에 짙게 드리워져 있고 인터넷에는 이 난국의 원인에 대한 타당한 설명과 명확한 행동지침을 찾아 헤매는 사람들이 넘쳐난다. 그 고단한 삶의 경험들이 직조해내는 것은 무기력한 절망과 맹목적인 분노일까, 아니면 보다 나은 미래를 벼려나갈 뼈아픈 자각과 혜안일까. 수많은 이야기들과 관점들이 충돌하면서 만들어내는 탁류로 깊이조차 가늠할 수 없는 인터넷 담론들의 바다에서 일개 연구자가 조망할 수 있는 부분은 안타까울 정도로 적다. 그리고 언제나 그러하듯 미네르바의 올빼미는 황혼이 물든 뒤에야 날개를 펼 것이다.

이 글은 '다음 아고라 이용자들이 왜 미네르바에게 그토록 열광적인 신뢰와 지지를 보냈을까'라는 작은 의문에서 출발했다. 얼핏 보기에는 매우 간단한 문제 같지만 이 질문에 답하는 것은 상당히 어려운 일이다.

가장 먼저 생각할 수 있는 방법은 아마도 그의 지지자들에 대한 심층 인터뷰일 것이다. 그러나 당시 다음 아고라의 익명성과 4년의 시간이 만들어내는 기억의 왜곡을 고려하면 이것은 불가능할 뿐 아니라 바람직하지도 않은 접근 방법처럼 보였다.

그렇다면 미네르바의 글과 그에 대한 아고리언들의 댓글, 즉 양측이 생산한 '텍스트들'을 분석하는 것은 어떨까. 사실 연구자의 목적이 미네르바와 네티즌들이 생산한 의미, 신화, 이데올로기 들을 밝히는 것이었다면, 기호학적 텍스트 분석은 매우 유용한 방법론이었을 것이다. 하지만 대중의 신뢰와 지지, 열광을 분석하는 작업은 '의미'의 규명만으로는 해결되지 않는다. 미네르바에 대한 네티즌들의 '애착'을 이해하기 위해서는 그들이 처한 사회적 조건과 그들이 활동한 인터넷 공간의 문화에 대한 보다 거시적인 분석이 수반되어야 하기 때문이다.

페어클로의 '비판적 담론 분석'은 이런 점에서 상당히 매력 있는 대안이다. 그는 모든 물질적 사회 과정에서 언어, 텍스트, 담론 등의 기호현상이 불가결한 요소라고 가정한다. 예컨대 미네르바와 네티즌들이 생산한 텍스트들은 미네르바 신드롬이라는 사회적 사건들의 중요한 요소이고, 보다 추상적인 수준에서 그들이 사용한 언어는 우리 사회구조의 일부이다. 또한 이 특정한 사회적 사건(현실)과 추상적인 사회구조(일단의 가능성들)를 매개하는 그들의 사회적 실천들(가능성들을 선택/배제하는 방식들)은 우리 인터넷 문화에서 '지식'과 '진실'을 승인하고 비준하는 새로운 담론의 질서들을 포함한다.

페어클로는 이러한 기본 관점에 따라 1) 사회학적 논점들에 관여하지 않는 '텍스트

지향적인 담론 분석'과 2) 사회 이론에서 출발하지만 구체적인 언어는 분석하지 않는 푸코식의 담론 분석을 비판적으로 결합하고자 시도해왔다. 이러한 방법론적 특성은 미네르바와 아고라 이용자들이 생산했던 텍스트들을 2008년 세계 금융위기의 문화적, 정서적 효과와 한국 인터넷 문화의 조우라는 특정한 사회적 조건들과 연관시켜 고찰할 수 있게 해준다.

이 글에서 나는 일차적으로 미네르바의 정체성이 구축되고 승인되는 방식에 초점을 맞추었고, 이에 따라 페어클로의 틀 가운데 특히 '정체성 귀속'과 관련된 개념들, 즉 '스타일' '양태' '가치평가' 같은 측면을 중심으로 그의 글을 분석했다. 그 이후에 텍스트 이외의 사회적 요소들을 되짚어가며 우리 인터넷 문화에서 미네르바가 경제전문가로, 또 시민지성으로 통용될 수 있었던 이유를 당시의 사회적 맥락 속에서 해석하고자 했다.

마지막으로 사족 하나. 페어클로는 기존 사회들의 작동방식과 문제점을 이해하고 대안을 모색하는 비판적 사회 연구의 일부로 비판적 담론 분석을 정의하며, 이러한 관점에서 특히 세계화와 신자유주의, '신자본주의'의 (정책) 담론들이 자본과 권력의 이해관계를 도모하는 경제적, 정치적 변화를 자연화하는 방식을 분석하는 데 관심을 기울여왔다. 하지만 세계화는 승자뿐만 아니라 패자도 생산해낸다. 이것은 정보화도 마찬가지이다. 미네르바 신드롬의 분석을 통해 나는 세계화와 정보화가 게임의 규칙이 된 세계에서 지역화되고 탈정보화된 평범한 사람들의 불안과 열망, 이들이 인터넷 지식생산 체계에 참여함에 따라 불가피하게 변화해가는 지식과 지식인의 조건들을 고찰하고자 했다. 어떤 의미에서 이것은 일종의 실험이다. 권력의 담론이 아니라 저항의 담론, 혹은 혼란과 불안정성의 담론들을 분석할 때도 비판적 담론 분석이 유용성을 가질까. 대답은 읽은 이들의 몫이다.

불안: 그 느낌, 표정, 말들에 관하여

김 예 란

요즘의 소위 쿨한 인간들은 근대를 구닥다리라고 깔보거나 거만하다고 탓하는 것을 미덕으로 여긴다. 그러나 나는 적어도 근대의 몇몇 천재들에게는 존경심을 표해야 마땅하다고 믿는 편이다. 그들의 위대한 공통점은 보이지 않는 무엇에, 보이는 것보다 더 중대한 무엇이 현존하리라 상상한 힘에 있다. 프로이트는 인간이 자신도 어찌할 수 없는 욕망을 품고 있다고 설파했고, 마르크스는 인간 불행의 원천이 하부구조에 예속되어 있기 때문이라고 분노했으며, 심지어 뉴턴은 모든 사물이 보이지 않는 힘으로 서로를 끌어당기고 있기에 세계가 유지될 수 있는 것이라는, 자못 사랑스러운 세계관을 선언했다.

흐흠, 그러나 위대한 저들에 비해 매우 소심하지만 다소 명랑한 나는 보이지 않는 무엇에 내기를 거는 거대한 용기를 겸손하게 사양하기로 한다. 거친 지구를 개척하며 의미의 진실이라는 무게를 서슴지 않고 떠안았던 근대인은 호모 사피엔스를 창조했다. 반대로 나는 휘황찬란한 디지털 우주에 작은 섬모로 미끌거리며 기생하는 편형동물*과 같다. 나를 꼭 빼닮은 가볍고 납작한 말들을 섭취하고 배설하며 지내는 것이 나의 생존 방법이다. 도대체 이런 나는 비굴한 건가, 영악한 건가? 활기찬 건가, 기죽은 건가? 이런 헷갈림에 허덕이다가 마침내 이 모순된 존재 양식과 언어의 성질에 대해 알아보기로 결심했다. 화려함과 적막함이 공존하는, 이 불안의 언어들에 관해.

---

* 편형동물은 어감 그대로 작고 평평하다. 이 매끈하고 납작한 생물체의 매력적인 특징은 자체적인 구분 체계가 매우 모호하다는 것이다. 크기가 제멋대로이어서, 몸길이가 몇 밀리미터에서 약 5센티미터인 것이 대부분이지만 때로는 전체 길이가 1미터 이상 되는 녀석도 있다. 세포내 소화 또는 세포외 소화를 하며 전구와 후구의 구분이 없어 먹은 입으로 다시 찌꺼기를 배설한다. 자웅동체이고 유성생식과 무성생식을 모두 한다. 한마디로 정해진 원칙이나 규칙 없이 미끌거리는 기술로 생존하는 것이다. 그러나 우리가 무서워하는 많은 기생충들이 편형동물에 속한다는 사실을 상기할 때, 이 미발달된 생물체가 본능적으로 지닌 기생성과 운동성의 위력에 감탄하지 않을 수 없다.

1. 왜 '불안'인가?

이 연구는 한국 사회와 한국어의 맥락에서 발현되는 '불안'한 언어의
특징과 그 언어가 창출하는 '불안'의 의미작용을 탐구한다. 여기서 불
안이란 일종의 한국 사회에 내포된 '느낌의 구조structure of feeling'로서
이해된다. 레이먼드 윌리엄스(Williams, 1977)가 제안한 개념인 느낌
의 구조는 흔히 개인의 심리현상으로 이해되는 느낌과, 사회적 틀과
질서를 의미하는 구조의 개념을 결합했다는 점에서 매우 흥미롭다. 윌
리엄스는 느낌을 구성원들이 의식적 혹은 무의식적으로 체험하고 공유
하는 '가치'이며 '의미'로서, 그리고 구조를 '특정한 방식으로 연동되고
긴장을 미치는 내적 관계를 지닌 세트'라고 정의한다. 이처럼 느낌의
구조는 느낌을 사회적으로 구성되고 상호작용하는 틀로 격상시키고,
감성/이성, 개인/사회, 형식/내용의 구분을 아우르며 해체한다. 나아
가 윌리엄스는 일정한 세대는 자신들의 고유한 감정의 구조를 표현할

수 있는 독특한 언어양식을 고안한다고 주장한다. 즉 이 글의 주안점인 불안이 우리 시대의 주된 느낌이라고 할 수 있다면, 불안은 사회적으로 체험되고 공유되며 고유한 언어양식으로 표현될 수 있어야 한다.

이제 불안을 보편적인 느낌이 아니라, 지금-여기의 우리가 체험하는 사회적 현실로 역사화한다면, 그 불안의 언어 역시 고유한 문화적 양식으로 역사화될 수 있다. 이 글에서 나는 그 양식적 이질성과 다양성을 폭넓게 보려는 의도를 가지고, 멀티미디어로 매개되는 문화 환경에서 무수히 번성하고 있는 불안의 언어들에 귀 기울일 것이다. 너무나도 빈약하고 허약해서 전통적인 기호학에서 추구했던 언어의 진실, 즉 언어 안에 몇 층으로 숨어 내포되어 있다고 믿어진 기의란 것이 도통 불가능한 지점에 천착할 것이다. 그러한 언어를 납작하고 가벼운 말들이라고 부름으로써, 그들이 표현해내는 불안의 문화를 해석할 것이다. 아래에서는 불안에 대해 이론적으로 검토한 후, 다양한 불안의 담론 양식을 관찰하며 한국 사회의 사회성이자 문화적 감수성으로서 불안의 문제를 탐구할 것이다. 마지막으로 본 연구가 시도한바, 멀티모달리티의 분석 방법론이 현재의 문화 환경을 이해하는 데에 지니는 유용성 및 제언을 덧붙일 것이다.

2. 불안에 관하여

기독교적 색채가 강하게 드리워진 실존주의의 시각에서 키르케고르는 불안을 '순진무구라는 정신의 규정'으로 설명한다(키르케고르,

2007). 불안은 원죄의 전제와 기원으로서 '무'에 대해 인간의 정신이 맺는 관계로 정의된다.[1] 이 꿈꾸는 정신에 존재하되, 평화와 안식도 아니며 그렇다고 불화도 아닌 무엇, 그 '순진무구함 속에 놓여 있는' 것이 바로 불안이다. 무에 대한 인간의 관계이기에 불안은 양가성을 지닌다. 마치 '달콤한 불안'이라는 표현이 드러내듯이 '불안은 공감할 수 있는 반감이며 반감적인 공감'이다. 동시에 불안은 사랑의 대상이지만 도망의 대상이기도 하다. 불안을 사랑하기에 그로부터 달아날 수도 없지만, 그로부터 도망치기에 불안을 사랑할 수도 없다. '불안을 두려워하면서도 여전히 불안을 사랑하고 불안 속에 빠지기에' 인간은 죄를 짓게 되며, 따라서 불안은 죄를 생성하는 원천이다(즉 우리는 죄를 짓고 나서 불안해하는 것이 아니라 불안 속에 있기에 죄를 짓는다).

이러한 불안의 양가성 때문에 불안에 찬 인간은 가능과 현실 사이의 경계에 서 있는 셈이다. 금지 명령은, 금지가 내려지는 순간에 '(하면 안 된다는 것으로서) 할 수 있는 것'을 알려주고 그로부터 인간의 무한한 가능성에 눈뜨게 한다. '아무것도 모르고 있는 그'에게 고차원적인 가능성이 접근할 때, 순진무구한 그는 불안을 안은 채로 위험한 곳으로 향하게 되는 것이다. 그러나 불안을 정당성의 윤리나, 필연성 혹은 자유의 규정으로 오해해서는 곤란하다. 오히려 불안 안에서의 자유란 '속박된 것'으로서, 불안의 주체는 최종적으로는 자신에 종속되어 있다. 요컨대 '가능성'과 '현실성' 사이의 중간 규정이 불안이다. 따라서

---

1) 키르케고르는 불안과 죄의 관계를 이렇게 설명한다. 최초의 인간 아담이 "선악과를 먹으면 너희는 죽을 것이다"라는 신의 음성을 들었을 때, 선악과를 먹지 않았으므로 선악에 대한 지식을 미처 가지지 못했고 따라서 이러한 신의 금지 명령이 무슨 뜻인지 전혀 이해하지 못한 채 그 대상과 대상에 대한 공포를 순진하게 꿈꾸는 상태와 같은 것이다.

불안이란 인간이 순수한 무와 맺는 모순된 관계들, 그래서 그 나아갈 운명이 결정되기 바로 직전에 위치한 변곡점과 같은 것이다.

불안을 형이상학의 문제로 정립한 하이데거에게 불안은 '무를 드러 내는' 것이다(Heidegger, 1962, p. 103). '무의 드러냄'이라는 근원적 바탕 위에서만이, 인간은 단순한 존재이기를 넘어 자기존재의 의미를 이해하고 의미를 획득한 존재, 즉 다자인Dasein으로 이행할 수 있다. 무가 아니라 존재이기 위해서는, 무를 대면하고 그를 넘어서는 초월을 성취해야 한다. 혐오스러운 무(엇)를 '직면한 후 뒤로 돌아 물러서며' 무와 결별하고 현존재의 빛으로 향하는 것이 곧 존재 자유의 발현인 것이다. 이로써 다자인은 '무를 견디어내는 것'을 의미하게 된다. 불안 은 무를 드러냄으로써 존재가 의미의 존재로 열리도록 하는 그 '본질적 펼침'의 순간이다. 존재 혹은 무의 행로가 결정되는 직전의 지점인 불 안은 대립적인 것들 사이에 발생하는 미결정의 순간이다. 그래서 여러 종류의 양가성이 혼융되어 있다. 대면과 도망, 사라짐과 포획, 떠오름 과 떨어짐, 부재와 현존이 엇갈리는 지점에 불안이 웅크리고 있다. 존 재가 무로 떨어지거나 가능한 존재로 드러날 수 있는 여부도 불안 안 에서 (미)결정된다. 또 불안은 낯익은 세계와 결별하고 낯선 것을 대 면하게 되는 생경함이기도 하지만 동시에 조용조용한 버석거림이 주는 안락한 즐거움이기도 하다. 불안은 '창조적인 열망의 활기와 상냥함'과 내밀히 연석하고 있다. 무를 무화함으로써 존재가 존재이도록 하는 빛나는 계기가 불안에 잠재한다. 따라서 '불안 없이는 자아도 자유도 없다.'

무와의 대면, 한계의 절감, 부재의 승인과 같은 부정성의 인식은 근대적 실존의 본질로 이해될 수 있다. 김홍중이 읽어내듯이, 기술로 식민화된 근대세계는 "다자인 고유의 결단성이 소거"되고 "세계 고유의 성격을 박탈당한 일종의 비非-세계"로서, "모든 다른 파토스들을 은폐시키는" 열정, 즉 '열정의 소멸에 대한 열정'을 '근본적 열정'으로 취했다. "마비를 가져오는 불편함, 무관심, 무심히 흐르는 시간의 압박감, 공허, 알 수 없는 무언가의 나타남"의 체험은 "느낌의 불가능, 열정의 불가능, 파토스의 불가능"이라는 '권태'의 정조를 형성한다(김홍중, 2009, pp. 220~21). 그러나 불능, 중지가 전적인 마비와 소멸을 의미하는 것이 아니라는 사실에 유의하자. "총체성은 소멸했고 모든 것이 잡다한 기호의 소용돌이지만, 소멸한 총체성은 가능성의 범주로서 살아남"기 때문이다. 우울한 자들은 "죽고, 소멸하고, 사라진 모든 근원적 가치들"을 신앙하지 않고, "완벽하게 소멸되었다고 믿"지도 않기에, 대신 "그 중간에 머물"고 있다. 그리고 "'소멸됨으로써 살아 있는 어떤 것'을 끝없이 추구한다"(p. 237). 이 가능과 소멸 사이의 중간적 주저, 회의, (그럼에도 진행되는) 끝없는 추구는 준거와 의미의 핵심적 축이 사라진 근대세계의 '문화적 상상력'으로 극대화할 수도 있다.

불안에 관한 철학적 사유는 어쩔 줄 모르는, 어찌할 수 없는, 그러나 어쩌지도 못하되 끝없이 어떻게든 하고자 하는, 혹은 하고 싶어 하는 지금 우리의 삶의 느낌에 가까이 있다. 더불어 오늘날 후진적 위험사회라는 삶의 조건에서 불안은 한층 체계화된 방식으로 우리 삶의 정황에 긴밀하게 개입해 있다.

3. 사회적 구조로서의 불안

현대사회는 구조적으로 위험사회(Beck, 1986/2006)이며, 이와 조응하여 체험적으로 불안의 사회이다. 비록 통일된 개념이나 용어로 취해지고 있지는 않지만, 흔들리는 사회를 체험하는 현대인의 정서와 주체성에 관한 사회학 이론들은 우리가 지금 '불안'이라는 문제틀로 접근하는 그 현상에 관한 유의미한 통찰을 전해준다.

찰스 테일러는 현대의 '불안감malaise'을 개인주의, 도구적 이성의 지배, (정치적) 자유 및 자결권의 상실에서 비롯된 것으로 설명한다(Taylor, 1991/2001). 테일러는 두 개 문제의 근원적 요인으로서의 첫 번째 논제, 즉 자기실현의 개인주의화의 요인을 집중적으로 논하고 있다. 여기서 개인주의란 현대인이 자기 초월적인 '지평'을 부정한 채 '자기 폐쇄'적인 주관주의에 갇힌 '무덤덤한' 주체로 형성되는 경향을 일컫는다. 개인성에 매몰된 주체는 사회적인 '도덕'과 단절된 채, 다분히 '자기중심적이고 자기도취적'인 성격의 욕구들을 마치 자기실현의 통로인 양 추구한다. 이렇듯 유아독존적인 개인성은 자기 진실성을 구현하는 대신 오히려 그것을 파괴하리라 우려된다.

기든스는 불안의 사회학적 범주화를 시도한다. 불안은 1) 실존의 본질이자 정체성 형성의 대상으로서, 2) 유한한 인간이 성찰적 존재로 살아가도록 만드는 매개로서, 3) 개인이 타인을 경험하고 해석하는 방식으로서, 4) 영속적인 자아와 신체 속에서 사람됨의 느낌을 지속하기 위한 실존적 문제로서 작동한다(Giddens, 1991/2010, p. 114). 현대

사회의 자아정체성의 역설은 바로 그것이 위험사회의 혼란을 불안으로 체험하며 그 문제를 해석하고 대처하며 관리하는 과정 속에서 형성된다는 사실에 있다. 계속적인 변화 가능성과 유지 필요성이 위태로운 균형을 이루는 형태가 바로 현대적 자아인 것이다.

이렇게 설명한다고 해도 불안의 주체에 대한 질문은 여전히 답해지지 않은 채 남아 있다. 만약 개인이 자기 세계의 껍질 안으로 들어가버리고 말았다면, 이 자족적, 자기애적 선택에도 불구하고 왜 우리의 마음은 편하게 안정될 수 없는가. 즉, 왜 이리도 나는 불안한가? 이 문제는 불안의 사회적 체계화 및 그에 의해 소외된 주체의 자기형성이라는, 고단한 기획과 맞물려 있다. 인간은 단독으로 존재할 수 없고, 항상 타인과 사회와의 상호주관적 인정 안에서만 생활할 수 있기 때문이다(Honneth, 1995). 호네트는 인정의 양식으로 사랑love, 권리right, 연대solidarity를 제시하며 각 요소가 자기 확신, 자기 존중, 자기 존엄의 기초를 이룬다고 설파한다. 현실적 문제는 이러한 인정의 질서가 불평등하게 배치된다는 사실에 있다. 그래서 프레이저(Fraser, 2003)는 인정recognition의 사회적 실천 논리가 경제적 자원의 배분redistribution의 논리와 연동되어 있다고 주장하며, 인정의 물적 구조가 이루어지지 않을 때, 인간은 소외와 억압의 상태에—혹은 나의 표현으로는 '불안'의 상태에—떨어질 수 있음을 경고한다. 또한 닉 쿨드리는 호네트의 인정투쟁 테제를 발전적으로 받아들이며, 신자유주의적 '목소리'가 지배적인 정당성을 확보함에 반하여 다양한 소수 '목소리들'은 자기 존엄성과 인정을 확보하지 못하는 소통의 비민주적 체제를 비판하고 있다(Couldry, 2010). 이러한 비판적 사유들은 공통적으로 현대사회에서 불안이 그 생성과 자유의 잠재력을 상실하고 있음을, 그래서 위험사회의 체제적 파생물로 변질되어버렸음을 시사한다.

이렇듯 불안은 단지 개인의 병리적인 심리상태가 아니라, 사회적, 경제적, 정치적인 관계 속에서 구조화되고 체험되는 현실이다. 그러기에 지속적으로 대면하고 투쟁해야 하는 조건이자 대상인 것이다. 불안의 구조에서 구성원들은 자본주의적 인간으로 진화하거나(Boltanski & Chiapello, 2007), 적어도 외양적으로는 적응을 잘하는 순발력 강한 체제의 구성원으로 계발되거나(Barfuss, 2008), 자의든 타의든 좀비족, 폐인, 백수와 같은 유사족속들로 변신하며 공적 세계의 그늘인 지하세계로 숨어 사라지는 운명을 걷게 된다.

오늘날 경제적 양극화가 심화되고, 그에 조응하여 목소리에 대한 사회적 인정 체제가 비균등하게 차별적으로 구성된 한국 사회에서 불안은, 후기 자본주의의 객관화된 사회체계, 신자유주의의 지배적인 이념구조, 인간의 실존적 경험의 '분위기'로서 현존한다. '분위기stimmung'란 장구하게 누석된 '문화적 감수성'이며 '공공적'인 조건 안에 있는 '사회적'인 것이기도 하기에 상호개인적으로 '공유되는' 것을 뜻한다(Dreyfus, 1991, p. 172). 따라서 불안이란 집단과 개인의 의식을 가로지르며 생성되고 느껴지는 감각이자 대상이자 배경이다. 그리고 불안은, 현실의 '무'를 직면하여 그에 관해 인식하고 질문하며, 광폭한 체제적 운동에 중지를 요청하는 존재의 윤리성이다. 마지막으로 불안은, 무를 넘어서 타자와 세계의 관계 속에 자신을 던지고, 그 마찰과 혼융의 과정에서 자기의 의미를 만들어내고자 하는 주체의 소통적 열망이기도 하다. 불안의 주체는 자신의 불안을 명료하게 인식하고 그것에 질문을 던지는 존재다. 그는 (불안에 떨고 있는) 매몰된 객체 혹은 (불안으로부터 스스로 차단한) 맹목적 인간과는 구별되는바, 예민하고 단호한 인간인 것이다. 또한 체제권력에 효율적으로 단련되고 길들여진 순응적 몸docile body과도 구분된다. 불안의 주체는 체제와 조용한 결전을 벌이고 있는 중이기 때문이다. 불안의 주체는 자본주의적 민주체제에 우아하게 적응한 시민에 대한, 토비 밀러의 비유인 '평균율 자아well-tempered self'(Miller, 1993)와도 다르다. 불안의 주체의 고요는 평균율 자아처럼 단련된 산물이 아니라, 일종의 숨죽임 상태에서의 도사림과 같은 것이다. 그는 숨막히는 긴장과 고요에 눈뜨고 있다. 차라리 평균율 자아 내면에 지배적 질서에 의해 포획되지 않은 '미완성의 빈공간'(Miller, 1993)이 있다면, 그 미정의 빈공간이 불안의 주체에 가까울 것이다.

불안은 자유와 가능성이 잠재한 윤리적 공간이다. 불안의 주체는 불안을 통해 자신의 존재성을 획득하기를 바란다. 그래서 그것을 위한 몸짓과 말을 벌이게 되는데, 이들이 어우러지며 불안의 언어가 만들어진다. 그리고 우리는 이 정황에서 나오는 소리와 호흡, 그 불안한 발화를 불안의 담론이라고 불러볼 수 있을 것이다.

4. 한국 사회의 불안의 정경

언어의 표준을 벗어남으로써 오히려 대상의 본질적 의미를 더 날카롭게 드러내는 기형의 언어들과 그들이 지닐 수 있는 정치적 힘에 대한 사고는 여러 논자들에 의해 포착되었다. 예컨대 피식민자가 일그러뜨리며 뱉어내는 깨진 영어는 영국 제국주의의 가공된 권위를 훼손시키는 균열의 언어다. 폭탄을 숨긴 알제리 여인의 옷자락은 분노와 위장의 언어다. 펑크족과 고딕족의 뒤죽박죽 '스타일'의 옷차림은 세련과 교양을 자임하는 기성세대를 공격하기 위해 고안된 혐오와 적대의 언어다. 심지어 푸코는 끊임없이 말하라고 강요/유혹하는 권력에 대해, '침묵'하는 것을 보다 급진적인 '문화적 코드'로 제안한 바 있다.[2]

그렇다면 불안의 언어는 어떠한가? 하이데거에 따르면 '불안은 말을 앗아간다'(Heidegger, 1962). 왜냐하면 불안이란, 인간의 실존에서 무가 드러나서 그것이 마침내 질문되어져야 하는 사건을 일으키는 '근원적인 분위기'이기 때문이다. 진정 불안에 빠진 이라면, 그는 불안의 실체를 알 수 없을 뿐만 아니라 그것을 말로 설명하기란 더욱 어렵다. 입조차 떼기 어려우며 기껏해야 '무언가가 불안하다'라고, 겨우 말할 수 있을 뿐이다. 그럼에도 '불안은 거기 있다. 단지 잠자고 있을 뿐이다.' 잠의 숨결처럼 우아하고 성실하게. 존재의 '궁극적 위엄'을 전달하는 불안의 언어에 대해 하이데거는 '노곤한 말idle talk'이리고 이름 붙였다.

이러한 관심 속에서 문화적 분위기이자 주체의 윤리성으로서의 불안이 우리 사회에서 어떠한 언어로 표출되고 있는지 살펴보기로 한다. 배수아는 「밤이 염세적이다」에서 수니라는 이름의 여성을 통해 이렇게 말한다.

---

2) 이러한 언어들의 의미에 관해서는 Bhabha(1994), Fanon(2008), Hebdige(1981), Foucault (1988) 등을 참고할 것.

내 **말**이 내 머릿속에서 뿌리를 내리고 자라는 게 느껴져요 **말**의 이파리가 두피를 뚫고 나온답니다 그럴 때 새우가 와서 내 **말**을 먹어버리죠. 두통이 있다면 아스피린도 있는데. 어떨 때는 두통이 **말**까지 퍼져요 **말**이 두통을 앓아요 그럴 때면 잠들지 못해요. 새우를 많이 먹어서 그런 거라면…… 하지만 새우는 혀가 없어서 **말**을 못하거든요. 그렇다면 새우는 어떻게 당신의 **그것**을 먹는가요? **말**을? 오직? 혀 없는 입으로? 그렇다면 입 없는 혀가 무엇을 할 수 있겠어요? **말**을. 오직. (배수아, 2010, p. 302)

이 분홍빛의 말랑말랑하고 귀여운 생물체, 그것이 지닌 조잘거림의 말. 그것은 너무나도 생생하고 통통해서 그 자체 단일유닛으로 가뿐히, 혀라는 생물종으로 탄생한다. 그 조그만 체구에 비하면 놀랄 정도로 왕성한 식욕을 지닌 새우는 그 자신 혀가 없어 말을 못하지만, 타인의 말을 먹어치워서 오로지 말만을 할 수 있게 된다. 실재를 기호가 대체한다. 나아가 기호의 내적 차원에 있어서도 기의 역시 산뜻하게 원천차단된다. 그 의미의 깊이로까지 미처 파고들어 가기도 전에 우리 앞에는 분홍색 새우라는 기표가 클로즈업의 이미지로 꽉 들어찼기 때문이다. 말의 기표, 즉 수다쟁이 새우가 혀와 등치되는 시각적 이미지가 '염세'의—혹은 우리의 표현을 지킨다면 '불안'의—언어를 대신한다. 종국적으로 몸(실재)이 말(기호)을 육화하지는 못하는 대신, 혀(이미지)는 그 자체 말(기호)로써 몸(실재)을 대체한다.

이 새우라는 혀는, 저 시인이 그토록 고통스러워하던 「입 속의 검은 잎」(기형도, 1989)의 혀 없는 입의 세계와 명백하게 대비되는 시각과

청각과 운동감을 지녔다. 입 속의 검은 잎은 '검은 잎'과 '흰 연기'가 질 질 끌려다니고 튀어나오고, "많은 사람들이 무더기로 없어졌고 놀란 자의 침묵 앞에 불쑥불쑥 나타"나는 죽음과 공포의 여름에 있다. 그 '거센 비바람의 장례식' 안에서 "나의 혀는 천천히 굳"는다. 입 속의 검 은 잎은 어둡고 억눌린 "공포에 질려" 썩어가는 육체에 악착같이 매달 리고, 차라리 말을 잊어가며 검게 죽어갔다. 그러나 침묵하는 내면과 는 또 다르게, 그의 시선은 슬픔과 두려움으로 숨죽인 '벌판과 황혼'을 멀리 내다보고 있으며 울음을 터뜨리는 아이들을 비추는 원경의 세계 로 확장한다. 반면, 배수아의 입 없는 혀는 육체를 가볍게 소실하는 대 신 자신의 두통까지도 먹어치우며 쉼 없이 말한다. 육체와 고통을 정 벌한 말이 생명을 득하고, 마침내 너무나 당돌하게도 새우의 클로즈업 이 등장하는 것이다. 입 속의 검은 잎은 혀를 죽이면서까지 현존하는 공포를 직시한다. 이에 반해 새우의 입 없는 혀는 몸을 무화함으로써 통증을 제거하고 생명을 유지한다. 새우의 클로즈업 안에서 몸은 사라 지고 말이 살아남는 방식으로 존재와 말은 공생관계를 맺을 수 있는데, 왜냐하면 무가 되어버린 몸을, 말이 말할 수 있기 때문이다. 요컨대 기 형도의 「입 속의 검은 잎」이 '공포' 사회의 침묵의 정경을 암시한다면, 배수아의 「밤이 염세적이다」는 '불안' 사회의 언어 포화를 표상한다.[3)]

이론적으로 진정한 불안의 주체는 차마 입을 열어 말을 할 수 없다.

---

3) 키르케고르에 의하면 공포와 불안은 대비되는 감정이다. 공포는 뚜렷하게 현존하고 인지된 대상에 대해 명백하게 취해지는 적대적 태도이다. 반면 불안은 상술했듯이 불가지 대상과 상황에 대한 주체의 모호하고 암묵적인 상태인 것이다. 이 대비는 1980년대의 군부독재라 는 적대가 명백했던 '공포'의 시대와 2000년대 이후 위험요소들이 복합적이고 모호하게 엉 켜 있는 '불안'의 시대의 대비에도 적용할 수 있다.

불안은 침묵을 낳고 그 안에 살고 있거나 기껏해야 몇 개의 신음을 뱉어낼 뿐이다. 반면 현상적으로 지극히 불안한 요즘의 위험사회에서 불안한 주체들은 불안의 언어를 수다한 수다로 쏟아낸다. 그렇다면 불안과 언어는 어떤 관계에 있을까, 불안이 과연 언어로 소통되는 것이 가능할까? 그렇지 않다면 우리의 일상을 뒤덮고 있는 이 수다한, 불안을 담은 언어란 대체 무엇일까? 물음의 핵심은 '불안이라는 경험이 담론으로 번역 가능한가?'이다. 위의 비교에서 명백해졌듯이 불안은 역사화된 체험이다. 불안의 언어란 (순수기호가 아니라) 누구 또는 어느 집단의 역사 안에 있고, 역사를 형성하고 역사에 의미를 발생시키는 것으로 이해되어야 할 것이다. 아니 애초부터 말해지고 의미를 얻을 때만이 불안의 체험이라는 것이 가능하다. 불안의 주체 역시 언어 안의 주체성이며 언어 속에서만이 불안이라는 존재론적 체험을 얻을 수 있다. 불안의 윤리는 경험과 말 사이에 긴장되게 자리한 '간극', 이 직전의 자리에서 기호의 세계로 떠오르는 저 언어 비약의 찰나에서 그 주체의 결단에 의해 실천될 뿐이다.

5. 멀티모달리티의 방법으로 '불안'을 읽기

앞의 절에서 공포의 세계와 불안의 세계가 대비되었다. 공포의 세계는 「입 속의 검은 잎」으로 상징되는바, 감각이 마비되며 언어는 굳고 단지 정신과 의식만이 곧추서는 세계이다. 반면 불안의 세계는 「밤은 염세적이다」에서 드러난 것처럼 무정형의 모호한 세계에 말이 넘쳐나고, 기의를 먹어 삼킨 기표가 산재한다. 의식을 대체하는 기표가 다양한 양식(말, 이미지, 운동)으로 번성한다. 이렇게 기표의 다분화와 과잉을 해석하기 위한 방법으로 멀티모달리티 분석 방법론을 채택하기로 한다. 지금의 언어가 너무나 가볍고 납작해서 기의가 들어갈 틈이 없어 보이기에, 기표 안에 담긴 기의를 탐구하는 고전적인 기호학 방법론이 곤란하다는 사실이 분명해 보인다. 따라서 있는 그대로, 그 빈약하고 경박한 언어 자체를 보며 의미를 해석하는 방법이 더 유용하리라고 판단된다.

기호의 의미를 파고들어 가지 않는다면 어떻게 우리가 기호의 이미지와 소리로부터 즉각적으로 의미를 알 수 있다는 것일까? 이 문제를 생각하기 위해서 존재와 말을 서로 닮음의 관계로 놓아보자. 육필로부터 글쓴이의 무의식이 숨겨 넣은 수수께끼 상들vexierbilder을 읽어내는 '필적 감정학graphologie'이 알려주듯이, 문자는 세계를 지각과 의식에 계시한다. 세계와 언어 사이에 신비롭게 작용하는 이 '비감각적인 유사성'은 발터 벤야민의 미메시스론의 바탕을 이룬다. 이는 어떤 철자로 만들어진 텍스트가 '수수께끼 상'이 만들어질 수 있는 '토대'가 되고 문장의 발음들의 '울림'에서 그 속에 숨어 있는 '의미연관'이 '순간적으로 번득이며 나타'나는 원리이다. 학생들이 가나다 책을 읽는 것과 점성가가 별들을 보고 미래를 읽는 것, 점술가가 이름을 보고 운명을 읽는 것은 모두 미메시스 안에서 가능한 의미작용이다. 유사성의 울림이라는 관점에서 본다면, 언어란 애초부터 '사물의 전달 가능한 정신적 본질을 전달'하는 것이다. 벤야민이 거듭 강조하듯이 사물은 언어를 **통해** 전달되는 것이 아니라, 자신의 전달 가능한 본질이 언어 **속에서** 전달되는

것이다(Benjamin, 1916/2008, pp. 74~78).[4]

논의를 정리한다면, 이 글의 목표는 불안을 표상하는 언어들을 멀티모달리티 분석 방법론을 취하여 설명하는 것이다. 멀티모달리티 분석 방법론은 고전적 기호학과 몇 가지 차이점을 지니는데(Chandler, 2007), 그중 하나는 텍스트를 중심으로 재현된 의미작용에 집중하는 고전적 기호학과 달리, 사회적 의미작용 전반을 고려한다는 점이다. 또한 기호의 사회적 기능에 주목하는바, 언어의 의미전달에 관련되는 관념적 메타기능, 소통의 사회적 관계를 고려하는 대인적 메타기능, 의미작용이 벌어지는 맥락 및 정황과 연관 맺는 텍스트적 메타기능이 그 주요한 기능들이다. 마지막으로 음성 및 문자언어 지배적인 전통적 기호학의 지형을 확장하여 이미지, 소리, 동작 등 다양한 양식들이 의미작용을 하는 기호학적 자원들로 포괄되고 인정된다. 이렇게 의미작용의 동기와 욕망을 사회적 관계 맥락 안에서 해석하고 그들이 진행되는 다양한 양식의 기호들에 주목한다는 점에서, 멀티모달리티 분석 방법론은 불안의 문제를 다루는 데에 고유한 적합성을 지닌다. 불안에 관한 이론적 논의에서 설명되었듯이, 불안은 텍스트에 담긴 관념이고 사회적 분위기이고 구성원들 간에 암묵적으로 공유되는 체험이어서, 자연언어를 포함한 다양한 양식의 기호로 표출되기 때문이다.

---

4) 여기서 세계 내의 각 존재가 자신의 언어적 본질을 내비쳐 전하는 것이라면, 인간의 언어란 무엇인가? 유독 인간의 언어가 다른 사물이나 짐승의 언어와 달리 특권을 누릴 만한 정당한 이유가 있는가? 이에 대해 벤야민은 신과 인간과 사물이 위계적으로 배치된 창세기의 질서를 상기시키며, 신의 일반언어, 인간의 이름언어, 사물의 침묵하는 언어를 구별한다. 신의 언어가 '사물들을 이름을 통해 인식할 수 있도록' 하는 '최상'의 '말'이라면, 인간의 언어는 '인식에 따라 그 사물들을 명명'하는 '이름'이다. 사물들의 언어는 인간의 언어로 번역됨으로써 의미를 획득할 수 있기에 그렇지 못한 것은 침묵의 언어로 남아 슬픔에 잠길 뿐이다. 상세한 내용은 Benjamin(1933/2008) 참조.

멀티모달리티의 기본적 관심 영역과 아울러 디지털 미디어 환경이라는 요소가 중요하게 고려될 필요가 있다. 실재와 언어, 물질과 기호, 존재와 언술이 모두 0과 1이라는 전산적 수 체계로 환원되고 통합 관리되는 언어들의 네트워크가 곧 디지털 기호 생태계다. 수많은 양식의 언어들이 서로 연결되고 상호 인용하고 상호 변형하는 기왕의 상호텍스트성의 관계를, 디지털 네트워크는 그 기술적 능력에 힘입어 구체적 실체로 가시화하고 있다. 하이퍼텍스트가 그것으로, 수많은 실명 또는 익명의 저자들이 자신의 말과 타인의 말을 뒤섞으며 말을 생산하고 흘려보내는 과정과 흔적이 하이퍼텍스트에서는 전면적으로 가시화된다. 이렇게 해서 우리 주위에는 일종의 말로 이루어진 세계가 끊임없이 생성, 확장되고 있다. 이것을 말우주라고 부를 수 있다면, 말우주란 물질과 정신의 요소들, 각 요소의 형상과 위치, 각기 또는 서로 하는 운동들, 그 운동이 생성하는 궤적과 관계들, 그들을 배치하고 조직하는 물적·상징적 장치들이 갖가지 기호들로 만들어지고 작동하는 세계이다.

말우주는 누구나 말로써 조물주가 될 수 있을 듯한 세계이다. 그것은 디지털 정보 체계에 힘입어 무한히 자기증식하는 기괴한 생장력까지 갖춘 신생 바벨탑으로 갱생을 계속하고 있다. 디지털 말우주에서 개인은 명명할 수 있는 자유를 부여받는다. 누구든 로그인을 하는 순간, 자신을 중심으로 개설된 기호의 소우주를 열어젖히고 그 언어 속으로 빠져든다. 디지털 인간은 자신을 포함한 모든 실재 혹은 가상의 존재들의 이름을 만들어냄으로써 자신의 말우주를 부지런히 잣는 것을 책무로 삼게 되었다. 매일 우리가 로그인을 할 때, 새로운 계정을 만들고 네트워크 서비스 안에 파고들 때, 그 넘쳐나는 그물망에 외롭게 파고들며 인사를 나누고 정보를 채집하고 물건을 사고팔 때, 그러한 모든 순간마다 새로운 이름 짓기와 명부 만들기는 끊임없이 계속된다. 이로써 과거 어느 천상을 그린 그림과 말씀보다도 가깝고도 멀며, 내밀하고도 광범하게 일상의 개인은 각기 다채로운 언어로 가득 찬 자신의 소우주를 생성하고 관리할 자유로 던져졌다. 오늘날 지구인들이 하는 대부분의 정치·경제·과학·사회 활동이 결국은 '말하기'라는 사실을 인정한다면(그것이 모든 것을 찾아내는 구글링이든, 똑똑하기 이를 데 없는 스마트폰이든, 트위터에서 조잘대기든, 온 세계에 얼굴을 들이미는 페이스북이든), 그 언어들은 끊임없이 텅 빈 세계를 채우며 거대한 말우주로 자기증식한다. 가상세계, 금융경제, 네트워크 사회, 사이버 정치와 같은 엄청난 용어들은 사실, 언어가 존재를 대변하게 된 '텅 빈 현실'—혹은 '현실의 증발'—에 대한 멋진 모사simulation의 수사들이다. 디지털 네트워크 말우주에 던져진 주체에게 가능한 성찰성이란 그야말로 '쉬지 않고 명명할 것!'이다.[5] 이 같은 디지털 상황에서 빚어진 (소멸의) 존재와 (과잉의) 언어 사이의 부정합의 본질이, 바로 텅 빈 현실로부터 넘쳐나는 언어 속에서, 있는 모습 그대로 '불안'의 언어로 드러

---

5) 자유가 아닌, 부여받은 자유라는 역설에 갇혀 있기에, 디지털 주체는 한때 유행처럼 묘사되었던 기표들의 표면을 부유하는 '가벼운' 포스트모던 주체와는 다른 무게와 질곡을 지녔다. 실상 우리는 각자의 말우주 때문에 매우 진지하다. 때론 내가 어디에 있는지, 어디를 향해 가는지, 무엇이 문제이고 (과연 문제가 있다고 생각하는 나는 제대로 된 것인지), 문제가 있다면 어디서 어떻게 대처해야 할지를 모르겠음을 고민하며, 실체없음의 상황을, 공허, 막연, 허무라는 명목으로 바꾸어 생각하곤 한다. 끊임없이 문제를 안고 있고, 문제를 안고 있는 자신을 문제시하며, 자신을 문제시하는 스스로가 또 다른 문젯거리가 된다. (아닌 게 아니라) 기든스는 바로 이 자유로운 혹은 혼돈스런 세계적 특성을 '현대성'으로, 이 혼란을 살아낼 수 있도록 자신의 심신을 달래며 어떠한 형태로든 일구어나가는 인간의 노력을 현대적 자아의 성찰성으로 승인한 바 있다(Giddens, 1991/2010).

416

나고 있다.

다양한 장소에 다양한 양식으로 끊임없이 변형하며 유동적으로 존재하는 가볍고 납작한 언어, 즉 현대 미디어 환경에서의 '불안'의 불안한 언어들이 무수히 명멸하고 있다. 이들은 소설, 시, 노래, 만화를 아우르며 우리 시대의 개인적 감정, 집단적 분위기, 사회적 체험이자 문화적 감수성으로서 디지털 말우주에 모이고 갖가지 채널을 통해 흘러다니며, 수많은 사람들에 의해 산포, 유통, 변화의 과정을 걷는다. 이 재가공의 언어는 대부분 보통 사람들의 일상적인 담화를 통해 이루어지는 것으로, 기성의 세련된 언어들에 비해 더 직접적이고 순진한, 날것의 모양새를 지닌다.

이 연구는 문학, 음악, 말과 말없음, 농담, 유행어, 이미지를 폭넓게 아우르며 이들이 혼합되어 뒤죽박죽 섞여 있는 온라인/오프라인 장소들에 주목했다. 주요한 문학, 음악, 수필집들을 살펴보고, 인터넷의 익명적 담론들에 접근했다. 구체적으로 2007년 하반기부터 2010년 하반기까지 포스팅된 블로그와 동영상 중에서 20대, 불안 등의 주제로 쓰여진 글들(약 7천 개)을 주로 살펴보았다. 이 시기를 특징짓는 사회적 맥락으로서 1) 우석훈·박권일, 『88만원 세대』 출간(2007. 8. 1). 이후 88만원 세대 담론 논쟁, 2) 촛불정국(2008. 봄/여름). 촛불세대 담론 논쟁, 3) 미국 리먼브러더스 사태와 글로벌 금융위기 진행(2008. 9. 15), 4) 장기하 밴드를 비롯한 인디문화와 청년문화, 실업률, 특히 청년실업률 급상승(2008. 가을/겨울~2009. 봄). 청년백수 담론, 5) 노무현 대통령 서거(2009. 5. 23). 노제, 6) 김예슬, 대학거부선언(2010. 3. 15) 등의 사건들이 고려되었다. 이하에서는 저자가 이름으로 존재하며 제도화된 미디어 채널을 통해 생산되고 유통되는 담론 영역(문학, 노래 등)과 익명의 대중들이 개인 미디어와 소셜 네트워크를 통해 산포시키는 담론 영역(인터넷, 블로그 등)을 나누어 차례로 살펴보고, 이를 통해 사회적 분위기, 문화적 감수성, 인간 주체성으로서 불안이 담론화되는 방식과 의미를 해석해보고자 한다.

6. 문학과 노래에서의 불안: 성찰적 '고통'으로부터 '순진 무구의 불안'으로

문화적 감수성으로서의 불안은 현재라는 고유한 시간성과 밀착되어 있다. 불안의 현재적 역사성을 이해하기 위한 시도로서 이인성의 『낯선 시간 속으로』를 뒤돌아본다면, 이곳 군사독재 체제 아래 청년의 내면은 "축축하고 질펀하고 무거운 고통"으로 묘사되고 있다(이인성, 1997, p. 66). "물먹은 온몸을 몽둥이로 내려치는 듯한 연속적인 충격이 열과 아픔을 몰아치며 그를 들쑤시기 시작했다. 걷잡을 수 없는 통증이 그를 휘몰아쳤다. 수천만 개의 바늘이 된 통증이 온몸을 찌르고, 거기에 다시 묵직한 충격이 덮쳐오고, 아픔은 피가 되어 온몸을 돌다가 뼛속으로 스미고……", 이리하여 청년은 신음조차 밟하지 못할 정도의 격심한 통증에 괴로워하고 있다. 그의 몸은 스스로를 바늘로 찌르는 듯한 고민과 갈등으로 자학적인 고통을 겪고 있다. 그런데 놀라운 것은 그의 강한 의식이다. "삶의 저 끝에 번득이는 아픔의 뿌리를 끌어내는 듯한 소용돌이" 때문에 "수억만 개의 세포들이 소리없는 비명에 몸부림"치다가 "저릿저릿한 신경을 더 이상 감당할 수 없는 아득한 의식의 나락 속으로 떨어"지는 중에도, 그는 "졸도할 것 같은 막바지 순간"을 붙들고 "마지막 생각에 매어달"리고자 한다. 몸을 훼손할 정도로 치열한 의식만이, 역설적이게도, 자신의 존재근거로 남아 있다. 마침내 그는 "몸을 움직일 수 없는 겉의 고요 속에서, 그러나 제 안을 휩쓰는 고통의 폭풍을 꼼짝없이 당하"는 상황에 빠져든다. 무기력한 육체와 분리되어, 오히려 그 고통을 발생시키고 느끼는 것으로 생존을 의식하는 자아. 그는 "공포와 체념의 기묘한 갈등 사이"에서 "아픔의 나른함"을 담지하는 고통의 성찰적 주체로 자신을 지키고 있다(p. 66).

이에 비해 21세기 청년은 '별일 없음'의 표정을 띤 얼굴을 천연덕스럽게 드러낸다. 인디밴드 '장기하와 얼굴들'의 '별일 없음'은 실제 사건이 벌어지지 않기에 느끼는 무사안일의 별일 없음이 아니다. 오히려 무수한 사건들을 별일 아닌 것으로 때우고 마는, 혹은 아예 느끼지 않기로 결단을 내린 후 만들어진, 순수한 무감각으로서의 별일없음이다. 그들의 노래 「별일 없이 산다」의 가사에 묘사된 '나'는 마치 도마뱀이 통각기능을 스스로 마비시킨 후 꼬리를 자르고 도망치는 식으로 공포스런 자극으로부터 자기를 보호하는 것처럼, 쾌활하고 유치하고 그렇기 때문에 단단하다. 그러나 이 단단함은 자극을 견뎌내는 강함이 아니라 자극을 모르고 튕겨내는 강함이다. 이 별일 없음은 외부세계의 차단을 통해 유아독존적으로 확보된 몸이 느끼는 '걱정 없음'이고 '고민 없음'이며, '즐거움'과 '신남'이다. 동시에 '너'는 '들으면 깜짝 놀라'다 못해 '불쾌'해질 수 있는, 비밀스런 불온함이기도 하다. 이 단절적 안위감은 한없이 위태롭기에 감미롭고, 그 소통 불가능성 때문에 아늑하고 절대적이다.

풋풋한 청년 보컬리스트 장기하가 부르는 노래 가사가 이렇게 유아 독존적으로 흥을 부리며 도전을 범하는 성격의 것이라면, 그 주위에서 장기하 밴드의 실질적인 '얼굴' 역할을 하는 두 명의 여성 백댄서이자 코러스인 '미미 시스터즈'는 전혀 다른 분위기를 풍긴다.[6] 이 여성들은 한국인이라면 누구라도(그가 실제로 1960년대를 살았는지와 무관하게) 어렴풋이 상상해낼 수 있을 '1960년대 영자씨'를 연상시키는 모습이다. 예컨대 짙은 화장에 빨간색 립스틱, 그리고 빨강 베레모와 노랑 블라우스, 녹색 또는 파란색 플레어 스커트를 맞추어 입고 반짝이는 큐빅이 달린 커다란 테로 과장되게 디자인된 검은색 선글라스를 쓴 이 아가씨들은 영락없이 대책없는 1960년대 (아니 어쩌면 1980년대 디스코 걸) 날라리다(그러나 시대는 어차피 중요하지 않다. 이미지의 전형이란 역사적 시간을 초월하여 한 집단의 기억에 항상적으로 공존하는 것이어야 하기 때문이다). 수줍고 가진 것 없는 청년의 냉소적이고 불우한 자의식이 노래 가사라는 언어에 숨어 있다면 여성들의 이미지는 내면이라는 것 자체를 조롱하는 듯 싸구려의 물질로 팽배한 키치 미학을 발산

---

6) '장기하와 얼굴들' 밴드에서 미미 시스터즈가 실질적인 역할을 하는 얼굴이라면, 원래 얼굴들이란 누구를 가리키는 것일까? 그것은 밴드에서 드럼과 기타를 맡고 있는 연주자들로서, 이들의 얼굴은 사실 그리 드러나지 않는다. 더욱 흥미롭게도 미미 시스터즈는 한 인터뷰에서 자신들이 "아이돌도 아닌데 테크닉을 구사할 수도 없고, 게다가 우린 말을 못하니까 몸으로 음악을 표현하려고 한 것일 뿐인데"라고 말한다(「[A to Z 인터뷰]미미시스터즈 "장기하와 합의 이혼」, 『서울신문』, 2011. 3. 11). 코러스는 말을 못하니까 몸으로 음악을 하고, 보이지 않는 얼굴을 '얼굴'이라고 부르는 명명방식은 장기하와 얼굴들의 역설 코드를 명쾌하게 드러낸다.

한다. 이처럼 언어와 이미지 사이에 극단의 부조화가 빚어지며, 쾌와 불쾌의 기묘한 균형이 창출된다. 이렇듯 모순된 상태의 공존, 그 경계가 바로 불안이다. 외부세계의 자극으로부터 밀봉처리된 듯한, 그래서 도저히 무슨 일이든 벌어지려야 벌어질 수가 없는, '별일 없음'이라는 나만의 세계는 불안의 내면에 다름 아닌 것이다.

'장기하와 얼굴들'의 별일 없음이라는 나만의 세계가 박민규의 소설 「카스테라」에서는 냉장고에 대한 찬미로 나타난다. 대학 신입생인 주인공은 지독하게 외로운 시간을 보내다가 마침내 자신의 원룸 자취방에서 공생하는 냉장고와 사랑에 빠지고 만다. 냉장고의 존재에 눈뜨게 되면서 "불쾌할 정도"의 외로움을 벗어나는 감동 어린 순간을, 그는 이렇게 기술하고 있다.

정말, 아무렇지 않았다.//오히려 독신인 나로서는 그 굉장한 소음이 있어 외롭지 않을 수 있었다. 라고 말할 수 있을 정도이다. 〔……〕 나는 늘 불쾌할 징도로 외로웠다.//즉 그런 연유로 냉장고와 나는 친구가 되었다. 그런 느낌이다. 다시 말하지만, 그 굉장한 소음이 있어 나는 외롭지 않을 수 있었던 것이다. 아무도 찾지 않는 그 '언덕 위 원룸'에서, 단 둘이서 말이다. 세상의 여느 친구들처럼—냉장고도 알고 보니 좋은 놈이었다. 알고 보면 세상에 나쁜 인간은 없다. (박민규, 2005, pp. 15~17)

마치 냉장고가 프레온 가스로 공기를 냉각시켜 어떤 세균이라도 서식 불가능한 환경을 만들어서 부패라는 자연의 작용을 위험으로 설정하고 그로부터 음식을 보존해주는 무사안일의 인위적 공간을 창출하듯이, 청년의 공간은 차갑고 밝고 항균되어 별일이 일어날 수 없는 공간으로 재건설된다. 청년의 세계가 고독한 빛을 발하는 순간 외부세계는 포기되며 용서의 대상이 된다. 이념적인 승인이나 도덕적인 용서가 아닌, 이별과 망각을 통해 불쾌한 세상과의 타협적 공생이 이루어지는 것이다.

밝고 차가우며 깨끗한 방부의 공간에 반해버린 청년의 세계란, 수억 개의 바늘이 세포를 내리찍는 듯한 고통을 온몸으로 견디며 의식의 불을 밝히는 청년의 열에 들뜬 세계와 얼마나 판이한가. 불쾌, 불편, 무사와 같이 '부정성'의 단어들은 오늘날 청년의 내면을 대변하는 불안의 수사학으로 발휘되고 있다.

7. 대중의 블로그: 불안의 말우주

수많은 이들은 인터넷에서 말한다. 인터넷이 언어세계 일반이라면, 인터넷의 개인 계정은 주관적인 소우주를 이룬다. 로그인, 나의 말우주 빅뱅, 로그아웃, 말우주 멸망, 새로운 반복! 그러고 보면 정확히 말해 인터넷은 익명적이지 않다. 한국어라는 탯줄을 스스로 끊은 고아들이 멋대로 자기를 명명하는, 언어의 자기발생 공간이 인터넷이다. 어원이 없으므로 이 근본 없는 이름들이 스스로 작명(계정 만들기), 변신(아이디 갱신), 생식(새 계정 만들기)을 하고 무수히 증식한다. 인터넷에서 조잘대는 파롤parole들은 민족·국가·역사의 이데올로기 무게로부터 일탈했기에 기의를 숨겨 가질 깊이와 폭이 본래부터 없다. 고아의 천연덕스러운 표정을 띤 언어로서, 오로지 그 표면에서 드러난 그 모습 그대로 자신의 세계를 표상한다.

디지털 말우주에서 역사와 이념의 무게로부터 풀려난 아이들은 새롭게 재편된 언어의 자판 위에서 장난스럽게 버스럭댄다. 이 말들은 뜻이 없는 말이 아니라, 뜻이 없음을 뜻하는 말이다. 의미의 부정성이 침묵에 머물지 않고 언어 속에서 표명되도록 만드는 이 말들은 상징의 가능과 불가능의 경계에 서 있다. 이렇듯 가능과 불가능의 중간 지점에 서 있는 이 언어를, 불안의 언어로서 이해할 수 있겠다.

불안의 언어는 몇 가지 미학적인 특성을 지닌다. 우선 언어 형식의 차원에서 기의 전달이라는 언어 본연의 임무를 일탈한 언어들이 천진난만하게 쏟아져 나온다. 기표와 기의의 관계를 비틀거나 어긋나게 하며, 언어의 구조를 불안하게 만드는 언어들이다. 가령 '냉무'는 내용없음을 천연덕스럽게 선언하는 행위를 거리낌없이 행한다. '열폭'은 열등감 폭발을 의미한다. 일반적으로 열등감은 저하된 감정 상태로 이해되는데, 열폭에서는 그것이 폭발이라는 괴력을 발휘하는 반어적 관계로 표현된다. 또한 대비되는 의미를 한몸에 안고 있는 암수동체적인 언어들이 번성한다. '쩐다'라는 어휘는 너무나도 좋거나 지극히 싫어서 어쩔 줄 모르는 상태를 가리킨다. 대상에 대해 '쩐다'라고 말할 경우, 이것이 긍정적인 의미인지 부정적인 의미인지는 전적으로 문맥에 의존하여 짐작하는 수밖에 없다. 수동과 능동을 구분하는 문법의 태mode의 기준이 화자 제멋대로 전용된다. '멍때리다'는 '멍하다'라는 행동부재의 상태를 나타내는 형용사가 '때리다'라는 공격적인 동사와 결합하여 생겨난 변형체로서 아무것도 하지 않아 비난의 대상이 되는 '멍한' 주체를

'때리기'를 행하는 능동적 행위자로 격상시킨다.

　두번째는 언어 내용의 차원에서 우선 주제 없음의 코드가 관찰된다. 세계의 무를 발견하는 담론이 있다. 불안에 있어서 '막연히' '이유없이' 불안함을 중얼거리는 무수한 담화들은 세계의 무의미성을 인식한 주체의 발화이다. 이들의 불안은 사회적 구조화의 산물이다. 블로그에 자주 등장하듯이, IMF 때 실직한 아버지에 대한 기억이 미래 없음의 불안을 낳고, 취업 못한 선배나 친구의 모습이 갈 길 없음의 불안을 생성한다. 더불어 무의미한 세계에 대하여 뜨겁게 분노하는 대신 무심하고 순진무구한 얼굴로 대하는, 일종의 거리두기의 태도가 드러난다.

　세번째는 언어 내용 차원의 또 다른 영역으로서 불안의 현실적인 경험을 특정한 주제로 구체화하는 유형이 있다. 이는 세 개의 상반된 하위 유형으로 나누어 살펴볼 수 있다. 하나는 슬픔과 절망의 코드이다. 예를 들어 대학에는 학점과 알바의 쳇바퀴와 취업의 무한 경쟁만이 기다리고 있을 뿐 자유와 사랑과 같은 이상적 가치는 부재함을 토로하는 담화이다. 이는 자기 자신의 무, 비어 있는 자아의 모습을 인정하는 좌절의 주체와 연결된다. 이에 비해 도전의 코드는 "하면 된다" "열심히 노력하자"라는 식으로 체제 내 조율된, 계발적 자아의 어조를 띤다. "도전은 언제나 불안하다. 하지만 그러한 도전 없이는 발전도 없다"는 식으로, 이처럼 도전하기를 욕망하는 주체는, 불안을 도전의 수단으로 도구화한다. 처세와 스펙관리에 대한 적극성이 강조되고 도전과 목표의 방향설정 또한 자본주의적 가치에 순응적이다. 한편 낭만화의 코드는 불안을 세대적 특성으로 인정하고 향유하는 입장이다. "20대는 누구나 불안하다" "화려하고자 하는 욕망"과 "희생할 각오" "몸으로 부딪

히기" 등의, 전형화된 젊음의 기호로서 불안을 물신화한다. 아울러 요즘 유행처럼 등장하고 있는 '청춘'의 담론들은 이러한 코드들을 대변한다. 저자들은 청춘에게 '화내라'(우석훈, 『88만원 세대』), '안심하라'(김난도, 『아프니까 청춘이다』), '기죽지 마라'(엄기호, 『이것은 왜 청춘이 아니란 말인가』), '진정해라'(코이케 류노스케, 『생각버리기 연습』) '좀 제대로 하라'(황농문, 『몰입』)라고 가르치며, 불안을 진단하여 조정하려 한다.

마지막으로 이미지로 표현되는 세계상에 주목할 수 있다. 셀카 이미지로 표상되는 '뽀샵'(포토샵 처리)된 자기 이미지는 '찌질한' 자기의 위장적 이미지이다. 셀카 이미지는 기껏해야 자신의 팔 길이를 넘어서지 않는 초점거리를 취한다. 이러한 초근경 이미지는 마치 배수아의 새우와 같이 기호로 자아를 먹어치우는 이미지와 유사하다. 기의를 넘어선 기표가 왕성하게 번성하는 현대사회를 표상하는 것이다. 반면 자아 경계 바깥의 '세계'는 광고에서 퍼온 멋진 상품들, 스타의 모습들, 다른 블로그나 웹사이트에서 퍼온 근사한 이국적 풍경들로 구성된다. 무가 되어버린 세계는 스스로 체험해본 적 없는, 자기와 무관한, 자기가 탈락된 이미지들로 채워질 수밖에 없는 것이다. 이처럼 생활세계는 자기소외적인 초원경의 이미지로 구성된다. 자기위장적인 초근경 이미지와 자기 소외적인 초원경 이미지는 불안의 스펙터클을 구성하는 시각구조다.

이러한 언어들은 그 표정과 느낌 그대로 지금 우리가 몸담고 있는 사회적 정황을 있는 그대로 보여준다. 이 노곤한 말들은 세계의 무를 직시하고 그것을 뛰어넘기 위해, 그 비약을 향한 응전의 태세로서 몸을 웅크리며 내뱉게 되는 불안의 언어이다. 불안의 주체는 불안의 언어를 창안하면서 무의 세계를 무의 담화로 번역하며 의미화한다. 세계가 무에 절대적으로 침잠하지 않거나 무의 세계에서 자아가 소멸하지 않고 무의 의미를 전유하게 되는 것 역시 불안의 언어화를 통해서이다. 불안의 언어는 단순하고 모호하며 양가적인, 한마디로 말이 되지 않는 표현들로써 세계의 비세계성을 드러낸다. 무를 신화화하는 마법들, 가장 강력하게는 '언제 어디서 누구나 (즉 구별 없음이라는 '무'의 신화)'라며 기술적 진보를 맹신하는 테크놀로지 마법과, 무한도전과 무한질주 (즉 한계 없음이라는 '무'의 신화)를 종용하며 경쟁적 개인주의를 가치화하는 신자유주의의 이념적 마법을 대면하고, 그 마법의 무의미성과 부조리함을 고발한다. 이렇게 발휘되는 불안의 언어의 수행적 효과는 "임금님은 벌거벗었다"라고 외치며 권위의 허구성을 고발하는, 순진무구한 아이의 무서운 웃음의 그것과도 같다. 그 긴장과 통쾌 속에서 이전까지 잊혀 있던 기억과 미래가 일시에 호출되는 급진적인 마법이 탄생할 수도 있다.

방랑아, 거지소년, 탕아와 같이 혈족을 알 수 없는 고아, 그리고 아마도 한국 사회의 키워드로 떠오른 '청춘'이라는 존재는 집단의 무의식속에 항상 잠재해왔다. 그들이 내뱉는 방언, 노래, 춤과 동작이 공동체의 안정을 위협하리라는 불온한 환상과 함께. 언어의 마법은 세상의 현란한 껍데기를 들춰내고 그것의 본질이 '무—무의미, 무질서, 몰가치성—에 지나지 않음을 고발한다. 그리고 이러한 광폭한 질서에서 잊혀진 기억과 의미를 되살려내려 한다. 지금 한국 땅에 펼쳐진 디지털 말우주, 그 바벨탑에서 왁자지껄 유쾌하게 기생하는 고아의 언어들은 어떤 마법을 부리고 있는 걸까? 그 가능성과 불가능성에 대한 상상이란, 한없이 위험하며 감미로운 불안을 낳으며 우리도 모르게 그 마법에 이끌려가도록 한다.

8. 신화적 언어로부터 표정적 언어로

이 글은 한국 사회의 분위기이자 주체의 내면을 이루는 요소로서 불안의 의미와 형태를 이해하고자 문학, 노래, 블로그의 다양한 양식들에서 생산된 텍스트에 접근했다. 이를 위해 멀티모달리티 방법론의 장점인바, 여러 양식의 기호들이 벌이는 의미작용 및 이들의 관계를 폭넓게 조망하고, 기호를 유발하고 소비하는 사회적 동기 및 욕망을 포용함으로써, 단지 텍스트 내적인 의미뿐 아니라 사회적 관계와 맥락까지도 포괄하고자 했다.

구체적인 분석은 외적인 멀티모달리티와 내적인 멀티모달리티를 교차적으로 접하는 경로를 취했다. 외적 멀티모달리티에 있어서 우리 문화 환경에는 글, 노래, 이미지, 그리고 대중의 디지털 언어로서의 블로그를 포함하여, 불안이라는 정조를 직간접적으로 표현하고 있는 텍스트들이 산재한다. 더불어 이들이 서로 연결되어 공존하는 지점도 종종 찾을 수 있다. 대중의 블로그가 그러한 텍스트의 집결지로 중요했는데, 이곳에서 대중은 이미 생산된 문학작품이나 비평문, 노래, 이미지를 빌려다가 자신을 표현하는 도구로 활용하고 있었다. 이러한 의미작용들이 텍스트들 간의 광대한 네트워크로 이어지고 확장하면서, 일종의 하이퍼텍스트 네트워크로서 불안이 구조화되어 있었다.

내적 멀티모달리티는 한 텍스트 안에 공존하는 이질적인 양식들 간의 관계 및 의미작용 효과에 관한 것이다. 엄밀하게 보아 단일한 양식의 언어로만 이루어진 순수 모노모달리티란 없다고 말할 수 있을 정도로 하나의 텍스트는 여러 양식의 기호들로 구성된다. 외면상 자연언어로만 이루어진 문학작품이라 할지라도 그러하다. 이처럼 현시대의 문학, 음악, 디지털 언어들에서는 언어, 이미지, 운동감이 서로 이질적인 모드들로 부딪치며 불안의 정서가 표출된다.

우리의 미디어 문화 환경에서 불안을 재현하는 기호들의 특징은 이렇게 정리될 수 있을 것이다. 첫째, 기의를 품을 깊이가 없다. 마치 기의를 부정하려는 듯이 납작하고 가볍다. 또한 정련된 언어 텍스트를 통해 안정되게 표현되기보다는 가지각색의 말, 글, 소리, 몸짓과 같이 서로 다른 언어양식들 사이의 틈을 비집고 드러내거나 텍스트의 안정성을 깨뜨리며 제멋대로 터져 나온다. 문자 그대로 멀티모달리티를 이루는 각개 모달리티들의 사이에서 불안은 불안정하고도 모호하게 누출되는 것이다. 하여 '장기하와 얼굴들'에서 유아독존적인 노래 가사와 키치적 이미지 '사이'에서 불안이 생성되며, 대중의 블로그들에서는 소심한 독백적 언어와 화려한 도시 이미지 '사이'에서 이처럼 이질적인 양식과 분위기 틈에서 불안이 나타나고 있었다. 요컨대 불안의 멀티모달리티란, 서로 다른 모달리티 사이에서 일종의 불협화음같이 누설되는 것이다. 마지막으로 이 언어들은 그 개체가 헐겁고 느슨해서 분리성과 운동성이 뛰어나고 다른 언어, 양식, 장르와의 (재)접합성이 강하다. 디지털 네트워크 안에서 퍼나르기나 짜깁기를 통해 혼종과 변형을 자유롭게 겪는다. 이러한 운동과 변형의 성격 때문에 나타나는 특질로서

이 기호는 또한 맥락성과 적응력이 뛰어나다. 그래서 기호 자체의 본질적 의미를 고집하기보다는 분위기와 관계에 따라 즉흥적인 응용력을 발휘하고, 이질적이고 상충되는 형식과 의미까지도 반어나 조롱을 통해 너끈히 표현해낸다.

이러한 기호는 고전적 기호학의 언어, 바르트의 표현을 따른다면 20세기 자본주의 사회에서 지배적이었던 신화적 언어와는 매우 다르다. 신화적 언어는 의미 중심적이고, 외연-내연-이념으로 심화되는 다층적 의미구조를 내포하며 구조와 권력에 종속된 언어이다. 반면 우리가 지금까지 살펴본 디지털 말우주의 언어들은 표층적이고 가변적이며 운동성과 맥락성이 강하다. 이 언어는 신화라는 거대 서사를 가볍게 튕겨내고 능청맞게 웃으며 유쾌한 지껄임을 계속한다. 그렇다고 해서 포스트모던 조건에서 주목된 떠다니는 기표들과 동질인 것은 아니다. 이들을 의미 없는 기표들의 놀이라고 보기에는 현실적 질곡의 그림자가 짙게 드리워져 있기 때문이다. 기호의 경쾌한 표면에 현실의 고통스런 이미지가 반사되어 흐르는 부조화가 일어나는 것이다. 이 미끄러운 이미지 표면과 주체의 무거운 체험 사이에서, 역시 불협화음처럼 '불안'의 성찰성이 배어나온다.

이 불안의 기호를 우리 시대의 '표정'이라고 부를 수 있을까? 표정은 얼굴에 담겨 있다. 얼굴은 주체와 세계가 만나는 장소이다. 그렇다면 표정은, 주체와 세계 사이의 최초이자 최후의 접점인 얼굴에서 주체에 의해 행해지는 표명 활동이다. 얼굴이 눈, 코, 입, 귀, 피부의 감각기관으로 구성되는 기하학적 구조라면, 표정은 보기-맡기-말하기-듣기-닿기와 같은 감각행위들이 연동적으로 운영해내는 재현의 행위다. 주체의 '즉각적'이며 '직접적'이고 '투명'한 발화이기에, 표정은 가장 원천적인 멀티모드의 기호다. 그리고 이러한 즉각성, 직접성, 투명성을 띤 기호를 표정적 언어라고 부를 수 있을 것이다. 외부의 자극에 대해, 이것이 지각된 후 마음과 두뇌를 거쳐 발성언어로 만들어지는 것이 자연언어라면, 표정적 언어는 말이 나오기 이전에 이미 그 의미를 발하고 있다. 그래서 표정적 언어에는 (바르트의) 이념과 신화가 깊이 파고들 여지가 좁다. 이렇듯 여러 층위로 구축된 기의가 들어올 틈이 없는 '단층적'인 언어가 표정적 언어이다. 마지막으로 표정적 언어는 어느 언어보다도 자발적이며 본연적이다. 자신의 감정, 의식, 태도를, 미세하고 복잡한 근육들을 전면적으로 작동시켜 발현하는 것이 표정이기 때문이다. 자신이 짊어지고 가는 삶의 경험과 의미를 몸으로 짜내는 것이 곧 표정이기에, 표정적 언어는 단순하고 순진하지만 동시에 엄정한 진정성을 지녔다. 이리하여 표정적 언어는 즉각적이고 직접적이며 자발적인 기호로서 진실성을 획득하는 것이다. 로고스의 신이 얼굴이 없고 목소리로만 말한다면 자연계의 생물은 얼굴만 지녔을 뿐 목소리는 없어서, 둘 다 표정을 가지지 못한다. 신과 동물 사이의 인간만이 얼굴과 목소리를 모두 가졌기에, 얼굴과 목소리의 유기적 총합으로서 표정을 지닌다. 따라서 표정적 언어는 인간의 고유한 현실언어로 작동할 수 있다. 디지털 말우주의 언어는, 주체가 사회에 대해 지니는 표정이며, 동시에 그 사회 전체의 표정이기도 하다. 그것은 즉각적이고 직접적이며 투명한 어감으로 우리 현실사회의 진실을 말해준다. 어느 강력한 전략이나 어느 세련된 기표도 형언할 수 없을 모호하고 복잡한 의미들을 전면으로 끌어내 표현한다. 이런 연유에서 지금-여기의 표정적 언어들은 우리가 처한 위기사회의 불안에 대해 그 진실을 말하고 있는 것이다.

부연한다면, 불안의 의미작용을 멀티모달리티의 불협화음으로서 해석한 것은, 멀티모달리티 의미작용의 본연적 속성이라기보다는 불안이라는 고유한 주제에서 기인한 특징으로 이해하는 편이 옳을 것이다. 전략적으로 기획된 홍보나 상업용 메시지에서는 의도한 의미전달이라는 목표 아래에서 이질적인 양식들이 보다 통합적이고 효율적으로 기능할 가능성이 크다. 예컨대 환경보호 캠페인의 사례를 생각해보면, 이미지, 노래, 문자텍스트가 기업, 정부, 공공기관 등 메시지 생산자가 각기 다른데도 불구하고 거의 천편일률적으로 획일화되어 있음을 알 수 있다. 그러나 그것이 일관된 조화이든 불협화음이든 간에, 의미작용은 사회적으로 파생되는 여러 모달리티들 간의 상호관계와 상호작용을 통해서 이루어진다는 사실은 중요한 공통점으로 고려되어야 할 것이다.

따라서 의미작용이 진행되는 구체적인 주제와 목표에 따라 멀티모달리티가 구성되고 작동하는 방식의 특징을 차별적으로 설명하는 일이 중요하다. 또한 크로스미디어, 트랜스미디어와 같은 용어들이 대변하듯이 미디어의 교차 및 재매개가 더욱 활발해지는 상황에서, 기호양식들의 변이 및 혼종은 갈수록 활발해질 것이며 멀티모달리티의 문화 역시 더욱 활성화될 것이다. 이 연구에서 블로그를 통해 비교적 단순하게 파악했지만, 소셜 미디어가 확대되는 지금, 동일한 텍스트라 할지라도 그것이 유통되는 지점과 경로의 공간성에 따라 상이한 사회정치적 의미가 지속적으로 첨삭된다. 가령 단일한 콘텐츠라도 그것이 누구의 페이스북에 있고, 어떠한 맥락의 트위터 네트워크를 통해 어디로 옮겨가느냐에 따라 그 사회적 기능이 완전히 달라질 수 있는 것이다. 이렇게 나날이 복잡해져가는 미디어 환경에서 다양한 양식의 기호 및 기호 결합체들이 상호 연관적으로 창출, 유통, 소비되는 방식과, 그들을 둘러싼 사회문화적 맥락 및 함의의 역동과 복합성을 규명할 수 있는 분석 방법이 요청된다.

방법론

이 연구는 멀티모달리티 분석 방법multimodality analysis을 이용하여, 한국 사회에 내재한 불안의 정서를 해석하고자 했다. 고전적 기호학의 후예라고 할 수 있는 멀티모달리티 방법론은 인간의 커뮤니케이션과 재현 활동이 언어 이상의 것이라는 전제 위에서 있다. 그래서 언어 중심으로 행해진 고전적 기호학의 외연을 확장하고 보다 다양한 형태로 작동하는 사회적 의미작용의 과정에 주목한다. 이미지, 제스처, 응시, 자세등, 과거에 비언어적non-verbal이라는 부정적 명칭으로 치부되었던 다양한 양식의 커뮤니케이션 양식들(Jewitt, 2009, p. 15)의 연결과 연합이 유의미한 분석 대상으로 인정된다(Chandler, 2007, pp. 224~25).

멀티모달리티 분석 방법론의 성격은 첫째, 텍스트를 중심으로 재현된 의미작용에 집중하는 기존의 분석접근과 달리 사회적 의미작용 전반을 고려한다는 점이다. 이를위해 할리데이Michael Alexander Kirkwood Halliday의 사회기호학을 수용하여 텍스트의 의미작용, 의미작용 행위자의 관계작용, 의미작용이 일어나는 사회적 맥락 간의 관계작용을 포괄적인 분석 층위로 설정한다. 둘째, 이러한 사회성의 인식에 근거할 때 기호는 사용자들로부터 분리된, 순수하고 투명한 것으로 생각될 수 없다. 기호는 사회적인 동기를 지닌 것으로, 사용자가 이용 가능한 기호학적 자원을 '선택'하여 사용하는 것으로 그 의미가 수정된다. 기호들의 체계란 사회로부터 분리된 채 내적으로 완결된 세계가 아니다. 기호는 특정한 사회적 상황에서 생성되고, 특정한 수행의 과정에서 실천되는바, 기호들의 의미작용이란 특정한 사회적 동기와 정향성을 지닌 것이다(Jensen, 1995, p. 57: Chandler, 2007, p. 220에서 재인용). 이 입장에도 할리데이의 체계적 기능언어학Systematic functional linguistics: SFL이 영향을 미쳤는데, 할리데이에 의하면, 언어의 기능은 1) 관념적 메타기능(ideational metafunctions: 콘텐츠의 관점에서의 의미. 세계에 대한 우리의 경험과 의미를 재현한다), 2) 대인적 메타기능(interpersonal metafunctions: 작가(화자)와 독자(청자) 사이에서 언어행위를 통해 의미를 만든다), 3) 텍스트적 메타기능(textual metafunctions: 맥락 적절성을 유지하는 자원. 텍스트와 상황 맥락을 연결한다)으로 구분된다. 이런 맥락 속에서 기능하는 기호이기에, 다분히 가치 함축적인 선별과 조직의 원리에 따라 움직인다. 셋째, 멀티모달리티 분석은 전통적인 언어학 및 기호학, 담론 연구가 암묵적으로 유지했던 음성 혹은 문자언어 지배적인 위계질서를 해체한다. 대신 '언어학적 제국주의'의 한계를 넘어(Machin, 2009, p. 189) 상호기호학적intersemotic 또는 상호모드적인intermodal 역동을 폭넓게 포괄하는 '기호 생태학semiotic ecology'을 지향한다(Chandler, 2007, p. 224).

상대적으로 신생 분야인 멀티모달리티 분석 방법론을 이용하는 기호학 및 담론 분석의 연구들이 점차 활성화되는 경향이다. 가장 고전적인 예로서, 바르트는 음악과 이미지와 텍스트가 지닌 자율적인 양식적 특수성을 읽어내며 양자가 연계되는 관계를 '릴레이'라고 칭한 바 있다(Barthes, 1977). 예를 들어 바르트에게 있어 음악은 언어와는 구분되는 고유한 '결grain'을 지녔다. 그리고 음악은 결의 성격에 따라, '현상적 텍스트 pheno-text'와 '생성적 텍스트geno-text'로 나뉜다. 현상적 텍스트는 표현성, 주체성, 의미성과 같은 당대의 사회적 이념과 문화적 가치를 현상적으로 드러내는 특질을 지닌다. 반면 생성적 텍스트는 '언어의 깊은 속살' '의미작용이 그로부터 우러나올 수 있는 물질성' 바로 그것이 중시되는 목소리이자 그것이 펼쳐내는 공간이다. 생성적 텍스트는 말해진 의미로서가 아니라 소리 기표의 '관능성voluptuousness'으로 의미를 울려내는 것이다(Barthes, 1977, p. 182). 마찬가지로 이미지의 직접적 구현의 효과와 문자텍스트의 로고스 논리와의 비교에서와 같이, 서로 다른 양식들 간의 차별적인 동시에 상호의존적인 관계가 주목된다(Barthes, 1977, p. 25). 이러한 전통을 발전시켜 렘케(Lemke, 2001), 오할로란(O'Halloran, 1999), 티볼트(Thibault, 2000) 등은 '의미의 다양화'를 꾀하며, 책과 잡지와 같은 아날로그 리터러시부터 디지털 리터러시에 이르기까지 언어, 음악, 음향, 이미지, 동영상 등 이질적인 의미 양식들이 '결합'하며 의미를 생산하는 방식을 탐구하는 작업을 진행해오고 있다(Lim, 2007, pp. 196~97).

이러한 멀티모달리티 방법론의 흐름에 기대어, 이 글은 한국 사회에 내재한 주요한 감정의 구조로서 불안의 문제를 해석하고자 했다. 멀티모달리티 방법론이 적합한 이유로서 우선 디지털 미디어 환경에서 무수한 유명, 무명의 화자들이 쏟아내는 다양한 양식의 언어들에 접근할 수 있다는 사회적 맥락이 고려된다. 디지털 미디어 환경에서 기성 작가는 물론이고 익명의 다수들은 인터넷의 개인화된 미디어(블로그 등)를 획득하면서, 자기표현의 기회를 확보할 수 있게 되었다. 이들의 의미작용은 순수언어로 정결하게 조직되기보다는 유행어, 속어 혹은 깨진 언어 등의 다양한 모습을 지니며, 이미지와 음악의 요소들과도 자유롭게 혼종한다. 둘째, 불안이라는 주제와 관련하여 불안은 현재 한국 사회에서 구조적으로 구성되고 작동하는 개인적 감정이며 집단적 분위기이고 사회적 체험이며 문화적 감수성이다. 이렇듯 모호하며 복합적인 현상은 순수언어를 통해 명쾌하게 매개되기 힘들다. 따라서 불안이라는 감정과 이들이 재현, 조율, 조정되는 사회성을 이해하기 위해서는 주체의 몸, 느낌과 정서, 체험과 행동을 아우르며 분석할 수 있는 '새로운 경험론new empiricism'이 도모된다. 클로가 제안하는 새로운 경험론이란, 실증적 방법론의 지배력과 미국의 사회학이 지난 30년 동안 주도해온 이성과 합리성 중심의 성격에서 벗어나 '아래의 경험론infra-empiricism'을 향하는 접근 방법이다(Clough, 2009). 이로써 몸의 지각visceral perception과 전의식적pre-conscious인 정감과 같이 기성의 사회학에서 홀대받아온 경험세계가 새로운 중요성을 획득하게 된다. 이처럼, 나날이 광범해지는 미디어 생태에서 기존의 기호학의 제국에서 주변화되었던 타자화된 언어들을 관찰하고 해석하기 위해서는 이동적mobile이고 다위치적multi-sited인 지점들을 부지런히 다니며 이들과 '공존'하는 연구 작업이 한층 요청된다(Beauline, 2010). 이에 멀티모드로 광범하게 산재하는 관련 담론들을 해석함으로써 사회적으로 내재하고 작동하는 감정의 구조를 이해할 수 있을 것이다.

참고문헌

권두논문

오늘의 담론 세계_박명진

Anderson, C.(2008), "The end of theory: the data deluge makes the scientific method obsolete", *Wired magazine*, 2008. 7. 16(http://www.wired.com/science/discoveries/magazine/16-07/pb_theory/).

Andrejevic, M.(2011), "The work that affective economic does", *Cultural Studies*, vol. 25. no. 4, 5, pp. 604~20.

Austin, J. L.(1962), *How to do things with words*, Oxford: Oxford University Press.

Barthes, R.(1970), Mythologies, Paris: Éditions du Seuil.

──(1977), "The Grain of the Voice", *Image, Music, Text*, New York: Hill and Wang.

──(1985), "Rasch", *The Responsibility of Forms*, Berkeley: University of California Press.

Boltanski, L. & E. Chiapello(2007), *The New Spirit of Capitalism*, London: Verso.

Butler, J.(1990), *Gender Trouble: Feminism and the Subversion of Identity*, New York: Routledge.

Caldas-Coulthard, C. R. & R. Moon(2010), "'Curvy, hunky, kinky' : Using corpora as tools for critical analysis", *Discourse & Society, 21(2)*, pp. 99~ 133.

Derrida, J.(1967), *De la grammatologie*, Paris: Minuit.

Fairclough, N.(1993), *Discourse and Social Change*, Cambridge: Polity Press.

Fuchs, C.(2008), *Internet and Society: Social Theory in the Information Age*, London: Routledge.

Halliday, M. A. K. & J. Webster(2009), *The Essential Halliday*, London: Continuum.

Jewitt, C.(2009), "An introduction to multimodality", *The Routledge handbook of multimodal analysis*, London: Routledge, pp. 14~27.

Koteyko, N.(2010), "Mining the internet for linguistic and social data: An analysis of 'carbon compounds' in Web feeds", *Discourse & Society*, 21(6), pp. 655~74.

Kristeva, J.(1984), *Revolution in Poetic Language*, New York: Columbia University Press.

Kress, G. & T. Van Leeuwen(2001), *Multimodal Discourse*, New York: Bloomsbury.

Myers, D.(2003), *The nature of computer games: play as semiosis*, New York: Peter Lang Publishing.

Pêcheux, M.(1995), "Automatic discourse analysis", T. Hak & N. Helsloot, eds., *Automatic discourse analysis*, Amsterdam: Rodopi, pp. 63~121.

Philips, N. & C. Hardy(2002), *Discourse Analysis*, London: Sage Publications.

1부 두꺼운 언어의 세계: 재현과 미디어 담론

고대 영웅에 대한 상상적 기억_손병우

김병곤(2009), 「진평왕의 즉위와 지증왕계 인물의 동향」, 『한국고대사연구』 56집.

김선주(2009), 「선덕여왕의 즉위배경과 통치적 특징」, 『페미니즘연구』 9권 2호.

김영목(2003), 「기억과 망각 사이의 역사 드라마와 과거 구성」, 최문규 외, 『기억과 망각』, 책세상.

김응종(2011), 「피에르 노라의 『기억의 장소』에 나타난 '기억'의 개념」, 『프랑스사연구』 24호.

김종성(2009), 「사극으로 역사 읽기」, 『오마이뉴스』, 2009. 6. 9~12. 28 연재.

박광용(1989), 「TV사극에 문제 있다: 「한중록」을 중심으로」, 『역사비평』 8호.

박민자(2011), 「TV사극을 통한 고등학생의 역사정보 수용과 변형: 「선덕여왕」에 대한 사실-허구 판단을 중심으로」, 부산대학교 교육대학원 석사학위논문.

손병우(2007), 『미디어 문화비평』, CNU Press.

오윤아(2010), 「드라마 「선덕여왕」의 조력자 구성과 의미 연구」, 단국대학교 교육대학원 석사학위논문.

이덕일(2001), 「차라리 공상드라마라고 하라」, 『월간 말』 186호.

이도흠(2000), 「신라인의 사랑의 양상과 의미」, 『국제어문』 22호.

이상곤(2009), 「허준의 스승은 유의태가 아니다」, 『프레시안』, 2009. 7. 29.

이정숙(2005), 「중고기 신라의 중앙정치체제와 권력구조」, 『신라문화』 25집.

정연식(2009), 「선덕여왕의 이미지 창조」, 『한국사연구』 147집.

조보라미(2009), 「오태석 역사극에 나타난 사실과 허구의 긴장관계」, 『한국현대문학연구』 28집.

주보돈(2010), 「한국 고대사회 속 여성의 지위」, 『계명사학』 21집.

주창윤(2004), 「역사드라마의 역사서술방식과 장르형성」, 『한국언론학보』 48권 1호.

Barthes, R.(1966), "Introduction to the structural analysis of narratives", R. Howard, tr.(1988), *The Semiotic Challenge*, New York: Hill and Wang.

Chatman, S. B.(1978), *Story and Discourse: Narrative Structure in Fiction and Film*, New York: Cornell University Press. 〔김경수 옮김(1990), 『영화와 소설의 서사구조: 이야기와 담화』, 민음사.〕

Cohan, S. & L. M. Shires(1988), *Telling Stories: A theoretical analysis of narrative fiction*, New York: Routledge. 〔임병권·이호 옮김(1997), 『이야기하기의 이론』, 한나래.〕

Eco, U.(1984), *Semiotics and the Philosophy of Language*, Bloomington: Indiana University Press.

Kozloff, S. R.(1987), "Narrative Theory and Television", R. C. Allen, ed., *Channels of Discourse*, London: Methuen.

Labov, W.(1972), "The transformation of experience in narrative syntax", Riessman (1993)에서 재인용.

Lowenthal, D.(1985), *The Past is a Foreign Country*, Cambridge: Cambridge University Press. 〔김종원·한명숙 옮김(2006), 『과거는 낯선 나라다』, 개마고원.〕

Paget, D.(2004), "Codes and Convention of Dramadoc and Docudrama", R. C. Allen & A. Hill, eds., *The Television Studies Reader*, London: Routledge.

Prince, G.(1982), *Narratology: The Form and Function of Narrative*, The Hague: Mouton. 〔최상규 옮김(1999), 『서사학이란 무엇인가』, 예림기획.〕

Riessman, C. K.(1993), *Narrative Analysis*, Newbury Park: Sage Publications.

Rhodes, G. D. & J. P. Springer, eds.(2005), *Docufictions: Essays on the Inter-*

section of Documentary and Fictional Filmmaking, Jefferson, N. C.: McFarland & Co.

Scholles, R. & R. Kellogg(1966), *The Nature of Narrative*, Oxford: Oxford University Press. 〔임병권 옮김(2001), 『서사의 본질』, 예림기획.〕

Williams, R.(1984), *The Long Revolution*, New York: Pelican Books.

이방인이 본 한국의 모습_주형일

고은하·김한주(2004), 「한국 신문에 나타난 여성스포츠 사진 보도의 이데올로기」, 『체육과학연구』 15권 4호, pp. 172~83.

권행가(2002), 「일제시대 관광엽서와 기생 이미지」, 김영나 엮음, 『한국근대미술과 시각문화』, 조형교육, pp. 319~42.

권혁희(2005), 『조선에서 온 사진엽서』, 민음사.

김상미(2010), 「한국전쟁기 한국사진가의 사진사적 위상」, 『순천향 인문과학논총』 27집, 순천향대학교 인문과학연구소, pp. 435~69.

김석원(2002), 「다큐먼트와 다큐멘터리 사진에 대한 재고: 아우구스트 잔더의 유형학적 (Typology) 사진을 중심으로」, 『Viscom』 vol. 3, pp. 20~28.

김성민(2003), 「거리사진에서 보여지는 남성중심적 시각성에 관한 연구: 개리 위노그랜드의 "여성은 아름답다"를 중심으로」, 『Viscom』 vol. 4, pp. 44~57.

———(2004), 「일간지보도사진의 특정 사회집단에 대한 보도 성향 분석」, 『AURA』 no. 11, pp. 102~11.

———(2006), 「이라크 전쟁 보도사진의 주제를 통해 본 사건의 사회적 현실 구성에 관한 연구: 미국, 프랑스, 한국 시사주간지의 전쟁 보도사진을 중심으로」, 『AURA』 no. 14, pp. 72~98.

———(2007), 「경제 위기 상황기 다큐멘터리 사진으로서의 마이클 윌리엄슨의 작품 연구: 80년대 미국 중부 중산층 붕괴와 관련된 사진을 중심으로」, 『현대사진영상학회 논문집』 10권, pp. 87~99.

———(2010), 「사회적 다큐멘터리로서의 빌 오웬스의 작품 사진사적 의미에 관한 연구: 작품집 『교외생활Suburbia』을 중심으로」, 『현대사진영상학회 논문집』 13권, pp. 93~106.

김승현(2000), 「신문사진에 나타난 인본주의적 가치: 4·19혁명 보도사진을 중심으로」, 『커뮤니케이션과학』 19, pp. 25~50.

김형곤(2004), 「신문사진의 기계적 재현의 특성과 응시자의 주관성」, 『언론과학연구』 4권 1호, pp. 70~95.

———(2005a), 「한국전쟁 사진과 집합기억: 전쟁기념관에서의 한국전쟁 사진전시회에 대한 연구」, 『한국언론학보』 49권 2호, pp. 61~84.

———(2005b), 「1970년대에 발간된 사진화보집의 한국전쟁 사진에 대한 연구: 사진화보집 『시련과 영광의 민족사』, 『LIFE at War』에 대한 분석」, 『언론과학연구』 5권 2호, pp. 141~74.

매그넘(2008), 『매그넘이 본 한국: Magnum Korea』, 한겨레신문사.

———(2009), 『Magnum Korea 대한민국, 매그넘의 작품이 되다』, 대구문화방송/매일신문사.

박상우(2009), 「사진, 닮음, 식별: 베르티옹 사진 연구」, 『AURA』 no. 20, pp. 134~47.

박은영(2009), 「한국전쟁 사진의 수용과 해석: '대동강 철교의 피난민'」, 『미술사논단』 29호, pp. 51~78.

박재영(2006), 「보도사진 게이트키핑: 관행화된 틀에 대한 사진기자의 인식을 중심으로」, 『언론과사회』 14권 1호, pp. 79~107.

박정순·정경희(2005), 「보도사진 이미지의 정치적 편향성」, 『미디어, 젠더&문화』 3호, pp. 73~97.

박종현(2009), 「다큐멘터리 사진의 범주와 의미 정립에 대한 연구」, 『기초조형학연구』 vol. 10, no. 6, pp. 155~63.

불레스텍스, 프레데릭(2001), 『착한 미개인 동양의 현자』, 이향·김정연 옮김, 청년사.

석재현(2004), 「지역다큐멘터리 사진의 연구: 울릉도 작업을 중심으로」, 『Viscom』 vol. 5, pp. 80~92.

송정민·한선(2005), 「5·18 신문사진의 의미구성에 관한 비교연구: 조선일보와 광주일보를 중심으로」, 『민주주의와인권』 5권 1호, pp. 117~49.

신재경·허현주(2009), 「헤드라인과 사진으로 분석한 언론의 보도태도 연구: 『조선일보』와 『한겨레』의 허베이호 기름유출사고 보도를 중심으로」, 『현대사진영상학회 논문집』 12권, pp. 38~58

양종훈·김금녀(2005), 「장애인에 관한 신문사진의 특성 연구: 조선일보·한겨레신문을 중심으로」, 『AURA』 no. 12, pp. 168~83.

오승환(1997), 「Photojournalism에서의 신뢰성에 관한 연구」, 『AURA』 no. 4, pp. 1~23.

———(2003), 「신문사진의 진실성과 상징성에 관한 연구」, 『현대사진영상학회 논문집』 6권, pp. 23~33.

이경민(2003), 「프랑뎅Frandin의 사진 컬렉션을 통해 본 프랑스인의 한국의 표상」, 경기도박물관 엮음, 『먼 나라 꼬레Coree: 이폴리트 프랑뎅Hyppolyte Frandin의 기억 속으로』, 경인문화사, pp. 215~54.

이경영(1994), 『대항매체로서의 사진: 1980년대 한국 비판적 현실주의 사진』, 작크와 콩나무.

이동환(2003), 「피와의 전쟁: 사진을 통해 본 타일랜드 에이즈 실태와 연구」, 『Viscom』 vol. 4, pp. 18~27.

이영준(1990), 「보도사진의 대중최면술」, 『월간 말』 44호, pp. 142~47.

임양준(2009), 「대선후보 보도사진에 대한 공정보도 비교연구: 제17대 대통령선거를 중심으로」, 『커뮤니케이션학연구』 17권 2호, pp. 31~63.

임영호·김보영·최수정(2008), 「신문사진에 나타난 신화의 유형」, 『언론과학연구』 8권 2호, pp. 388~430.

정영혁(2003), 「기록으로서의 초기 다큐멘터리 사진에 관한 연구」, 『Viscom』 vol. 4, pp. 88~98.

조성식(2008), 「여성선수 신체의 객체화와 물신화: 여자 비치발리볼 사진보도의 비판여성학적 접근」, 『한국스포츠사회학회지』 21권 4호, pp. 813~25.

조성식·홍계희(2007), 「인터넷 포털사이트 스포츠사진 보도의 호모포비아적 담론」, 『한국스포츠사회학회지』 20권 3호, pp. 391~402.

주형일(2000), 「1920년대 독일 바이마르공화국의 노동자-사진가Arbeiterfotograf 운동에 대한 연구」, 『영상문화』 1호, pp. 223~59.

———(2003a), 「사진의 시간성 개념을 통해 바라본 신문사진의 문제」, 『한국언론학보』 47권 2호, pp. 5~29.

———(2003b), 「사진매체의 수용을 통해 본 19세기 말 한국 사회의 시각문화에 대한 연구」, 『한국언론학보』 47권 6호, pp. 354~80.

———(2005), 「포스트포토그래피 시대의 사진을 통한 현실 재현의 문제」, 『언론과사회』 13권 3호, pp. 37~70.

———(2006), 「보도사진의 해석에 관여하는 여러 문제에 대한 고찰」, 『인문연구』 50호, pp. 235~70.

———(2008), 「직관적 앎의 기호학적 적용의 문제: 외국인을 위한 한국 홍보포스터의 도상해석학적 해석」, 『인문연구』 55호, pp. 503~38.

최규승(2008), 「'매그넘'은 정말 한국을 찍었는가?: 매그넘이 본 한국 사진전」, 계간 『논』, 2008년 가을호, pp. 196~99.

최봉림(2000), 「19세기 후반의 프랑스 다큐멘터리 사진초상」, 『서양미술사학회 논문집』 14집, pp. 31~47.

최현주(2003), 「"신뢰성"에 기반을 둔 사진담론에 관한 역사적 고찰」, 『AURA』 no. 10, pp. 51~61.

허현주(2002), 「5·18 광주 민주화운동 관련 신문사진 연구: 1980~2000 게재된 사진을 중심으로」, 『AURA』 no. 9, pp. 100~109.

Barthes, R.(1957), *Mythologies*, Paris: Éditions du Seuil. 〔정현 옮김(1995), 『신화론』, 현대미학사.〕

Berger, J.(1972), *Ways of Seeing*, London: British Broadcasting Corporation & Penguin Books. 〔편집부 옮김(1990), 『이미지, 시각과 미디어』, 동문선.〕

Boltanski, L.(1965), "La rhétorique de la figure", P. Bourdieu, dir., *Un art moyen: Essai sur les usages sociaux de la photographic*, Paris: Les Éditions de Minuit. 〔주형일 옮김(2004), 「형상의 수사학」, 『중간예술』, 현실문화연구.〕

Bourdieu, P.(1965), *Un art moyen: Essai sur les usages sociaux de la photographic*, Paris: Les Éditions de Minuit.

Freund, G.(1974), *Photographie et société*, Paris: Éditions du Seuil. 〔성완경 옮김(2006), 『사진과 사회』, 눈빛.〕

Hamilton, P.(1997), "Representing the social: France and Frenchness in post-war humanist photography", S. Hall, ed., *Representation: Cultural Representations and Signifying Practices*, London: Sage Publications, pp. 75~150.

Lardinois, B., ed.(2007), *Magnum Magnum*, London: Thames & Hudson Ltd. 〔정진국 옮김(2007), 『매그넘 매그넘』, 까치글방.〕

Lutz, C. A. & J. L. Collins(1993), *Reading National Geographic*, Chicago: The University of Chicago Press.

Mulvey, L.(1975), "Visual pleasure and narrative cinema", *Screen*, vol. 16, no. 3(Autumn), pp. 6~18.

Norberg-Hodge, H.(1991), *Ancient Futures: Learning from Ladakh*, San Francisco: Sierra Club Books. 〔김종철·김태언 옮김(1996), 『오래된 미래: 라다크로부터 배운다』, 녹색평론사.〕

Sontag, S.(1977), *On Photography*, New York: Farrar, Straus & Giroux. 〔이재원 옮김(2005), 『사진에 관하여』, 시울.〕

Westerbeck, C. & J. Meyerowitz(1994), *Bystander: A History of Street Photography*, Boston: Bulfinch Press.

김대중(2011), 『김대중 자서전 1·2』, 삼인.

김지형(2008), 『데탕트와 남북관계』, 선인.

김진환(2010), 『북한위기론: 신화와 냉소를 넘어』, 선인.

김창수(2000), 「남북정상회담의 의의와 민간통일운동의 과제」, 『남북정상회담의 의의와 전망』, 통일연구원 제36차 국내학술회의(2000. 5. 30) 발표논문집.

리영희 외(2000), 「남북정상회담의 의의와 과제」, 『통일시론』 7호, pp. 21~52.

박정순(1990), 「통일언론의 이상과 현실」, 『신문과방송』 240호, pp. 21~38.

———(1992), 「이념적 보도와 객관적 보도: 남북한 신문의 남북보도 사례 분석」, 『한국언론학보』 28호, pp. 183~212.

———(2000), 「뉴스의 객관성과 이념성: 남북화해시대 남한 언론의 대립과 변화」, 『언론과사회』 29호, pp. 6~42.

박종철(2000), 「남북정상회담의 의의와 전망」, 『남북정상회담의 의의와 전망』, 통일연구원 제36차 국내학술회의(2000. 5. 30) 발표논문집.

박형중(2000), 「남북정상회담의 성과」, 『남북정상회담의 성과와 남북관계의 전망』, 통일연구원 제37차 국내학술대회(2000. 6. 27) 발표논문집.

유선영(1998), 『남북교류시대 북한 보도』, 한국언론연구원.

유장희(2000), 「남북정상회담의 의의와 향후 과제」, 『남북정상회담의 의의와 전망』, 통일연구원 제36차 국내학술회의(2000. 5. 30) 발표논문집.

윤영철(2000), 「권력이동과 신문의 대북정책 보도: ‘신문과 정당의 병행관계’를 중심으로」, 『언론과사회』 27호.

———(2001), 「남북정상회담 이후 신문의 남북한 보도와 쟁점」, 『6·15공동선언 이후 한국 사회와 언론의 새로운 패러다임 모색』 발표문, 한국방송학회.

은기수(2011), 「한국인의 통일의식과 태도의 장기적 변화 분석: 1985~2010」, 『남북통합을 위한 학술적 준비: 의식·체제·사람의 통합을 위하여』, 서울대학교 통일평화연구소 제12차 통일학 기초연구 학술 심포지엄 발표문.

이경호(2007), 「김대중 정부 시기 대북정책과 국가자율성에 관한 연구: 비판적 성찰과 대안의 모색」, 『국제정치논총』 47권 1호, pp. 191~213.

이우승(2000), 「정상회담에 나타난 북한과 김정일 이미지 분석」, 『저널리즘 비평』 31호, pp. 26~34.

장호순·유현석·이우영·황치성·금장환(2000), 『보도비평: 남북한 언론의 정상회담보도』, 한국언론재단.

최보식(1996), 「전두환-허담의 극비대화록」, 『월간조선』, 1996년 11월호.

──(1998), 「장세동-김일성 비밀회담의 생생한 대화록」, 『월간조선』, 1998년 9월호.

한준(2001), 「남북정상회담 이후 북한·통일·남북관계에 대한 국민의식 변화: 여론조사 결과들에 대한 비판적 재해석」, 『사회비평』 28권.

Barthes, R.(1977), "The Photographic Message", S. Heath, ed. & tr., *Image, Music, Text*, London: Fontana Press.

Boorstin, D. J.(1962), *The Image: A guide to Pseudo-events in America*, New York: Atheneum. 〔정태철 옮김(2004), 『이미지와 환상』, 사계절.〕

Carey, J.(1998), "Political Ritual on Television: Episodes in the history of shame, Degradation and Excommunication", T. Liebes, J. Curran & E. Katz, eds., *Media, Ritual and Identity*, London: Routledge.

Chaney, D.(1986), "A symbolic mirror of ourselves: Civic Ritual in mass society", R. Collins 외, eds., *Media, Culture and Society: a Critical Reader*, London: Sage Publications.

Dayan, D.(2010), "Beyond Media Events: Disenchantment, Derailment, Disruption", N. Couldry, A. Hepp & F. Kortz, eds., *Media Events in a Global Age*, London: Routledge.

Dayan, D. & E. Katz(1988), "Articulating consensus: the ritual and rhetoric of media events", J. Aelxander, ed., *Durkheimian Sociology*, Cambridge: Cambridge University Press.

──(1992), *Media events: the live broadcasting of history*, Harvard: Harvard University Press. 〔곽현자 옮김(2011), 『미디어 이벤트: 역사를 생중계하다』, 한울.〕

Hodge, B(2003), "Social Semiotics", *Semiotics Encyclopedia Online*(http://www.semioticon.com/seo/S/social_semiotics.html).

Hodge, B. & G. Kress(1988), *Social Semiotics*, Cambridge: Polity Press.

Katz, E., D. Dayan & P. Motyl(1981), "Communications in the 21st Century: In Defense of Media Events", *Organizational Dynamics*, 10, pp. 68~80.

── (1984), "Television Diplomacy: Sadat in Jerusalem", G. Gerbner & M. Seifert, eds., *World Communications*, New York: Longman.

Liebes, T. & E. Katz(1997), "Staging Peace: Televised Ceremonies of Reconciliation", *The Communication Review*, 2(2), pp. 235~57.

Liebes-Plesner, T.(1984), "Shades of meaning in President Sadat's Knesset speech", *Semiotica*, 48(3/4), pp. 229~65.

Thibault, P. J.(1991), *Social semiotics as praxis: text, social meaning making, and Nabokov's Ada*, Minnesota: University of Minnesota Press.

Van Leeuwen, T.(2005), *Introducing Social Semiotics: An Introductory Textbook*, London: Routledge.

민족의 역이주와 위계적 민족성의 담론_양은경

강선영(2005), 「한국 신문의 '조선족' 담론에 관한 연구」, 서울대학교 언론정보학과 석사학위논문.

김은실·민가영(2006), 「조선족 사회의 위기 담론과 여성의 이주 경험 간의 성별 정치학」, 『여성학논집』 23집 1호, pp. 35~72.

김현미(2005), 『글로벌 시대의 문화번역』, 또하나의문화.

———(2009), 「방문취업 재중동포의 일 경험과 생활세계」, 『한국문화인류학』 42권 2호, pp. 35~75.

오타 다카코(2004), 「'재외동포법' 개정을 둘러싼 담론 분석: 조선족에 관한 쟁점을 중심으로」, 『한일민족문제연구』 7호, pp. 123~66.

박광성(2003), 「한국의 조선족 노동자들의 유입과 정착, 적응에 관한 연구」, 서울대학교 사회학과 석사학위논문.

———(2006), 「세계화 시대 중국 조선족의 노동력 이동과 사회변화」, 서울대학교 사회학과 박사학위논문.

설동훈(2001), 「한국의 미등록 외국인 노동자 실태와 대책」, 『신학사상』 113호, pp. 49~75.

———(2002), 「국내 재중 동포 노동자: 재외동포인가, 외국인인가?」, 『동향과전망』 52호, pp. 200~23.

이기형(2006), 「담론 분석과 담론의 정치학: 푸코의 작업과 비판적 담론 분석을 중심으로」, 『언론과사회』 14권 3호, pp. 106~45.

이민주(2007), 「재중동포의 상업활동과 정체성 형성」, 연세대학교 문화학 협동과정 석사학위논문.

이현정(2001), 「조선족의 종족 정체성 형성 과정에 관한 연구」, 『비교문화연구』 제7집 2호, pp. 63~105.

임성숙(2004), 「한국 내 조선족 노동자의 민족정체성 재형성과정」, 한양대학교 문화인류학과 석사학위논문.

한건수(2003), 「"타자만들기": 한국사회와 이주노동자의 재현」, 『비교문화연구』 제9집 2호, pp. 157~93.

Anderson, B.(1983), *Imagined Communities: Reflections on the Origin and Spread of Nationalism*, London: Verso. 〔윤형숙 옮김(2002), 『상상의 공동체: 민족주의의 기원과 전파에 대한 성찰』, 나남.〕

Bauman, Z.(1998), *Globalization: The Human Consequences*, New York: Columbia University Press. 〔김동택 옮김(2003), 『지구화, 야누스의 두 얼굴』, 한길사.〕

Benwell, B. & E. Stokoe(2006), *Discourse and Identity*, Edinburgh: Edinburgh University Press.

Edensor, T.(2002), *National Identity: Popular Culture and Everyday Life*, London: Berg Publishers. 〔박성일 옮김(2008), 『대중문화와 일상, 그리고 민족 정체성』, 이후.〕

Fairclough, N.(1992), *Discouse and Social Change*, Cambridge: Polity Press.

———(1995), *Media Discourse*, London: Edward Arnold.

Foucault, M.(1978), "Governmentality", G. Burchell, C. Glodon & P. Miller, eds., *The Foucault effect: Studies in governmentality*, Chicago: The University of Chicago Press, pp. 87~104.

Fowler, R.(1991), *Language in the News: Discourse and Ideology in the Press*, New York: Routledge.

Gellner, E.(1983), *Nation and Nationalism*, Ithaca, N. Y.: Cornell University Press. 〔최한우 옮김(2009), 『민족과 민족주의』, 한반도국제대학교 대학원 출판부.〕

Hall, S.(1980), "Encoding/Decoding", *Culture, Media, Language: Working Papers in Cultural Studies 1972~1979*, London: Hutchinson.

——— 외(1978), *Policing the Crisis: Mugging, the State and Law-and-Order*, London: Macmillan.

Harvey, D.(2005), *The Brief History of Neo Liberalism*, Oxford: Oxford University Press. 〔최병두 옮김(2007), 『신자유주의: 간략한 역사』, 한울.〕

Hier, S. P. & J. L. Greenberg(2002), "Constructing a discursive crisis: risk, problematization and illegal Chinese in Canada", *Ethnic and Racial Studies*, vol. 25(3), pp. 490~513.

Sassen, S.(1998), *Globalization and Its Discontents*, New York: The New Press.

Seol, D. H. & J. D. Skrentny(2009), "Ethnic return migration and hierarchical nationhood: Korean Chinese foreign workers in South Korea", *Ethnicities*, vol. 9(2), pp. 147~74.

Tsuda, T.(2007), "When Minorities Migrate: The Racialization of the Japanese Brazilians", *Brazil and Japan, asian diasporas: new formations, new conceptions*, Stanford, California: Stanford University Press.

방송 정책결정 과정에 대한 비판적 담론 분석 연구_홍종윤

김대호(2001a), 「방송법에 나타난 위성방송 정책의 제문제」, 『위성방송 조기 정착을 위한 과제와 발전방안 세미나』, 사단법인 여의도클럽 주최 세미나(2001. 7. 13) 자료집.

――(2001b), 「국경을 초월한 방송시대의 지역성과 권역성」, 『미래의 방송과 로컬리즘』, 한국언론학회 주최 심포지엄(2001. 11. 9) 자료집.

――(2001c), 「위성방송 지상파방송 재전송 이슈에 대하여」, 『지상파방송 재송신 관련 방송법개정 공청회』, 국회 문화관광위원회 법안심사소위원회 주최 공청회(2001. 12. 13) 자료집.

방송위원회(2003), 『제1기 방송위원회 백서』.

――(2004), 『방송채널정책 운용방안 수립을 위한 공청회 자료집』(2004. 7. 19).

양동복(2006), 「지상파 DMB 도입사례로 본 뉴미디어 거버넌스 형성과정 연구: 담론연합접근법을 중심으로」, 광운대학교 신문방송학과 박사학위논문.

유대선(2004), 「방송 정책네트워크와 정책 산출에 관한 연구: 위성방송 산업구도 결정 과정분석을 중심으로」, 서울대학교 행정대학원 박사학위논문.

윤석년(2001), 「위성방송 실시와 지역 지상파 방송의 활로 모색」, 『지역방송 활성화를 위한 토론회: 다매체·다채널 시대의 지역방송 생존전략』, 토론회(2001. 9. 6) 자료집.

윤석민(1997), 「우리나라 방송 정책결정 과정에 대한 체계이론적 분석: 통합방송법안의 입법시도와 그 실패를 중심으로」, 『의정연구』 제3권 2호, pp. 177~204.

――(2002), 「21세기 방송환경변화와 새로운 방송이념」, 『방송연구』, 2002년 여름호, pp. 89~115.

――(2004), 「방송이론의 이론적 토대」, 『공영방송』, 한국언론재단총서.

──── (2005), 『커뮤니케이션 정책 연구』, 커뮤니케이션북스.

이병길(1992), 「정책변동의 요인과 과정에 관한 연구: 방송정책(1980~1990) 변동사례를 중심으로」, 서울대학교 행정대학원 박사학위논문.

이상식(2001), 「디지털 경쟁 매체의 변화에 따른 지역방송의 위상 정립: 케이블TV와 위성방송의 영향을 중심으로」, 『디지털 시대의 지역방송 미래』, 대구·경북언론학회 주최 세미나 발제문.

정상윤(2001), 「지역방송의 미래와 전망」, 『지역방송 활성화를 위한 토론회: "지역방송의 미래와 전망"』, 전국언론노동조합 주최 토론회(2001. 7. 20) 자료집.

정용준(2001), 「디지털 시대에 있어서 지역방송의 대응 방안」, 『디지털 시대에 이어서 지역방송의 대응 방안』, 호남언론학회 주최 세미나(2001. 8. 28) 발제문.

정인숙(1996), 「방송정책결정과정에 관한 연구: 케이블TV의 사례를 중심으로」, 한국외국어대학교 신문방송학과 박사학위논문.

지역방송협의회(2001a), 『위성재전송과 지역방송의 위기』정책자료집(2001. 9. 1).

──── (2001b), 『위성재전송 문제 바로 알기: 수도권 지상파의 위성재전송에 관한 지역방송사 입장』, 위성재전송 관련 정책자료집 2(2001. 11. 5).

──── (2001c), 「방송법 제78조(재송신) 개정의견서」(2001. 11.).

──── (2001d), 『위성 재전송 문제, 무엇이 쟁점인가』정책자료집(2001. 11.).

──── (2001e), 「지상파방송의 위성 동시 재전송 바로 알기」, 『위성방송의 지상파방송 재송신문제 어떻게 할 것인가』, 한나라당 정책위원회 공청회(2001. 12. 6) 자료집.

──── (2001f), 「우리는 왜 위성재전송을 반대하는가」, 내부문서(2001. 12.).

──── (2001g), 「KDB가 주장하는 중앙 지상파방송만의 동시재전송 논리에 따른 우리의 주장」, 내부문서.

──── (2002), 「지상파 재송신 문제에 대한 견해: 방송법 78조 개정 과정과 의미」, 정책건의서(2002. 9. 10).

──── (2003a), 「KDB 동시재송신 신청에 대한 지역방송의 의견서: KDB 동시 재송신 신청서는 즉각 반려되어야 한다」, 내부문서(2003. 1. 20).

──── (2003b), 「위성 권역내 재송신(30개 채널) 문제점 및 대책」, 『지역방송협의회백서 2』.

진주MBC(2001), 「위성방송 동시재전송 저지를 위한 협조의 건」, 내부공문(2001. 8).

한국디지털위성방송(2001a), 「위성방송에 의한 MBC, SBS 등의 재전송은 반드시 실현되어야 합니다」, 성명서(2001. 10.).

──── (2001b), 『위성방송의 MBC, SBS 재전송의 당위성』, 정책자료집(2001. 11. 1).

──── (2001c), 『위성방송 통한 지상파 시청 관련 SkyLife 자료』, 정책자료집(2001. 12.).

──(2001d), 『위성방송사의 지상파사업자 채널 운용방안』, 내부자료(2001. 4. 25).

──(2001e), 『위성방송의 전국적 지상파 재전송 문제』, 내부자료(2001. 4. 25).

──(2001f), 『위성방송 현안 정책자료집 2001-1』(2001. 4.).

──(2001g), 『위성방송 실시에 따른 지역방송의 활로 모색』, 내부자료(2001. 7. 11).

──(2001h), 『위성방송과 시청자 권리 찾기: 지상파 동시 재송신은 시청자의 권리입니다』, 정책자료집.

──(2001i), 「위성방송의 조기 정착을 위한 정책 과제와 사업 방향」, 『위성방송 조기 정착을 위한 정책 방향』, 방송학회 주최 세미나(2001. 5. 4) 발제문.

──(2002a), 『국회 문화관광위원회 법안심사소위원회 결정에 대한 스카이라이프의 의견 및 건의사항』, 내부자료.

──(2002b), 『지상파 재송신 관련 종합보고서』, 내부자료(2002. 1. 8).

──(2002c), 『지역방송-위성방송 협력방안』, 내부자료.

──(2002d), 『위성방송의 지상파방송 재송신, 왜 필요한가?: 개정방송법의 문제점과 위성방송의 지상파 재송신 당위성』, 정책자료집(2002. 8.).

──(2002e), 『현행 위성방송사업의 문제점과 대책』, 내부자료.

──(2003), 『권역별 재송신 방안의 의미와 케이블TV업계 움직임에 대한 입장』

한진만(2001), 『위성방송 실시와 지역방송의 활로, 전국언론노동조합, 지역방송 활성화를 위한 토론회』, 자료집(2001. 5. 25).

황근·최영묵(2000), 「사회조합주의 방송정책 모델에 관한 연구」, 『한국방송학보』14권 1호, pp. 469~516.

Fairclough, N.(1989), *Language and Power*, London: Longman.

──(1992), *Discourse and Social Change*, Cambridge: Polity Press.

──(1993), "Critical Discourse Analysis and the Marketization of Public Discourse: The universities", *Discourse & Society*, 4(2), pp. 133~68.

──(1995), *Critical Discourse Analysis*, London: Longman.

──(1998), "Political Discourse in the Media: An Analytical Framework", A. Bell & P. Garrett, eds., *Approaches to Media Discourse*, Oxford: Blackwell.

──(2003), *Analysing Discourse: Textual Analysis for Social Research*, London: Routledge.

Fairclough, N. & R. Wodak(2000), "Critical Discourse Analysis", T. van Dijk, *Discourse studies: a multidisciplinary introduction*, vol. 2, London: Sage Publications.

Hajer, M. A.(1993), "Discourse Coalitions & the Institutionalization of Practice: The Case of Acid Rain in Britain", F. Fisher & J. Forester, eds., *The Argumentative Turn in Policy Analysis and Planning*, Durham, N. C.: Duke University Press.

───(2006), "Doing Discourse Analysis: coalition, practice, meaning", M. van den Brink & T. Metze, eds., *Words matter in policy and planning: Discourse theory and method in the social sciences*, Utrecht: The Nederlands, pp. 65~76.

Schön, D. A. & M. R. Rein(1994), *Frame Reflection: Toward the Resolution of Intractable Policy Controversies*, New York: BasicBooks.

Wodak, R.(1989), *Language, Power and Ideology: Studies in Political Discourse*, Amsterdam: J. Benjamins.

───(1995), "Critical linguistics and critical discourse analysis", J. Verschueren 외, eds., *Handbook of Pragmatics*, Amsterdam: J. Benjamins, pp. 204~10.

───(1996), *Disorders of Discourse*, London: Longman.

───(2001), "The discourse-historical approach", R. Wodak & M. Meyer, eds., *Methods of Critical Discourse Analysis*, London: Sage Publications, pp. 63~94.

Wodak, R. & M. Reisigl(1999), "Discourse and racism: European perspectives", *Annual Review of Anthropology, 28*, Palo Alto, California: Annual Reviews Inc., pp. 175~99.

2부 얇은 언어의 세계: 디지털 시대의 담론 변동

케이팝 아이돌의 성인 팬덤과 정체성 문제_김수아

김수아(2010), 「소녀 이미지의 볼거리화와 소비 방식의 구성」, 『미디어, 젠더&문화』 15호, pp. 79~119.

김숙자·이보나(2003), 「스포츠 팬덤의 문화개혁 가능성에 대한 문화기술적 사례연구」, 『한국스포츠사회학회지』 16권 1호, pp. 189~205.

김정기(2005), 「텔레비전 등장인물과 청소년 시청자의 의사인간관계」, 『한국방송학보』 19권 1호, pp. 7~34.

김창남(1998), 『대중문화의 이해』, 한울.

김현정·원용진(2002), 「팬덤, 진화, 그리고 그 정치성: 서태지 팬클럽 분석을 중심으로」, 『한국언론학보』 46권 2호, pp. 253~78.

김훈순·김민정(2004), 「팬픽의 생산과 소비를 통해 본 소녀들의 성 환타지와 정치적 함의」, 『한국언론학보』 48권 3호, pp. 330~53.

윤조원(2010), 「'꽃미남'과 '씩스팩': 대중문화 속 오늘의 남성성」, 『안과밖』 28호, pp. 278~302.

이강우(2008), 「아비투스로서의 스포츠팬덤문화와 그 생산성」, 『한국체육철학회지』 16권 2호, pp. 71~85.

이동연(2001), 「팬덤의 기호와 문화정치」, 『진보평론』 8호, pp. 437~49.

이소현(2009), 「'연상남' 팬덤에 관한 연구: '소녀시대' 인터넷 커뮤니티를 중심으로」, 서강대학교 언론대학원 석사학위논문.

정재민(2009), 「청소년문화의 탈하위문화 현상에 관한 일 연구: 팬덤문화를 중심으로」, 명지대학교 청소년지도학과 박사학위논문.

정민우·이나영(2009), 「스타를 관리하는 팬덤, 팬덤을 관리하는 산업」, 『미디어, 젠더&문화』 12호, pp. 191~240.

Billig, M., S. Condor, D. Edwards & M. Gane(1988), *Ideological Dilemmas: A social psychology of everyday thinking*, London: Sage Publications.

Coad, D.(2008), *Metrosexual: Gender, sexuality and sport*, New York: State Univ. of New York.

Hansen, M.(1986), "Pleasure, ambivalence, identification: Valentino and female spectatorship", *Cinema Journal*, 1986 summer.

Jenkins, H.(2006), *Convergence culture: where old and new media collide*, New York: New York University Press. 〔김정희원·김동신 옮김(2008), 『컨버전스컬처』, 비즈앤비즈.〕

Lamerichs, J. & H. F. M. Molder(2003), "Computer-mediated communication: from a cognitive to a discursive model", *New Media & Society*, 5(4), pp. 451~73.

Macrobbie, A. & J. Garber(1997), "Girls and subcultures", K. Gelder & S. Thornton, eds., *The Subculture Reader*, New York: Routledge.

Merino, M. & C. Tileaga(2011), "The construction of ethnic minority identity", *Discourse & Society*, 22(1), pp. 86~101.

O'Sullivan, P. & A. Flanagin(2003), "Reconceptualizing 'flaming' and other Problematic messages", *New Media & Society*, 5(1), pp. 69~94.

Pope, H., K. Phillips & R. Olivardia(2000), *The Adonis Complex: The secret crisis of male body obsession*, New York: Free Press.

Potter, J.(2003), "Discursive Psychology: between paradigm and method", *Discourse & Society*, 14(6), pp. 783~94.

Potter, J. & M. Wetherell(1987), *Discourse and social psychology: beyond attitudes and behaviour*, London: Sage Publications.

Stapleton, K. & J. Wilson(2004), "A Discursive Study", *European Journal of Women's Studies*, 11(1), pp. 45~60.

Wetherell, M.(1998), "Positioning and interpretative repertoires: conversation analysis and post-structuralism in dialogue", *Discourse & Society*, 9(3), pp. 387~402.

Wetherell, M. & J. Potter(1988), "Discourse analysis and the identification of interpretative repertories", C. Antaki, ed., *Analysing everyday explanation: a casebook of methods*, London: Sage Publications.

Wetherell, M. & N. Edley(1999), "Negotiating Hegemonic Masculinity: Imaginary Positions and Psycho-Discursive Practices", *Feminism & Psychology*, 9(3), pp. 335~56.

Wetherell, M., S. Taylor & S. Yates, eds.(2001), *Discourse theory and practice: a reader*, London: Sage Publications.

세계화와 디지털 문화 시대 여성 팬덤과 성 담론_홍석경

김수아(2011), 「남성 아이돌 스타의 남성성 재현과 성인 여성 팬덤의 소비 방식 구성」, 『미디어, 젠더&문화』 19호, pp. 5~38.

양은경(2006), 「동아시아 문화정체성의 형성과 텔레비전의 소비: 배용준의 일본 팬 커뮤니티 가족담론을 중심으로」, 『방송학보』 20권 3호, pp. 198~238.

이동연 엮음(2011), 『아이돌』, 이매진.

임희수(2011), 「텔레비전 장르에 나타난 변화하는 남성성 담론과 젠더 관계 연구: 이성애적 연애서사 텍스트를 중심으로」, 서울대학교 언론정보학과 석사학위논문.

정민우·이나영(2009), 「스타를 관리하는 팬덤, 팬덤을 관리하는 산업: '2세대' 아이돌 팬덤의 문화실천의 특징 및 함의」, 『미디어, 젠더&문화』 12호, pp. 192~281.

한유림(2008), 「2·30대 여성의 아이돌 팬픽 문화를 통해 본 젠더 트러블」, 서울대학교 대학원 여성학 협동과정 석사학위논문.

홍석경(2005), 「세계화와 문화산업의 새로운 정체성 논리: 할리우드 영화의 아시아스타 수용에 대한 분석」, 『기호학연구』 17집, pp. 143~77.

홍지아(2005), 「드라마에 나타난 낭만적 동성애의 재현과 사랑 지상주의적 서사: 「커피 프린스 1호점」을 중심으로」, 『한국방송학보』 22권 1호, pp. 162~200.

Allard, L.(2005), "Express yourself 2.0!", E. Maigret & E. Mace, eds., *Penser les médiacultures: Nouvelles pratiques et nouvelles approches de la représentation du monde*, Paris: INA/Armand Colin, pp. 145~69.

Appadurai A.(1996), *Après le colonialisme: les conséquences culturelles de la globalisation*, Paris: Payot.

Bouissou, J.-M.(2010), *Manga: Histoire et univers de la BD japonaise*, Paris: Philippe Picquier.

Butler, J.(2006), *Trouble dans le genre*, C. Kraus, tr., Paris: La Decouverte.

Dyer, R.(1997), *White*, New York: Routledge.

Foucault, M.(1984), *Histoire de la sexualité 3: le souci de soi*, Paris: Gallimard.

Hong-Mercier, S.-K.(2007), "Les études culturelles et le phénomène de Hallyu (Korean Wave) en Asie de l'Est", *MEI, 24/25: Etudes Culturelles et Cultural Studies*, pp. 165~73.

———(2012), "Découvrir les séries télé de l'Asie de l'Est en France: le Drama et la contre-culture féminine à l'ère numérique", *Anthropologie et Société*, 36(1-2).

Hong-Mercier, S.-K. & M. Bourdaa(2012), "Creatinging, Sharing, Interacting: Fandom in the Age of Digital Convergence and Globalized Television", H. Bilanzdic, P. J. Traudt & G. Patriarche, dirs., *The Social use of Media: Cultural and Social Scientific Perspectives on Audience Research*, Coll. ECREA Book, Intellect(인쇄중).

Isola, M. J.(2008), "Yaoi and Slash Fiction: Women Writing, Reading, and Getting Off?", A. Levi, M. McHarry & D. Pagliassotti, eds., *Boys' Love Manga, Essays on the Sexual Ambiguity and Cross-Cultural Fandom of the Genre*, Jefferson, North Carolina: McFarland & Co., pp. 84~98.

Kee, T. B.(2008), "Rewriting Gender and Sexuality in English-Language Yaoi Fanfiction", *Boys' Love Manga, Essays on the Sexual Ambiguity and Cross-*

Cultural Fandom of the Genre, pp. 126~56.

Levi, A., M. McHarry & D. Pagliassotti, eds. (2008), *Boys' Love Manga, Essays on the Sexual Ambiguity and Cross-Cultural Fandom of the Genre*, Jefferson, North Carolina: McFarland & Co., pp. 84~98.

Maigret, E. (1999), "Le jeu de l'âge et des générations, Culture BD et esprit Manga", *Réseaux*, 92/93, pp. 241~60.

Mattelart, T., dir. (2007), *Médias, migrations et cultures transnationales*, Paris/ Bruxelles: INA-De Boek.

Metz, C. (2002), *Le significant imaginaire*, Paris: Christian Bourgois(개정판).

Mulvey, L. (1975), "Visual Pleasure and Narrative Cinema", *Screen*, 16(3), pp. 6 ~18.

Pagliassotti, D. (2008a), "Reading Boys' Love in the West", (online) Participations, 5(2). [Special Edition, available: http://www.participations.org/Volume% 205/Issue%202/5_02_pagliassotti.htm].

———(2008b), "Better Than Romance? Japanese BL Manga and the Subgenre of Male/Male Romantic Fiction", *Boys' Love Manga, Essays on the Sexual Ambiguity and Cross-Cultural Fandom of the Genre*, pp. 59~83.

Said, E. (1978), *Orientalism*, New York: Vintage Books.

Stanley, M. (2008), "101 Uses for Boys: Communing with the Reader in Yaoi and Slash", *Boys' Love Manga, Essays on the Sexual Ambiguity and Cross-Cultural Fandom of the Genre*, pp. 99~109.

Williams, L., ed. (2004), *Porn Studies*, Durham/London: Duke University Press.

미네르바 신드롬과 '시민지성'의 조건_최선정

강수택(2000), 「근대, 탈근대, 지식인」, 『한국사회학』 34집, pp. 507~29.

김덕모(1998), 「'위기 저널리즘' 아닌 '위기 초래 저널리즘': 경제위기 관련 기사 보도검증」, 『신문과방송』, 1998년 1월호, pp. 49~53.

김동춘(1998), 「한국의 지식인들은 왜 오늘의 위기를 읽지 못했는가」, 『경제와사회』 37호, pp. 160~78.

김문조(2008), 『한국사회의 양극화: '97년 외환위기와 사회불평등』, 집문당.

김상배(2010), 「집합지성보다는 커뮤니티?: 한국사의 맥락에서 본 인터넷 문화의 특징」, 『사이버커뮤니케이션학보』 27권 4호, pp. 45~92.

김종영(2011), 「대항지식의 구성: 미 쇠고기 수입반대 촛불운동에서의 전문가들의 혼성적 연대와 대항논리의 형성」, 『한국사회학』 45집 1호, pp. 109~53.

김창남(2010), 『대중문화의 이해』(전면2개정판), 한울아카데미.

마동훈(2011), 「네트워크 시대의 지식생산 패러다임」, 한국언론학회 주최 '기획연구 II: 한국 사회의 디지털 미디어와 문화' 세미나(2011. 7. 19) 발표문, pp. 233~54.

민경배(2004), 「사이버 공간의 논객과 폐인에 대한 사회학적 고찰」, 한국사회학회 주최 2004년도 한국사회학회 전기사회학대회(2004. 6.), pp. 63~70

손호철(1998), 「위기의 한국, 위기의 사회과학: IMF 위기를 보며」, 『경제와사회』 37호, pp. 143~59.

송호근(1998), 『또 하나의 기적을 향한 짧은 시련: IMF 사태를 겪는 한 지식인의 변명』, 나남.

신광영(2009), 「세대, 계급과 불평등」, 『경제와사회』 81호, pp. 35~60.

안민호(2009), 「글로벌 경제위기와 웹 2.0 시대 경제위기 보도」, 『디지털 시대 경제위기와 경제위기 보도』, 숙명여자대학교 언론정보학부·삼성언론재단 주최 2009 언론사 경제부장 세미나(2009. 5. 22~23).

우지숙(2009), 「진실과 허위 사이: 허위(일 수도 있는) 사실의 표현을 위한 항변」, 『경제규제와법』 2권 1호, pp. 194~97.

윤상우(2009), 「외환위기 이후 한국의 발전주의적 신자유주의화: 국가의 성격 변화와 정책 대응을 중심으로」, 『경제와사회』 83호, pp. 40~68.

윤용호(1998), 「외환위기, 앵무새 언론도 한몫: 경제보도와 국가이익」, 『신문과방송』, 1998년 1월호, pp. 44~48.

이기형(2004), 「인터넷 정치 웹진과 논객 사이트 읽기」, 『신문과방송』, 2004년 3월호, pp. 174~79.

이상붕(2011), 「경제 불평등 구조 분석: 계급, 지역 및 연령집단을 중심으로」, 『한국사회학』 45집 2호, pp. 25~57.

이준웅(2007), 「관계형 매체 증가와 사회적 의사소통양식의 변화」, 정운찬·조홍식 엮음, 『외환위기 10년 한국사회 얼마나 달라졌나』, 서울대학교출판부, pp. 321~76.

──── (2009), 「인터넷 공론장의 매개된 상호가시성과 담론 공중의 형성」, 『언론정보연구』 46권 2호, pp. 5~32.

이항우(2009), 「네트워크 사회의 집단지성과 권위: 위키피디아Wikipedia의 반전문가주의」, 『경제와사회』 84호, pp. 278~303.

이현훈(2000), 「97년 외환위기의 원인 규명을 위한 총체적 접근」, 『한국경제연구』 5권, pp. 145~74.

장우영(2005), 「온라인 저널리즘의 정치적 동학: '논객 사이트'를 중심으로」, 『언론과사회』 13권 2호, pp. 157~88.

전상인(1998), 「세기말 한국의 지식인 담론 및 지식인 사회에 대한 비판적 성찰」, 『비교사회』 3, pp. 12~44.

정진영(2000), 「외환위기 대응의 논리와 정치경제적 효과: 무슨 일이 일어나고 있는가」, 『경제와사회』 45호, pp. 66~89.

홍성태(1999), 「자본주의 '지식사회'와 '신지식인'론 비판」, 『문화과학』 19호, pp. 31~50.

황주성·최서영(2010), 「집단지성의 유형에 따른 참여자 특성분석: 위키백과와 지식iN에 대한 한미 비교연구」, 『사이버커뮤니케이션학보』 27권 4호, pp. 257~301.

Bauman, Z.(1998), *Globalization: The human consequences*, New York: Columbia University Press. 〔김동택 옮김(2003), 『지구화, 야누스의 두 얼굴』, 한길사.〕

———(2007), *Liquid times: Living in an age of uncertainty*, Cambridge: Polity Press. 〔한상석 옮김(2010), 『모두스 비벤디: 유동하는 세계의 지옥과 유토피아』, 후마니타스.〕

Chiapello, E. & N. Fairclough(2002), "Understanding the new management ideology: A transdisciplinary contribution form critical discourse analysis and new sociology of capitalism", *Discourse & Society*, 13(2), pp. 185~208.

Drezner, D. W.(2009), "Public intellectuals 2.1", *Society*, 46, pp. 49~54.

Fairclough, N.(1995), *Media discourse*, London/New York: Edward Arnold.

———(2003), *Analysing discourse: Textual analysis for social research*, London: Routledge.

Furedi, F.(2004), *Where have all the intellectuals gone*, London: Continuum. 〔정병선 옮김(2005), 『그 많던 지식인들은 다 어디로 갔는가: 21세기의 무교양주의에 맞서다』, 청어람미디어.〕

Hartelius, E. J.(2010), "Wikipedia and the emergence of dialogic expertise", *Southern Communication Journal*, 75(5), pp. 505~26.

Lash, S.(2002), *Critique of information*, London: Sage Publications.

Lévy, P.(1997), *Collective intelligence: Mankind's emerging world in cyberspace*, R. Bononno, tr., New York: Plenum Press.

Poster, M.(2001), *What's the matter with the internet*, Minneapolis, Minnesota: University of Minnesota Press.

Said, E.(1994), *Representations of the intellectual*, New York: Pantheon Books.
Tredinnick, L.(2008), *Digital information culture: The individual and society in the digital age*, Oxford: Chandos Publishing.

불안: 그 느낌, 표정, 말들에 관하여_김예란

기형도(1989), 『입 속의 검은 잎』, 문학과지성사.
김홍중(2009), 『마음의 사회학』, 문학동네.
박민규(2005), 「카스테라」, 『카스테라』, 문학동네.
배수아(2010), 「밤이 염세적이다」, 『올빼미의 없음』, 창비.
이인성(1997), 『낯선 시간 속으로』, 문학과지성사.
키르케고르(2007), 『불안의 개념/죽음에 이르는 병』, 강성위 옮김, 동서출판사.

Barfuss, T.(2008), "Active subjects, passive revolution", *Cultural Studies*, 22(6), pp. 837~49.
Barthes, R.(1977), *Image-music-text*, S. Heath, tr., New York: Hill and Wang.
Beauline, A.(2010), "Research note: from co-location to co-presence: shifts in the use of ethnography for the study of knowledge", *Social Studies of Science*, 40(3), pp. 453~70.
Beck, U.(1986), *Risikogesellschaft: auf dem Weg in eine andere moderne*, Frankfurt a. M.: Suhrkamp. 〔홍성태 옮김(2006), 『위험사회: 새로운 근대성을 향하여』, 새물결.〕
Benjamin, W.(1916), "Über sprache überhaupt und über die sprache des menschen", *Gesammelte Schriften*, Frankfurt a. M.: Suhrkamp, 1972~1989, Bd. II/1, pp. 137~40. 〔최성만 옮김(2008), 「언어 일반과 인간의 언어에 대하여」, 『발터 벤야민 선집 6: 언어 일반과 인간의 언어에 대하여/번역자의 과제 외』, 길, pp. 69~96.〕
────── (1933), "Antithetisches über wort und name", *Gesammelte Schriften*, Frankfurt a. M.: Suhrkamp, 1972~1989, Bd. VII/2, pp. 795~96. 〔최성만 옮김(2008), 「말과 이름의 대립적 측면」, 『발터 벤야민 선집 6: 언어 일반과 인간의 언어에 대하여/번역자의 과제 외』, 길.〕
Bhabha, H(1994), *The location of culture*, London/New York: Routledge.

Boltanski, L. & E. Chiapello(2007), *The new spirit of capitalism*, London/New York: Verso.

Chandler, D.(2007), *Semiotics: the basics*, New York: Routledge.

Clough, P.(2009), "The new empiricism affect and sociological method", *European journal of social theory*, vol. 12, no. 1, pp. 43~61.

Couldry, N.(2010), *Why voice matters: culture and politics after neoliberalism*, Los Angeles/London: Sage Publications.

Dreyfus, H.(1991), *Being-in-the-world: a commentary on Heidegger's Being and Time*, Cambridge: The MIT Press.

Fanon, F.(2008), *Black skin, white masks*, R. Philcox, tr., New York: Grove Press.

Foucault, M.(1988), "The minimalist self", L. Kritzman, ed., *Politics, philosophy, culture: interviews and other writings 1977~1984*, New York: Routledge.

Fraser, N.(2003), "Social justice in the age of identity politics: redistribution, recognition, and participation", N. Fraser & A. Honneth, eds., *Redistribution or recognition?: A political-philosophical exchange*, London/New York: Verso, pp. 7~109.

Giddens, A.(1991), *Modernity and self-identity: self and society in the late modern age*, Cambridge: Polity Press. 〔권기돈 옮김(2010), 『현대성과 자아정체성』, 새물결.〕

Hebdige, D.(1981), *Subculture: The meaning of style*, London: Routledge.

Heidegger, M.(1962), *Being and time*, J. Macquarrie & E. Robinson, tr., New York: Harper and Row.

Honneth, A.(1995), *The struggle for recognition: The moral grammar of social conflicts*, Cambridge: The MIT Press.

Jensen, K.(1995), *The second semiotics of mass communication*, London: Sage Publications.

Jewitt, C.(2009), "An introduction to multimodality", *The Routledge handbook of multimodal analysis*, London/New York: Routledge, pp. 14~27.

Lemke, J. L.(2001), "Discursive technologies and the social organization of meaning", *Folia Linguistica*, 35(1-2). 〔Special issue: "Critical discourse analysis and cognition"〕

Lim, V.(2007), "The visual semantics stratum: making meaning in sequential images", T. Royce & W. Bowcher, eds., *New directions in the analysis of multimodal discourse*, London: Lawrence Erlbaum associates, pp. 195~214.

Machin, D.(2009), "Multimodality and theories of the visual", C. Jewitt, ed., *The Routledge handbook of multimodal analysis*, pp. 181~90.

Miller, T.(1993), *The well-tempered self: citizenship, culture and the postmodern subject*, Baltimore, Maryland: The Johns Hopkins University Press.

O'Halloran, K. L.(1999), " Interdependence, interaction and metaphor in multisemiotic texts", *Social Semiotics*, 9(3), pp. 317~54.

Royce, T.(2007), "Intersemiotic complementarity: a framework for multimodal discourse analysis", T. Royce & W. Bowcher, eds., *New directions in the analysis of multimodal discourse*, pp. 63~110.

Simmel, G.(1907), *Soziologie der sinne: die neue rundschau 1. 1025~1036.* 〔김덕영·윤미애 옮김(2005), 『짐멜의 모더니티 읽기』, 새물결, pp. 153~74.〕

Taylor, C.(1991), *The malaise of modernity*, Toronto: Stoddart Publishing. 〔송영배 옮김(2001), 『불안한 현대사회』, 이학사.〕

Thibault, P.(2000), "The multimodal transcription of a television advertisement: theory and practice", A. Baldry, ed., *Multimodality and mulimediality in the distance learning age*, Campobasso, Italy: Palladino Editore, pp. 311~85.

Williams, R.(1977), *Marxism and literature*, Oxford: Oxford University Press.

손병우(2011), "The Historical Drama *Queen Seondeok*: Imaginary Memory of an Ancient Heroine", *The Review of Korean Studies*, Vol. 14, No. 2(June, 2011), 한국학중앙연구원.

주형일(2011), 「이방인이 본 한국의 모습: 매그넘코리아 사진전 사진 분석」, 『한국언론학보』 55권 3호.

양은경(2010), 「민족의 역이주와 위계적 민족성의 담론 구성: 『조선일보』의 조선족 담론 분석」, 『한국방송학보』 24-5호.

홍종윤(2011), 「방송 정책결정 과정에 대한 비판적 담론 분석 연구: 위성방송의 지상파 재송신 정책담론을 중심으로」, 『한국언론학보』 55권 3호.

김수아(2010), 「소녀 이미지의 볼거리화와 소비 방식의 구성」, 『미디어, 젠더&문화』 15호.

─── (2011), 「남성 아이돌 스타의 남성성 재현과 성인 여성 팬덤의 소비 방식 구성」, 『미디어, 젠더&문화』 19호.

홍석경(2012), 「프랑스의 한국 아이돌 문화 여성팬덤과 성 담론에 대한 연구」, 『한국언론학보』 56권 1호.

최선정(2012), 「미네르바 신드롬과 '시민지성'의 존재조건: 세계화와 정보화의 교차로에서」, 『언론정보연구』 49권 1호.

김예란(2011), 「디지털 지구, 한국어라는 말우주」, 『문학동네』 18권 1호.

필자 소개

■박명진

서울대학교 언론정보학과 교수. 프랑스 파리 3대학에서 영상 커뮤니케이션으로 박사학위를 받았으며 서울대학교 대학원에서 오랫동안 '기호학과 담론 분석 방법론'을 가르쳐왔다. 지은 책으로 『비판적 커뮤니케이션 연구의 성과와 그 쟁점』이, 엮은 책으로 『세계화와 미디어 연구*De-Westernizing Media Studies*』(제임스 커런James Curran과 공편) 등이, 주요 논문으로 「즐거움, 저항, 이데올로기」「기호학과 커뮤니케이션 연구」「가상현실의 커뮤니케이션 양식: 상호작용성과 몰입의 상호작용」 등이 있다. 프랑스 철학자 레지스 드브레Régis Debray와의 대화록인 「진보와 아방가르드의 붕괴」를, 영국 비주얼커뮤니케이션 학자 앤드루 달리Andrew Darley와의 대화록인 「비주얼 문화: 해독과 해석의 체험으로부터 감각과 놀이적 체험으로」를 펴낸 바 있다.

■손병우

충남대학교 언론정보학과 교수. 서울대학교에서 박사학위를 받았다. 지은 책으로 『풍자 바깥의 즐거움』『미디어 문화비평』이, 주요 논문으로 「문화적 감수성의 단절과 조우」「대중문화와 생애사연구의 문제설정」 등이, 옮긴 책으로 『라깡 정신분석사전』『문화이론사전』 등이 있다.

■곽현자

방송통신심의위원회 조사연구실 연구위원. 서울대학교 영어교육학과를 졸업하고 같은 대학 언론정보학과에서 박사학위를 받았다. 주요 논문으로 「조폭영화의 사회심리: 서사관습과 도상분석을 중심으로」 등이, 옮긴 책으로 『스타덤: 욕망의 산업』『진짜 눈물의 공포』『미디어 이벤트』 등이 있다.

■ **주형일**

영남대학교 언론정보학과 교수. 서울대학교 언론정보학과를 졸업하고, 파리 5대
학에서 박사학위를 받았다. 지은 책으로『영상매체와 사회』『내가 아는 영상기
호분석』등이, 옮긴 책으로『중간예술』『일상생활의 혁명』『미학 안의 불편함』
등이 있다.

■ **양은경**

충남대학교 언론정보학과 교수. 서울대학교 언론정보학과를 졸업하고 같은 과
대학원에서 박사학위를 받았다. 지은 책으로『한국 문화연구의 형성』『문화와
계급』(공저) 등이 주요 논문으로「동아시아 문화정체성의 형성과 텔레비전의
소비」「스포츠 선수의 초국적 이동과 유연한 민족정체성의 형성」등이 있다.

■ **홍종윤**

서울대학교 언론정보학과 BK21사업단 연구원. 서울대학교 언론정보학과를 졸
업하고 같은 과 대학원에서 박사학위를 받았다. 지은 책으로『신세대: 네 멋대
로 해라』(공저)가, 주요 논문으로「유료방송 채널사업자 육성을 위한 법제도
개선방안」「지상파방송 재송신 대가 산정을 위한 손익 요인 도출 및 이익형량에
관한 연구」등이 있다.

■ **홍석경**

프랑스 보르도 3대학 교수. 프랑스 그르노블 3대학에서 언론정보학 박사학위를
받았다. 지은 책으로『영상학』(공저)이, 주요 논문으로「프랑스에서 동아시아
텔레비전 드라마의 수용」「역사 다큐픽션 속 재연의 문제」「텔레비전 장치와 재
연 시퀀스의 재현양식」「스테레오타이프의 작동방식」등이 있다.

■ **김수아**

서울대학교 기초교육원 강의교수. 서울대학교 언론정보학과를 졸업하고 같은
과 대학원에서 박사학위를 받았다. '온라인 커뮤니티에서의 정체성' '젠더 이슈
와 미디어 재현' 등에 관심을 갖고 연구하고 있다. 주요 논문으로「동아시아 텔
레비전 드라마가 재현한 가족과 가족 관계」「디지털 테크놀로지의 발전과 새로

운 여성 정치 주체의 가능성」 등이 있다.

■ **최선정**

서울대학교 언론정보연구소 객원연구원. 서울대학교 언론정보학과를 졸업하고 같은 과 대학원에서 박사학위를 받았다. 주요 논문으로「인터넷 토론에서 계급 담론과 그 효과」「인터넷 공동체와 수행성의 정치: 탄핵 담론의 재의미화를 중심으로」 등이 있다.

■ **김예란**

광운대학교 미디어영상학부 교수. 서울대학교 언론정보학과를 졸업하고, 런던 대학 골드스미스 칼리지에서 박사학위를 받았다. 주요 논문으로「'참여'의 디지털 문화산업적 형성에 관한 연구」「감성공론장」「Idol republic: the global emergence of girl industries and the commercialization of girl bodies」 등이 있다.